トロツキー

TROTSKY

A Biography

上

ロバート・サーヴィス
Robert Service

山形浩生
守岡桜
訳

白水社

若きトロツキー。
すでに鼻眼鏡をしている。

トロツキーと
妻アレクサンドラ。
とても生真面目な夫婦。

1895年のウラジーミル・レーニン、警察の訊問写真でいささか非協力的。

若きユーリー・マルトフ、
まずはレーニン、
ついでトロツキーと
仲違いする前。

ゲオルギー・
プレハーノフ。
トロツキーの才能を
あまり評価しなかった。

トロツキーと娘ジーナ、
第一次世界大戦前。
トロツキーの身ごなしと
衣服の優雅さは
驚くほど。
このポーズをとった
写真ですら、
ジーナが父親に
夢中なのは明らかだ。

レーニン、1918年1月。
ソヴィエト指導者として
初の公式ポートレート。
この頃には、
十月革命前に
変装用に剃り落とした
ひげは再び生えていた。

赤の広場のトロツキー、1919 年。軍集団の指揮官が誰かは疑問の余地がない。

トロツキー、内戦中の列車にて。書類作業をしつつも、机の上は整頓されている。

クレア・シェリダン、
自作のトロツキー胸像を
見上げつつ
メロドラマ的な
ポーズを取る。

Kriegs- und Marine-Kommissar,
der eigentliche Diktator Rußlands.
Ist das ein Mensch? Ein Teufel? Tretet näher!
Ein Basilisk? Ein tollgeword'ner Faun?
Sagt alles nur in allem: Ein Hebräer —
Ihr werdet seinesgleichen oft noch schau'n.

クルフェル描く
トロツキーの
反ユダヤ的なマンガ。
実際には、
彼の鼻はこんなに長くも
曲がってもいないし、
あごひげや髪が
こんなに乱れるのを
放置したこともない。

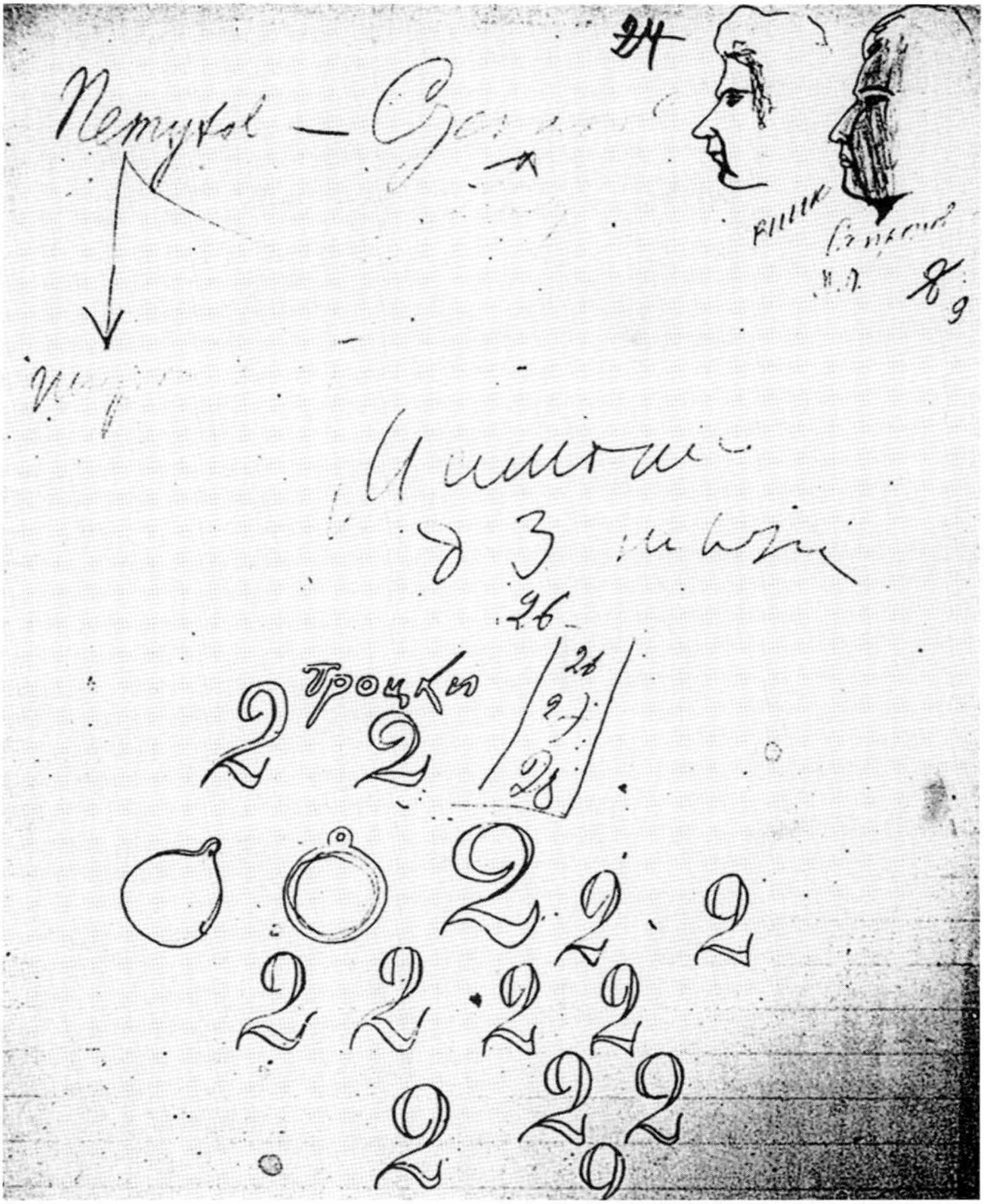

トロツキーは、何か政治会合で退屈したのか、自分の名前の落書きをしている。

トロツキーによるスターリンのいたずら描きとその他落書き、
1922年にスターリンがレーニンとトロツキーを悩ませていた頃。

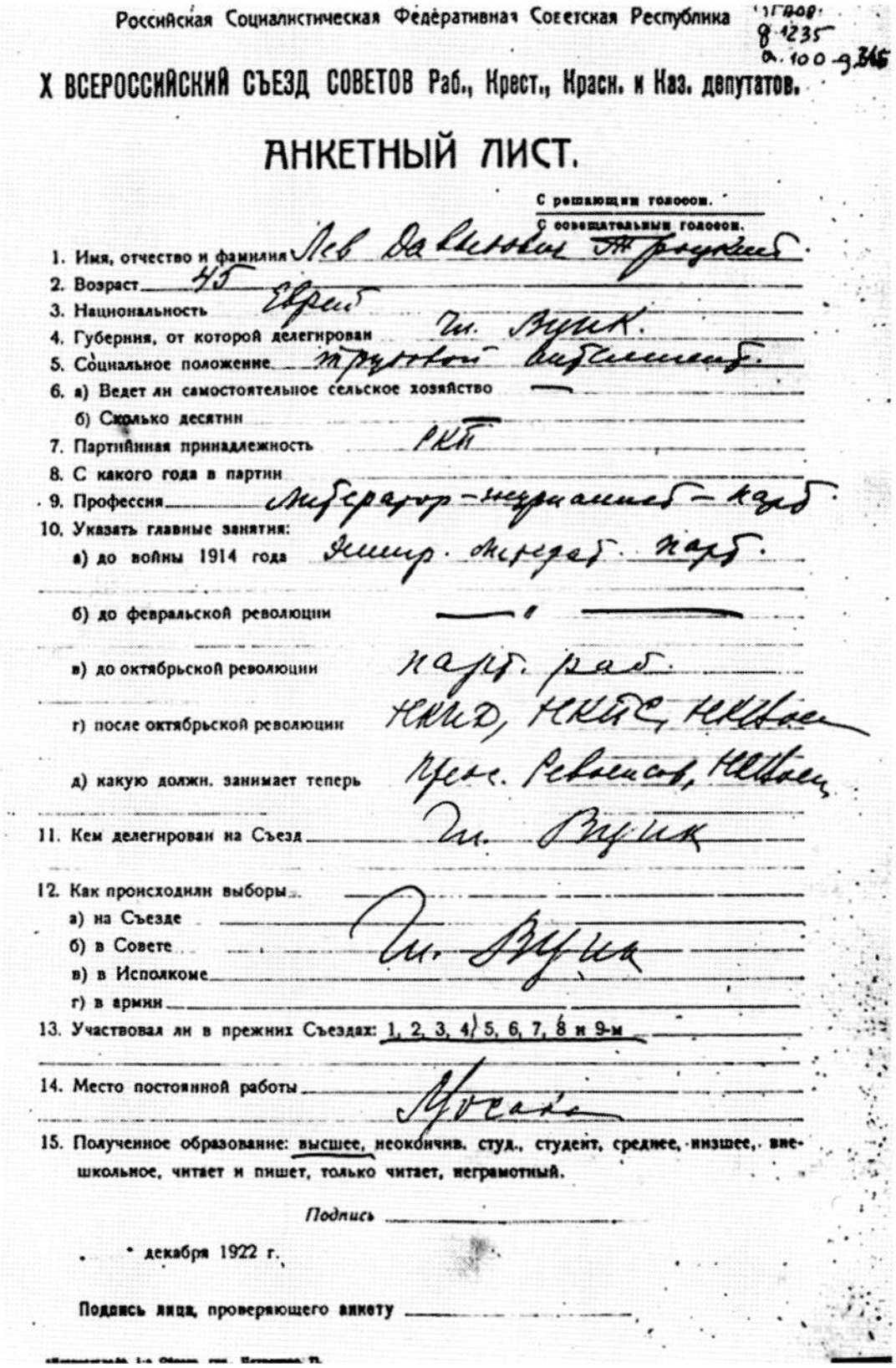

Российская Социалистическая Федеративная Советская Республика

Х ВСЕРОССИЙСКИЙ СЪЕЗД СОВЕТОВ Раб., Крест., Красн. и Каз. депутатов.

АНКЕТНЫЙ ЛИСТ.

С решающим голосом.
С совещательным голосом.

1. Имя, отчество и фамилия Лев Давидович Троцкий
2. Возраст 45
3. Национальность Еврей
4. Губерния, от которой делегирован Гл. ВЦИК.
5. Социальное положение трудовой интеллигент.
6. а) Ведет ли самостоятельное сельское хозяйство —
б) Сколько десятин
7. Партийная принадлежность РКП
8. С какого года в партии
9. Профессия литератор-журналист-парт.
10. Указать главные занятия:
а) до войны 1914 года Эмигр. литерат. парт.
б) до февральской революции —
в) до октябрьской революции парт. раб.
г) после октябрьской революции НКИД, НКПС, НКВоен
д) какую должн. занимает теперь Пред. Реввоенсов, НКВоен
11. Кем делегирован на Съезд Гл. ВЦИК
12. Как происходили выборы
а) на Съезде
б) в Совете Гл. ВЦИК
в) в Исполкоме
г) в армии
13. Участвовал ли в прежних Съездах: 1, 2, 3, 4, 5, 6, 7, 8 и 9-м
14. Место постоянной работы Москва
15. Полученное образование: высшее, неоконч. студ., студент, среднее, низшее, внешкольное, читает и пишет, только читает, неграмотный.

Подпись

декабря 1922 г.

Подпись лица, проверяющего анкету

トロツキーによる、1922年第10回ソヴィエト大会における個人アンケート。
彼はまちがいなくわざと、党の在籍期間を空白にしてある。
民族(「ユダヤ人」)と1914年以前の職業(「文芸家」)については
これほど恥ずかしがっていない。
高等教育を受けているという主張は誇張で、実際は大学の学位もない。

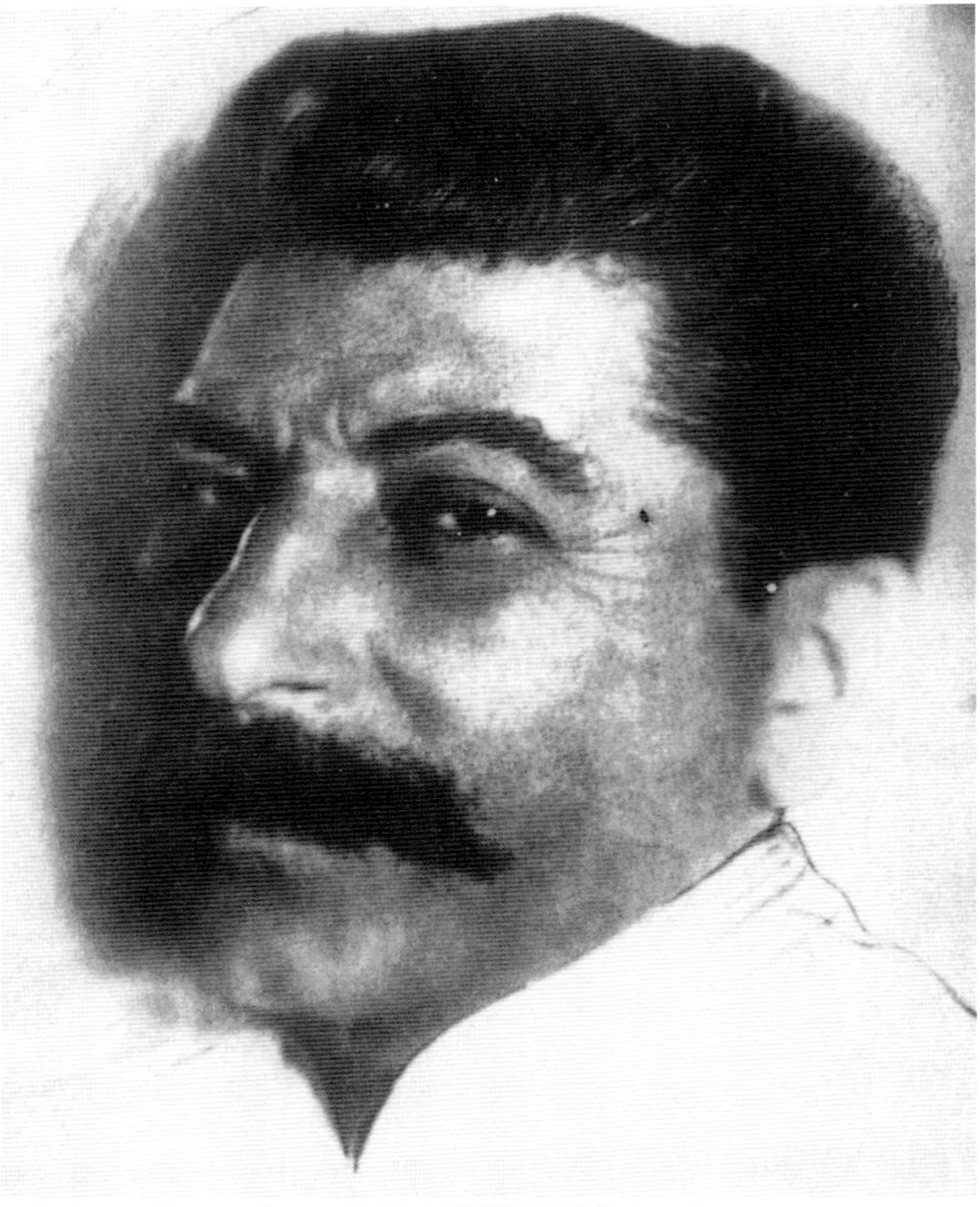

スターリン、1924年。M・S・ナッペルバウムによる書記長の公式ポートレート。
スターリンの最も優しげな写真の一つ。

フリスチャン・
ラコフスキー、
数少ない
トロツキーの友人の一人。
トロツキーは
ブユックアダで
彼の写真を
机に飾っていた。

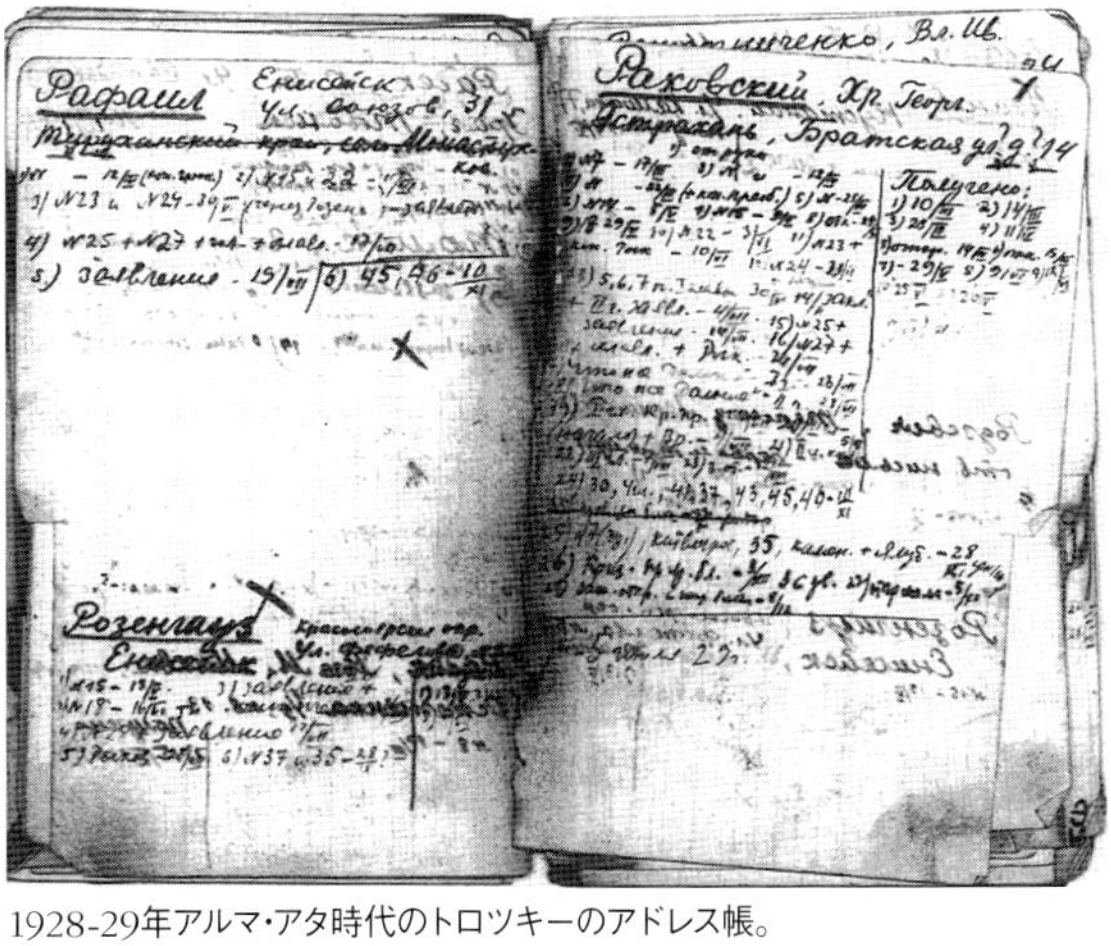

1928-29年アルマ・アタ時代のトロツキーのアドレス帳。
支持者とのやりとりで手紙を送った日と受け取った日が入念に記入されている。
この2頁には、フリスチャン・ラコフスキーについてのもの。

カーディガン姿のトロツキー、トルコで国際共産主義新聞を読んでいるところ。

トルコでの
作業着を着たトロツキー、
撮影は
イスタンブールの写真家
ジーン・ワインバーグ。

トロツキー——上

トロツキー——上◆目次

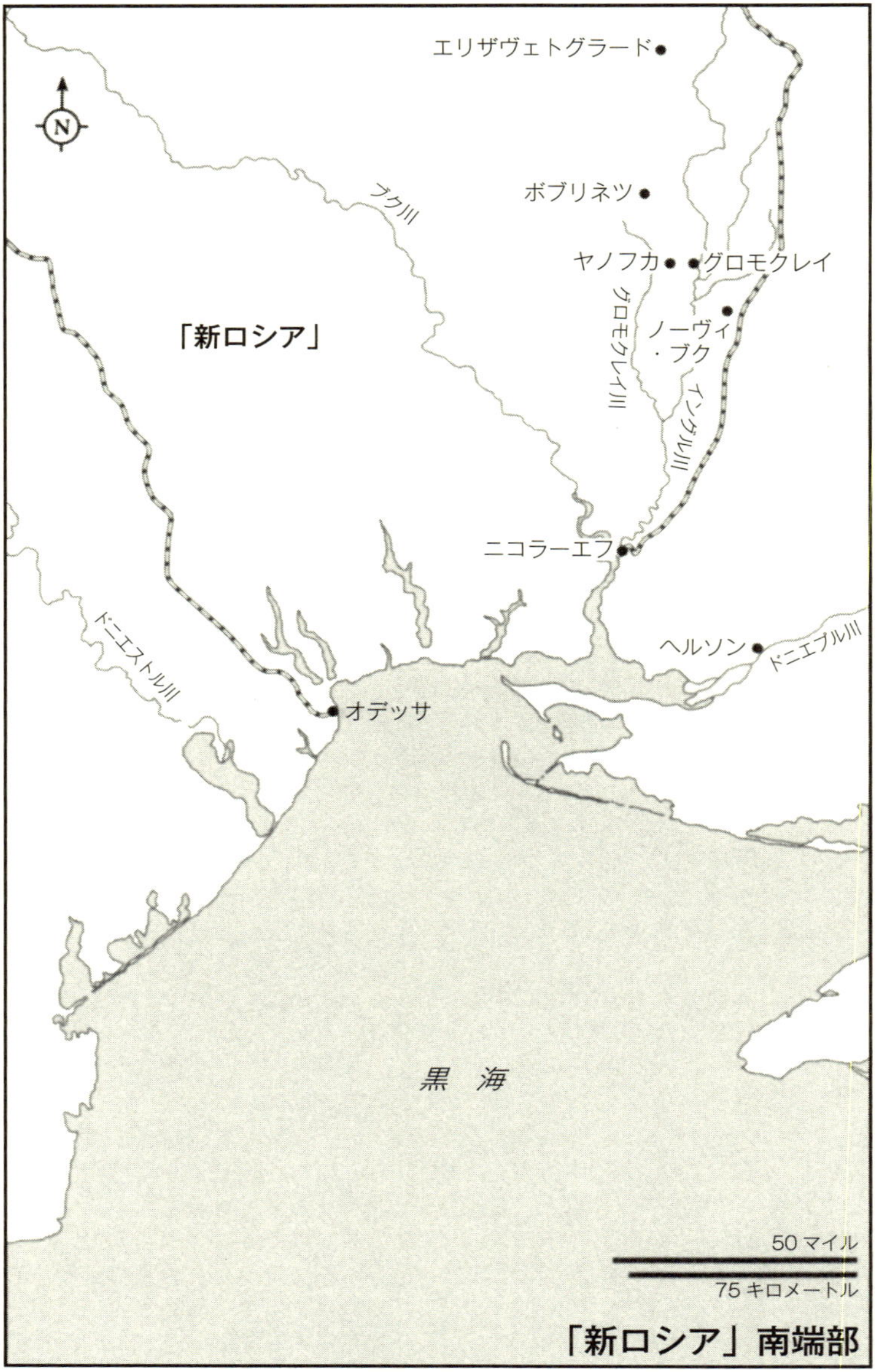
エリザヴェトグラード
ブク川
ボブリネツ
ヤノフカ
グロモクレイ
グロモクレイ川
ノーヴィ・ブク
「新ロシア」
イングル川
ニコラーエフ
ヘルソン
ドニエプル川
ドニエストル川
オデッサ
黒海
50 マイル
75 キロメートル
「新ロシア」南端部

トロツキーのシベリア流刑、1900~02年

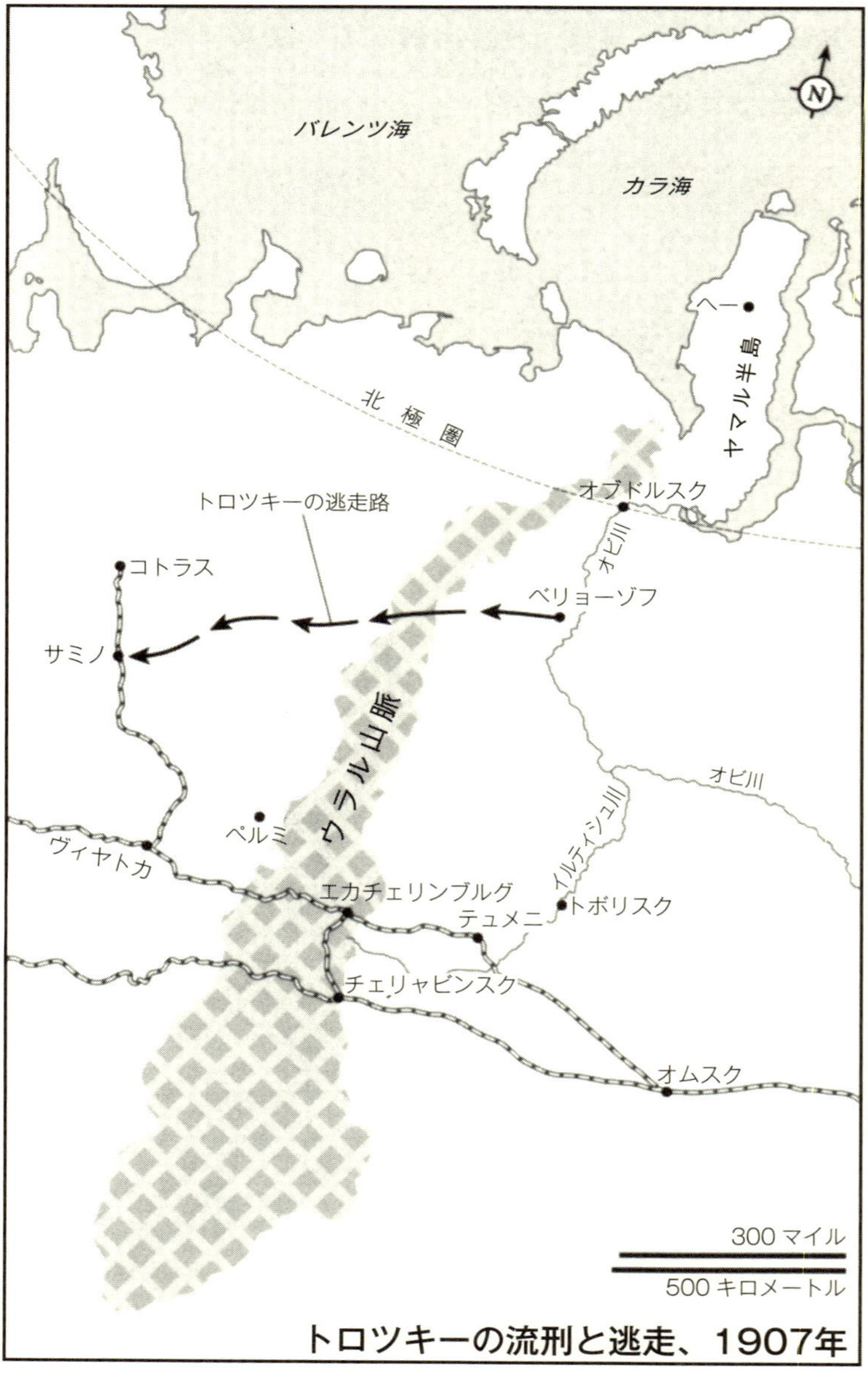

トロツキーの流刑と逃走、1907年

序文

本書は、初期ソヴィエト国家の指導者をめぐる三部作の三作目である。フーヴァー研究所は私の保管文書研究の拠点となった。同所長のジョン・ライジアン、上級副所長リチャード・スーサ、監督理事タッド・タウブ、およびスタンフォード大学での研究を実行する機会を実現する際における親切で効率的な作業を実施したサラ・スカイフェ財団に感謝する。デボラ・ヴェンチューラとセレステ・セツトも、これ以上はないくらい手伝ってくれた。書庫の中ではエレナ・ダニエルソン、リンダ・バーナード、キャロル・リーデンハム、ロラ・ソロカ、デヴィッド・ジェイコブズ、ロン・ブラトフ、ズビグニュー・スタンツィク、リャーリャ・ハリトノヴァ、デイル・リード、アナトール・シュメレフにはありがたい支援を受けた。彼らは自分たちの職務要求をはるかに超えた作業をおこなってくれて、しばしば私が存在を知らなかった文献にも注意を向けてくれた。多様なコレクションにある何百もの箱に関する対話は、計り知れない助けを与えてくれた。

本書で使用した新しい材料は、トロツキー・コレクション、ボリス・ニコラエフスキー・コレクション、バートラム・ウルフ・コレクション、一九二〇年代の政治局と中央委員会の各種記録、トロツキーの助手や追随者たちが提供した書類や、初期の第四インターナショナルの内部記録などがある。フーヴァー書庫の宝石は、トロツキーの自伝第一草稿で、ここには印刷版からトロツキーが削除した大量の情報が含まれている。また重要なのは、トロツキーと妻ナターリャや数世代にわたる他の家族との手紙および彼らの持つ未刊行の作品変種、回想記などである。さらにフーヴァー研究所書庫は、ロシア帝国オフラーナ（秘密警察）パリ事務所や、ネストル・ラコバ文書、ドミートリー・ヴォルコゴーノフの文書など、トロツキーに関するまたとない情報源を持っている。こうした資料のほとんどは、この伝記で初めて使用されたものだ。フーヴァー研究所図書館職員には、当時の珍しい書籍、記事、新聞などを辛抱強く届けてくれたことに対して深く感謝している。

本書のために検討した他のトロツキー関連文書は、アムステルダム、ハーヴァード大学、モスクワにある。アムステルダムとハーヴァードのものはずいぶん昔に検討されたが、モスクワの文書館の閲覧が認められたのは一九九一年になってからだ。ロシア国立社会政治史文書館（旧党中央文書館）のトロツキー個人ファイルや党中央記録のみならず、ロシア国立軍事史文書館や、連邦保安庁中央文書館は重要な情報を与えてくれた。ハーヴァード大学のホートン図書館もまた、見直すべき手紙を所蔵しており、依頼したものを入手してくれたジェニー・ラスバンに感謝する。ロンドンのユニヴァーシティ・カレッジ・ロンドン大学付設スラヴ東欧研究学院はトロツキーの著書の初期の版をいくつも持っていて、閲覧させてくれた。妻アデル・ビアジはキュウの国立公文書館を訪問してトロツキーに関する文書を探し、いくつかおもしろい警察記録を見つけた。

研究を書き上げる中で、ロバート・コンクエストとの意見交換は大いに役立った。トロツキーの生涯や時代に関する彼の豊富な知識は、研究のヒントを大量に与えてくれた。また、フーヴァーとスタンフォードのポール・グレゴリー、アーノルド・ベイヒマン、マイケル・バーンシュタム、ノーマン・ナイマーク、アミール・ウィナー、およびバークレーのユーリー・スリョスキンにいろいろなアイデアをぶつけるのは楽しいものだった。ポールの年次ソヴィエト文書館ワーキンググループは、ソ連の過去に関する問題の年次議論の場としてめざましいものとなっている。オックスフォード大学では、私は共同講義をおこなったカーチャ・アンドレーエフとの長年の共同作業の利益を被った。ロシアユーラシア研究センターと同図書館はすばらしい設備を提供してくれたし、所長リチャード・ラメージには、図書館再建の混乱期にも本を確保してくれて感謝する。センターの月曜セミナーは半世紀以上続いているが、テーマがトロツキーとまったく関係ない場合ですら、本書の豊かなアイデア源となってくれた。

フリーダ・カーロの親友エラ・ウルフとの会話を思い出してくれたエレナ・ダニエルソンに感謝する。またジャン・ヴァン・エジュノールの知人で彼について書いたアニタ・ブルドマン・フェファマンにも。精神分析、心理学的な技能でトロツキーの性格理解を助けてくれたロビン・ジャコービーにも。トルクメニスタン共産党文書館からの手紙を提供してくれたターニャ・オクンスカヤにも。そしてトロツキーとトロツキー主義に関する生涯の回想を語ってくれた故ブライアン・ピアースにも感謝する。オリガ・ケルジュクとエレーナ・カッツは、オンラインでトロツキーのロシア語演説を聞いたとき、そのアクセントや言い回しについて知識豊かな判断を下してくれた。ガブリエル・ゴロデッキーは、トロツキーについての言及があるイワン・マイスキーの日記を見せてくれた。ボブ・デイヴィーズ、故ジョン・クリエ、キース・シドウェル、フェイス・ウィグジール、ミハイル・ジリコフ、アンドレイ・ゾーリンは、個別問題について助言をくれた。革命以前のオデッサの地図を貸してくれたロバート・ハリスと、トルコの歴史文献を入手翻訳してくれたハールン・ユルマズにも感謝する。

ハリー・シュクマンとイアン・サッチャーは、自分の作業からかなりの時間を割いて、原稿を通読してくれた。ハリーの歴史的な関心はこの伝記の重要なテーマと関連するもので、草稿にあった多くの粗雑な部分から彼が決然とうまく誘導して引き離してくれたのには感謝する。イアンは生涯にわたりトロツキーについて執筆してきた。私の原稿を精査して多くの示唆を与えてくれた彼の鷹揚さに感謝。ハリーとイアンはまた、私が追加の質問を携えて再訪しても許してくれた。サイモン・セバーグ・モンテフィオーリとポール・グレゴリーは草稿の相当部分に目を通して議論を引き締めてくれた。サイモンとポールは二人とも知ったかぶりはしない。その洞察については大いに感謝する。ヒューゴ・サーヴィスは、序文に目を光らせた。誰よりもアデルは本書を二回も通読し、まちがいを取り除いて、議論と文体の方向性に助言をくれた。その洞察と辛抱強さには感謝してもしきれない。私たちはトロツキーの人生の問題について果てしなく話し合い、いつもながら彼女には最大の恩恵を被っている。

文芸エージェント、デヴィッド・ゴドウィンとマクミラン社の編集者ジョージーナ・モーレーは、いつもながら活発で後押しを欠かさなかったし、ピーター・ジェイムズはいつもながらの相談役としての共感と緻密さをもって見事な校正作業をおこなってくれた。この三名との仕事は実に快いものだった。

本書はロシア外の人物でトロツキー主義者以外の手による初の完全なトロツキー伝となる。もちろん、トロツキー主義者でない人物による伝記や、トロツキー主義から転向してそれに反対の立場を取るようになった人による伝記さえも当然存在している。だがそのいずれも、トロツキー自身が提供した材料や分析、および戦後の主要なトロツキー擁護者によるものに大きく影響されすぎている。トロツキー自身が死の十年前の一九三〇年に、鮮明な回想記を書いている。そのポーランド系亡命者の信奉者アイザック・ドイッチャーは、文学的な勢いのある三巻本を一九五四〜六三年に書き、フランスのトロツキー主義者ピエール・ブルーエも一九八九年に一巻本の研究を世に問うた。トロツキーとドイッチャーは華やかな筆致で、私は文体の面で彼らに太刀打ちできるつもりはない。だが、トロツキーは自分の記述においては選択的で、都合の悪いことは避け、自分を壮大に見せようとしている点は指摘しておきたいし、ドイッチャーとブルーエは、トロツキーについてどうみても都合の悪い多くの質問を回避している。ブルーエは偶像崇拝者だった。ドイッチャーは、スターリン以後のソ連政権が自己修正して人間的な共産主義秩序を構築できると信じつつ、トロツキーの神殿に詣でていた。トロツキーとドイッチャーの本は、政治的な急進左派の境界を遙かに超える長期的な影響を持ったし、そのきわめて疑問の多い判断はあまりにしばしば、その問題に関する決定的な見解であるかのような扱いを受けてきた。それが彼らの望んだことだった。ロシア革命史は、もっと深い検討に基づくアプローチをすべきだし、本書はそれを支援するよう意図されたものだ。

トロツキーに関するトロツキー支持者の基本的な「公式見解」と私の意見の相違点を、本のあちこちでいちいち説明していたら、誰にとってもうっとうしいものとなっただろう。三〇年以上前に革命初期の共産党に関する博士号研究をおこなっているとき、私はスターリンに対する敗北の原因に関するトロツキー自身の診断が手前味噌で誤解の元だと確信した。トロツキーに関する他の著作いくつかも、トロツキーに懐疑的な検討を加えている。十月革命での権力掌握戦術については、アレクサンダー・ラビノヴィチとジェイムズ・ホワイトが重要な貢献をした。赤軍指導者としての能力については、フランチェスコ・ベンベヌッティ、エヴァン・モーズリー、ジェフ・スウェインが新鮮な洞察を加えている。新経済政策（ＮＥＰ）中の経済的な発想については、リチャード・デイ、ボブ・デイヴィーズ、ジョン・チャノンが古い図式を疑問視している。一九二〇年代の対中政策については、アレクサンドル・パンツォフが新しい分析をおこなっている。十月革命以前の革命政治家と著述家としての活動については、イアン・サッチャーの研究が本質的なものだ。ロシアでは、ニコライ・ヴァセツキーとドミートリー・ヴォルコゴーノフによる大伝記二冊が刊行された。どちらも独自の解釈は提供していないが、文献情報は提供してくれている。

トロツキーが、少なくともソ連の外では公の話題にしばしばのぼった時代はあった。もはやそういう時代ではない。だが彼の思想や活動は見直される価値がある。というのもそれは、ロシア史や世界史の過去百年についての我々の理解に対し、重要性を持っているからだ。本書は故ジャネット・サーヴィスの思い出に捧げられている。スコットランドの境界地方出身の母は、父と戦時中のエジンバラで出会い、その後終生をイギリスのミッドランズで過ごした。仕事をしている時期のほとんどは、身体障害児の献身的な看護婦であった。すばらしい調理人で編み手であり、家のまわりの実用的な仕事はほとんどこなせた。私と弟ロッドにとっては非凡なる母親であり、そして六人の孫にとってはすばらしい祖母であった。

二〇〇九年三月

ロバート・サーヴィス

ペーパーバック版では、原著のまちがいをいくつか直した。そのいくつかを指摘してくれたアリ・グランメイエ、ジェフリー・ホスキング、ヴヴォジミエシュ・シュワルツに感謝する。

二〇一〇年一月

用法についてのメモ

日付は、その当時にトロツキーが住んでいた国で公式に使われていたものにしたがって書かれている。ロシア当局は一九一八年一月までユリウス歴を使っており、その後グレゴリオ暦に切り替えた。ロシア語の表記においては、アメリカ議会図書館方式の簡易版を使い、巻末注では完全版に沿った記述をするようにした。引用の翻訳はほとんど私自身によるーートロツキー自身の翻訳者たちは、必ずしも仕事の出来がよくはなかったし、また仕事もやりにくかったはずだ。というのも彼はしばしば、英語などの場合のように、習熟が不十分な言語ですら翻訳作業に口をはさんだからだ。

はじめに

トロツキーは、政治の空を駆け抜けるまばゆい彗星のようだった。彼が初めて世界の注目を集めたのは一九一七年だ。誰が見ても、彼はロシア革命で最も弁舌の立つ人物だった。彼は十月に臨時政府の打倒を実施した軍事革命委員会を率いた。赤軍の創設に誰よりも貢献した。党の政治局に所属して、その政治的、経済的、軍事的な戦略に大きな影響を与えた。共産主義インターナショナルの初期における主要人物だった。全世界が、十月革命の影響力はトロツキーとレーニンの共同作業のおかげだと考えた。彼とレーニンは、お互いに反目もした。一九一七年以前のトロツキーはボリシェヴィズムの敵で、多くのボリシェヴィキはトロツキーに絶えずそれを思い出させた。一九二二年にレーニンが重病で倒れると、政治局はトロツキーがその単独後継者となるのではと恐れた。それに続く派閥闘争でトロツキーは失墜し、一九二九年にソ連を追放されて、トルコ、フランス、ノルウェー、メキシコへと追放された。ソヴィエト国家のどこがおかしくなったのかという彼の分析は、外国では影響力を持ち続けた。トロツキー主義組織は、政治状況が許せばどこでも登場した。スターリンはトロツキーを十月革命の敵として描き、一九三六〜三八年の見世物裁判でトロツキーに有罪宣告をして、ソヴィエト諜報機関に暗殺を命じた。そして一九四〇年に彼らは成功した。

彼は世界を舞台として展開するドラマに満ちた生涯を送った。十月革命は歴史の方向を変え、トロツキーはその変貌に重要な役割を果たした。あらゆる国で左派の政治は一変した。社会主義者は、ロシアのボリシェヴィキによる活動を支持すべきか反対すべきか決めなくてはならなかった。社会主義の敵たちも負けず劣らず影響を受けた。政府は共産党インターナショナルに対抗する手段を編み出さねばならなかった。そして極右のファシスト政党が登場して、革命的マルクス主義がそれ以上広がるのを防ごうとした。

トロツキーは権力時代の自分の業績に誇りを感じていたし、ソヴィエト政府の革命手段や、それが使った暴力についていては、なんとか正当化しようとした。人民委員に指名されると、彼が書いたコメントや回想記は、ボリシェヴィキ活動を最大限に好意的に描いた。彼の著作はソ連で広く頒布された。すぐに翻訳されて一般向けに海外で販売された。数年にわたり、彼はベストセラー作家だった。その文芸的、分析的な天才ぶりについては、誰も決して疑うことはなかった。ソ連から追放された後は、彼が自分と家族のそこそこ快適な暮らしを確保する唯一の方法は、その高名な著述によるものだった。反共産主義な社会主義者のみならず、スターリン政権を嫌悪する多くの有力な評論家もトロツキーを真剣に受け止めた。トロツキーによる一九一七年二月ロマノフ王朝打倒以来の出来事の記述は、西側の歴史研究に根付いた。トロツキーの著作は印刷され続けた。その自伝は、十月革命とその影響についての一般情報を求めていた読者の間で大人気となった。彼の政治パンフレットは、クレムリン批判の共産主義者たちに珍重された。

存命中のトロツキー支持者集団は、政治的なできごとにはごくわずかな影響しか及ぼさなかった。そしてトロツキーの死後、運動はジリ貧となった。一九六八年にヨーロッパとアメリカで学生騒動が起き、一瞬だけトロツキーも復権したが、年末にはほぼ沈静化した。ソ連では嫌悪され続けたが、一九八八年にゴルバチョフが死後の政治的な名誉回復を命じてそれが変わった。一方、西側のトロッキー主義者たちは、相変わらず徒党を組んで論争ばかりに明け暮れ、しばしばトロツキーなら飛び上がったはずの思想を喧伝したりした。

だがトロツキー自身による彼の人生と時代に関する記述は、西側の学術界に深い影響を未だに残している。トロツキーによれば、スターリンは無能で無知で、官僚的で凡庸な人物だった。トロツキーがレーニンの後継闘争に敗れたのは、当時の国内社会勢力バランスが官僚制に有利に傾いていたから、ということにされる。ソヴィエト行政層は、スターリンを受け入れてトロツキーを排除した。だから、孤立を脱してドイツその他の共産主義国家と連帯できない限り、十月革命は最初から破綻を運命づけられていたのだというわけだ。スターリンの慎重さは、レーニンが他界してからの国際革命活動を裏切ったとされる。トロツキーは、自分の派閥が勢力を握れば（そしてその場合のみ）ソ連の状況はまったくちがったものになっていたと主張する。自分たちなら、少なくともソ連政治の民主化のために闘っただろうし、反革命の波や恣意的な支配と恐怖政治を抑えただろうと主張する。抑圧的な警察行動に阻止されなければ、労働者たちは自分の味方についたはずだと言うのだ。

トロツキーがその後の歴史思想に影響力を持ったのは、その散文がエレガントだったからだけではない。暗殺されたことでトロツキーは政治的な殉教者となり、おかげで通常なら疑問を抱いたはずの著述家でも、好意的な解釈をしてくれることになった。またちょっとした無責任さも作用しただろう。トロツキーはスターリンやその手下の評判を下げる議論を提示した。だから著述家たちはあまり考えずについついその議論を受け入れてしまいがちになった。

トロツキーの主張は、きわめて重要な多くの点でまちがっている。スターリンは凡庸などではなく、決然としたリーダーシップの才能を含め、驚くほど多様な能力を持ち合わせていた。トロツキーによる共産主義躍進の戦略は、抑圧的な政権出現を避けるような部分はほとんどなかった。彼の思想や実践は、スターリン主義の政治的、経済的、社会的、さらには文化的な構築の礎石をいくつか提供している。スターリン、トロツキー、レーニンは、反目する部分よりは共通する部分のほうが多かった。スターリンが絵に描いたような官僚だという批判も、それを言うトロツキー自身が絶頂期には抑制なしの行政権限を振りかざしていたことを考えれば説得力も落ちようというもの。スターリンが外国の共産主義政権把握支援に興味がなかったというトロツキーの主張ですら、よく見れば事実に反する。さらに、共産主義がドイツ、フランス、スペインなどで両大戦の間の時期に権力を握ったとしても、その政権を維持できた可能性は低い。さらにスターリンではなくトロツキーが至高の指導者になっていたとしたら、ヨーロッパにおける大流血のリスクは大幅に高まっただろう。トロツキーは、自分がソ連と国際問題についてリアリズムをもって検討できると誇っていた。これは自己欺瞞だ。彼は自分の思い込みの中に閉じこもり、当時の地政的な力学を理解できなくなっていた(むろん、スターリンだってすさまじく予測を外してはいたが)。言いたいのは、ソ連を有効に統治するなら、誰であれきわめて専制主義的な手法を使わなければ共産主義政権は維持できなかったということだ。

トロツキーの傑出した能力には疑問の余地はない。見事な演説家で、オルグ家としても指導者としてもすばらしかった。政治に専念していなければ、ジャーナリストや著述家として見事なキャリアを残したことだろう。文学的な繊細さも、たまにではあるが示した。当時のマルクス主義的な大量の著作以外に、日常生活や文化的な進歩についても書いた。革命のためならどこまでも情熱と献身ぶりを示した。側近たちは彼のために進んで自己犠牲を払った。万人が集合的な善のために自己実現をおこなう機会を与えられる未来というビジョンを念頭に置いていたのは、ボリシェヴィキ首脳部の中では誰よりもトロツキーだった。そして死ぬその日まで、彼はこれを情熱とともに主張し続けた。

だが、彼自身による自分の人生と時代についての記述は多くの歪曲を含んでいる——そしてこれが、ソ連共産主義史理解を邪魔してきた。彼は自分自身の重要性を誇張した。一九一七年以前のトロツキーの思想は、当人が信じたがっているような独創的で広範なものとはとても言えない。ボリシェヴィキの権力奪取にあたり、トロツキーの貢献は重要だが、自分で言うほどではない。一九一八年から一九二〇年にかけて、赤軍をまとめあげるだけの権威は発揮した一方で、無用なトラブルを挑発し、しなくてもいいまちがいをしている。その後の時期のトロツキーは、不安定で信頼できなかった。戦術的な強さがなかった。人間的に傲慢で、一九二〇年代と三〇年代に個人的に立場が悪くなったときにも、支持者を魅了はしたものの、彼らを十分に説得して動かせなかった。自己中心的だったので、自分の意見を華やかな表現で述べればそれで勝てると思い込んでいた。政治家よりは行政官としての能力が上だった。スターリンのほうが役者が上だったのだ。トロツキーは官僚の手にかかって敗北したのではない。ソヴィエトの公的な生活について、もっと優れた理解をしていた人物と派閥に敗北したのだった。弁舌の才と見事なパンフレットだけではもはや十分ではなかった。トロツキーは革命期に獲得した自己イメージに陶酔していた。おかげで後年に苦しむことになる。

トロツキーは通常、スターリンとは別枠の性質を備えた人物だと思われている。確かにスターリンは、二十世紀の独裁者として他にほとんど並ぶ者のない化け物じみた行為を行った。だがトロツキーだって聖人君子などではない。独裁権力と恐怖政治への指向は、内戦時代には露骨なほどだった。彼は工業労働者を含む何百万人もの市民権を踏みにじった。また自己耽溺ぶりも相当なものだった。夫としては、最初の妻にひどい仕打ちをした。子どもたちの求めるものは無視したし、それが政治的な関心の邪魔になるとその無視ぶりは極端になった。これはソヴィエトの公的活動に関与していない家族にとってもひどい結果をもたらした――そして息子レフは父親の亡命に同行したが、父との協力のために殺された可能性もある。

それでも、トロツキーには魅力的な性質もあった。彼も結局のところは我々と同じ凡人だったのだなどとこじつけてみても、何も得るところはないだろう。では、トロツキーの解剖をどこから始めるべきだろうか？　自伝の刊行や選集を刊行するにあたり、トロツキーは無防備なまでに率直なこともあるが、かなりの部分を隠している。本書の狙いは、そうした隠された生活を掘り起こすことだ。トロツキーは複雑な人格とキャリアを持っていた。十月革命のあらゆる指導者と同じく、証拠の出発点は彼が存命中に刊行した業績――著作、論説、演説などだ。トロツキーは、政治的な指向が変わるにつれて、その一部を恥ずかしいと思うようになった。でもそうした業績を全部検討しても、それで事足れりとするわけにはいかない。そうしたものは、大きな目標は教えてくれるが、その時点における彼の個人的、分派的な狙いは必ずしも物語ってはくれない。活動的な政治家として、彼は常に自分の狙いを正直に言うわけにはいかないことも多かった。手紙や電報などのメッセージは、その思考の内部への道を与えてくれる。それでも、実際に送付されたメッセージはしばしば、あまりに磨き抜かれたオブジェとなっていることも多い。彼の魂胆を理解するには、草稿を見る必要もある。そこから削除したものや加筆したものを見ると、他人に何を知られたくなかったかがわかる。これは、彼の自伝で特に言えることだ。

トロツキーは遺した著作だけで語られるべき存在ではない。ライフスタイル、所得、住宅、家族関係、癖、他の人びとに対する日常的な思い込みなど、彼の生涯の位置づけを再構築する最も優れた視点は、しばしば壮大な公的発言ではなく、一見するとつまらない些事だったりする。これについての記述は自伝にはほとんどないが、そうした情報は手紙や落書きや、交流のあった人びと――妻子たちから翻訳者、ちょっとした知り合いまで――の記憶などから集めることができる。レーニンやスターリンと同様に、トロツキーが何を書いたり語ったりしたかと同様に、彼が何を語らなかったかを見極めるのが重要だ。彼が敢えて書かない基本的な想定こそが、彼の人生のアマルガムには不可欠なものなのだった。

トロツキーは物を捨てるのが大嫌いだった。ファイリングキャビネットには、古いフェリーの切符、古いパスポート、未刊の回想記断片や、自分が借りたアパートの写真が満載だった。一度など、長く苦しまされた翻訳者のマックス・イーストマンが、アメリカのオハイオ州女性からの手紙を丸めたといってしかりつけた。トロツキーはそれに返事を書くつもりなどなかったのに![1] おかげで、材料は大量に遺っている。トロツキー『ロシア革命史』の最初の草稿をひもとくのは、私にとって実に喜ばしいことだった。彼は一ページずつ手間暇かけて貼り合わせ、一章ごとに巻物にしていたのだ。エジプトの砂漠でパピルスを発掘した考古学者たちも、おそらく同じようなゾワゾワした興奮を感じたことだろう。だがトロツキーは古代の高官や神官や商人ではなく、二十世紀の革命家であり、自前のタイピストと工業生産による紙も持っていたのだ。この巻物作りという奇矯さを知ったことで、彼の人生と業績の方向性に関する感触も得られた。現存する彼の演説の映像は、同時代人たちも証言したように、彼が本当に傑出した演説家だったことを証明している。第一と第二の妻へのラブレターは、その情熱的な性格を赤裸々に伝える例となっている。同様に、彼の著作の草稿、特にその才気あふれる自伝は、トロツキーが著述家としていかに流暢で緻密だったかを実証している。彼が何かを修正するのは、何らかの政治的、社会的な恥を避けるためでしかなかった。文体的には、彼は推敲なしで自分の考えを文章にできた。

また、その手書き文字はありがたいほどきれいだ。ソ連国内のアルマ・アタ追放時代の一九二八年に維持していた美しい小さな住所録は、彼が潔癖で整理の行き届いた人物だったことを示している。彼はあまりよい陰謀家ではなかったが、たまにその欠点をなんとかしようと取り組んだ。これはアレクサンドル・ブロークの刊行された日記を見ればわかるが、トロツキーはそこに透明インキを使って、支持者に対する指示を書き込んだのだった。さらに、元支持者だったシドニー・フックによるマルクス主義と哲学に関する本がある。トロツキーが余白に書き込んだ感嘆符は、彼の怒りに満ちた独善ぶりと知的な自負を証言している。同じく驚異的なのは、何十ヶ国ものトロツキストたちに送った何百通もの手紙で、そこではあきれるほど多数の変名が使われている（じいさん、クラックス、オンケン、レオンおじさん、ヴィダル、ルンド）──こうした複数のアイデンティティを把握するには、実に優れた記憶力が必要だったはずだ。トロツキーは、小さな点でも大きな点でも非凡な人物だったという証拠を大量に遺している。

あらゆる人類と同様に、彼もまた一回限りの現象ではあった。どう考えても、トロツキーが再び世界に噴出するなどということはあり得ない。理由は明らかで、世界のほうがあまりに変わりすぎたし、トロツキーほどの輝きを持つ政治的な彗星は、現代のような世界においては別の形をとり、別の軌跡を描くはずだからだ。彼の時代と環境は常に念頭に置く必要がある。彼の生まれた世代は、ロシア帝国における革命過激主義で知られる世代だった。彼が注目されるまでに台頭したのは、一九一七年十月に権力を握り、世界をひっくり返すという決意を宣言した党の中でだった。トロツキーは、レーニンを除けば誰にも負けないほど、ソヴィエト国家樹立後五年にわたり、その構築に貢献してきた。だがトロツキーといえど超人ではない。彼もその同志たちも、社会全体に大きな混乱が生じた状況で活動できたことで利益を得ている。そうでなければ、ロシアでの覇権を掌握してまとめあげることなど絶対に不可能だったろう。内戦に勝ってからも、彼らは巨大な困難に直面していた。政権も経済も混乱のきわみだった。共産主義に対する反感も大きかった。共産党そのものも、中心指導者たちの好き勝手にできるおもちゃではなかった。慎重に、妥協をもって維持管理し、苦労して動かさねばならないものだった。一九二〇年代初期までの一時期のトロツキーは、大量の暴力を使うだけの十分な意志力とまとまりと行動さえ見せれば共産主義者には何も制約がないかのように振る舞った。だがトロツキーですら、だんだんこれがユートピア主義的だということに気がつきはじめた。でも、彼は自分自身と党に対して掲げた非現実的な目標を完全に捨て去ることはなかった。多くの人びとが悪夢だと気がついた夢の中に、彼は生き続けたのだった。

その夢は、生涯を通じてだんだん形成されていったものだった。少年、青年時代のトロツキーの知人たちは、誰も——あるいはほとんど誰も——彼がこんな非凡な生涯を送るとは想像していなかった。だが振り返ってみれば、そうした若い時代にもすでに輝きの片鱗はのぞいていた。だからここで、その発端から始めることにしよう。

第1部

一八七九‐一九一三年

第1章 ブロンシュテイン一家

　レフ・ダヴィドヴィチ・トロツキーは一八七九年十月二十六日、当時はノヴォロシア（新ロシア）と呼ばれ、現在はウクライナ南部にある地域のヘルソン県ヤノフカの農家に生まれた。そして六十一年弱ほど後に、メキシコシティ郊外コヨアカンで一生を終えた。非凡なる生涯だった。彼が持続的な知名度を獲得したのは、やっと四十歳近くになってのことだった。一九一七年十月革命以来、彼は世界的な影響力を持つ人物だった。十年にわたり、ソヴィエト政治の頂点に位置していた。その後、運命は回復不能な形で一変し、シベリア追放とソ連追放が続く。だが、一九四〇年にスターリンの秘密警察エージェントにより暗殺されるまで、彼は世界の注目を浴び続けた。

　トロツキーは二十三歳の時に、この有名な呼称を名乗るようになるまでは、レイバ・ブロンシュテインだった。彼は一般に認知されているよりもわかりにくい人物であり続けている。「スターリンの偽造学派」と呼んだものを抑えるべく、彼はスターリンによる反トロツキーキャンペーンのウソを暴いた。(1) だがトロツキー自身も、伝記的な記述を見るとまったくのウソはあまりないとはいえ、不正確な点が大量に含まれている。彼は活発な革命家であり、その公式発言はすべて、発言当時の何らかの現実的な狙いが反映されていた。そうでないことがあり得るという発想自体を、彼は笑い飛ばした。(2) 自分の生涯を語るにあたり、トロツキーは挿話を切り貼りしてその時点での政治的な利害に沿うものとした。政敵たちについては一貫して不公平だった。こうした取捨選択は完全に意識的なものではない。トロツキーはかなり若い時期にそのイデオロギーを確立した。分析や診断は発展をとげつつも、大幅に変わることはなかった。世界をある基本的な思想のプリズムごしに眺めることで、トロツキーはそれ以外の見方の長所については自ら遮断した。彼は一枚岩の存在で、私人と公的な指導者との線引きは一切拒んだ。これは自伝執筆の方向性にも当然影響を与えた。自分自身についての彼の記述を、何世代もの読者が無批判に受け入れてきた。だが現実はちがっていた。不都合な事実が自分の望むイメージを邪魔すると、トロツキーはそれを削除したり歪曲したりしているからだ。

　マルクス主義者として、彼は両親が豊かだったことを恥ずかしく思っており、両親の非凡な性質や業績を一度もきちんと認めようとしなかった。それ以上に刊行された自伝での少年期の記述では、自分が臆病だったり甘やかされたりしているように見える部分を削除している。そして自分がユダヤ人の出身なのを否定はしなかったが、それに関する言及を減らしている。草稿やゲラを検討することで、ずっと隠されてきた出自の一抹が垣間見られるのだ。だからトロツキーは公式には、自分の父親が豊かで有能な農民だったとしか述べていない。これは現実をきわめて過少申告している。ダヴィド・ブロンシュテインとその妻アネータは、ヘルソン県数キロ四方で最も活気ある農民の一人だ。勤勉と決意により、彼は経済的な成功の梯子を苦労しつつ上った人物であり、その業績は誰はばかることなく誇っていいものだった。

　ヤノフカはヘルソン県のエリザヴェトグラード地区[3]にある、グロモクレイというユダヤ系農業集落にある。農場は、最寄りの村から数キロ離れていた。ノヴォロシアの土壌はとても肥沃だった。ヘルソン県は黒海沿いにあり、近くにある大発展中のオデッサ港は、ロシアとウクライナの輸出品を載せた貨物船が地中海に向かうところだった。一七九二年にオスマントルコ軍を破って追い出した女帝エカチェリーナ二世は、国境地帯の安全確保に乗り出した。彼女が注目したオデッサは、十九世紀初頭にはリシュリュー公爵アルマン・エマニュエル・デュ・プレシを知事として繁栄した（当時は、傑出した技能を持っていればフランス人はロシア帝国で歓迎された）。オデッサに比べれば、ニコラーエフを始めとするノヴォロシアの他の人口集積地などものの数ではなかった。そしてその後背地となる地方部は、ロシアが軍事的に制圧した後でもほとんど人口がいなかった。サンクトペテルブルグの政府当局は、オスマントルコの復帰の脅威が侮れないことを理解していた。だからエカチェリーナの孫アレクサンドル一世は、入植農民たちにノヴォロシアを解放することで人口増を図った。退役軍人や、ロシア帝国内のドイツ人やユダヤ教徒に対して、ウクライナステップにある処女地に住んでみないかという招待がまわった。何千世帯もが南下した。ノヴォロシアが、こうした機会を活用しようとする人びとの磁石となるにつれて、穀物生産は急増した。

帝国政府は、領内のユダヤ人に好意的ではなかった。何百万人もが一七七二〜九五年のウィーン（ハプスブルク／オーストリア帝国）、ベルリン（プロイセン王国）、サンクトペテルブルグ（ロシア帝国）による三回のポーランド分割を通じ、何百万ものユダヤ人がロシア帝国に投げ込まれた。ユダヤ人は当初から、当局に白い目で見られた。何代にもわたる皇帝たちは、彼らの異教や商才、教育水準がロシアの中心部を「汚染する」のを懸念した。ロシア人が帝国の人口と精神的な屋台骨であり、彼らの感情にも配慮する必要があった。だがユダヤ人を追放するのでなければ、どこかに暮らさせる必要があったし、政府としても、一四九二年のスペインのようにユダヤ人追放などはまったく考えていなかった。当のユダヤ人たちも留まりたかった。アメリカへの大量脱出が起きたのは十九世紀末だし、パレスチナのユダヤ故国を作ろうとするシオニスト運動はまだ始まっていなかった。一七九一年に女帝エカチェリーナの選んだ解決策は、ユダヤ人定住区域（The Pale of Settlement）だった。バルト海から黒海まで伸びるこの広大な地域は、ユダヤ人たちがロシア人の市町村に住むのを阻止するためのものだった。大金持ちは別だが、その場合すら必要な許可証がなかなか得られないこともあった。ツァーリのほとんどのユダヤ系臣民は、この定住区域北部に暮らし続けた。それが何世紀にもわたり彼らの暮らしてきた場所だからだ。

シュテットルと呼ばれる彼らの居住地は、小さな町や村で、通常は貧困だった。居住者たちは先祖の信仰にしがみついていた。慈善、相互扶助、教育の伝統が維持されていた。ユダヤ人は経典の民としてトーラーを学び、その子どもたちはポーランド系やロシア系、ウクライナ系の人びとの及ばないほどの識字率と算数能力を身につけた。はるか昔から、最貧層のユダヤ人ですら貯金をして、子どもたちが聖典を学べるようにしていた。コーシャ式の食事ルールが遵守された。伝統的な宗教カレンダーも守られていた。ラビや経典読み上げ役は畏敬され、学者も尊敬された。シュテットルの多くでは信仰心が苛烈なのが通例で、広く人気があったのは、ハシド派ユダヤ教だった。ハシド派は、他のユダヤ教系列とも争うと同時に、ハシド派内の派閥でも争った。ほとんどの信仰者は厳しい服飾のルールに従っていた。男たちは黒く長いカフタンを着て、もみあげをくるりと丸めていたので、スラブ系のご近所とはすぐに区別がついた。男女は別々の場所で礼拝した。そしてハシド派では、聖人男子は祈禱所に一日数回通うことになっていた。こうしたユダヤ教徒は、成功した事業家でなければ異教徒たちからは距離を置いた。犯罪や民事紛争は、ユダヤ宗教裁判所で処理された。年次の租税を政府に納める以外は、帝国政府との接触はほとんどなかった。

当局が懸念していたのはハシディズムだけではない。北部シュテットルのユダヤ人たちは、靴作り、仕立屋などの技能職に集中していた。彼らの中での経済競争は熾烈だった。さらに多くのロシア人やウクライナ人と同様に、大家族だった。夫婦は、妻の閉経まで子作りを続けた。北部シュテットルでは、ほとんどのユダヤ人家族は貧困に捕らわれていた。政府は、ユダヤ教徒を一般社会に統合させるためには、その信仰と物質的な条件を何とか改革しなければならないと結論したのだった。(4)

こうした背景があって、皇帝アレクサンドル一世はユダヤ人の農業入植地制度を導入したわけだ。黒海近くのヘルソン県とエカテリノスラフ県の無人地域が彼らのために選ばれた。宣言が公布され、トロツキーの祖父ブロンシュテインは、ポルタヴァ県から入植地の一つに移住した最初の人びとの一人となった。多くのユダヤ人は、南下して農民として一から人生をやりなおすことで貧困から逃れようとした。(5) こうした発想を政府は奨励したがったのだった。皇帝配下の大臣たちは、ユダヤ人を貧困で扱いにくい異教コミュニティから、帝国にもっと溶け込んだ生産的な人びとに変えたいと思ったのだ。特別に指定された地域に、無料の処女草地が耕作希望者に対して提供された。十九世紀半ばには、ウクライナ南部、中央部、西部に六万五〇〇〇人以上の入植者たちが暮らすようになり、ヘルソン県だけでもユダヤ系入植地が二二カ所あった。(6) グロモクレイは、そこに創設された最後のユダヤ系農業入植地だった。ブロンシュテイン一家は、シュテットルの経済的な足かせを逃れ、農業を実践しようとした運のいいユダヤ人の一員となった。(7)

こうした入植地の制度には法的な制限が設けられており、政府査察官が定期的に訪れて規制遵守を確認した（グロモクレイの査察官は、トロツキーの叔父アブラムの家に滞在した）。(8) 役人は当初から、ユダヤ系都市職人が、畑の肉体労働に適応できるか疑念を表明していた。(9) 多くの入植者たちは、到着した瞬間に土地を転売しようとして、この疑念を裏付けることになった。こうした行為は禁止された（それでも人びとは、あっさり入植地から失踪した）。(10) もっと賢い行政官たちは、物理的な条件がしばしば困難すぎるのだということを認識した。入植地がすべて川の近くだったわけではなく、これは到着したユダヤ人よりは帝国当局の過失だった。もう一つ苛立たしい要因として、店や小売り所の設置が禁止された[11]。入植者たちは全面的に農業に専念すべきだ、と大臣たちは考えたのだ。当初は、収穫期にすらキリスト教徒の労働を雇ってはいけないとされた。ウクライナの百姓がユダヤ教徒の経済的支配下におかれてはいけないと考えたからだ。さらに、入植地の区別は維持されなければならなかった。ユダヤ人入植者たちは、家や畑を異教徒に売ってはいけないとされた。また、非ユダヤ人の土地物件を買うことも禁じられた。法や政令の枠組み全体が不信に貫かれていた[12]。

彼らをキリスト教徒に改宗させようという試みは禁止された。当局は、彼らを熱心なユダヤ教徒のままにしておくつもりだった。だからユダヤ教徒たちはシナゴーグ建設を奨励された[13]。希望としては、彼らの信仰するユダヤ教がもっと「啓蒙的」で現代的な性格を持つようになり、生活環境改善に伴ってハシディズムが捨てられる、というものだ。一八四〇年から、ロシア語学校設立に対して公式の支援が行われはじめた。でも、通常はあまり成功しなかった。ほとんどあらゆるユダヤ系入植者たちは、子どもをイディッシュ語で育て続けた[14]。サンクトペテルブルグの政府はこれについて首をかしげ、大臣たちは入植者たちの作った学校に介入するにはどうすればいいかを検討した。第二外国語として、ドイツ語ではなくロシア語を教えるように仕向けて見た。でもユダヤ教徒たちは、しばらくこの介入に反抗した。イディッシュ語はかなりの部分がドイツ語から派生しており、北部シュテットルでは――外国語を少しでも教えるなら――ドイツ語を選ぶのが通例だった[15]。入植地がロシア人教師やロシア語を受け入れ始めたのは、かなり強いられてからのことだった[16]。

ユダヤ教習俗への敬意は入植地では活発だった。入植者たちは、暮らしや信仰を変えたいとはまったく思わず、やがてノヴォロシアの帝国行政官たちは、彼らが北部からハシド派のラビや儀式屠畜人を招待していると報告している[17]。ユダヤ教の行動の多くは、キリスト教徒から見れば異様なものだった。入植者たちは、酒場で飲んだくれることは滅多になかった。犯罪発生率は低かった――行政官たちは「処罰を恥じる気持ちが、処罰そのものより強い効果を持つ」と畏敬を込めて記録している[18]（それほどのしらふぶりが、仮庵《かりいお》の祭りなど宗教上の記念日に自宅でも守られていたかは疑問の余地があるが、民生当局はそれをほとんど見ていない）。ノヴォロシアでは、ハシディズムなど「片鱗すら」存在しなかった。でも新参者たちはそれを一変させた[19]。ラビや学者が社会問題について何かをいえば、その発言は命令の力を持った。信仰と日常生活は密接に結びついていた。帝国当局はこれをまったくの「狂信主義」と見なした。彼らから見れば信じがたいことに、ユダヤ教徒たちは畑や利潤よりも信仰上のカレンダー儀式を優先させる！　コーシャ肉に「無駄な」金を使う。毎週、金曜の夜明けから土曜に一番星が出るまでの期間は、畑仕事を一切しない「無駄な」期間となった――実際、通常は仕事を再開するのは日曜朝になってからだった[20]。ユダヤ教徒一家はケチで金を貯め込み、貯金を使うのは娘の持参金としてだけ。親戚が他界すると、みんな一週間床に座り込んで死者を悼んだ。農業で成功するつもりなら、こんなやり方ではとてもおぼつかない。

やがて年次監査は、入植コミュニティの産出は公式の予想をはるかに下回ると報告していた。入植者のうち農業で成功したのは、十九世紀半ばでは五分の一ほどだ、というのが認識だった。さらに五分の一は、自活するという意味ではそこそこの成績だった。でもそれ以外は、かなり悲惨な失敗だった。ある専門家はこう報告する。「ユダヤ教徒を農民に仕立てるという政府の慈悲深い提案は実現していない[21]」。貧困は、ポーランドやリトアニアのシュテットルから、ヘルソン県や隣接県に移設されただけだった。

政策が調整されると、事態は少し改善した[22]。サンクトペテルブルグの大臣たちは、ユダヤ人農業入植地の活動には規制を減らすのが必要だということを認めるに至った。一八五七年にユダヤ教徒は、やっと季節労働のためにキリスト教徒労働者を雇っていいことになった[23]。さらにグロモクレイは、皇帝アレクサンドル二世が帝国秩序全般に改革をおこなっている時期に設立された。一八六一年に彼は農奴解放の勅令を出し、領主貴族の所有物となっていた農奴たちに人身の自由を与えた。土壌が肥沃なところでは、農奴たちは自分の耕作地を与えられた。土地の生産性が低いところでは、ずっと大きな土地を与えられた。どちらの場合にも、新規に手に入れた土地については国の融資を返済しなければならなかった。地方部における条件のこうした変革が起こる中で、ユダヤ農業入植地の特殊な条件も忘れられてはいなかった。一八六三年に、入植地外での非農業事業従事禁止令が廃止された[24]。一八六〇年代末には、キリスト教徒の常時雇用禁止も廃止され、ユダヤ教徒は異教徒から追加の土地を借りてもいいことになった。入植地は、他の農業部門から隔離されなくなった。成功したユダヤ教徒農民は、「繁栄した経済存在」を実現していると報告され、査察官たちはユダヤ人入植地に対する活動制約が緩和されるにつれて、彼らが「真の農業生産者の健全な核」となるだろうと考えた[25]。

改善が始まるのは遅かったが、やっとそれが実現しそうに思えた――そしてブロンシュテイン一家は、政府の希望を強化する一家の一つだった[26]。ヘルソン県で入植地が設立されたときの平均的な畑面積はおよそ四五ヘクタールだった。通常のやり方は、世帯主が全域について登記をおこなうというものので、中央ロシアや南東ロシアでの百姓で通例だったような、小さな土地をそこに混ぜろという圧力はなかった[27]。土地の賃貸に関する規制が緩和されると、ダヴィド・ブロンシュテインのような人びとはその機会を利用して、所有・賃貸する土地面積を拡大した。十九世紀半ばには、ヘルソン県のユダヤ系農業入植地の中で、風車を建設できるだけの金と技能を蓄えた世帯は八つあった――そしてブロンシュテイン一家も後にそこに加わる[28]。技術的な近代化が、僻地の田舎にも訪れつつあった。

全般的な経済環境は、ブロンシュテイン一家などの味方だった。世界市場はロシアやウクライナの穀物を大いに欲していた。鉄道は北部からオデッサやヘルソンにまで開通した。黒海の北沿岸部にある大河川系も拡大された。鉄道と蒸気船が小麦とライ麦をオデッサに運んだ。ノヴォロシアの穀物耕作はだんだん華開いた。南部ステップの土壌も気候も、ロシア帝国の他の場所とはちがっていたので、農業技術はほとんどゼロから自前で開発するしかなかった。確かに、土地は肥沃だった。だがそれ以外に、予想外の問題があった。降雨が不規則だったのだ。伝統的な小麦の品種は、あまりうまく育たなかった。ヘルソン県とエカテリノスラフ県にきたユダヤ教徒たちは、ドイツ人入植者たちとちがって、開墾、耕作、収穫の経験がほとんどなかった。当局からは科学的な助言などない。だからユダヤ教徒たちは実地に学ぶしかなかった。よい年だと、耕作にとって処女地だということだけで収穫は大きかった。だが生態学的な訓練がないために、彼らは土壌の肥沃さを回復させるような手段はほとんど講じなかった――おかげで二十世紀になると、多くのステップは土埃がたつばかりとなった。労働はつらいものだった。でも、決意ある少数の人びとにとって、目先の報酬は大きなものだった。

ノヴォロシアは、その民族と宗教の多様性で有名で、ヘルソン県の経済はこの混交を反映していた。グロモクレイはたまたま、繁栄したドイツ農業入植地に隣接していた。ユダヤ入植地に対する初期の規制が緩和されるとポーランド人、ドイツ人、ユダヤ人やロシア人はますます相互交流を深め、おおむね平和的に共存した。反ユダヤのポグロム（虐殺）や暴動は、一八八一年から八三年のロシアでは珍しくなかった。当然ながら、これはノヴォロシア全域のユダヤ人たちを不安に陥れたし、それはオデッサのような問題地域で特に顕著だったが、地方部に暮らす人びとはあまり騒乱を目にすることもなく、状況が改善するという期待を抱き続けた。

ダヴィドとアネータ・ブロンシュテインは、ほとんどのユダヤ人入植者よりも、この広い環境にうまく溶け込んだ。宗教的な遵守をそれほど重視しないという点で、彼らはグロモクレイの中でも少し変わっていた。ヤノフカは村のシナゴーグから遠すぎて、毎日礼拝に加わるのは無理だった。トロツキーは、両親がユダヤ教信仰をごく軽くしか実践せず、あらゆる宗教信仰に対して内心では留保を抱いていたという――そして幼いレイバは、二人が無神論者を自認して話すのを耳に挟んだと主張している。それに二人は地方部暮らしとはいえ、アネータはオデッサ出身で、オデッサで成功している親戚もいた。家族のつながりで、二人は農場や村よりも広い世界への窓があったわけだ。親戚の中には工場所有者もいた。そしてアネータには、十九世紀末の経済拡大の中で繁栄した甥や姪もいた。ヤノフカのブロンシュテイン一家は、ノヴォロシアの経済発展の恩恵を大きく被った拡大家族に所属していた。ダヴィドの両親は一時、ポルタヴァ県のシュテットルで暮らしていたが、ダヴィド夫妻はユダヤ性を前面に打ち出さないような生き方の先駆者だった。

僻地の農業生活はもちろん、夫妻の現代社会とのつきあいを制約した。アネータはあまり教育を顧みられずに育った。なんとか字は読めたものの、あまり得意ではなかった。ダヴィドは村の息子で、読み書きができなかった。初歩的な教育を受けていないという点では異例のユダヤ教徒だった。このためブロンシュテイン一家は、ロシア帝国における都市文化の変転にあまり接触できなかった。彼らは、自分たちだけの農業に満足していたのだ。地理的な距離にもかかわらず、ダヴィドはニコラーエフに自分で旅行して取引をおこなった。またオデッサにいるアネータの親戚たちも、夏にはヤノフカに必ず旅行した。

じわじわとブロンシュテイン一家は、グロモクレイのご近所たちに比べて非「ユダヤ」化しつつあった。トロツキーの記述を信じるなら、ダヴィド・ブロンシュテインは家では「ロシア語とウクライナ語がちゃんぽんとなった、文法的に正確でない言葉をしゃべり、どちらかといえばウクライナ語のほうが多かった」(29)という。これはこの土地の方言だった――通常は「ジャーゴン」と呼ばれていた。ブロンシュテイン一家がイディッシュ語を使わなかったのには現実的な理由があった。労働者たちや召使いたちはウクライナ人で、ウクライナの「ジャーゴン」しか話せなかった。ヘルソン県の農場で孤立している一家としては、地元のことばをしゃべるほうが筋が通っている。イディッシュ語とドイツ語が似ているので、ダヴィドはドイツ人地主とも話しやすかっただろうし、もちろん入植地の友人や親類とも話ができた。ユダヤ人居留地区の人びと——ポーランド系、ロシア系、ウクライナ系、ドイツ系、ユダヤ系、ギリシャ系——は言語のちゃんぽんでやりくりするのに慣れていた。ダヴィドとアネータが変わっていたのは、他のすべてよりもウクライナ語をかなり重視していたという点においてだけだった。それは、彼らが直接の家族やコミュニティの外にある世界にもオープンだったことを示すものだ。

グロモクレイのほとんどの世帯は、一世代以上にわたりその土地に暮らして働いたが、ダヴィドとアネータ・ブロンシュテインの子どもたちの誰一人として、成人になってからこの農場にはとどまらなかった。両親は子どもたちに、手に入る最高の教育を買い与えた。ダヴィドとアネータ自身も、世界大戦と革命、内戦の焼け跡から出現したのとはまったくちがうロシア創設に貢献できたかもしれない人材だった。このカップルのふるまいを見る限り、二人は啓蒙と物質的な進歩、能力を通じた地位向上を重視する、皇帝臣民の拡大しつつある層に所属していたのだ。ノヴォロシア(新ロシア)という名前は、地域としての意義だけでなく、社会的な意義も持っていた。古いロシアは着実に、伝統的な態度や慣習を捨て去った社会、経済、文化に道を譲りつつあり、ヤノフカのブロンシュテイン一家はこの変化のプロセスに大喜びなのだった。

第2章 育ち

ブロンシュテイン一家には八人の子がいた。そのうち成人したのはたった半分。残りは猩紅熱やジフテリアで夭逝し、トロツキーはこう記録している。「私は五番目に生まれた。私の誕生は家族において、ほとんど喜ばしい出来事ではなかった。人生はあまりに重労働に満ちていた。子どもたちは必然ではなかったが、豊かな家族にとっては不可欠ではなかった」[1]。いつもながら、彼はヤノフカの状況のつらさを誇張している。だが、一家がまだ現代文明のあらゆる成果を享受できていなかった点を強調した点は正当化されるだろう。レイバ・ブロンシュテインは生き残った子どもたちのうち三人目だった。兄と、姉と妹がいっしょに育った。自伝では、彼らが直接関わる出来事以外で兄弟姉妹が言及されることはほとんどない。名前はアレクサンドル、エリシェバ（後にはエリザヴェータとして知られるようになる）。そしてゴルダ（後にオリガ）[2]だ。アレクサンドルは一八七〇年生まれ、エリシェバは一八七五年生まれ、つづいてレイバで、ゴルダは一八八三年生まれだった。年長の二人、アレクサンドルとエリザヴェータは多くの活動をいっしょにやり、レイバとゴルダがいっしょに遊んだが、二人の年齢差は四歳もあったから、いつもレイバが主導権を握った。

ヤノフカの農場は、旧所有者ヤノフスキー大佐から名前をとっている。この大佐はアレクサンドル二世皇帝の治世で大いに業績を挙げて、ヘルソン県に四〇〇ヘクタールを与えられたのだった。ヤノフスキーは軍人として台頭したので農業は絶望的に未経験だったため、農場を売りに出した。ダヴィド・ブロンシュテインはよい商業的な機会と、ひょっとしたらグロムクレイの農業入植地の社会宗教的な制約から逃れる機会を見いだしたのかもしれない。彼は、一〇〇ヘクタール以上の土地を買おうという魅力的な申し出をおこなった。ヤノフスキー一家は大喜びで承諾した。そして、北部のポルタヴァ県に移住する前に、さらに一六〇ヘクタールをブロンシュテインに貸した。ロシア人のヤノフスキー一家は、帝国内でブロンシュテイン一家がやってきたのとまさに同じ場所に戻っていったのだった。年に一、二回、大佐の未亡人が自分でやってきて、地代を集めて物件を視察した。借り手としてのブロンシュテインは非のうちどころがなかった。地域で大繁盛の輸出市場向けに小麦を栽培した。耕作と、エリザヴェトグラードなど近郊の町にでかけるための馬を何頭か持っていた。そして多くの牛や羊も持っていた。さらにはブタも飼っていた――ユダヤ教徒なのにブタには何の抵抗もなく、家の近くをうろつかせていたので、ブタはしばしば植え込みをかぎまわり、何の障害もなく庭に入り込んだりしたという。

レイバはハンサムでがっしりした少年であり、父と同じ明るい青い目をしていた（後の知人たちは、アメリカの共産主義ジャーナリストのジョン・リードを含め、トロツキーの目が濃い茶色だとまちがって述べている。おそらく、ユダヤ人に青い目はいないという偏見のためにそう思い込んだのだろう。トロツキーはこれにちょっと苛立っている）(3)。両親はすぐに、彼の頭のよさに気がついた。でも、トロツキーを含め子どもたちを甘やかしたりはしなかった。ダヴィドは粗野で、アネータは厳しかった。子どもたちには多くを期待し、その期待が裏切られると怒った――そしてレイバは通常はほめられた。だが怒られたときの記憶は忘れなかった。怒られたある事例が重要なのは、そのときにトロツキーに生涯つきまとう、意識喪失を経験しているからだ。二、三歳のとき、母に連れられて近くのボブリネッツに出かけて、レイバと同じ歳の娘がいる母の友人宅を訪ねたという。アネータ・ブロンシュテインと友人はおしゃべりに夢中で、子どもたちを二人きりにした。大人たちはこの二人を、花嫁と花婿と呼ぶのがお決まりの冗談となっていた。少女がちょっと部屋を離れた。レイバは引き出しの多いたんすの隣に立っていたが、何か意識喪失を経験した。気がつくと、ニス塗りの床に小便を漏らしていたそうだ。そこへ母親がやってきた。「恥ずかしくないの！」でも彼女の友人はもっと鷹揚だった。「いいからいいから。子どもたちが遊んでいただけでしょ」[4]。アネータ自身も意識喪失がときどきあり、レイバはその性向を母親から受け継いだらしい。いつもは乳母マーシャに守ってもらった。後に彼は、乳母がスモモの木に登ってジャムにする実をもいだと語っている。彼女が落ちるんじゃないかと、少年は心配になった。マーシャはそれを笑い飛ばした。その場にいた母親はほほえんだが「マーシャ、降りなさい！」と命じたそうだ[5]。農場の者はみんな、夫妻が肉体的に危険なことをレイバにやらせたくないのを知ってはいた。でも、レイバは乗馬が大好きだった。落馬もしょっちゅうあったが、若きレイバはそれをずっと家族に隠しておいたという。「そうしないと、乗馬を禁止されるかもしれなかったからだ」[6]

しばしば窮地にも陥った。

グリーシャ［自伝の初期草稿でトロツキーが自称に使った仮名］は、家族全員と同様に毒を持つクサリヘビとタランチュラをとても怖がっていた。グリーシャは完全に田舎少年で、農民の子たちと遊んでいたのに、クサリヘビとクサヘビとの区別がつかずに、どっちも怖がっていた[7]。

三、四歳のとき、乳母と庭を歩いているとクサリヘビにでくわした。嗅ぎ煙草入れだと思った乳母は、それを棒でつついた。そして、かんちがいに気がついて悲鳴を上げ、レイバを抱えて駆け去った。トロツキーは、ヘビを見ると生涯震えを隠せなかった[8]。タランチュラだともう少しうまくやった——そして数年後には若いヴィクトル・ゲルトパーノフと農場をまわり、たっぷりロウを塗ったひもをタランチュラの巣穴に入れてつかまえようとした[9]。成長するにつれて、ヤノフカ周辺の地主たちのほとんどと対面したが、トロツキーの記憶によればみんなニコライ・ゴーゴリ（彼もウクライナ出身だ）の短編や長編に出てくる人びとに負けず劣らずエキセントリックだったらしい。ブロンシュテイン一家は、エリザヴェトグラード近くにトリリツカヤという貴族女性から土地を借りていた。一度彼女はヤノフカまでやってきて、賃貸契約の見直しをおこなったが、そのときに男性の伴侶をつれてきた。そしてレイバは、その男性がタバコの煙で輪を作るのを眺めた。レイバは、この貴族女性についての発言には慎重になることをおぼえた。それが当人に伝わって、彼女が機嫌を損ねるといけないからだ[10]。他にはフェドーシャ・デムボフスカがいた。これはポーランド人の寡婦だったが、間もなく寡婦でなくなった。領地管理人のカジミールと結婚したからだ。太っちょで陽気なカジミールは、笑い話を一つしか知らず、それをレイバに何度も何度も繰り返し聞かせるのだった[11]。そしてヤノフカ訪問の際には、自分の養蜂場からの蜂の巣という鷹揚な贈り物を持ってきてくれた。記憶に残る別の地主はイワン・ドルンで、太ったドイツ人で鮮やかに塗った馬車を持っていた[12]。中でも一番の金持ちはフェルツァー兄弟だった。何千ヘクタールも土地を持ち、宮殿のような豪勢な家に住んでいた。ヘルソン県では、世界の他の部分におけるロックフェラー家のように金持ちで有名だった（でもこずるい領地管理人が、いつも年間収支で赤字を報告していたので、その全部を維持することはできなかった）。ある日、イワン・フェルツァーは仲間二人に犬二頭をつれて、ヤノフカの畑でキツネ狩りに乗り出した。犬たちがブロンシュテイン一家の井戸から水をすする間、農場の労働者たちは、このあたりにはキツネはいないと説明した。ダヴィド・ブロンシュテインは、作物が踏みつぶされて怒っていた。そこで狩人たちを手こぎボートに乗り込ませて、向こう岸に放置した。(13)

またゲルトパーノフ一家もいた。彼らはかつては郡全体を保有していたが、やがては土地をすべて担保に入れなくてはならなかった。手元には四〇〇ヘクタール以上残ったものの、農家としては絶望的に無能で、銀行へ毎月借金を返済するために土地の借り手が必要だった。ダヴィド・ブロンシュテインは喜んでそこを借りた。チモフェイ・ゲルトパーノフとその妻は、タバコや砂糖の贈り物を持ってヤノフカに顔を出した。ゲルトパーノフ夫人は自分の失われた若さとピアノのことを果てしなくしゃべり続けた。そして家族の地位の完全な逆転を示すように、ブロンシュテイン一家はゲルトパーノフ家の息子の一人ヴィクトルを見習いとして受け入れた。(14) ご近所の変わり者ぶりや無能ぶりに、ブロンシュテイン一家が顔をしかめたことは想像に難くない。トロツキーは、アントン・チェーホフの社会主義版のような書き方をしている。「ヘルソン県のこうした地主一家たちには、破滅の刻印が押されているのであった」(15)

ご近所の中で成功したユダヤ人はダヴィド・ブロンシュテイン一人ではなかった。ヤノフカから五キロ弱離れたところには、モシェ・モルグノフスキー（とこの人物はロシア式に自称していた）の領地があった。モルグノフスキー一家はフランス語を学び、老モルグノフスキーはピアノを弾いた——とはいえ、左手より右手のほうが上手だったが。可哀想なことに、その孫ダヴィドは帝国軍に徴兵されて、頭を撃って自殺を図った——ユダヤ人は軍ではつらい思いをさせられたのだった。若きダヴィドはその後一生頭に包帯を巻いてすごした。でもそれで不幸が終わったわけではない。当局は、軍規不服従の罪状をダヴィドにかけ、父親が巨額の賄賂を払ったので、やっとそれが取り除かれたのだった。(16) レイバとその兄アレクサンドルは、彼らと何日も過ごした。モルグノフスキー家は、ブロンシュテイン一家とちがって、家畜を庭にいれず、庭ではクジャクを飼っていた。生活は豪勢だったが、その後一家は貧窮し、農場は荒れ放題となった。最後のクジャクが死に、柵が倒れ、家畜が花や一部の樹木さえも踏みにじった。モシェ・モルグノフスキーは軽快な四輪馬車をあきらめて、農民用の荷馬車を使わねばならず、それに乗ってヤノフカを訪れた。その息子たちは、お大尽よりは農民に近い暮らしを送った。ブロンシュテイン一家は、近所で最も豊かなユダヤ人となった。(17)

ドイツ系入植地の社会的な雰囲気はちがっていた。少年たちは町へやられた。畑で働くのは少女たちだった。ドイツ人の農家は通常はレンガ造で、屋根は赤と緑のトタン製だった。ドイツ人はよい血統の馬が好きだった。(18)その中の一家ファルツ・フェインは、メリノ羊の地元種を開発したことで有名で、トロツキーは彼らの巨大な羊の群れを決して忘れなかった。(19)一般に、ヘルソン県で最も豊かなのはドイツ系入植者たちだった。

トロツキーは、ブロンシュテイン一家が貧農だったように思わせようとした。家の一部の面はそうした部分もあった。長年にわたり、ダヴィドとアネータはヤノフスキー大佐の建てた泥小屋で暮らしていた。ダヴィドは文盲だったので、帳簿を自分ではつけられなかった。そこで子どもたちの助けを借りたのだった。若きレイバにはこんな風に頼んでいる。

「そうだ、これを帳簿につけといてくれ。仲買人から一三〇〇ルーブル受け取った。大佐の奥さんに六六〇送金して、デムボフスキに四〇〇払った。それからこれもつけといてくれ。春にエリザヴェトグラードに行ったとき、フェオドーシャ・アントノヴナに百ルーブル渡した」。帳簿つけはいつもこんなふうだった。しかし、父はゆっくりと、だが着実に、上昇を遂げていった。(20)

ダヴィドは豊かになると、もとのヤノフスキー一家の小屋をレンガ造の家に建て替え、クロッケー用の芝生もある壮大な庭園も造った。自分で製粉所を作り、自分で小麦粉に加工し、中間業者への支払いを節約できるようにした。エリザヴェトグラードやニコラーエフに出かけて、収穫を売り、設備機器や材料を買った。農作業以外では荷馬車を使うのはやめて、高価な軽四輪馬車と優れた種馬を二頭買った。各種の地主から何千ヘクタールもの土地を借り、その地主たちは遠くからきたときにはブロンシュテイン一家の家に泊まっていった。

レイバは六歳で学校に行くまでは、ヤノフカをほとんど出たことがなかった。グロモクレイ入植地は、ロシア語を教える公式補助付きの学校がなかった。[21] かわりに、イディッシュ語で教える伝統的なユダヤ教小学校があった。先生はたった一人、シューラー氏でレイバの家までやってきて、母親と取り決めをおこなっていた。

先生も挨拶をしたが、それは、どんな先生でも親がいるところでは将来の生徒に示すだろう穏やかな挨拶だった。母は、私の目の前で事務的な話を終えた。いくらいくらの現金と、これこれの袋の小麦粉で、先生は入植地内の学校でロシア語と算数と古代ヘブライ語で旧約聖書を教えてくれることになった。[22]

レイバは学校に通うことに不満もあったが、ブロンシュテイン一家のご機嫌取りをしようとしている気弱そうな人物を見てそれもおさまった。実際、シューラーはあまりに臆病で、彼の妻は授業の最中に小麦粉の袋を夫の顔に平気で投げつけるのだった。

レイバの両親は、毎日村まで三キロも歩くのは遠すぎると判断した。だから、村の叔母ラヒルの家から通った。この取り決めは、現金のやりとりなしで行われた。ダヴィドは妹ラヒルに小麦粉や大麦、そば粉、キビの袋を提供した。ブロンシュテイン一家は、支払いにルーブルと小麦粉を混ぜて使った。これは田舎では通例だった。シューラーはレイバにロシア語を教えることになっていた。(23)でも数年後にレイバがロシア語の語彙で苦労したことから察して、シューラー自身もロシア語があまり得意ではなかったのかもしれない。(24)ヘブライ語となると話は別だ。シューラーは、ヘブライ語が上手でなければ絶対に生徒を集められなかっただろう。レイバ自身は、授業を理解したり、他の男の子と仲良くなったりするには、もっとイディッシュ語を身につける必要があった。どのみち彼はその学校に数ヶ月しかいなかった。後の話だと、ことばが不自由だったので、友だちができなかったのだと述べている。(25)それでも彼はシューラーにずっと感謝し続けた。というのも彼に教わった短い期間で、読み書きの基礎能力が身についたからだ。

トロツキーは、はっきりと母親より父親が好きだった。特有の無頓着さで、彼はこう書いている。「父は、知力の点でも意志の強さの点でも、文句なしに母より優れていた。また人間としての深み、自制心、如才なさ、いずれの点でも母に勝っていた。父は、物に対してだけでなく、人間に対しても、たぐいまれな慧眼の持ち主であった」(26)。また、決然と倹約家だった。レイバは、ソファの穴を修理したがらなかった父を覚えている。

小さい方の穴は、イワン・ワシリエヴィチの肘掛椅子のすぐ近くに、大きい方の穴は、父の肘掛け椅子のそばの、私が腰かけるところにあった。

「この長椅子もそろそろ新しい布に張り替えなさらないと」とイワン・ワシリエヴィチはよく言っていた。

「ええ、とっくにそうすべきでしたよ。ツァーリ様が殺された年［一八八一年］から張り替えてないんですから」と母。

するとパパがこう弁解する。「でもな、あのクソいまいましい町に出かけると、あっちこっち駆けまわる羽目になるわ、辻馬車にはふんだくられるわで、とっとと農場に帰ることばかりを考えるようになる。それで買い物なんざすっかり忘れちまうんだ(27)」

父親の全事業は、無駄を避けることで運営されていた。

両親とも概してものを買うことが少なく、とくに昔はそうであった。父も母も、一コペイカを大切にすることを知っていた。父は何を買ったらよいかを心得ており、その判断に間違いはなかった。ラシャ、帽子、靴、馬、機械——どんなものに関しても、父は品質の善し悪しを見分けるセンスを持っていた。

「わしは別に金が好きなんじゃない」。父は自分のけちけちぶりを言い訳するかのように、後に私に向かって言ったものだ——「だが金がないというのも好きじゃない。金がいるときに、それがないのも困る(28)」。

レイバは、ダヴィドが労働者たちを処罰するやり方を嫌っていた。ある日、クロッケーの試合から帰ってくると、背の低い裸足の貧農が、畑に入り込んだウシを返してくれと懇願していた。ダヴィドはこの一件に激怒していた。そして動物を押収してこう叫んだ。「お前のウシが喰った小麦は十コペイカ程度かもしれんが、損害は十ルーブルにもなるんだぞ」。レイバはショックを受けた。

農夫は同じ哀願の言葉を繰り返していたが、そこには憎悪の色がにじんでいた。この場面は、全身の血が逆流するような衝撃を私に与えた。姉と妹をクロッケーで負かしたことで、西洋梨の木々の生えた空き地から持ち帰った私の意気揚々たる気分は、たちまち激しい絶望感に変わった。私は父のそばをすり抜け、寝室に戻ると、ベッドの上にうつぶせに身を投げ、もう二年生になっていたにもかかわらず、我を忘れて泣きじゃくった。父は玄関前の廊下を通って食堂に入っていった。そのあとを追って農夫は入り口まで来た。彼らの声は私のところまで聞こえてきた。やがて農夫は帰っていった。母は製粉所から帰ってきた。その声はすぐにわかった。そして昼食の皿を並べる音がして、私を呼ぶ母の声が聞こえた。だが私は返事をせずに泣いていた[29]。

母親は彼をなだめ、どうしたのかと訪ねた。レイバは口をきかなかった。両親たちは何事かをささやき合った。母はこう[30]言った。「あの農夫のことで機嫌が悪いの？ ねえ、ウシは返してやったし、罰金も取らなかったのよ」。レイバは農夫の一件で泣いているのではないふりをしたが、家族みんな真相を知っていた。

年上の従兄弟モシェ・シペンツェル——アネータの甥——はこの少年に共感した。オデッサから訪れたあるとき、馬を遅くまで外に出しっ放しにしていた牧人が、管理人に鞭でぶたれていたのに対し、シペンツェルは異議を唱えた。「なんてひどいことを[31]！」シペンツェルは、レイバに身の回りのことを批判的に考えるよう奨励した。レイバ自身も、父の労働者の一部の貧困ぶりに敏感になっていた。ブロンシュテイン一家は、知的障害者のイグナートカという少年を牧童に雇っていた。イグナートカの母親は極貧で、ヤノフカ農場に一ルーブル——たった一ルーブル——の貸しがあった。ボロ服で五キロ歩いてこの些末な額を手に入れようとしたが、着いてみると金を渡す人が誰もいない。そこで、玄関の階段に座るにはあまりに臆病だったために、壁にもたれていた。そして一ルーブルを受け取るまでに、晩まで待たねばならなかった。(32)

トロツキーはまた、子供時代のヤノフカでどのように裁きが行われたかも書いている。御者が灰褐色の馬を盗むと、ダヴィド・ブロンシュテインはためらうことなくレイバの兄アレクサンドルを送り出し、捕まえて対処するように命じた。二日探したが捕まらなかった。アレクサンドルは、犯人も見つけられず、復讐もできずに帰ってきた。(33) そして泥棒を当局に引き渡す以上のことをしたとしても、世間的には大いに賞賛されただろう。多くの人びとは警察や法廷に頼らず自分で財産法を施行した。村での正義は荒っぽく問答無用だった。グロモクレイの農業入植地のさなかに、馬泥棒という評判の背の高い男が住んでいた（どうもこの地域には馬泥棒が多かったようだ）。彼の娘も評判は悪く、帽子職人の妻が、夫と彼女が情事を持っているのではと疑うと、彼女は地元の友人の助けを求めた。トロツキーはこう記憶している。「学校から帰る途中、群集が叫び、わめき、唾をひっかけながら、路上で若い女をひきずってゆくのを見た」。たまたま政府視察官がそのとき入植地にきていた。でも、介入を拒んだ。村人たちは伝統的な処罰を実施するに任された。(34)

レイバが少し大きくなると、ヤノフカでもう少し自由が与えられ、農場の作業場をうろつくのが大好きになった。これは父親の機械工だった驚異的なイワン・グレーベンの縄張りだった。グレーベンは何でも屋で、しかもほとんどの仕事に才覚を発揮した。

彼は非常に有能な人間であり、美男子で、濃い亜麻色の口ひげとフランス風のあご髭を生やしていた。彼は技術にかけては万能だった。蒸気機関を修理したり、ボイラーの動きを調節したり、金属製のボールや木製のボールをろくろで削ったり、真鍮のベアリングを鋳造したり、バネ付きの四輪馬車を組み立てたり、時計を修繕したり、ピアノの調律をしたり、家具の布を貼り替えたり、自転車をタイヤ以外すべて自分の手で作ったりした。予科が終わって実科学校一年に入学するまでのあいだ、私はこの手製の自転車で乗り方を学んだ。近くに住むドイツ人入植者は、播種機や結束機を修理してもらうために作業場にやってきた。また、脱穀機や蒸気機関を買い入れるときには、ついてきてもらいたがった。農業については父に相談し、技術の問題についてはイワン・ワシリエヴィチが相談相手だった[35]。

グレーベンは、農場で最も重要視されている従業員で、彼が徴兵されると、ダヴィド・ブロンシュテインは賄賂を払って免除してもらった[36]。製粉所は常に彼の技能を必要としていたのだった。グレーベンには、フォマーという助手がいた。また、第二の粉挽きもいた。もと軍人のフィリップという人物だ。そして見習いが二人、セーニャ・ゲルトパーノフとダヴィド・チェルヌホフスキーという名前だった（グレーベンはやがて若いゲルトパーノフと反目するようになり、クビにした[37]）。

入植地の他の若者とはちがい、レイバは主に仲間のユダヤ人としかつきあわない生活ではなかった。ブロンシュテイン一家は、ますますキリスト教のカレンダーにあわせて活動するようになった。労働者たちはキリスト教徒で、アネータはクリスマスにはクチヤー――伝統的な小麦とベリーの料理――を作り、労働者たちに配った。復活祭には卵を塗り、クリーチ――アーモンドとサフランのケーキ――を焼いた[38]。そしてもちろん、農場の機械工である驚異のイワン・グレーベンと仲がよかったレイバは、ロシア語とウクライナ語のまざりあった方言が流ちょうになった。レイバは作業場を訪問して技術的な技能を教わるのが大好きだった。グレーベンと若い労働者たちは、レイバを受け入れた。「多くの面で私は、こうした見習いたちの見習いだった」[39]
グレーベンはレイバに厳しかった[40]。トロツキーは、労働者の美徳を体現した人物として彼を記憶している。その物腰や高潔さはトロツキーにとって重要であり、その肉体的な存在感までトロツキーは覚えていた。

イワン・ワシリエヴィチは時おり、工作台の後ろのすみっこで、道具箱の上にこしかけ、煙草をくゆらせながら、ぼんやりと空中を見つめていることがあった。考え事をしているようでもあり、何かを思い出しているようでもあり、あるいは、何も考えずに単にいっぷくしているだけのようでもあった。そんなとき、私は横からそっと彼に近づき、その濃い亜麻色の口髭の一本をいじったり、その手をしげしげと見つめたりした。それは、まったく独特で、いかにも職人らしい見事な手だった。その手の皮膚には黒い斑点がいっぱいついていた。これは、けし粒のような小さな破片で、製粉機の挽き臼に刻み目をつける際に肉の中に突き刺さったまま取れなくなったものであった。指は根茎のようにべたべたしていて、ごわごわした感じはまったくなく、先端になるほど太く、非常によく動き、親指は弓のように思いっきりうしろのほうにまで反り返らせることができた。すべての指があたかも意識を持ち、それぞれ別の生きもののように動き、それらがいっしょになって、並はずれた労働共同体を構成しているといったふうだった。歳はまだ幼かったものの、私は、この手がいったんハンマーやペンチを握ると、他のどんな手とも違うことを、見もし、感じもした。左手の親指には、斜めに丸く縁どられた傷痕があった。私が生まれたちょうどその日、イワン・ワシリエヴィチは斧で自分の親指を切りつけてしまい、指がほとんど皮一枚でつながっている状態になった。若い機械工であったイワン・ワシリエヴィチが、板の上に手を置いて、指を完全に切り離そうとしていたところを、たまたま父が見つけた。

「待て！」父が叫んだ。「指はまだくっつく！」

「本当にくっつきますか？」機械工は尋ねて、斧を置いた。指は本当にくっつき、仕事にさしつかえなくなった。だが右手の指ほど十分には外側に曲がらなくなった。(41)

これは見事な文章であるだけではない。トロツキーが身につけた最初期の社会的態度の一つが、労働者に対する敬意だということを示すものだ。

グレーベンの創造性に関する記憶はトロツキーに染みついた。彼の生涯にわたる技術専門性に対する賞賛も、このせいかもしれない。

イワン・ワシリエヴィチは古いベルダン銃を散弾銃に改造した。そこで、その命中度を試してみることにした。みんなが順番に、数歩離れた距離から空砲を撃って、ロウソクの火を消せるかを試した。だが、みんなが成功したわけではなかった。たまたまそこへ父がやってきた。父が銃の狙いをつけたとき、その手は震え、銃の構えもなぜか自信なさそうだった。それでも父は一発でロウソクの火を消した。父はどんなことに関しても的確な目を持っており、イワン・ワシリエヴィチもそのことをよく心得ていた。父は他の使用人に対しては主人らしい言葉遣いをし、よく叱責したりまちがいを指摘したりしたが、この二人が言い争いをすることは一度もなかった。(42)

トロツキーはまた、グレーベンが機械作業場の屋根裏に立派なハト小屋を作ったのを覚えている。この事業を完成させるため、何十羽ものハトがデムボフスキ領からつれてこられた。レイバはハト小屋にご執心で、鳥たちに種子や水をやるため、梯子を一日十回も上り下りした。悲しいかな、間もなくハトは三つがいだけ残して飛び去ってしまった。(43) レイバの子供時代で、何かがどうしようもなく失敗した数少ないエピソードの一つだ。トロツキーの幼少期は平和で、守られ、充実したものだった。

第3章 学校教育

ダヴィド・ブロンシュテインは、子どもたちは自分のような教育的ハンデなしで育てようと決意していた。もともとあまり熱心なユダヤ教徒ではなかったので、もし子どもたちが大人になって専門職を得るのに役立つなら、キリスト教の学校に通わせても平気だった。だからレイバが中学校に入る時期になると、ダヴィドはオデッサのウスペンスキー街にある聖パウロ実科学校を選んだ。市で最高の教育機関である高等中学校（ギムナジウム）に入れたかったところだが、一八八七年以来ユダヤ教徒に適用される進学枠制度の犠牲になったのだ。当局は、教育水準の高いユダヤ教徒の若者が大量に出現するのを懸念した。大臣たちは、単に宗教的な偏見で行動していたのではない。ロシア人をはじめ他の人びとが、人気ある学校に行けなくなると恨みを抱くことも懸念したのだった。聖パウロは次善の策で、しかもかなりいい選択肢だった。レイバはいとこのモシェ・シペンツェルとその妻ファンニの家で、下宿料を払う下宿人として暮らすよう取り図られた(1)。

出発の日はヤノフカにとっては一大事だった。レイバにとって、九歳でオデッサまで三〇〇キロ以上も旅をするというのは、未知の海を渡る旅に等しかった。ダヴィド・ブロンシュテインは、馬や馬車の準備を命じた。母や姉妹に別れを告げると、抱擁や涙が交わされた。スーツケースが積み込まれ、ついにレイバは父親と出発した。入植地の仕立屋は、実科学校用にスマートな服装をしつらえていた。

大きなバター桶やジャムのビンが、シペンツェル一家へのお土産としてトランクに積み込まれた。父親とともに動き出しても、レイバはまだ泣いていた。二人は何キロもステップのでこぼこ道を旅して、やがてノーヴィ・ブクの最寄り駅に向かう道に出た。そこからは列車で、ブク川沿いのニコラーエフにたどりつき、そこで蒸気船ポチョムキン号に乗った(2)。レイバは見慣れぬ新しい音や光景を吸い込んだ。船の鋭い汽笛、甲板で精力的に働く水夫、そして最後に、船が西へと旋回してオデッサに向かうときの、黒海の広大な平板さ。下船すると、二人は馬車に乗ってシペンツェル一家のアパートがあるポクロフスキー横丁に向かった。モシェとファンニは、実科学校に通う五年間にわたり、レイバのオデッサにおける非公式な保護者となる。

この学校は、市のドイツ人コミュニティの基盤で、ルーテル派の教会付属だった。レイバが入学した頃には、オデッサや周辺地域からのドイツ系少年は、生徒の三分の一から半数程度しかいなかった――教職員の評判が実に高まっていたので、多様な民族と宗教的背景を持つ少年が入学に応募していたのだ(3)。レイバはそこに加わるのを喜ぶと同時に尻込みした。大都市、大きな学校、大きな両親の期待。状況のあらゆる面が、馴染みのないものだった。彼は馴染みのないやり方、厳しい規律と、必ずしも自分を親切に扱ってくれない教官や生徒にあわせて自分を変えねばならなかった。ロシア語も改善が必要だった。また新しい言語を急いで身につけねばならなかった。トロツキーはイディッシュ語が得意ではなかったが、ドイツ語と似ていたのでむずかしくはなかっただろう。だんだん、ほとんど地元訛りなしのロシア語がしゃべれるようになった。十月革命以前の録音を聞くと、オデッサ式の発音の名残がわかる。そしておそらく、ノヴォロシアの伝統はそれよりはやい時期だともっと明確だったはずだ。モシェとファンニ・シペンツェルの家に下宿して、ユダヤ人の一家出身だった以上、言い回しにユダヤ人特有の癖があったと思うのが当然だろう。だが、彼の文法は常に同時代の教科書に出

ているとおりの標準帝国ロシア語だった。(4)

彼は間もなく助けを得た。新参者として予科に配属になったが、そこで一年留年していたドイツ人少年――カルルソンとだけ記憶されている――がトロツキーを受け入れ、生存のルールを教えてくれた(5)(レイバは、入学試験でロシア語が五点中三点、算数が四点しかなかったので、一年生としては入学が認められなかったのだった。村の学校教育では、かなりの不足分があったわけだ)。カルルソンは優等生にはほど遠かったが、陽気な人物だったのに対し、レイバはちっとも楽しくなかった。初めて見事な学校制服を着て、聖パウロ校のほうに他の少年たちと歩いて行くと、悪ガキが身を乗り出して上着に唾をはきかけた。レイバはショックを受けて、急いでその染みを拭いたが、校門を入ってすぐに他の生徒たちから怒鳴りつけられた。すでに彼は、規則の一つを破ってしまったのだった。シペンツェル夫婦は、予備学級の生徒はまだ制服を着てはいけないことを知らなかったのだった。学校の風紀指導教官は、バッジ、肩章、ベルトのバックルを外すように命じた。そして鷲が彫られたボタンは、通常の骨製ボタンに換えねばならなかった。(6)学校生活への入り口としては決して楽なものではない。レイバは侮辱された気分だった。ひどい状況に何とか耐えられたのは、カルルソンが世話を焼いてくれたからだった。

その朝は授業はなく、レイバはみんなといっしょに、入校式に参加した。オルガン音楽を初めて聴いて、言われていることは一言もわからなかったが、オルガンの音には興奮した。説教師はビンネマン牧師で、ロシア正教の神父たちとはちがって、髭は生やしていなかった。カルルソンによれば、ビンネマンは「ものすごく賢い人で、オデッサで一番賢い人だ」とのことだった。レイバはこれを鵜呑みにした。だがカルルソン自身は怠け者で劣等生だったが、レイバは翌日の算数で、黒板の式を写して誉められ、「五」(最高得点)を二つもらった。ドイツ語の授業でも同じ成果をあげ、「五」をもらった。[7] いったん教わったことはほとんど忘れなかった。学習は主に科学に偏っていて、数学が大好きだった。授業のどの科目でも、ついていけないことはなかった。ポクロフスキー小道では、レイバが何かのテストで最高点をとらずに帰宅する日はほとんどなかった。

レイバのオデッサにおける家庭生活は幸せだった。モシェは活発な人物で、思想に興味があり、子どもの扱いがうまかった。彼ははやい時期に当局と反目した。結果として、大学教育からは閉め出された。どんなことで不興を買ったのかは謎だが、独立心のあるユダヤ教徒は、政府エリートに好かれるような存在ではない。モシェは、この打撃からの回復にしばらくかかり、ギリシャ悲劇の翻訳をして過ごした。また歴史も学んで、お気に入りの著作家はドイツの学者フリードリッヒ・クリストフ・シュロッサーだった。[8] 人類発祥から現在までの人類発展を描いた独自の図表や統計をまとめるのにモシェが使ったのは、まちがいなくシュロッサーの世界史のロシア語訳だったはずだ。[9] 彼は、オデッサの国立ユダヤ女子学校の校長だったファンニと結婚したばかりで、結婚初期に家計を支えていたのは、彼女の給料だった。[10] モシェは表やスケジュールを作るのが好きだったので、合理的な記録方式を導入したいという彼女の試みには適役だった。だがモシェも自分のキャリア構築が必要で、ジャーナリズムに手を染めて小金を稼いだ。この収入でも不足だったので、文房具を作ってみたりした。[11] やっとそれが成功し、事業活動はレイバがやってくる頃には成長を始めていた。シペンツェルは、ロシア帝国南部を代表する出版社となる。だがこれはすべて先の話だ。レイバがポクロフスキー横丁にいた頃には、いとこのモシェはまだ模索中だったのだ。印刷機はアパートにあり、おかげでモシェはかなり家にいた。レイバが学校から帰ってきたとき、ひとりぼっちでいることはほとんどなかった。

アパートは慎ましいものだった。モシェの高齢の母親も同居していて、食堂にカーテンをかけて彼女に多少のプライバシーを提供していた。[12] そこが母親のベッドだったのだ。普通に考えれば、レイバは彼女をおばあちゃんと呼ぶだろう。だがレイバは家系的な序列の感覚を持っていた。モシェは第一いとこだったので、レイバは老婆を断固としておばちゃんと呼んだ。[13] これはまたレイバなりに、自分をシペンツェル一家の完全な一員にするための手段でもあった。レイバを自分自身の両親と結びつける絆は、知らず知らずのうちに緩みつつあった。同じ食堂にもう一枚カーテンがかけられて、そこにレイバはベッドと本棚二つをもらった。モシェは学校の勉強も手伝ってくれた。そしてトロツキーの回想によれば「彼は学校教師の役を演ずるのが大好きだった」。[14] これはまさに、レイバがその可能性を発揮するために必要なものだった。

モシェとファンニは、レイバの田舎風習をこすり落としにかかった。寝間着を九時には着なければならず、好き勝手な時間に寝るのはもう許されなくなった（大きくなるとこの規則は緩められ、十一時まで起きていていいことになった）。シペンツェル一家は、レイバの礼儀作法も改良した。

　おはようございますと言うのを絶対忘れないこと、手や爪を手入れして清潔にすること、ナイフを口に運ばないこと、絶対遅刻しないこと、家政婦に何かしてもらったら礼を述べること、陰口を叩かないことを、何かにつけて言われるのだった。[15]

ブロンシュテイン一家の、切磋琢磨と信頼性へのこだわりに加えて、シペンツェル一家の都会性と礼儀正しさの要求が加わった。この組み合わせは終生トロツキーを離れず、一九二三年にはロシアの大衆文化を換えることが喫緊であると伝道師じみた形で指摘する小冊子『日常生活の諸問題』が丸ごとこの問題に当てられている。[16]

ファンニとモシェは、明らかにいとこというよりは叔父と叔母に近い存在だった。二人には赤ん坊の娘ヴェーラがいて、レイバがオデッサにやってきたときには生後三週間だった（成人して彼女は有名なソヴィエト詩人ヴェーラ・インベルになった）。レイバはその子守りも手伝うことになった。シペンツェル夫婦は、こうすればあまり勉強ばかりにならないからよいと思ったという。レイバは小さなヴェーラが大好きだったが、時に強く揺すりすぎはした。[17] 彼はお手本のような甥っ子で、ファンニはこう回想している。

これまで彼が無礼だったり怒ったりするのは見たことがありません。あの子でいちばん困ったことといえば、あまりに几帳面すぎたことだけです。一度、あの子が新しいスーツを着ていて、いっしょに散歩に出かけたんですが、その間ずっとあの子は、ありもしない糸くずをスーツからつまみ取っていました。私は「そんなことをしてると、新しいスーツを着ているのがみんなにわかっちゃうわよ」と言ったんです。でも何も変わりません。とにかく何でもきちんとしていないとダメなんです。[18]

ただ一つの汚点といえば、レイバがモシェの蔵書から高い本を何冊か盗んで、それを売ってお菓子を買ったことだった。バレる前から、レイバはこれを後ろめたく思っていた――そしてなぜそんな非行をしたのかも説明できなかった。シペンツェル夫婦は彼を許し、すべては水に流された。[19]

モシェとその印刷設備のおかげで、レイバは生涯にわたり出版界に魅了されることとなる。「植字、割りつけ、本組、印刷、折り、製本はすっかりお馴染みとなった。校正がお気に入りの暇つぶしだった。印刷したてのページに対する愛は、このはるか昔の学童時代が起源だ[20]」。レイバは本の虫だった。しばしば先生たちも知らないような作品を読みあさった――そしてファンニとモシェは、その好奇心を喜んだ。最高の教育者の常として、彼らは自分たちより潜在能力の高い人物の教育を助けているのが理解できたのだ。

レイバはシペンツェル一家の家政婦ダーシャの秘密を聞く役となった。二人は夕食後の晩におしゃべりして、ダーシャは自分の恋愛生活の話をした。やがて彼女のかわりに、ジトミール市出身のソーニャがやってきた。レイバは暇を見て彼女に読み書きを教えた。小さなヴェーラには乳母が雇われた。彼女もジトミール出身で、ソーニャの推薦でやってきたのだ。ソーニャと乳母はどちらも離婚していた。レイバは二人のために、前夫に金の無心をする手紙を代筆した。乳母はあまりに困窮していたので、子どもを里子に出していた。「私たちの赤ん坊だけが、この生活の暗い地平線に輝く明るい星なのです」。彼は坊のことを書いた。レイバはすでに、かなりの巧みさで散文を書いていたので、失った赤ん誇らしげにそれを読み上げた。女性たちはその尽力に感謝したが、どうも少年が二人の感情的な機微を十分理解できていないように感じた。

そして私は、人間関係の複雑さをつくづく考えさせられたのであった。夕食時に、ファンニ・ソロモノヴナは含み笑いを浮かべながらこう言った。「あら文士さん、スープはもういいの?」

「何ですって?」私はびっくりして訪ねた。

「いいえ別に。でも乳母に手紙を書いてやったでしょう。だからあなたは文士ってわけ。ええと、どういう言い回しだっけ、暗い地平線に輝く明るい星? 大した文士だわ!」そして我慢できずに、そこで爆笑した。

モシェおじさんが彼の気持ちをなだめてくれたが、将来は手紙は自分で書かせたほうがいいと助言してくれた。[21]

これは言葉の力についての教訓で、レイバは決してこれを忘れなかった。彼は自分でも誇張だとわかっているものを書いたが、それは他人に感銘を与え、自分に好意的な注目を集めたのだ。もともと文学よりは数学や科学に惹かれていたが、その嗜好を変えるには大してかからなかった――そして学童時代に出版者の家で過ごしたという事実がその傾向を強化した。モシェは、放課後にレイバを散歩に連れ出した。二人はグノーのオペラ『ファウスト』のあらすじを議論したが、モシェはグレートヒェンが婚外で子どもを作ったことを説明しなければならず、少々恥ずかしい思いをした。またレイバに、他の作曲家の話も聴かせてくれた。レイバは夢中になり、旋律というのは見つければいいだけなのか、発明されなくてはいけないのかと尋ねた。ファンニとモシェは最新のロシア文学を買って読んでいた。レイバはそれについて二人が語り合うのを聞いた。トルストイの演劇『闇の力』が上演禁止になると、二人はその本を買ってきた。子どもが絞殺される場面はレイバ向きではないと二人は思ったが、レイバは夫婦の外出中にそれをこっそり読んでみた。また二人の承認を得てチャールズ・ディケンズにも夢中になった。シペンツェル夫婦は、高踏文化への窓を与えてくれたのだった。そして、トロツキーは自分の扱いに気をつかってくれたことで終生二人に感謝した。彼は両親よりもファンニのほうを温かく記憶している。[22]「よい知的な一家だった。私はその恩恵を大きく受けている」[23]

ビンネマン牧師が聖パウロで最大の影響を持っており、彼が死去すると、少年たちは開いた棺の横に立って別れを告げることになった。この経験はレイバを驚愕させた。おそらくは、そんな経験は初めてだったろう。ユダヤ教徒は、ロシア帝国のキリスト教徒とはちがって、葬儀の前に死骸を人に見せたりはしないからだ。レイバは異教徒の習慣を学びつつあった。ちがう人びととは独自の習俗や慣習を持つという発想にも慣れた。いちばん普通に自己表現する言語はロシア語となった。同時に、幾何学や物理における普遍原理を教わり始めた。ヤノフカでの限られた視野は過去のものとなりつつあった。そして休暇中に帰省しても、農場を部外者の目で見るようになり始めていた。

ビンネマンの義弟シュヴァンネバフは、葬儀の直後に校長職をクビになり、かわってニコライ・カミンスキーが校長となった。カミンスキーが就任したのは、レイバの登校初日に制服についての指示をした風紀担当教官だった。カミンスキーは、政府が学校のロシア化を進めているときだった。ドイツ系のシュヴァンネバフがスラブ人にすげ替えられたわけだ。カミンスキーは物理教師で、その甲高いファルセットの声に生徒たちは震え上がった。平静な外面は、レイバには絶え間ない苛立ちを隠しているように思えた。後の記述によれば、出会うあらゆる人を「武装した中立性」の態度で扱ったとのこと。だがカミンスキーにも情熱はあった。ちょっとした発明家でもあったので、自分の開発した装置でボイルの法則を実証してみせるのが大好きだったのだ。その実験は常に、かなりの爆笑と静かな反抗を生徒たちにもたらすのだった。[24]

また、数学教師のユルチェンコとズロチャンスキーがいた。ユルチェンコは粗野なオデッサ人で、賄賂を払えば成績を簡単にあげてくれた。ズロチャンスキーも洗練度では似たようなもので、咳払いと唾はきばかりしていた――そして放課後には大酒飲みだった。レイバはどちらとも円満だった。歴史の授業をしたのはリュビーモフなる人物だった。この講義はかなり退屈で、帝国の過去について学ぶにはモシェ叔父の本棚を漁る方がレイバの趣味にあった。実はリュビーモフは精神を病んでいて、ある日窓から首つり自殺した。リュビーモフは不安定で奇矯だったが、地理教官ジュコフスキーはあらゆる年齢の生徒たちを縮み上がらせた。レイバは後に彼を「自動肉挽き機」と評する。まだカリキュラムで必修だったドイツ語は、ストルーヴェ氏の担当だった。親切で善意あふれるストルーヴェは、誰かの試験の出来が悪いとがっかりするのだった――回想記でトロツキーがこれほどの愛情を示している教師は他にいない[25]。

カミンスキー後任の学監はロシア文学教師のアントン・クルジジャノフスキーだった。彼はすぐにレイバの文才を認識して、少年の作文を教室で読み上げた。レイバは『リアリスト（現実派）[26]』なる学内誌を創刊した（不合理な権威の意見と思われたものに苛立っていたのだろうと考えるのはうがちすぎだろうか?）。この種の雑誌は通常は帝国学校では禁止されていたが、クルジジャノフスキーはこのプロジェクトを大目に見た。レイバは編集を楽しんだ。また創刊号にいくつか詩を書いた。その主題は、海に落ちる水滴だった。これはこの雑誌が「啓蒙の大海」の小さな一部なのだというアレゴリーとなった。クルジジャノフスキーは詩を気に入ったが、韻律が不正確だと批判し、トロツキーは自伝で、自分が詩人としては大成しなかったと認めた。自己批判であれば、トロツキーは自分がボケ役になっても気にしなかった[27]。とにかく、聖パウロ校の教育環境は、あまり権威主義的ではなかったし、想像力を押さえつけたりもしなかったのは明らかだろう。

だがトロツキーはこれを認めることができなかった。生徒たちについては、何も批判的なことは書いていない――そしてやがては群れの単なる一員ではなく、リーダーの一人になっていた。回想記を読むと、生徒たちはみんな教師たちの悪意と愚かさの集合的な被害者であるかのようだ。少年たちがプロレタリアなら、教師たちはブルジョワだというわけだ。だが、同級生たちがトロツキーと完全に円満だったとは信じがたい。オデッサは多民族都市で、他のロシア帝国の重要な拠点に比べれば、多数の宗教が相互に寛容さをもって共存していた。だがユダヤ教徒はかなり個人的に不愉快な目にもあった。教育機関も反ユダヤ的な嘲笑から逃れられてはいない。トロツキーは、ユダヤ教徒であるために聖パウロ校で嫌な目にあっても軽い書き方しかしていない。でも何も書いていないからといって、万事快調だったという証拠だと考えるわけにはいかない。

彼は、自分が学校活動のあらゆる一般面に溶け込んでいたという印象を与えたがる。でも実はちがった。聖パウロ校はあらゆる帝国学校と同じく、宗教教育が義務づけられていた。レイバ・ブロンシュテインは同校にユダヤ教徒として入り、キリスト教に改宗しなかった。彼はユダヤ教徒の生徒を教えるユダヤ教の老学者の下で宗教教育を続けなければならず、ダヴィド・ブロンシュテインはその追加分の受講料を支払わねばならなかった。この学者は、トーラーが優れた文学なのか聖典なのかを告げなかった――そしてレイバは後に、この学者が実は一種の不可知論者なのだと結論づけた。[28] 聖パウロのユダヤ学生たちは、キリスト教徒とははっきり区別されていた。当時のオデッサの一般学校制度で学んだユダヤ教徒たちは、教師がしばしば授業中に自分たちをいじめると記録している。通常はからかうのが常だった。たとえばユーリー・マルトフ――当時はツェデルバウムと呼ばれ、後に『イスクラ』新聞でトロツキーのマルクス主義同志となる――は地理の授業で、サンクトペテルブルグの前はどこがロシアの首都だったか尋ねられたので、マルトフは、モスクワだと答えた。すると教師は、モスクワの前はどこだったか尋ねたので、マルトフはキエフと正答した。だが、教師はマルトフがベルディチェフと答えるものと思っていたふりをして、教室中からからかいが浴びせられた。教室内の一人残らず、ベルディチェフがユダヤ居留地域でユダヤ教徒が多数派の町だというのは知っていたのだ。こういう扱いを完全に逃れたのは、ユダヤの宗教学校に通うユダヤ教徒だけだった。

だからといって、トロツキーが自分の扱いに遺恨を抱き続けたということでは必ずしもない。実科学校にいるうちからすでに、彼は終生抱き続ける自信をすでに持っていた。トロツキーは自分を合理主義と進歩の側にいる人間だと考えていた。いじめっ子や意地悪たちは、無知に冒された連中として軽蔑していただけという可能性が高い。それ以上に、彼は根に持つ人物ではない。政治家としてのトロッキーは、悪意を示すのが実に遅かった[29]。だが軽蔑となると話がちがう。トロツキーは、一部の人間に対してはいかに軽蔑しているかを、さりげなく、あるいは高度な計算をもってほのめかす驚異的な能力を発達させることになる。

だが二年生になると、聖パウロ校での進捗は、ある教師とのいさかいで急停止する。こんな具合だった。フランス語教師はギュスターヴ・ビュルナンというスイス人だった。少年たちは、この教師が生徒全員を嫌っていると確信していた。若い頃に決闘をしたとも信じられていた。額にある深い傷がその証拠だというのだ。ビュルナンは胃腸に問題があり、消化剤をいつも飲んで腹を落ち着かせていたのだった。ドイツ人学生に遺恨があるようで、特にファッケルという学生にはきつくあたり、ものすごく低い成績をつけたが、生徒たちはこれがあまりに不公平だと考えた。そこでみんな、彼に「演奏会をやる」ことにして、教室を出ようとしたときにうなり声をあげた。ビュルナンは校長と学監をつれて教室に戻り、首謀者と思われた連中を連行した。そこにトロツキーは含まれず、事件当日は帰宅を許された。だが翌日トロツキーは、同級生たちが不当にも自分を学校当局に売り渡し、トロツキーが反抗の首謀者なのだと主張していることを知った。でも実際には、彼が騒動に大きく関与したのは、話がかなり進んでからのことなのだった。

職員会議が開かれた。カミンスキーは決断力があると思われたかったので、レイバをオフィスに呼びつけて、親を呼んでこいと要求した。レイバは、親は遠くに住んでいるのだと説明した。カミンスキーは、かわりに保護者二人を連れてくるよう要求した。そして決定がモシェとファンニに告げられた。レイバ・ブロンシュテインは、短期間の停学処分となったのだった。

レイバは、ヤノフカに帰されたら最悪の事態になると恐れた。父は、息子の見事な成績表を飾っていた。レイバが一種の神童なのを彼は喜んでいた。長男アレクサンドルも、医者になるくらいには成績がよかった。でもアレクサンドルは、成績が傑出しているというほどではなかった。レイバはちがった。才能ある若者であり、またその才能を最大限に活用しようという野心があったのだ。シペンツェル夫婦は、なるべく慰めようとした。夫婦から見れば、これが不当な処分なのは明らかだった。モシェはまじめくさってこう言った。「よおご同輩、人生ってのがどういうものか、わかったかね？」レイバはこれが、いとこのいつもの冗談口なのを理解して落ち着き始めた。[30] ファンニは現実家として、レイバの姉に手紙を書いて、ダヴィドがこの報せに対する心の準備ができるよう配慮した。[31] でも実際には、ダヴィド・ブロンシュテインはこのニュースを落ち着いて受け止めた。実は息子が教師に取り入ろうとしなかったことで誇らしく思っていたことさえ考えられる。ダヴィド自身、自分の意志を貫き通したからこそ豊かな農民になれたのだから。レイバは、自分が何やら「騎兵隊長」（コノヴォード）になったことで父は誇らしかったのだろうと推測している。[32] いずれにしても、停学後に三年生として学校に戻ったレイバは、六年生を卒業するまでそこに通った。聖パウロは通常はそこで卒業だった。そしてブロンシュテイン一家は、レイバがそれ以上問題を起こさなかったことにホッとしつつ、中等教育完了のために息子をニコラーエフの実科学校に入れたのだった。

第4章 若き革命家

レイバ・ブロンシュテインの自信には、十六歳の誕生日の数週間前の一八九五年秋にニコラーエフに引っ越すまでは、まったく政治的な側面はなかった。ブク川とイングル川の合流点に作られたこの都市は、新興都市だという意味ではオデッサに似ていた。女帝エカチェリーナのお気に入りポチョムキン公爵がその最初の行政機構を確立し、最初の建造物の設計をおこなった。帝国の一大有名都市というわけではない。だがオスマントルコに対する防衛の要所という戦略的な立地のおかげで、当局はこの都市と巨大な軍の駐屯地を決して忘れることはなかった。八〇キロ南には黒海があった。十九世紀末には穀物の貿易が大盛況で、農民たちは産物を広い地域からはるばる持ってきて、価格上昇の恩恵を受けた。商人たちは小麦を船に山積みして黒海をわたり、ヨーロッパの消費地に出荷した。ニコラーエフの住民はほとんどがロシア人やウクライナ人だったが、シナゴーグやルーテル派教会の存在が示すように、他の民族コミュニティもあった。鉄道駅や修理場、造船所もある。豊かな市民もかなりいて、西部郊外にはダーチャ（夏の別荘）の区域もあった。展望台、図書館、広い中央大通りもある。だがオデッサの華やかさや興奮をまねようとしたことはなく、当局はそこが静かで辺鄙だから、シベリア流刑を終えた政治的なトラブルメーカーたちを住まわせてもかまわないと判断した。この最後の特徴は、若きレイバの成長においては決定的な影響を持つことになる。

ニコラーエフ実科学校七年生に加わるにあたり、レイバの宿も決まった。彼は目立たぬように立ち回り、中等学校を終えることで学業面での親との約束を果たそうとした。だが、実は学校ではあまり新しいことを学んでいなかった。

ますます私はずる休みをするようになった。あるとき、学監がアパートにやってきて、欠席の理由をつきとめようとした。私はきわめて恥ずかしい思いだった。でも学監の物腰は丁重で、私が身を寄せている一家も私の室内も、きちんとしていることに納得して、おとなしく帰った。マットレスの下には、非合法の政治パンフレットがいくつか隠してあった。(1)

それでも成績は学年首位だった。

パンフレットを手に入れたのは、課外活動でのことだった。もはや愛情豊かながらも厳格なシペンツェル夫婦の庇護下にないトロツキーは、自分の道を行くようになった。やがて、フランツ・シュヴィゴフスキという二十代後半のチェコ人知識人と知り合いになった。レイバはニコラーエフ実科学校で、フランツの弟ヴャチェスラフと出会っていた。フランツとヴャチェスラフは革命的な思想を持っていた。マルクス主義はドクトリンとして偏狭すぎると批判しつつも、寛容だった。フランツの小さな家と園芸店の庭で、彼らは集まって議論した。友人たちの中には、オーシポヴィチやシャルゴロツキーのようなもと流刑囚もいた。同時代の政治論争の大問題が彼らに影響を与えていた。サークル仲間たちは本や日記を共有した。(2)レイバは参加時点では十八歳で最年少だった。学校の勉強は前から彼にとっては簡単なものだったので、いまや社会問題を学ぶのに時間を費やすようになった。シペンツェル夫婦の広い文化的な視野は、ロシアとその帝国の政治経済的な未来に関する懸念に収斂してしまった。

こうした知的探究は、ブロンシュテイン一家の中で経験した息苦しい雰囲気とはうって変わった、快いものだった。父親は息子がエンジニアになる勉強をしてほしいと思い、町に来るたびにその考えを押しつけた。ダヴィドは手管を弄して説得するような人物ではなく、レイバは謙遜など知らない子どもだった。この父にしてこの息子あり。レイバ自身はオデッサを離れる前は、ノヴォロシア大学の数学科に入学しようかとも考えた。ダヴィドはこの学問は先がないと考え、息子にはもっと実用的な訓練を受けてほしいと思った。二人の論争は騒々しくて険悪なものであり、それが聞こえてくると、姉エリシェバはいつも悲しむのだった。(3)

だが、レイバがどちらの選択肢もとらずに、人生を革命に捧げるとなると、話はもっと悪い。ダヴィドはニコラーエフへの旅で見た物からこれを嗅ぎつけた。シュヴィゴフスキの集団に所属する限り、誘惑は絶えなかった。第一次大戦前の三十年間で、過激思想の魅力は若きロシア人には抗しがたいものだった。国で起こっている経済と社会の変化について、皇帝とその政府を評価することはまったくなかった。帝国の政治秩序は、望ましい進歩にとってのブレーキだと考えた。何千人もがシュヴィゴフスキの庭に集まったのと類似の集団に加わり、急進的政治の実験を試みた。レイバはユダヤ人だったから、公的な現状を嫌う理由がもっと大きかった。どのみち彼は、自分で自分の意志を決める人物であり、親など自分の目的を実現するための資金源だとしか思っていなかった。正規の教育を続けるというのは魅力がなくなってきた。ダヴィドはしばしばレイバの元を訪れ、危険な道だと考えたものから息子を引き離そうとした。いまやレイバは自分の未来を危険な実験に曝していたのだ。だがレイバの腹は決まっていた。父は中産階級で土地持ちだった。シュヴィゴフスキと若い仲間たちはあまり金はなかったが、教育があり血気盛んで、レイバはそちらのほうに親和性を感じた。レイバは、父の希望や価値を軽蔑しているのに父の金で暮らすことに、何ら後ろめたさを感じなかった。さらにこの息子は、父親に負けず劣らず頑固だった。もはや指図を受けようとはせず、父の意志にしたがうかわりに、快適なアパートを出てシュヴィゴフスキの家に転がり込んだ。

ダヴィド・ブロンシュテインはレイバの見る限り初めて途方に暮れていた。レイバの妹ゴルダも、兄が「有望だ」と紹介したことから、革命支持者たちの群れに加わった。(4) 兄アレクサンドルは、学業は不本意でも少なくとも医者にはなった。姉のエリシェバは医者と結婚した。だが下の二人は、絶え間ないトラブル続きだ。ダヴィドが二人に教育を受けさせたのは、自分が耐えたような重労働をしなくてすむようにと思ったからだ。でも当時の都市での教育が、これまで存在すら知らなかったような不穏な思想に人びとを曝すこともあるのだということを、ダヴィドは学びつつあった。そしてその思想を聞かされて、彼はまったく感心しなかった。

新しい生活はレイバに自分のアイデンティティの選択をうながした。実科学校に送ることで、両親は息子が正しいロシア語を学ぶようにした。これは別に、ユダヤ教徒としての自己認識を捨てろということではない。そんなことを両親が思ったとは考えにくい。ダヴィド・ブロンシュテインは、熱心ではないがずっとユダヤ教徒だった。だがレイバは先人たちの信仰と習俗に口先だけでも従う意志を弱めるような文化と接触していた。教科書は全部ロシア語だ。文学、政治的な影響もロシア語。確かに、ニコラーエフでの友人数名――イリヤ・ソコロフスキー、アレクサンドラ・ソコロフスカヤ、グリゴーリー・ジフ――はユダヤ教徒だった。だがイディッシュ語での読み書き談話はしなかった。さらに名前もロシア式で、きわめてロシア的な愛称で呼ばれたがった。イリヤはイリューシャ、アレクサンドラはサーシャ、シューラ、シューロチカ、グリゴーリーはグリーシャという具合だ。レイバもそうしたいと思い、リョーヴァと呼んでくれと頼んだ。(5) 綴りは Lëva で、ロシア語ではレフの愛称だ。

意味的には、イディッシュ名レイバとは何の関係もないが、よくある名前だし、ありがたいことにちょっと響きも似ていた。彼の精神的な地平線は、ロシア帝国全体にまで広がっていたのだった。

コミューンはその日暮らしだった。フランツ・シュヴィゴフスキは、労働者と見習いを雇ってはいたが、庭園での肉体作業は続けなければならなかった。イリヤとアレクサンドラのソコロフスキー兄妹は、中産階級のそこそこの所得がある家庭の出だった。グリゴーリー・ジフはキエフの医学生で大学の学期中に退学した。コミューンの状況は決して豪華ではなかったが、みんなそれこそ望んだものだった。

リョーヴァは学校生活で読めなかった本を熱心に読みふけった。その中にはジョン・スチュアート・ミル『論理学体系』があった。またテフリング『心理学』、リッペルト『文化史』、カレーエフ『哲学史』もあった。これはロシア知識人の本棚の標準アイテムで[6]、シュヴィゴフスキの小集団は、広範な一般教養の考え方になじむという点では典型的だった。彼らは政治、経済、哲学、社会学を統合したいと思った。教科書を一通り理解して、やっと彼らはロシア帝国の具体的な状況についてあれこれ言うだけの自信が持てた。理論的な著作だけに限ってはいない。文芸からも知的な刺激を得た。リョーヴァははっきりと社会的な狙いを持つ作家に惹かれた。お気に入りはニコライ・ネクラーソフとミハイル・サルティコフ゠シチェドリンだった[7]。ネクラーソフは、同時代のロシアにおける不正を糾弾し、抑圧者に反抗して立ち上がった者たちを賞賛する詩を書いた。サルティコフ゠シチェドリンはロマノフ家の忠良な臣民だったが、ロシア地方都市の腐敗と無知を暴露した。どちらも社会の中の権力ある金持ちには注目しなかった。リョーヴァがこうしたものを読んでいたというのは、いかに両親の抱いていた期待から彼が離れつつあったかを示すものだ。

マルクス『資本論』を読んだことがあるのは、その友人集団のなかではアレクサンドラ・ソコロフスカヤだけだった。彼女は一八九六年夏に、オデッサの看護学校から戻ってきたところだった。これはリョーヴァが実科学校に入って一年近く後だった。このグループは、マルクスとエンゲルスの『共産党宣言』の手書きでほとんど読めないコピーしか持っていなかった。[8]グリゴーリー・ジフは、マルクス主義者を自称し始めた。[9]だがリョーヴァは世界観としてのマルクス主義には抵抗した。多くの同時代の活動家たちと同様、彼はマルクスやエンゲルスの中で自分の気に入らないところをあげつらい、それ以外の部分も捨ててしまおうとした。まだまだ心は自由だったのだ。後に彼は、自分の反マルクス主義は「論理的な理由よりは心理的なものに根ざしていた」と述べ、「自分の個性をある程度まで守りたいという気分だった」と書いている。[10]マルクス主義文献を自分で読む手間はかけずに、月刊誌の記事から知識を得ていた。明らかに、当時のロシアマルクス主義における厳しい経済決定論に反感を抱いたようだ。彼のお気に入りはむしろニコライ・ミハイロフスキーで、これは『ルスコエ・ボガツトヴォ(ロシアの富)』誌に反マルクス主義論説を書いている人物だった。[11]

ロシア帝国のインテリゲンツィアの間では、一八九〇年代にマルクス主義が支配的なトレンドとなっていたが、ニコラーエフのような都市は時代遅れだった。カール・マルクスやフリードリッヒ・エンゲルスによる本はかなり前からロシアで流通していた。マルクス『資本論』第一巻は、一八七二年にロシア語訳されていた。検閲官はそれが工業発展の経済分析だと思い、前工業的な社会では害になるまいと思ったのだった。多くのロシア社会主義者たちは、資本主義拡大の手立てを講じないと確実に社会が退廃すると警告している『資本論』が気に入った。この社会主義者たちはいわゆるナロードニキたちで、これはロシア語の「民衆」(ナロード)から採った名前だ。運動としてはあまりまとまりがなく、唯一の共通点は、未来の社会主義社会は博愛的で自治的なロシア農民の伝統に基づくべきだという思想だった。彼らは農村の土地コミューンが全国の社会組織方法のお手本になると考えた。

農民の伝統は、公平性や福祉や協力の精神を体現しているように見えた。ナロードニキたちにとって、世帯の物質的なニーズに応じて都市所有を再配分するという広範な実践が、社会主義の胎動に思えた。

彼らによれば、資本主義の発達は不可避ではない。ロシアは封建制を「飛び越えて」、社会主義に到達できる。ロンドン、パリ、ベルリン、ミラノの悪条件工場における搾取の恐怖を、ロシアで繰り返す必要はない。ナロードニキの中でも、どんな形で革命を実施すべきかについては意見の相違があった。一部は田舎に行って農民たちから学びつつ、政治社会秩序に対する蜂起をうながそうと主張した。一部は秘密結社を作った――そして中には、帝政をテロで打倒しようとする者もいた。政治警察――オフラーナ――は活動家を、その戦略的な優先度によらず摘発した。だが、一つ倒せばすぐにまた次のものが出てきた。テロリズムがますます増加した。一八八一年にある集団がアレクサンドル二世暗殺に成功した。だがこの暗殺をきっかけに民衆蜂起は起きたりはせず、むしろ社会はそれを大きく非難した。そして次の皇帝アレクサンドル三世は、あらゆる革命活動を厳しく取り締まった。ナロードニキ自身も、時間をかけて戦略を練り直した。テロ活動が完全に放棄されたわけではない。一八八七年には、レーニンの兄アレクサンドルを含む陰謀未遂首謀者たちの大規模な裁判が実施された。ナロードニキの他の支持者たちは、ロシアの経済条件やその社会的意味を調査著述するのに専念した。ほとんどの武闘派たちはますます、プロパガンダ活動は農民に向けるよりも労働者階級に向けたほうがよいのではないかと考えるようになった。(12)

ロシア帝国における初期マルクス主義者たちは、元ナロードニキたちだった。その筆頭格がゲオルギー・プレハーノフだ。一八八〇年代初期から、彼とその労働解放団はスイスに政治亡命していた。彼らの思想は単純な議論に基づいていた。資本主義は過去数年で、すでに帝国経済に決定的に浸透しているというのだ。ロシアはイギリス、フランス、ドイツが先導した変化の道をたどっている。帝国をまとめるために鉄道が建設された。効率的な電信網もできた。サンクトペテルブルグとモスクワでは、先進技術を使った巨大工場が建設されている。ウクライナの鉱山の産出は大幅に増えた。ロシア南部とウクライナの小麦は世界市場に出荷されている。西シベリアの酪農業が生産するバターとヨーグルトは、中欧に輸出されている。プレハーノフによれば、こうした変化は、経済的変化の発端だ。プレハーノフと労働解放団は、あらゆるナロードニキ戦略は時間の無駄だと主張した。資本主義はもはや飛び越えられない。それどころかロシア帝国の経済における支配的な様式になりつつあるのだ、と。実際、プレハーノフ支持者の一人ウラジーミル・ウリヤーノフ（後に一般にはレーニンとして知られるようになる）はもっと議論を進めた。後に一八九九年『ロシアにおける資本主義の発展』となる一連の論文で、彼はロシアの経済条件がすでに、イギリスやドイツとほどんと同じなのだと論じた。

ニコラーエフのシュヴィゴフスキ・サークルもこうした話題を論じ合った。リョーヴァから見れば「頑固な」マルクス主義者だったアレクサンドラは、リョーヴァと絶えず衝突しあった。あるとき、彼女が紺色の服を着て、頻発する議論の間中そのウェストをなでつけ続けているとき――リョーヴァは決してこの細部を忘れなかった――リョーヴァはこう主張した。「マルクス主義は偏狭な教えで人格を分裂させる」。これはナロードニキの間では伝統的な主張だった。ナロードニキ著述家の中で最も影響力の高い一人だったニコライ・ミハイロフスキーは、マルクスが社会全体の行動で経済的な側面ばかりを協調したために、各種の側面を分離させるような理論を造り上げたと論じていた。ナロードニキたちは、革命家たちは暴走する歴史のトラクターの車輪に個人が押しつぶされるのに反対するような、統合的な人格であるべきだと強調していた。[13] アレクサンドラはトロツキーに真っ向から対立した。「いいえ、それはどうでもいいことよ！」口論は手に負えなくなり、怒鳴りあいになった。まわりの人びとは、リョーヴァがなんでもいいからアレクサンドラに嫌がらせをしたいのだと思った。

もしそうだったのなら、成功していたわけだ。彼女はグリーシャ・ジフにこう語っている。「あのガキとは決して仲直りしないわ！」だがそこで爆発していたのは性的な力学だった。二人は惹かれあっており、それが競争心として表現されていたのだ。リョーヴァの態度はあまりにひどいもので、誰かがこう言ったという。「あいつは大英雄になるか、大悪党になるよ。そのどっちかだろうけれど、いずれにしても大物にはなるな」[14]

トロツキーの別の傾向としては、支配したがるというものがあった。この世代の若者らしく、彼は女性に負けるのが嫌いだった。はっきり物を言う女性革命家は多い。リョーヴァは後に、その何人かを賞賛することになる――ヴェーラ・ザスーリチ、ローザ・ルクセンブルク、アンジェリカ・バラバーノヴァ、ラリサ・ライスナー。アレクサンドラも、男の知恵に耳を傾けるだけという因習に負けるつもりはなかった。リョーヴァに攻撃されると、彼女は反駁した。

リョーヴァは、軍事作戦のように反攻の準備をした。ショーペンハウエル『論争術』を精読し、論争技術を磨こうとした。[15] ショーペンハウエルは、勝つためなら手段を問わないとはっきり述べていた。その権威としてマキャベリを上げている。ショーペンハウエルにとって、あらゆる議論は「政治的フェンシング」だ。相手の主張を、当人が意図したよりも極端なところに持って行って、それをたたき壊せと推奨している。個人攻撃は実に効く。つついて相手が怒れば、議論の筋も見失う。ことばを曖昧にするのも有効な手段だ。観客がいれば、狙いは観客を笑わせて味方につけることだ。共感による脱線や、慎ましいふりをしてみせるのも有効だ。相手の感情が傷つくのは当然だが、よい論争者は冷静さを保つ方法を知っている。唯一の価値ある目的は勝利、しかも圧倒的な勝利だけだ。「横暴」な気質に恥ずかしいことは何もない。そしてショーペンハウエルは「才能ある人物は、他人とのやりとりにおいて、常に自分の最良の部分が雲の中にあって見えないのだということを念頭に置くべし」としている。ショーペンハウエルはさらに「一般人」の思想など取るに足らないと宣言している。個人の天才を認識しろ、と彼は述べた。そして人間嫌いであってもまったくかまわないとしている。[16] ショーペンハウエルは、ロシア革命思想の通常の道具箱には含まれておらず、リョーヴァ・ブロンシュテインは自分の論争技法にそれが影響していることを公式には認めなかった。だが、『論争術』を読んだことで、政治と人格において必要だったものがかなり得られたはずだ。ジフは、トロツキーが論敵をいかに嬉々としてやりこめたかを記述している。

彼が口を開いたとたん、A・ソコロフスカヤのみならず、全員が凍り付いた。その演説の状況と性格すべては、この発言の唯一の狙いがA・ソコロフスカヤを罵倒し、最大限にチクチクといたぶることだと明らかに示していた。それも単に、彼女がマルクス主義者だというだけで。[17]

リョーヴァは知的ないじめっ子だった。賢い若者で自分の賢さを意識していた。後にそれをひけらかすのは避けるようになっても、この自覚は決して失わなかった。

もう一つ特異な面がすでに見られる。感傷嫌いだ。しかもかなり極端だった。これが他のメンバーにはっきりわかったのは、アレクサンドラ・ソコロフスカヤの親友の一人がサンクトペテルブルグで逮捕されたという報せを聞いたときだった。アレクサンドラは鬱病になり、長いこと回復しなかった。リョーヴァはその感覚が理解できず、グリーシャ・ジフに対して、ジフが逮捕されるようなことがあっても、自分は決して「悲嘆を味わったりはしない」と述べている――しかもこれは、当時二人がまだ友人だったときの話だ。[18] ジフはこう結論した。

彼が友を愛していたのはまちがいないし、それも誠意をもって愛していた。だがその愛というのは、農夫が馬に向ける愛のようなものだった。これは、彼の農夫的な個性を裏書きするものでもある。彼は誠心誠意、その馬を撫で、面倒を見て、犠牲を払い、危険な目にもあう。その心は馬の個性すら貫くほどの愛情を示せる。だがその馬が働けなくなったとたん、彼は何のためらいもなく、まったく良心の呵責もなしに、それを家畜処分場に追いやるのだ。[19]

リョーヴァは革命的同志に対し、農夫が馬を見るような見方をしていた。そして一同の中で、このグループが現実的な影響を持つよう誰よりも待望していたのは、リョーヴァだった。

会話の中で、潜在的な支持者に訴えかけるべきだという決定が下された。一同は結社を作り、それをラサドニクと呼ぶことにした。[20] ざっと訳すなら、これは種を育てる土地ということで、一同がもともと実科学校のグラウンドやフランツ・シュヴィゴフスキの庭で出会ったというのを忘れないためのものだった。組織を動かすために、みんな金銭的な貢献をした——リョーヴァ自身、資金はあった。また、支援者からもカンパを募った。これは当時普通のことだった。帝国の政治体制を嫌う金持ちや、将来の革命的な状況で帝政とつながりがあると思われるのを防ごうとする金持ちは少なからずいたからだ。[21] リョーヴァはオデッサのナロードニキ雑誌用に論文を書いて、編集者に面会した。その内容は出版にふさわしくないとされた。[22] だがリョーヴァは絶えず執筆と刊行の努力を続けた。また、ニコラーエフ公立図書館が、年間利用料を五ルーブルから六ルーブルに上げようとする決断への反対運動にも参加した。結果として「民主派」たちは勝利して、昔の裕福で権力ある人びとにかわって図書館の理事会に選出されることになった。[23] だが彼らのあずかり知らぬところで、一同はすでに監視されていた。オフラーナはシュヴィゴフスキの労働者の一人、トホルジェフスキなる人物を情報提供者として使っ

ていた。市内で評判になると同時に、すでに彼らの末路は決まっていたのだ。(24)

市の造船所労働者が不満をつのらせて抗議運動が高まると、一同はいろめきたった。労働者たちは賃金や雇用条件に不満だったのだ。だがリョーヴァは議論で華々しい勝利をおさめつつも、自分の思想を疑問視するようになった。アレクサンドラの立場がだんだん、リョーヴァたちにも納得のいくものとなってきた。活発な労働運動は抑圧できないと認めるようになった。マルクス主義者たちは、リベラリズムは決してロシアでは勝てないと主張していた。リョーヴァもそれに同意した。そして一八九八年に自分の思想をふりかえってこうまとめている。「自由主義革命なしでもやっていける。我々には必要ない。独自の道を行く(25)(後略)」

リョーヴァはすでに、オデッサやエカテリノスラフで活動している集団と接触していた。彼はリヴォフという匿名を使い、同志たちには南ロシア労働者同盟という名前で労働運動に入り込むよう奨励した。(26)造船所の労働者たちは高技能労働者もかなりいて、多くは賃金も高く字も読めた。その労働条件はヨーロッパ最悪というわけではない——すでに一日八時間労働を実現していた。だが労働者たちの間には、全般的な抑圧と不正に対する不満があった。そしてリョーヴァはこれが、宗教的な信念の延長だということに気がついた。多くはバプテストや福音派のキリスト教徒だった。ギリシャ正教の伝統はあまり魅力的でなかったのだ。シュヴィゴフスキ・サークルは、この指向を革命参加に変えようと狙った。労働者二〇人で学習サークルを始め、それを大学と呼び、リョーヴァは社会学の講義を一時的に担当した。(27)当局に見つからないようにするための方法は何も考えていなかった。自分の活動が実に誇らしかったので、シュヴィゴフスキ・サークルは集団写真まで撮った——警察は連行後にその写真を活用する。だがしばらくは、リョーヴァたちは自分たちの布教活動の進捗に満足していた。(28)

リョーヴァは運動にきわめて献身していたので、グリーシャ・ジフが一時的に大学に戻って医学の学位を取ろうとすると叱りつけたほどだ。(29) 一同の野心は高まる一方だった。リョーヴァはメーデーに、初の演説をおこなった。市の郊外にある森林で行われたものだが、当人はそのときは恥ずかしかったと述べている。グリーシャ・ジフが記憶するリョーヴァの態度はちがっていて、同志リョーヴァは労働者たちが自分をドイツの大社会主義演説家フェルディナント・ラサールとまちがえた、と自慢していたという。(30) いまや、どちらが真実に近いのかは知りようがない。はっきりしているのは、グループとしては文書頒布を重視するようになったということだ。

やがて我々も自分の文献を発行しはじめた。これはまさに私の文筆作品の始まりだった。それは私の革命活動開始とほとんど同時だった。私は宣言や論文を書き、それを一文字ずつ手書きでヘクトグラフ［小さな即席のゼラチン複製装置］〔自伝邦訳では「こんにゃく印刷機」〕に刻んだ。当時は、タイプライターなどまったく知らなかった。私は細心の注意で文字を印字し、あまり字の読めない労働者にすら、我々のヘクトグラフからの宣言をすらすら読めるようにするのが名誉なことだと考えた。一ページあたりの作業には二時間かかった。(31)

帝国一帯で似たようなマルクス主義活動の広がりが見られた。ニコラーエフ・サークルは、政治的な思想を広める方法について、試行錯誤で学んでいった。

それについては外部の支援もあった。オデッサのマルクス主義者仲間により結びつきは強化された。経験が比べられた。文献もやりとりされた。オデッサは、革命文書密輸の主な入り口だった。ニコラーエフの一同もそこに参加したがった。ジュネーブのプレハーノフらは、ロシアマルクス主義創始者として評価され、彼らの最新の思想が熱心に読まれた。リョーヴァはときどきオデッサにでかけ、スーツケース一杯に外国印刷のパンフレットや新聞をつめこんで帰った。ニコラーエフの一団による隠密活動は、とどまるところを知らないかのように進歩をとげていた。

　その終わりは、一八九八年に、突然やってきた。田舎のシュヴィゴフスキの新居にやってきたリョーヴァは、これぞ自分の隠れ家だと思った。そして自分の文書の束を荷ほどきして、その頒布準備を開始した。そのさなかに、アレクサンドラの妹マリア・ソコロフスカヤがやってきた。ニコラーエフで兄弟の一人が逮捕されたという。どうやらオフラーナは組織全体について情報を集めており、マリアはエージェントにシュヴィゴフスキ邸まで尾行されたと確信していた。リョーヴァもシュヴィゴフスキもそれを真面目に受け取らなかった。だが彼女はこだわった。やがて三人は文書を外に持ち出して、キャベツ畑に深い穴を掘って埋めた。しばらくすると、シュヴィゴフスキはエージェントなどマリア・ソコロフスカヤの想像の産物でしかないと判断した。そして文書を掘り返すと、それを家の入り口にある水樽の上に置いておいた[32]。翌日、三人の愚かさはすぐに明らかになった。エージェントはずっと家を見張っており、単に踏み込むため応援を待っていただけだったのだ。シュヴィゴフスキは、逮捕されるとき、みんなが立ち去ってから文書を破壊するよう家政婦に囁いた（警察はこれに気がつかなかった）。革命集団全員が連行され、ニコラーエフ刑務所に収監された。

第5章 愛と監獄

ニコラーエフの鉄の扉を通って自分の房に連行されたブロンシュテインは、それがかなり広々としているので喜んだ。帝国当局からもっとひどい扱いを受けると覚悟していたのだ。だが、その部屋にはベッドさえないのを見て、当初の悲観論は裏付けられることとなった。さらに、独房ではなかった。コートと帽子姿の人物が隅にすわっていた。ブロンシュテインは、その人物の身なりがみすぼらしかったので、革命家ではないと思った――彼は未だに、マルクス主義者になる人びとは、身だしなみは整えるものと信じていたのだ。だがミーシャ・ヤーヴィチは労働者であるとともに「政治活動家」だった。二人は三週間を共に過ごした。ストーブがまともに燃えていることはほとんどなく、扉の監視穴は屋外の凍り付くような冷気を送り込んだ。あまりに寒すぎて、二人は洗濯に服を脱げなかった。夜はマットレスしか与えられず、眠ろうとしてそれを火に近づけるのだった。ミーシャを真似て、ブロンシュテインは政治的でない囚人仲間に接触し、金を渡してやかんと追加の食料を手に入れた。だが鉛筆は手に入らなかった。殺人者や泥棒は、筆記具などいらないし要求しない。ブロンシュテインにとって、コミュニケーションなしの人生など人生とは呼べなかった[1]。

ほっとしたことだが、彼は憲兵に伴われ、郵便馬車で百キロ離れたヘルソンに移送された。道中の彼は期待に胸をふくらませていたが、壮大な失望を味わうことになる。到着してすぐに独房に入れられたからだ。そしてその状態で二ヶ月半を過ごした。新しい監獄は暖かかったが、空気がよどんでいた。せっけんも、下着の替えも提供されなかった。いたるところシラミだらけ。本は一冊もなく、筆記具もなかった。正気を保つため、頭の中で革命詩を作ったが、後に認めたように、かなり出来の悪いものだった。(2) 孤立のおかげで士気は大幅に下がった。(3)

一八九八年五月、ニコラーエフの革命家たちをヘルソンからオデッサに移送する指示が下った。その頃には、アレクサンドラを含む全員が収監されていた。ブロンシュテインとグレーヴィチなる人物が一緒に護送された。イリューシャは翌日だった。(4) グループ全員がオデッサに集められて、決定がくだされた。そこは当時最高のアメリカ技術で設計された新しい種類の刑務所で、トロツキーはほとんど崇拝するような回想をしている。四階建てで、廊下や階段は金属製だ。四つの大ブロックにわかれ、そのそれぞれに百個の房があった。

レンガと金属、金属とレンガ。足音や殴打、運動が、建物全体で敏感に感じられた。寝床は壁に作り付けで、日中は壁に畳み、夜にまた下ろすのだ。隣の房の寝床が上げ下げされるとすぐにわかった。看守たちはおたがいに、通路の金属製てすりに金属の鍵をカチャカチャ当てることでお互いに信号を送った。その音はほぼ一日中聞こえた。金属製の階段の足音は、すぐ隣や真上や真下の足音と同じくらいはっきり聞こえた。四方八方から、レンガ、セメント、金属の音や騒音が聞こえるのだった。(5)

そしてこう付け加えている。「だが同時に、みんなまったく孤立しているのだ」。オデッサ刑務所は休日のキャンプ場などではない。ニコラーエフの革命家たちはそれぞれ、政治犯専用ブロックにある

別々の房に入れられた。そして警備も通常の看守ではなく、憲兵だった。(6)

読み書きできる収監者たちは、囚人アルファベットを使って壁を延々と叩き、通信した。(7) 天候が温暖だと、窓が開かれて新鮮な空気が入る。こうなると、同志たちは椅子に立って鉄格子越しに会話できた。実はこれは厳禁だった。だが当局は規則をあまりきちんと適用しなかった。あらゆる囚人は、安全のため仮名を使った。ブロンシュテインはマイと名乗った。刑務所にやってきたのが五月(メイ)だったからだ。運のいいことに、彼は一七九号房に入れられた。ここは平均より一・五倍の広さなのだ。やがて彼は、壁を叩くのはほとんどやらなくなった。大した気休めにもならないうえ、癇に障るからだった。(8) また憲兵たちにも悩まされたという。別にひどい扱いをされたわけではないが、クラブに座っているかのように、夜通ししゃべりまくるからだ。一八九八年十一月に、ブロンシュテインはアレクサンドラに、不眠症のことを書いている。だが早々に切り上げた。(9)「きみにあれこれ愚痴るなんて愚かしいことだね。きみの状況だって大してましなわけではないんだから。でもあまりにひどい気分なもので、同情してもらおうと思って愚痴り続けたいところだ」

彼は魅力的な若き革命家にちょっかいを出していたわけだ。ブロンシュテインはハンサムな若者で、野心あふれる知性を持っていて、多くの女性から見て魅力的だった。そして彼自身も同じ気持ちだった。からかっていじめたあげく、彼は恋に落ちたのだった。アレクサンドラはロシア革命家のステレオタイプ通りだった。献身的、決然、博愛的。彼女が自分の才能を評価しているのは知っていた。だから書きぶりにも恥ずかしがる様子はない。彼女をシューラ、サーシャと呼び、混乱した感情のすべてをさらけだした。意識の流れ式に書いた長いメッセージも送っている。「シューラ、ひどい気分だ。(中略)今日ほど不快な状況に置かれたことは久しくない」(10)。グリンシュテインという革命家にも悲しみを吐露しているが、アレクサンドラが相手だとさらに先まで行った。「ねえサーシャ、ぼくはひどく人生に縛られているんだ——最もまっとうな行動が自殺であるような数分——いや数時間、数日、数ヶ月——もあったんだ。でもなぜかその勇気が決して出なかった。それが臆病なのか、ぼくにはわからない。でも何かが足りなかったんだ」[11]。ひょっとしたら、彼は自分が紋切り型に陥ったのに気がついたのかもしれない。そこでもっと元気な調子を出そうとして、こう述べた。「まちがいなく、生への執着と死の恐怖は……自然淘汰の結果以外の何物でもない」[12]

こうした感情には、ひけらかしと未熟さがある。彼は自己中心的な若者だ。無意識のうちに彼は、アレクサンドラに自分を愛する以上のことをさせようとしていた。自分を理解し、面倒を見させようとしていたのだ。そして弱さを認めることでそれが実現できるかもしれないと思ったのだ。本気で自殺しようなどと思ったことはなかった。この発言は彼女に、守ってあげたいと思わせるためのものだった。自分がこれまで彼女に対して傲慢で冷酷だったことに気がついたわけだ。だったら、自分が石のような外面を持っていることを認めつつ、それについて自分が「涙を流している」と言うのが効果てきめんではないか？[13] 別に彼女をだまそうとしているわけではなかった。他に自己表現の方法を知らなかっただけだ。あまりに自己中心的だったので、彼女がどう感じているか尋ねようとはしなかった。彼女は、自分の考えの実験台だった。もちろん、直接話ができたらそのほうが楽だったろう。トロツキーはこう書く。

ねえ、今ちょっと思いついたことがあるんだが、それは今のところきみに述べないでおく。ミハイロフスキーがラサールに関するある論文で、人は自分に対してより愛する女性に対してもっと率直になれると述べていたんだ。これはある程度は事実だけれど、そうした率直さが可能なのは私的な会話の中だけだがそれも常にではなく、ごく特別で限られた瞬間だけなんだ。[14]

ミハイロフスキーはロシアの革命ナロードニキで、ラサールはドイツの革命家でマルクス主義者だった。ブロンシュテインが二人を引きあいに出したのは、自分個人の自己成長との関連もあった。現実世界の政治は議論の伏線に過ぎなかった。彼の念頭にあったのは革命だが、彼は──告白相手にして恋人に語っていたように──革命家になりつつ自分に忠実である方法を見つける必要があったのだった。

自殺を考えたことはこれまでもあったが、一八九七年夏と同じで、それを述べた瞬間に頭の中で打ち消した。(15) 彼はプーシキンやレールモントフなど十九世紀初頭の大ロシア詩人たちを読んでいて、そのロマン主義的な憂鬱さを愛していたのはまちがいない──その彼らがバイロンやゲーテを愛したのと同じだ。(16) だがプーシキンもレールモントフも、肉体的な自己毀損に走ることはなかった。リョーヴァは、外面的には自信たっぷりだったが、若いし心理的にもびくびくしていた。収監されるまではずっと自分を支持してくれる環境に暮らしていた。オデッサではシペンツェル一家が世話を焼いてくれた。ニコラーエフで革命武闘派に傾いたとき、仲良しで助けてくれる同志たちの仲間だった。刑務所はちがった。その決まり切った日常は、必要としていた心理的な支えを奪ってしまった。それが与える影響には彼自身も驚いた。本当に落ち込んだ状態でなかったとはいえないが、それを誇張するようになった。当時もその後も、彼は極端なイメージやひねりの効いた言い回しがお気に入りだった。これはわざとらしい発明ではない。他人とコミュニケーションがとれないと生きた心地がしない人格から自然に生じたものだ。独房監禁は彼にとって、これ以上はない最悪の罰の一つだった。

アレクサンドラへの手紙は、(17) それに対処する方法の一つだった。このように、彼はアレクサンドラに依存するようになっていた。自分の気持ちを隠したりきちんと検討したりすることを学んでいない人物の駆け引きがこれだ。彼は自分の内面生活――その思考、恐れ、野心――がユニークで特別なものだと思っている若者だった。そして自分が非凡な人物だと思っていたので、胸の内を信頼する女性に開いてみせても平気だった。

困難にもかかわらず、彼は初のまとまった作品を書き始めようとしていた――そしてこれ自体が士気を高めるものだった。それはフリーメーソン研究だった。彼はアレクサンドラにこう語っている。「きみが最初の読者で批評家になる」。この作品は、哲学的な視野の面でプレハーノフの『史的一元論』と肩を並べようとか、国の経済的な現状や未来の説明においてレーニン『ロシアにおける資本主義の発展』に比肩しようとかいう野心はなかった。彼らもまた、熱心な論客だった。だが彼らの著作はほとんど学術書的な重厚さを持っていた。ブロンシュテインは「科学的」研究をおこなうふりはしなかった。[18] 彼は目先の政治的効果を狙って書いたのであり、そしてこれをエレガンスを持ってやろうとする情熱があった。文芸的な完成度を目指す態度は、ロシアのマルクス主義者の中で早い時期から突出していた。彼は文体家だった。醜い文を書くなど耐えられない。それが彼の才能であり財産だった。そしてまた、やがてこれは致命的な弱点となる。誇張された嘲笑好きのおかげで、無用に敵を作ることになったからだ。

後年になっても、彼はこの研究がずっとお気に入りだった。表向き、それは歴史上のメーソンたちを現代ナロードニキたちと比較するものだった。[19] ブロンシュテインはフリーメーソンの神秘主義的、儀式的な側面をあらわにし、それを政治的な現状を転覆しようとする知識人たちのサークルとして描くことで、ナロードニキたちもその究極の意図という点で同じくらい見当外れだと示唆しようとしたのだった。自分の納得のいくまで仕上げはしたものの、出版社に持ち込むことはしなかった。そしてどうやらスイスで、家主の女性がストーブの火をおこす焚きつけに使って失われてしまったらしい。[20]

オデッサ刑務所への収監は、若きレフがマルクス主義への帰依を再確認するきっかけとなった。これは彼が、初期の自伝的なスケッチで回想していることだ。「私に決定的な影響を与えたのは、唯物論的な歴史理解に関するアントニオ・ラブリオラの二つの研究だった。この二冊を終えて、やっと私はベルトフへ、そして『資本論』へと進めたのだった」[21]。ラブリオラは初期のイタリアマルクス主義者で、工業化の途上にある社会を理解する哲学的な枠組みを構築しようとしていた。ベルトフはロシアマルクス主義創始者で、哲学と経済学について書いたゲオルギー・プレハーノフの筆名だ。ラブリオラとプレハーノフは、国の政治分析をその経済条件に根拠づけるべきだと固執する点でマルクスに従っていた。『資本論』は言うまでもなく、資本主義社会におけるマルクスの教義の中核だ。ニコラーエフの収監組は全員、刑務所での時間を使ってもっと知識豊かなマルクス主義者となった。ロシア帝国でマルクス＝エンゲルスの真剣な支持者だと思われるには、知的な準備が不可欠だった。

一八九八年十一月、レフの母親がヤノフカから訪れた。息子が逮捕されて母親がいかに取り乱したかは想像がつく。愛しい息子で聡明な生徒だ。彼女の意志は明確だった。息子は手遅れになる前に革命への関わりを捨てるべきだ。どうやって生計を立てるつもり？　レフの答えはまるで心安まるものではなかった。善良な人びとが助けてくれる、というのだ。彼女は反駁した。「つまり、施しで暮らしていくつもりなの？」二人の間で壮絶な口論が展開された。実は論争は二回行われた。母親のほうが、息子を狂気から救おうという試みの途中で一度休憩したからだ[22]。これはそれ自体が珍しいことだった。それまでは、息子に道理を説くのは父親の役目だったのだ。ダヴィド・ブロンシュテインは、説得は妻のほうがうまいかもしれないと気がついたのだろう。いずれにしても、当時のレフが「かなりの醜態」と称するものが起きた。そしてレフは最後に、もはや両親からは一切支援はいらないと母親に告げたのだった[23]。

ダヴィドとアネータ・ブロンシュテインは、ついにレフ——息子レイバ——が腹を決めたことを悟った。これを抑え込もうとすれば、永遠に息子を失ってしまう。だが、妥協を拒んだ分野が一つあった。息子はアレクサンドラと結婚したいと述べたが、まだ若すぎて親の同意がなくては結婚は不可能だった。両親が結婚を許さなかった理由の一つは、両家の財産の差だった。ブロンシュテイン一家は、自分たちの農地が貧しい一家の手に落ちるのを見たくなかったのだ。アレクサンドラが財産目当てではと疑ってもいただろう。危険を冒す気はなかった。息子はありとあらゆる望ましからぬ形でふるまっている。少なくとも、時期尚早な結婚くらいは阻止したいと思ったのだ。

レフはこの反応を、アレクサンドラの父親が寄越した多幸を祈る手紙と対比させた。手紙の文面はレフを感動させた。そしてアレクサンドラには、ブロンシュテイン一家のものわかりの悪さをまったく気にしていないと確約してくれた彼女の父親が、「とてもいい人だ」と語っている。ソコロフスキー氏は、レフと親の不和によい面があるとさえ指摘している。もはや自称婚約者たちは、「物質的な格差」という微妙な問題に悩まされずにすむということだ[24]。ヤノフカで育んだ社会的態度に対する軽侮の念は、その後一生消えなかった。一九三五年にフランスで書いた日記にはこうある。「本源的蓄積に精を出すプチブルほど醜悪な生き物はいない[25]」。そうした蓄積者に誰よりもあてはまったのは、ダヴィド・ブロンシュテインに他ならない。彼は額に汗して、巧みな商才を発揮することで見事な農場を築き上げていた。レフは、両親が苦労して獲得した富を通じて得られる安楽な生活を投げ捨て、それにより気分もよくなった。それでも、望んだ婚礼は得られなかった。ダヴィドとアネータは、その点では少し溜飲を下げただろう。

一方、レフとアレクサンドラは同じ刑務所に収容されたままだった。彼女と結婚できないなら、レフにとって次善の策は、理想からはほど遠いながら、隣の房に入ることだった。その要望は拒絶された。

それほど近づきたがる唯一の理由は、意志の疎通を可能にしたいからで、当局はまさにその正反対を求めていたのだ――どのみち刑務所では、男女は厳しく分離されていた。結果として、レフの唯一の期待は、彼女が何かのはずみで房の近くを通り過ぎることだけだった。「きみが散歩で階段を降りてきて何かを言えば、絶対に聞こえるよ」[26]。それ以外は、二人とも現状に甘んじるしかなかった。二人ともどんな処罰が下るかは知らなかったが、ほぼ確実にシベリア流刑が伴うことはわかっていた。でも期間は？　二人は「幸福の時間」を勝ち取ったのだ、とレフは主張した。いずれ二人は「オリンポスの神々」のように暮らすのだ、と。彼は自分たちが人生で大いに苦しんだと思い込もうとした。そして自分自身を勇気づけた。「ぼくたちが流刑から戻ってきた頃には、合法活動の可能性もあるかもしれないとは思わないか？」[27]

実際に彼らが自分たちの命運を学ぶにはあと一年かかる。一八九八年十一月に、ニコラーエフの一同は、監督流刑の懲役を受けることを知った。トロツキーの刑期は四年だった[28]。全員がすぐに列車で、オデッサからモスクワ移送刑務所に移送されて、プガチョフ塔に収監された。ニコラーエフの一同はすぐに歴史的なつながりに気がついた。プガチョフは、一七七三〜七四年にエカチェリーナ二世に対して大規模な民衆蜂起を主導し、ろくに訓練も受けてないのに強力な軍を、帝国南部から急速に進軍させた。モスクワの外で敗れ、この塔に監禁されたことで、塔に名前がつくこととなった。その後、赤の広場で処刑される。ニコラーエフの連中を待ち受ける運命がこれほど熾烈になることはあり得なかった。刑務所長は、メッガーというドイツ系のロシア人だった。メッガーはあらゆる囚人から明確な敬意を求め、自分の前では帽子を取れと命じた。トロツキーがそれを拒むと、メッガーは怒って怒鳴りつけた。トロツキーはひるまなかった。「私はあなたの兵隊じゃない。怒鳴るのをやめていただけませんか」。囚人仲間たちもそれに同意を示した。笛が吹かれて、一同は窓のない懲罰房送りとなった。そこのベッドにはマットレスがないのだ。だが一日後、一同はプガチョフ塔に戻された。[29]人生のこうしたエピソードのいくつかと同様に、トロツキーはこれを刊行した回想録には含めなかった。彼を崇拝する著作家たちが無理に引き出さねばならなかったのだ。彼は公衆の前で華々しく見えるのは好きだったが、自慢は嫌いだった。他人にそれを見つけ出してほめてほしかったのだ。彼は騒々しくきわめて独善的だった。人びとはすぐに、彼がいかに見栄っ張りで自己中心的かを知ることになる。

ニコラーエフ一味がシベリアへの送致を待つ数ヶ月で、メッガーとの良好な協力関係は回復した。一同は読書や執筆で暇をつぶし、毎日の運動時間には会話した。ブロンシュテインはアレクサンドラと結婚しようという試みを再開。二人は恋に落ちていたし、アレクサンドラの父親からは祝福も受け、ダヴィド・ブロンシュテインは反対しようにも遠すぎた。話を手早く進めたがる理由には、当局はシベリア流刑で夫婦を別々の場所には送らないというものがあった。[30]二人の婚礼をモスクワ移送刑務所でおこなう許可が与えられ、レフもアレクサンドラもユダヤ教家族の出身で当時は世俗婚がなかったことから、儀式をおこなうためのラビが呼ばれた。[31]婚礼が宗教的、法的な効力を発揮するのに必要な、ユダヤ教徒の革命家十人を見つけるのは造作ないことだった。[32]伝統的なユダヤ教の婚礼天蓋が婚約者二人の頭上に掲げられた。正式な祈りが唱えられた。そして指輪交換。レフとアレクサンドラにとって、先祖の信仰に正式に帰依するのは、夫婦となる代償としては小さなものだった。そしてこれは、両者が共におこなう妥協としては最後のものとなる。

彼らは、次にどうするかまだ考え抜いていない革命家たちだった。待ち受ける状況については何も知らず、ニコラーエフ一味はロシア帝国の他のマルクス主義組織とは接触がなかった。「亡命組」から密輸した文書は読んでいたが、自分たちの存在を外国のマルクス主義指導者に告げたりはしていなかった。すでにモスクワで、彼らは自分たちよりマルクス主義に詳しい活動家たちや、ニコラーエフより大きな都市での活動に詳しい人びとといっしょに収監されていた。彼らは出会う革命同志たちとひたすらしゃべった。もはや地方集団ではなくなり、ロシア社会民主労働党の活動で役割を果たすよう、自分たちを調整しつつあったのだった。

第6章 シベリア流刑

ニコラーエフの受刑者団は、流刑の刑期をどこで過ごすのか、まだはっきりとは教わっていなかったが、まず一九〇〇年夏にユダヤ教徒たちが東シベリアに移送された。当時ロシア人たちは北ロシアに送られた。「有害な影響」を与えると思われる民族の囚人と分離しておくためだ。[1] モスクワを離れたブロンシュテイン夫婦は、二二〇〇キロも旅をしてから、チェリャビンスクでシベリア鉄道に乗った。さらに三二〇〇キロにわたり五日半かけて旅をして、二人はイルクーツクにたどりつく。シベリアの大都会イルクーツクの六〇キロ手前テルマ駅で、囚人たちは列車を下ろされ、アンガラ大河を超えて北に八キロ行った、アレクサンドロフスコエ村に移送されたのだった。[2]

そこにはこの地域で最大の刑務所があった。内務省がこの僻地を選んだのは、イルクーツクから十分に離れているので、囚人が脱走してロシア中心部に向かう列車に乗れないからだ[3]（テルマ駅は小さいし、警官のパトロールも厳しかった）。アレクサンドロフスコエ中央労働刑務所は囚人一三〇〇人ほどで、共同房は過密だった。だが所長は環境改善に尽力していた。そしてあるイギリス人訪問者は、所長が看守よりはドイツのオーケストラ指揮者のようだと報告している。食事は肉とスープがあった。衛生状態は、報告では適切だった。この刑務所で全刑期を過ごす囚人は、大工、仕立て、時計修理のどれかの技能訓練を強制的に受けさせられた。狙いは、釈放後に犯罪に戻る誘惑を減らすことだ。囚人たちは、わずかながら賃金も受け取り、それは所内の店で買い物にも使えたし、家族に送金もできる。とはいっても、やはりそれなりにつらい厳しいところではあった。衣服は一サイズしかなく、背の低い囚人はズボンをひきずって歩くことになる。殺人犯は鎖につながれたままで、通常はここからサハリン島の重労働に送られる。そして太平洋岸に出るまでには、さらに何百キロも護送官つきで向かわねばならないのだった。(4)

ブロンシュテインと同志たちは政治犯だったので、一般囚とは隔離された。到着したのは冬や雪嵐の到来よりずっと前だ。待っている間は、モスクワ移送刑務所と同じように、本や新聞が読めた。(5) レフとアレクサンドラは夫婦だったのでいっしょにいる権利があり、彼女は最初の子どもを妊娠した。そこへ、ニコラーエフ一味が全員もっと北に移送されるというニュースがやってきた。ブロンシュテイン夫婦は、ウスチ゠クートに送られると聞かされた。そんな地名は彼らには初耳だった。北東シベリア全域は一同のまったく知らない地域、そこの気候や流刑状況についてのわずかな情報は、囚人仲間との会話から仕入れたものだった。

ウスチ゠クートはイルクーツク県キレンスク郡の小さな村で、北緯五七度にある。アレクサンドロフスコエ刑務所の他の人びとはもっと可哀想で、北極圏内の場所に送られた。地域一帯は冬には死ぬほど寒く、夏には耐えがたい暑さとなる。ブロンシュテイン夫妻は、一同と護送官たちがイルクーツク北上流六〇〇キロの目的地に向けて出発する前にこれを知らされた。トロツキーは、この旅を以下のように記憶している。

我々はレナ川を下った。川の流れは、囚人たちを乗せたはしけ数艘を、護送兵団とともにゆっくりと運んでいった。夜は寒く、我々を覆う重い外套には、朝になるとびっしり霜がついているのだった。道々、決まった村で囚人たちが一人、二人と下ろされた。記憶が正しければ、ウスチ＝クート居留地に到着するまでには三週間ほどかかっただろうか。そこで私は、女性流刑囚の一人、ニコラーエフ以来仲のよかった仲間とともに、岸辺に置き去りにされた。(6)

この最後の文章は、妊娠中の妻アレクサンドラのことだ。執筆時点で、彼女の感情を害さないように配慮していた可能性もないとはいえない。とはいえ、どう思われても仕方のないよそよそしさではないか！

ウスチ＝クートで新婚夫婦を迎えたのは、小さな革命「コロニー」だった。その中にポーランド系石工ミクシャがいて、ブロンシュテイン夫妻は彼の家で暮らすことになった。ミクシャは料理人としても有能で大酒飲みだった。レフとアレクサンドラは、その深酒ぶりにもかかわらず彼と仲良くなった(もちろん二人は夫婦だったが、ミクシャは独身だ)。博愛主義的なレフも家事を分担した。薪割り、床の掃除、皿洗いだ。それが終わってからでないと、本は取り出さなかった。彼はマルクスなどの社会主義者文献を山ほどと、外国古典文学をいくつか持ってきていた。

流刑の規則では、事前に許可をとれば近くの場所には行けた。だからブロンシュテインは、一五〇キロ離れたイリムスクまで出かけられた。そちらのほうが物や設備が豊富だったので、彼は頻繁に足を運んだ。そこでワシーリー・ウルリッヒと仲良くなった。この人物はドイツ語文献の翻訳をしており、マルクスは革命的社会主義支持者というよりも、資本主義の悲惨を見事に記録した人物として評価していた。それでもブロンシュテインは、まだ自分の人生と思想における立ち位置を模索している時期でもあり、彼との出会いを楽しんだ。オープンで知的な会話に飢えていたこともある。それに、イリムスクでおもしろい人物はウルリッヒだけではなかった。ブロンシュテインは、ニジネイリムスクでアレクサンドル・ヴィノクーロフと接触した。ヴィノクーロフは医療助手で、帝国内の一般人の状況について経験豊富だった。他によく話をした相手としては、ドミートリー・カリンニコフがいる。彼は流刑亡命者に老若とわず接触しようとしていた[7]。ブロンシュテインはまだ、自分の世界観なるものに磨きをかけているところだったし、マルクスやエンゲルスについての知識もまだまだ大いに改善の余地があった[8]。自分の考えを、物知りな地元民にぶつけてみるのは有益だったし、そしてシベリアで出会ったウルリッヒなどの同志たちのことは決して忘れなかった（とはいえ、刊行した自伝では一言も触れなかったが）。

流刑革命家の環境は、一九三〇年代のソヴィエト政権下とは比べものにならないほど緩いものだった。グリーシャ・ジフはこう述べている。

［ブロンシュテインは］かなりの自由時間と余力があって、その行き先を探したが、使う対象がまったくなかった。そして彼は、流刑者たちが暇つぶしにおこなうゲームや娯楽すべてに活発に参加した。彼はクロッケーに驚くほど熱心だったが、その理由の一部は、このゲームの特徴が——ほかのどんなゲームよりも——彼の天性の機略、想像力、多才ぶりの表現にことさら向いていたからだろう。そして、彼が個性を発揮する機会を与えられたありとあらゆる場所でと同じく、ここでもブロンシュテインはライバルが自分と肩を並べるのに根っからがまんできなかった。だからクロッケーで彼に勝つと、確実に彼を最悪の敵にまわすことになってしまうのだった[9]。

残念ながら、ブロンシュテインが不穏なまでの競争心に耽溺した、クロッケー競技場を作るためにシベリアの地面を平らにしたのが誰かについては、外部情報はまったく残っていない。

いずれにしても、囚人たちは明らかに、困窮状態に放置されたりはしていなかった。あたりで学のある人びとが彼らだけである場合も多く、希少な技能を持っていた。国からは月々三五ルーブルが支給され、十分に生活できた。また仕事をして稼ぐのも認められていた。教師をする人もいた。図書館や病院、地方当局の事務所で働く人さえいた。それにシベリアの実業家たちも、しばしば彼らを雇いたがった。中産階級家庭出身でない流刑者も増えつつあり、ポーランド系のミクシャのような労働者活動家は、シベリアでかつての仕事を再開したり、少なくともその技能を地元の経済ニーズに適合させたりできた。また、住む家の部屋を又貸しして稼ぐこともできた。またウスチ＝クートは訪問者を完全に排除していたわけでもない。レナ川で運ばれる囚人たちはすべて、長旅の休憩程度にせよ、ここに立ち寄るのだった。[10]レフとアレクサンドラはその機会を利用して通りすがりの人びとと話をした。ニュースや助言が交換され、士気は高まった。会話に絶えず上るのは政治で、革命家たちはかつての論争を流刑地にまで持ち込んでいた。

それでも、日常生活に関する問題では共同精神が発達していた。流刑者たちは、病気や心配事、物不足のときには、お互いをあてにしていた。最大の裏切りは、警察を多少なりとも助けることだった。密告者が同志たちのつるし上げにあい、即席の武器で殺されることもあった。レフ・ブロンシュテインはこの制度にうまく適合した。一時的とはいえ、その傲慢さすら緩和されたようだった。後に政敵となるエヴァ・ブロイドは回想記で、当時の彼が「まだまともな人物」に思えたと書いている。[11]

他の流刑者と同様に、彼も賃金労働の機会を探した。そして数学教育を最大限に活かし、会計士の必要な商人に雇われることとなった。ブロンシュテインは月給三〇ルーブルを稼ぎ、所得は倍増した。[12]だが最後はクビになって涙ながらに終わりを迎える。ブロンシュテインは、自分の行いについて何の弁解もしなかった。

イルクーツク県知事からあちこちへ移送許可を得るのは比較的容易だった。アレクサンドラ・リヴォヴナと私は、友人たちのいるイリム川の東［二六〇キロ］に移動した。そこでしばらくは億万長者の商人のために働いた。彼の毛皮取引所や店舗、酒場はベルギーとオランダをあわせたほどの広大な地域に広がっていた。強力な商業的成功者で、自分が支配する何千人ものツングース人を「オレのかわいいツングースども」と呼んでいた。自分の名前すら書けずに、署名の代わりにバッテンを使っていた。暮らしぶりは一年中つつましく倹約家だったが、ニジニ・ノヴゴロドの定期市では何万ルーブルも浪費していた。私は一ヶ月半ほど彼の下で働いた。そしてある日、私は鉛丹一フントを「一プード」［四〇フント］と記入して、この巨額の請求書を遠くの店に送ってしまった。これで私の評判はがた落ちとなり、クビになった。[13]

ブロンシュテインは自分の父親の帳簿もつけていたので、こんな不注意は不思議なほど彼らしくない。

ひょっとすると、あまりこの仕事に乗り気でなかったのかもしれない。商人はブルジョワ階級だった。社会主義の敵だ。ブロンシュテインとしては、彼の帳簿をきちんと整える手間をかけたくないと思ったのかもしれない。また、事務職のせいで執筆時間がとれなくなったのかもしれない。彼は、その仕事が「気が滅入る」と書いているし、『ヴォストーチノエ・オボズレーニエ（東方レビュー）』の原稿執筆のほうが収入源として望ましいと述べている（この記述は自伝の刊行前に削除された）。[14]シベリア到着以来、都会人との接触は増えたし、初期の著作はすぐに優秀だと認められた。やがて彼は、アンティド・オトなる筆名で定期的に執筆するようになった。家事を終えてから晩に記事を仕上げるのが通例だ。家事は避けられなかった。ブロンシュテインの長女ジナイダ（またはジーナ）が一九〇一年三月十四日に生まれたからだ。

『ヴォストーチノエ・オボズレーニエ』は、イルクーツクの政治的リベラル派M・ポポフが編集する雑誌だ。彼はいつも、有望な新人を探していた。ポポフは、どこまでなら検閲官が許すかを知っており、発禁を避けられる限度もわきまえていた。どのみち当局はサンクトペテルブルグやモスクワの刊行物には目を光らせたが、帝国の周縁地域ではあまり厳しくなかった。グルジアの検閲は革命的な著作に甘いことで悪名高かった。そして東シベリアは帝国秩序の敵が何千人も暮らす地域ではあったが、イルクーツクもまたある程度なら批判的な思想が罰を受けずに発表できる場所として有名だった。さらに内務省は、合法出版物に流刑者たちが執筆するのに特に反対しなかった。一般ジャーナリズムで喰っていけるだけの才能がある者はほとんどいなかった――彼らは秘密の政治刊行物に発表し、同志たちのわかりにくい用語を使うのが常だった。トロツキーはちがった。彼は革命制度の外の読者に訴えかけるのが大好きだった。磨きをかけた散文を書くのが得意だった。若いとはいえ、彼は嘲笑と皮肉の名手だった。人びとが日常世界を新しい目でみるようなイメージを生み出した。ポポフはすぐにレフを採用し、「アンティド・オト」は『ヴォストーチノエ・オボズレーニエ』のページですぐに成功を収めた。

技師のモシェ・ノヴォメイスキーは、人間や政治家としてのトロツキーにはまったく感心しなかったが、そのジャーナリズムの優秀性は認めた。「これらの記事はすぐに注目を集めた。いや、新聞の紙面を一新させたというべきか。みんな、『オボズレーニエ』の最新号を待ちわびて、ブロンシュテインの筆名『アンティド・オト』による記事がないかを熱心に探したのを覚えている(15)（後略）」。村についての掌編はしばしば「田舎の日常生活（「オビクノベンノエ・デレベンスコエ」）」と題され、高く評価された。地域での深酒と行政の非効率を批判し、農民の文化・物質条件の改善を訴えた。一般向けの学校ネットワーク拡大を支持した。適切な法制度を求めた。帝国の郵便制度の混乱ぶりを糾弾した(これは家族や同志たちから何千キロも離れた革命家たちにとって重要なことだった)。その対策の一つとして彼が提案したのは、郵便配達人の昇給だった[16]。コラムニストとしてコツをつかむと、シベリアの刑務所制度についてまで書くようになった。言うまでもなく、それを改革すべきだという主張だった[17]。

ポポフは各種の本を送って書評させ、ブロンシュテインは自信をつけるうちに、軽やかで皮肉な文体を身につけた。ジョン・ラスキンは「反動的なロマン主義的混乱」のために承服しなかったが、工業社会における機械には暗い側面があることは認めた。マルクス主義者たちはなかなかこうしたことを認めなかったが、ブロンシュテインは「本物の馬」に乗るほうが楽しいと書き加えている[18]。裕福な地主の息子だったレフは、キャリアのこの段階では自分の感情や記憶をごまかしてはいなかった。

彼にとって、思想の独立性は矜持に関わるものだった。そして「個人主義」への敵意も。ポポフがヘンリック・イプセンの戯曲集を送ると、かなり陰気な書評が帰ってきて編集者は驚いた。ブロンシュテインに言わせると、イプセンが個人の運命にばかりかまけているのがどうみても欠点だというのだ[19]。彼は、社会の欠陥に対する集合的な解決策を重視するというマルクス主義的な立場を匂わせていたのだ——が、匂わせるにとどめた。それでも、このノルウェーの戯曲家が文化的な巨人であることは認めた。ロシアの同時代作家たちには、そんな地位は認めなかった。元マルクス主義者だった哲学者ニコライ・ベルジャーエフは、真実の絶対基準を提唱したことで嫌っていた。コンスタンチン・バリモントとその「退廃」文学一派には我慢ならなかった[20]。グレープ・ウスペンスキーにはもう少し寛容だった。農民生活の不愉快な面を曝露したのはウスペンスキーだ(だがトロツキーは出版社が、ウスペンスキーに関する文の隣のイラスト入りカレンダーに軽佻浮薄な内容をのせたことで怒った[21]。シベリアの田舎生活に関する一文で、トロツキーは地元農民たちの粗野な習慣を並べ立てた。文化的な改良がすぐに必要で、そのためには物質的条件の変革と、適切な法的枠組みの導入が必要だというのだ[22]。

彼はこっそり党派政治的な内容を文に散りばめた。これまた元マルクス主義者のピョートル・ストルーヴェが、労働者階級の賃上げこそ社会的な最優先事項だと主張したのを彼は嘲笑した。同時代のマルクス主義者たちの論争を知っていた人なら、その含意はすぐにわかっただろう。郵便配達人の賃上げを主張しつつも、ブロンシュテインはそれが社会の真に基本的な問題を解決するとは決して思っていなかったのだ。政治的変革——社会主義革命——が最終的には不可欠だった[23]。とはいえ、革命運動の他の部分の指導者をほめなかったわけではない。ナロードニキにとっては知的な巨星であるニコライ・ミハイロフスキーを熱心に引用して、「支配階級」は常に「プロレタリア」とはちがう意見を持つのだと指摘した[24]。またそのミハイロフスキーが援用した、農民集産主義の伝統擁護を始めたアレクサンドル・ゲルツェンにも敬意を表した。だが、盲目的な崇拝はすべて排除した。ゲルツェンに対する「個人崇拝」はあってはならない。ブロンシュテインは、誰でも、何もかも、絶えず再検討にさらされるべきだと固執した[25]。読者たちは、社会の既存秩序は先があまり長くないのだと確信せざるを得なかった。彼らが生きているのは「きわめて転換期」の時代なのだった[26]。

この記事は、帝国秩序に対する革命行動を呼びかけるものだとすぐにわかる。言うまでもないが、コロニー内部ではずっとオープンな議論の機会が存在していた。古参の農業社会主義者たちと、新参者のマルクス主義者との間での論争はしょっちゅう見られた。そしてどちらも内部に派閥を抱えていた。一部のマルクス主義者は、当時ドイツのエドゥアルト・ベルンシュタインや——後に社会主義を捨てて自由主義に転向したが——ロシアのピョートル・ストルーヴェなどが提唱した、もっと穏健で非暴力的な思想に傾いた。他の人びとは革命を支持した。当時、流刑者の間でシベリア以外でも名の通った人物といえば、一人しかいない。これがポーランド系作家ヤン・マハイスキだ。過激インテリゲンツィアは労働者のためと称して革命を行おうとするが、少しでも機会があればその労働者たちを支配しようとするだろうというのが彼の主張だった。テロリスト＝ナロードニキたちはマハイスキと良好な関係を保ち、彼の思想はマルクス主義者だけについてのものだと解釈する道を選んだ。これに対し、マルクス主義者のほうは大いに腹を立てた。(27)

ブロンシュテインは思想がオープンだったので、マハイスキに会いたいと思った。彼は一六〇〇キロ以上も北東にあるヴィリュイスクに流刑となっていた。両者はたまたま、同時にイルクーツクに旅をしていた。ブロンシュテインは、この思想家がストルーヴェ支持者を糾弾している会合に参加した。どんな議論をしてもマハイスキは「壁に豆を投げつけたように」はねかえしてしまう。トロツキーは割り込んだが、あまり強くは出なかった。そこで自分が何を言ったのか、トロツキーは記録していないが、論争する二人が一時的に力をあわせてトロツキーを攻撃したという。(28) ブロンシュテインの知人の中には、ずいぶん後になって有名になった人もいる。その一人がやはりポーランド系のフェリックス・ジェルジンスキーで、ある晩同志たちと焚き火を囲んで、自作の詩を朗読した。ジェルジンスキーはノリンスクとカイゴロックで重労働の刑を受けていたのだった。一九一七年十二月には、十月革命後のレーニンの公安警察創設者となる。もう一人傑出した人物としてはニコライ・スハーノフがいる。シベリア流刑中のスハーノフは、革命戦略の中心に農民を据えるべきだと主張した。その後彼は革命派社会主義者（エスエル）となり、その後メンシェヴィキとなった。ジェルジンスキーとトロツキーは一九一七年にボリシェヴィキとなったが、スハーノフは政治的な才能をボリシェヴィキへの反対に費やした――そして後年には、革命ロシアの歴史家としてトロツキーの最大の競合相手となる[29]。

流刑者集落自体も、多様な民族と社会階層の混成だった。ポーランド系とユダヤ系がかなり高い比率で革命家を生み出していた。さらに労働運動が強化されると、東シベリアにやってきた労働者階級の人びとは、ほとんどがポーランド系やユダヤ系だった。これは当局が、ロシア人労働者をロシア北部に送りたがったからだ（こちらのほうが楽だと思われていた）[30]。

ブロンシュテインたちは、工場にはまったく近づけなかった――どのみち、シベリアに工場はほとんどなかった。自前の印刷設備もなかった。ロシアとの通信は用心深いものか陰謀性のものに限られた――そして郵便は到着までに何週間もかかる。だがブロンシュテインは、マルクス主義古典の勉強ができたので、完全に無駄な時間だとは思っていなかった。一九〇二年に彼は、この体験をレーニンにこう説明している。

> モスクワ移送刑務所ではみんなでレーニンの著書『ロシアにおける資本主義の発達』を勉強し、流刑地ではマルクス『資本論』を呼んだが二巻で止まってしまったことをレーニンに告げた。ベルンシュタインとカウツキーとの論争は熱心に原典にあたって研究した。我々の中にはベルンシュタイン支持者はいなかった。哲学分野では、マッハやアヴェナリウスの認識理論とマルクス主義を組み合わせた、ボグダーノフの著書に感銘を受けた。当時はレーニンも、ボグダーノフの理論が正しいと考えていた。レーニンは狼狽しつつこう語った。「私は哲学者ではない。でもプレハーノフは、ボグダーノフの哲学が偽装した観念論の一種だとして強く批判している[31]」

この記述を疑問視すべき理由はない。彼はまだ学習を続ける必要があることは自認していたからだ。

また、ロシア語だけでなくドイツ語も読んでいたと示すことで、いかに熱心にマルクス主義に取り組んでいるかも示していた。さらに彼は、一同がマルクス主義文献の相当部分をカバーしたとも主張している。経済、政治、哲学の各分野を扱ったのだ、と。トロツキーにとって、シベリアはタイガの自由革命大学のようなものだった。タイガというのは、ロシア帝国最果ての辺境にある、人を寄せ付けない針葉樹林地帯だ。

やがて彼は、シベリア鉄道沿いの都市に乱立した「民主組織」のための宣言やビラを作るようになった。彼はこう回想している。「三年の中断を経て、私は活発な闘争に再び参加するようになった(32)」。これはあらゆる面で、ブロンシュテイン一家にとってすさまじい変化の時期だった。一九〇二年にアレクサンドラは第二子を生んだ。また娘で、ニーナと名付けられた。『ヴォストーチノエ・オボズレーニエ』からの原稿料はたっぷりあった。マルクス主義者たちとの接触も強化された。レフとアレクサンドラは、このままここで刑期を勤め上げそうな様子だった。

そのとき、レフの人生とキャリアを一変させる出来事が起こった。

一九〇二年夏、私はイルクーツク経由で本を受け取ったが、その背の部分には、きわめて薄い紙に印刷された最新の外国出版物が隠されていた。そこで学んだのは、外国で『イスクラ（火花）』というマルクス主義新聞が創刊され、それが行動という鉄の規律で結ばれた職業革命家たちの中央集権的な組織の創設を目指しているということだった。またジュネーブで刊行されたレーニンの本『何をなすべきか』も到着したが、これも全編が同じ問題を扱っていた。私の手書き論説、新聞記事やシベリア組合のための宣言は、目の前にある壮大で新しい仕事に比べれば、すぐに些末で田舎くさいものに思えた。別の活動分野を探さねばならなかった。流刑から脱出せねば。(33)

直感的に、彼はマルクス主義組織の指導層に参加する機会を見いだしたのだった。最大の舞台で活躍したいなら、しばらく外国に出る必要があった。自分に文才があるのは知っていた。それは誰もが認めていた。自信ややる気は前から十分にあった。欠けていたのは、戦略的な狙いだ。レーニンの小冊子はその穴を埋めてくれた。

ロシア社会民主労働党は、やっと有効な足場を築き始めていた。その第一回大会は一八九八年にミンスクで開催されたが、参加者のほぼ全員が逮捕された以外はほとんど成果がなかった。マルクスとエンゲルスのドクトリンや、ロシアにおけるマルクス主義の戦略が支持者たちによって議論され始めた。意見は大いに割れた。ほとんどの活動家は即時革命を求め、政治参加を優先すべきだと考えた。知識人による「修正主義者」の小集団がこれに異を唱えると、革命家たちは腹をたてた。レーニンと『イスクラ』は修正主義を根絶やしにしようとした。ブロンシュテインはそこに参加したかった。

後に彼は、アレクサンドラが全面的に出発を支持してくれたと主張している。これはとうてい信じがたい。ブロンシュテインは、彼女をシベリアの荒野に置き去りにしようとしていた。彼女は誰も頼れる人がおらず、冬が近づいている中で、赤ん坊二人の面倒を見なければならなかったのだ。子ども二人を産ませたとたんに、レフは逃げ出すことにした。これほど跡を濁していった革命家は他にほとんどいない。それでも、彼は革命的な行動規範に従っていた。「大義」が革命家たちにはすべてだった。結婚も親としての責任も重要だが、若き活動家たちが政治的良心の命ずるままに行動するのを妨げるほどではなかった。全員が理論的には男女平等を支持していた。だが、女性は活動家としての自由を維持したければ、子どもは持てなかった。伴侶が当局と問題を起こしたら、女性はひたすらその悲しみに耐えることを期待されていた。どのみちその頃には、いやそれ以前から、夫が前途有望な人物であることは彼女にわかっていたはずだ。『ヴォストーチノエ・オボズレーニエ』は、それを評価して彼をコラムニストにした。彼に会った人はみんな、レフを高く評価していた。

アレクサンドラが本当に同意したにしても、レフは彼女に求めた犠牲について、ほとんど感謝の念を示さなかった。彼は実にあっさりとこう書いている。「人生が私たちを引き離した」[34]。実際には、彼自身がその結婚と親としての責任から離れることを自分で決意したのだった。彼と共に暮らす女性はすべて、彼が好き勝手に振る舞うことを認めざるを得なかった。彼女は悲嘆に暮れたことだろう。まして、この一家が揃って集うことはこの先二度とないのだった。夫への手紙を、彼女は愛情表現で終え続けた。「あなたに温かい口づけを送ります」[35]。彼女の側では、愛情関係は終わっていなかった。だがレフ自身の態度は変わろうとしていた。

第7章

『イスクラ』

世紀の変わり目には、シベリアからの「脱出の伝染病」が猛威をふるい、流刑地を脱出したがる大量の人びとに対応するため、革命家たちは順番待ちの仕組みを導入しなければならなかったという。[1] トロツキーは当時の状況をそんなふうに記憶していた。逃亡を成功させるための技術は確立されていた。農民に手助けしてもらうか、少なくとも口をつぐんでいてもらうためには、金を渡す必要があった。その後、船、馬車、そして——雪がまだ溶けていなければ——橇で、段階的に長旅を続けることになる。船員や馬車主が逃亡者たちを「手渡し方式で」運び、そのたびに手数料が必要だった。警官への賄賂も必要だ。これは危険もあったが、通常は給料があまりに低いためにすぐに買収できた。にせの身分証は不可欠だったので、革命党は白紙のパスポート入手や製造の技能を発達させた。ブロンシュテインもすぐに一冊手に入れて、自分の名字としてトロツキーと書いた。[2] これについては諸説ある。ウクライナ南部に移住する前の先祖たちが住んでいたポーランドの町の名前から来ているという説もある。あるいは、ニコラーエフ監獄での上級看守が記憶に残っており、その名字を拝借したのだ、という説もある。これはグリーシャ・ジフの説だった。だが当時ブロンシュテインと同行していたイリヤ・ソコロフスキーにこれを話すと、イリヤはせせら笑い、友人レフは単に、トロツキーという名前のイルクーツク住民からパスポートを買っただけだよ、と述べた。[3]

当時、トロツキー一家は正式に許可を得て、ヴェルホレンスクに暮らしていた。ここはウスチ＝クートよりも大きな革命家組織があった。警察は、彼が姿を消した日を一九〇二年八月二十一日としている。(4)トロツキーと、あるマルクス主義女性（トロツキーは彼女の名前を「E・G・」としか覚えていない）は、好意的な農夫の荷馬車に積んだわらの山に隠れてヴェルホレンスクを脱出したのだった。もちろん、相場通りの手数料は払わねばならなかっただろう。地面はでこぼこだったので荷馬車もゆっくりとしか進めず、時速一六キロを超えることはなかった。トロツキーの同行者はかなり腰のあたりが不具合で、見つからないようにうめき声を押し殺さなければならなかった。イルクーツクに着くと、トロツキーは彼女と別れた。都市の友人たちがその後の手配を整えてくれて、シベリア鉄道の切符を用意してくれた。また「糊のきいたシャツ、ネクタイなどの文明用品」を備えたスーツケースも手に入れて、警官に邪魔されずに列車に乗った。また、ニコライ・グネーディチがロシア語の六歩格（韻文形式）で訳したホメロス『イーリアス』もあった。シベリアから戻る長旅は恙なく終わった。道中のどの駅にもローストチキンや豚肉、パンに牛乳を売る女性がいた。ウスチ＝クートの惨めな状況とは大ちがいだ。列車は新設の鉄道沿線都市と、その後背地に急速に広がる農業に経済的繁栄をもたらしていた。トロツキーはこれを見て感銘を受けた。ロシアとその帝国はめざましい変革の最中にあるのだった。

妻や娘たちを恋しく思ったにしても、そのことは回想記には書かれていない。彼は冒険に乗り出したのだ。一緒にいるときには家族もよかったが、革命の大義とその興奮のほうが大事だった。シベリアからの旅は、ニコラーエフ以来なかったほどの感情的な自由を与えてくれた。

こうしたくつろいだ日々は、サマーラに到着したときに終わった。『イスクラ』集団はこの市をロシアでの組織配信センターの一つにしていた。そこの指導者グレープ・クルジジャノフスキーは、トロツキーがシベリアでジャーナリストとして成功したのに敬意を表し、ペロー（「ペン」）というあだ名を与えた。クルジジャノフスキーは、国外にある『イスクラ』編集部と接触する前に、ポルタヴァ、ハリコフ、キエフの連絡員を訪ねてくれとトロツキーに頼んだ。彼は、地方部の『イスクラ』会員たちの活動にあまり感銘を受けなかった。さらに、外国に出る段になると、自分の国境越えの手配を任されたのが学生だというのも知った。問題はトロツキーの年齢だけではなかった。問題は、彼がロシアのマルクス主義者よりは、エスエルに忠実だということだった。ヴィクトル・チェルノフの指導下で、エスエルはロシア変革に最も有望なのは農民の中で活動することだというナロードニキの思想を復活させつつあったのだ。オーストリア国境ではプロの密輸業者に案内されることとなったが、彼らは予定外の「料金や規則」をサービス提供の代償としてでっちあげたので、トロツキーはまたもやかんしゃくを起こした。(5) だが資金がどんどん減っても、彼の自信は揺るがなかった。ウィーンに到着したのは日曜だったが、彼は当然のように、社会主義者の連絡員に対して、ヴィクトル・アドラーに今すぐ会わせろと要求した。連絡員たちは、オーストリアの社会民主党党首であるアドラーは、休日に邪魔されるのは嫌うのだと説明したが、トロツキーが大騒ぎを始めたので、とうとう彼らもアドラーの家に連れて行くことに同意した。アドラーは感銘を受けて、彼と長々と話をした。

ウィーンは中継地でしかなかった。すぐにトロツキーは西駅からスイスに向かう列車に乗った。ジュネーブでの休憩で、彼は馬車タクシーをつかまえて、『イスクラ』編集部員パーヴェル・アクセリロートの家に向かわせた。資金は完全に底をついており、ロシア人「居留地」地区に到着したのは深夜だった。アクセリロートのアパートは明かりが消えていたので、トロツキーは大音響でドアを叩き、アクセリロートをたたき起こしてこう訪ねた。「あなたはパーヴェル・ボリソヴィチ・アクセリロートですか？」そうだという返事を聞くと、トロツキーは宣言した。「私は駅からまっすぐやってきました。

馬車の御者に支払いをお願いします。私は文無しです。今晩はおたくに泊まります」。アクセリロートは穏やかに、きみは誰だと訪ねた。そしてトロツキーだとわかると、支払いをすませて中に入れてくれた。(6)

『イスクラ』の活動中心が、ジュネーブのゲオルギー・プレハーノフやパーヴェル・アクセリロードではなく、ロンドンのもっと若い編集同僚ウラジーミル・レーニンとユーリー・マルトフなのだと理解するまでに、あまり時間はかからなかった。どのみちロシアマルクス主義創設の父、プレハーノフが自分を気に入っていないことは感じ取っていた。レーニンはシムビルスク出身の自信たっぷりな活動家で、経済政治文献により名声を得ていた。マルトフはオデッサ育ちのユダヤ系武闘派で、レーニンの聡明かつ活発な仲間だった。論理的なステップとしては、イギリスに移動することだ。そしてトロツキーは一九〇二年十月にイギリスに到着した。早朝にヴィクトリア駅で下車したとき、ポケットにはレーニンのブルームスベリーの住所は持っていた。トロツキーが玄関にやってきたとき、レーニン一家はまだ寝ていた(こんどはトロツキーも馬車代くらいは財布に持っていた)。スイスの『イスクラ』関係者たちは、ドアを三回ノックしろと伝えていた。これは、望ましからぬ客を避けるための合図だったのだ。レーニンは、眠りをじゃまされてご機嫌斜めだった。そしていったい何の騒ぎか、レーニンの妻が見に来た。トロツキーはこう回想する。

ドアを開けたのはナジェージダ・コンスタンティノヴナで、おそらく私のノックで目を覚ましたのだろう。まだ早朝で、もっと文明的な行動様式に慣れた人間であれば、一、二時間ほど駅にとどまるようにして、こんなとんでもない時間にドアを叩いたりはしなかっただろう。だが私はヴェルホレンスクからの脱出でまだ興奮していたのだ。(7)

三十年近くたっても、彼は自分の傲慢ぶりを誇らしく思っていたのだった。

レーニンはトロツキーについて、グレープ・クルジジャノフスキーからの手紙で知っていたので、「おおペンが到着したか！」と言って彼を迎えた。[8] トロツキーは即座に自分の体験を語り始めたが、ロシアでの『イスクラ』一派についてはあまり誉めなかった。[9] 住所と連絡場所の一覧を手渡しつつ、どれが最早機能していないかを説明した。『イスクラ』の通信システムは、「きわめて弱い状態」にある、とトロツキーは述べた。[10] 党にとっての自分の価値を知り、上司に向かって歯に衣着せぬ真実を臆することなく告げられる人物の報告だ。レーニンはこうした率直さを評価した。『イスクラ』は活気ある能弁な書き手を得ただけでなく、実践的な組織家も手に入れたわけだ。トロツキーは親密な仲間たちの一団の中におさまったが、中でも親しかったのはユーリー・マルトフとヴェーラ・ザスーリチだった。[11] レーニンがロンドン中心部の案内をしてくれて、議事堂の横を通りすがりに「これが連中の有名なウェストミンスターだ」と語った。[12] またトロツキーが大英博物館に入れるよう手配し、マルクス主義研究の穴埋めができるようにした。この手配はおそらく不正なものだっただろう。レーニン自身も利用者証を偽名で手に入れていたのだから。

トロツキーにとっての画期はホワイトチャペルでの演説だったろう。論敵はアナキストのニコライ・チャイコフスキーとヴァルラーム・チェルケゾフだった。魅力的な年配の論敵を向こうに、自分の技能を試す機会となったわけだ。聴衆はロシア帝国からの移民たちで、ほとんどはユダヤ人であり議論はロシア語だった。[13] 勝ったのはトロツキーで、会場からの帰りに彼は天にも昇る気分だった。

この活躍を見て、ロンドンの『イスクラ』集団はパリの社会主義革命派に対抗する演説をおこなう任務をトロツキーに課すことにした。パリ到着は一九〇二年十一月、『イスクラ』集団の古参メンバーの家にやってきた――エカチェリーナ・アレクサンドロヴァなる人物だ。彼女は若き活動家ナターリャ・セドーヴァに、トロツキーの滞在場所を見つけるよう頼んだ。ナターリャは、自分の家に一室空いているが独房まがいの部屋だと報告した。アレクサンドロヴァは、それでもかまわなかった。彼女はトロツキーに、演説準備に専念させたかったからだ。[14] アレクサンドロヴァは、トロツキーが真面目に準備しているのか詮索した。セドーヴァが彼の室内で口笛を聞いたと報告すると、この年長者は、もっと真面目に準備して雑音を立てるなと言うようにセドーヴァに命じた。でもまったくの杞憂だった――トロツキーはすべてを楽々とこなし、人もうらやむ速筆ぶりだったのだ。さらに、演説は華々しい大成功だった。ここでもトロツキーは、聴衆を魅了する才能を示した。[15] 演台から降りたトロツキーは、セドーヴァの隣にすわった。本名を尋ねられると、安全性の観点から回答を拒んだ。[16] だがそれ以外のあらゆる点で、二人は即座に心を通わせた。その後数日で、ナターリャがパリの名所案内をして二人は行動を共にした。[17] いっしょにジャン・ジョレスやジュール・ゲードといったフランス社会主義指導者の講演を聴き、芸術的な話題では彼のよい趣味に感じ入った。トロツキーはムリーリョの絵が大好きだった――彼女は、ムリーリョの画集をミュンヘンから買って帰っていた。二人とも、オクターヴ・ミルボーの小説を読んだ。そしてロシア作家レオニード・アンドレーエフの小説について語り合った。[18]

トロツキーは、その後一生自分の伴侶となる女性に出会ったのだった。ナターリャのほうは、どんな人物についてもトロツキーがまっ先に「そしてその人の革命に対する態度は？」と尋ねるのに閉口していた。まだ、そこまでの政治的なこだわりを通常のものとして認めてはいなかったのだ。だが彼女はメロメロだった。トロツキーの「細心さ、優雅さと、他の人とのちがい」に魅了されていたのだ。[19] トロツキーのほうは、彼女もまた自分と同じように自信たっぷりなのだと思っていたので、マクシム・ゴーリキー『どん底』の上演に際し、配役に彼女の名前を挙げた。上演の収益は『イスクラ』に行くことになっていたが、彼女は即座にそれを拒絶した。ナターリャはトロツキーほどの自信家ではなかったし、また「役柄を演ずる」のが大嫌いだった。[20] トロツキーはやがてこの特徴を受け入れ、自分とはまったくちがう性格なのに、これほど洗練されつつ献身的な人物に魅了される。肉体的には小柄で、身長たった一五〇センチ、青白い顔で服は地味だったが、彼女を快く思っていない人物ですら、彼女の服は「趣味がよい」と述べている。そして女友だちは、彼女の「見事なプロポーション」に感心している。[21] 身のこなしは優雅だった――トロツキーは、ある橋の横に突き出した桟橋に出ていった彼女の美しい歩き方を決して忘れることはなかった。ハイヒールだったのに、桟橋の先端にすわっている少年二人に話しかけにいったのだった。[22]

シベリアに残した妻や娘たちは、ますますどうでもよくなっていった。だがナターリャもまた、トロツキーの政治的な優先順位を受け入れざるを得なくなり、間もなく彼はレーニンとのうちあわせでロンドンに出かけた。二人は、トロツキーがロシアに戻り、『イスクラ』への支持を鼓舞して次回の党大会で多数派となるようにすべきだと合意した。一九〇二年十一月二十九日に、マルトフはパリからの手紙でレーニンにこう告白している。

> 彼を即座に出発させるべきかわからない。一方では、ここで彼は非常に役に立った。だが一方では、最低でもあと三、四ヶ月はここに留まって教育を終えるべきだ。特に理論面での理解は大量に穴がある。そして第三に、ここに長居すればするほど、彼は文芸的な方面に惹かれて、ロシア行きに魅力を覚えなくなる危険があるように思う。[23]

誰もがトロツキーの才能は認識していたが、まだ革命家として完成されてはおらず、既存の『イスクラ』関係者が望んだような指導者へと成長しない危険性も残されていた。彼は我が道を行く人物だった。『イスクラ』編集陣は、トロツキーについての決断には慎重を期した。

結局、ロシアに行かせるのはもったいないということになった。かわりに、第二回党大会に先だってヨーロッパ中のロシア系マルクス主義者集団を訪問し、『イスクラ』の思想を広めるように言われた。そこで、ブリュッセル、リエージュ、ハイデルベルクなどドイツやスイスの都市をいくつか回ることになった。[24] 編集委員会から給料と経費は出ていたし、また父親からもときどき小為替が届くようになっていた。父親は、息子の政治活動専念を受け入れるようになっていたのだ。[25]

どこへ行ってもトロツキーは大成功を収めた。道中でも執筆は続けたが、政治的な内容に専念して文芸批評や哲学談義への嗜好は捨てた。『イスクラ』論説ではピョートル・ストルーヴェやニコライ・ベルジャーエフなど、元マルクス主義者たちを嘲笑した。ロシアの工場査察官や合法産業労組を批判した。学生たちやフィンランド人など各種社会集団が直面するロシア官僚組織の問題点も鋭く指摘した。演説や論説では、ロシア社会民主労働党に対する主要な革命ライバルとして台頭してきた、エスエルに対する糾弾をおこなった。トロツキーは、党の内紛についてはあまり意見がなかったものの、労働者階級の意見の後塵を拝するようではダメだという『イスクラ』の信条は支持していた。マルクス主義者のつとめは、何をなすべきかをつきとめて、「プロレタリア」を味方につけることなのだ、と彼は強調した。[26]

政治的な同盟が生まれつつあった。レーニンがパリを訪問したとき、靴を買ったが小さすぎたので、それをトロツキーにあげた。トロツキーにはあうようだったからだ。だが彼とナターリャ・セドーヴァがレーニンと一緒にオペラ＝コミック座に出かけてみると、それがきついことがわかった。レーニンはサディスト的なユーモア感覚の持ち主だったので、トロツキーが苦痛に足をひきずって帰るのを見て笑った。(27) だがそれで両者の政治的な協力関係が壊れることはなかった。レーニン『何をなすべきか』を受け売りしたトロツキーは、中央集権的で規律正しい秘密の党がロシアには必要だと主張した。また、革命蜂起に際してはテロを使うべきだと主張した――レーニンはこの点を問い正したが、二人は基本的に同じ考えだとわかった。レーニンが指導者だったが、一部の面ではトロツキーのほうが才能があり、レーニンはそれを喜んで活用した。

トロツキーはまた、自分の活躍ぶりを他の人びとにも感心してもらいたがった、一九〇三年二月十三日、彼はヴェルホレンスクにいる妻アレクサンドラに、多忙な生活について手紙を書いている。

どうしてきみもイリューシャ［イリヤ・ソコロフスキー］も手紙を書いてくれないんだ？『イスクラ』は何号が届いている？是非すべての号を読んでほしい。三十二号（最新号）を一週間前にイリューシャの住所に送ったよ。『ザリャー』［曙光、『イスクラ』の姉妹雑誌］は持っている？主要記事を綴じて送るようにするよ。三二号にはぼくの記事は一本もない。演説に出かけていたんだよ。(28)

彼の頭は、家族の暮らしよりは『イスクラ』とその大義でいっぱいだった。手紙は透明インキで書いたが、オフラーナにはすでに要注意人物として目をつけられ、厳重監視下にあった。トロツキーも用心しているつもりだったが、そのやり方は素人くさくて監視は実に容易だった。この点でトロツキーは主な政治亡命者と似たり寄ったりだった。そのほとんどは、自分たちの活動に警察がどれだけ潜入し、どれだけそれを操っているかについて、まったく見くびっていたのだ。彼はまたアレクサンドラに、ユダヤ人ブントに注意しろと警告している。ユダヤ人ブントは、かつてトロツキーの先祖が逃げ出したユダヤ人居留区域を拠点とする、大規模なマルクス主義組織だった。ユダヤ人ブント派はロシア社会民主労働党に参加したいと思っていたが、その際の特別条件として、同地域での他の党組織をまったく無視してユダヤ人オルグ活動を行い、イディッシュ語で自由に読み書きできる権利を保障しろと要求した。トロツキーはこれが唾棄すべき民族主義だと考え、シオニストを喜ばせるだけだと思った。そして妻に、シベリア流刑者のユダヤ人ブント派を「活発に煽動」して、そうした要求を引っ込ませろと促した。(29)

トロツキーが妻に求めたのはこれだけではない。アレクサンドラは、ロシアの政治状況ではトロツキーのように演説を重視するのはどうかと疑問視した。トロツキーはこう回答した。

演説の技芸に関するきみの考えにすべて同意するわけにはいかない。きみはそれがあまり役に立たないと思っている。どうやらきみは、議会での雄弁を念頭に置いているようだ。だが、ブラーギンが二、三万人を前に演説したロストフでの出来事や、その他類似の出来事は、今後ますます頻発するようになる。まさにこうした革命期にこそ、街頭演説者たち、「デマゴーグ」たちが必要になるんだ。(30)

トロツキーは、亡命講師という新たに見つけた技能を、ロシアでの直接政治行動に応用するのを楽しみにしていた。著述をあきらめるつもりはなかった。単に、なるべくはやくマルクス主義扇動家としての自分の能力を試してみたいという発想を弄んでいたのだ。自分に特別な才能があるのはわかっていたので、それを伸ばしたかったのだった。

トロツキーが独自の方法で革命指導者になると固執したために、プレハーノフの疑念は一層高まった。レーニンは自分の子分をかばい、争いが始まった。プレハーノフは、トロツキーの論説は雑音だらけで無内容だと述べた[31]。だがレーニンは、トロツキーを編集委員の七人目に据えたいと考えた。トロツキーの欠点、特に華美な文体は認めたが、それは根絶するよう努力しているのだと主張した[32]。それでもプレハーノフは反対を続けた。心底トロツキーを嫌っていたのだ。トロツキー自身もそれに気がついていた。老いたプリマドンナは、頭角をあらわし始めた新しいプリマドンナを嫌うものだ（噂によれば、ザスーリチが「あの若者は天才よ」と言うと、プレハーノフは「だからこそ私はトロツキーを許せんのだよ」と答えたそうな）[33]。それ以上に、プレハーノフはトロツキーがレーニンの操り人形だと見ていた。トロツキーが『イスクラ』編集委員に認められて投票権を与えられたら、レーニンに二票与えるに等しい――そうなれば論争にあたり、レーニンは永遠かつ確実に多数派を握ることになる。トロツキーとは仲がよかったにもかかわらず、ザスーリチもプレハーノフに味方した。アクセリロートはプレハーノフに楯突こうとはしなかった。レーニンだけでなくマルトフも、トロツキーがこれほど薄弱な根拠でケチをつけられているとは信じられない思いだった[34]。

レーニン自身も、プレハーノフには頭にきていた。そして、プレハーノフが党綱領の素案を編集委員会に提出したときに仕返しをした。資本主義が打倒されたら「プロレタリア独裁」が必要だということに言及しなかったといって、プレハーノフをバカにしたのだった。そして論理展開や文体についてもあら探しをして修正させた[35]。

第二回党大会は、一九〇三年七月十七日にブリュッセルで開会した。これは基本的に、ロシア社会民主労働党の創設会議だった。あらゆるマルクス主義集団は、統一的な政治組織の必要性を認めていたし、『イスクラ』委員会とその実務エージェントたちは、代表団を一堂に集め、適切な中央組織を確立し、党綱領をまとめようとしていた。その背後で主に暗躍しているのはレーニンで、この大会の準備においても中立とはほど遠かった。可能ならいつでもどこでも、『イスクラ』支持者たちには任務が与えられた。レーニンやその仲間を多数派として選んでくれるような人びとを大会に大量動員するという任務だ――そしてそのレーニンの仲間の一人がトロツキーで、彼はロシア人のマルクス主義「コロニー」を訪れ、『イスクラ』同志に対する支持を取り付けていたのだった。ブルガリア人サモクリエフという名義の偽造パスポートで旅行しており、大会に向かう直前にはジュネーブにいた。トロツキーとその仲間のドミートリー・ウリヤーノフ（レーニンの弟）は、ブリュッセルの道中にちょっとした冒険に出会った。警察エージェントを振り払おうとして、二人はジュネーブ郊外の小さな町ニオンから列車に乗ろうとしたのだ。念のため、線路の反対側に立っていたのだが、そのために乗車口にたどりつくのが遅れてしまい、おかげで警備員に列車を止めさせる羽目になってしまった。警備員は「こんなバカな連中にお目にかかったのは初めてだ」と述べ、列車を止めた罰金として五〇スイスフランを要求した。ロシア人たちは五〇フラン持っていなかったので、フランス語がわからないふりをして、やがて放免してもらえた。

ロシア内務省は、ベルギー政府にこの大会開催について警告した。ブリュッセル当局は、大会に隠密参加者や秘密エージェントを大量に潜り込ませた。議会の議事は、当初から険悪だった。個別代表者の任務についての糾弾や反駁に何日も費やされた。そこでベルギー警察が介入した。大会はロンドンで継続されることとなった。ブルームスベリーのシャーロット街にあるイギリスクラブに会場が見つかったのだ。

議題として最重要のものが、党綱領をめぐる議論だった。プレハーノフとレーニンは率先して、『イスクラ』草案の採択を訴え、成功した。トロツキーはその補助の一端をつとめ、『イスクラ』は全員を納得させた。問題が生じたのは、議論が組織の問題に移ったときだった。大会で最大の代表団の一つが、五人を派遣したユダヤ人ブントだった。ブント派たちは、党への参加にあたり特別な条件を確保しようと決意していた。ユダヤ人居留地区に集中しているユダヤ人ブントは、ロシア帝国の他のあらゆるマルクス主義組織よりもメンバーが多かった。だから、自分の領域では例外的な自律性を要求した。『イスクラ』にとって、これは民族主義に思えたので、強硬に反対した。ユダヤ人ブントの要求が僅差で否決されると、ブント派の全員が席を立った。おかげで、大会はその後『イスクラ』が圧倒的に優位となった。プレハーノフとレーニン、マルトフは大喜びだった。党綱領の素案も可決した。党の組織構造案も承認された。ロシア社会民主労働党は、結束を固めて大会を終えそうに見えた。

だが突然、規約案で党員の定義を巡りレーニンとマルトフが対立し、『イスクラ』派は内部分裂を始めた。どちらも、中央集権、規律、隠密性の原則は支持していた。だがレーニンは、党のために活発に活動するという約束なしには誰も党員になれないようにすべきだと主張した。マルトフはこれが危険だと感じた。レーニンの方式では、職業革命家の党ができあがってしまうが、必要とされているのは何千もの労働者階級党員を集める組織だ、とマルトフは主張した。レーニンはマルクス主義政党には不適切な、専制主義的なアプローチを推奨している、とマルトフは考えた。レーニンの支持者たちは「硬派」を名乗り、マルトフ派を「軟派」と呼んだ。

プレハーノフは、レーニンに何かロベスピエール的なものがあると個人的には感じつつも、レーニン支持にまわった。[36] 投票は接戦になりそうだった。トロツキーはマルトフの主張に惹かれた。レーニンはピョートル・クラシコフといっしょにトロツキーに再考を促した。クラシコフは、他の『イスクラ』編集者に対する個人的な批判を隠そうとはしなかった。レーニンですら、彼の発言には顔をしかめたほどだ。トロツキーは折れなかった。『イスクラ』派内部の緊張は耐えがたいものとなり、大会の外で別の会合が開催された。トロツキーの友人レフ・デイチは、トロツキーを議長にしようと提案した。「我らがベンジャミンの選出を提案する」。どちらの側も、トロツキーなら信用するだろうと判断したからだ。不穏な空気が流れ、レーニンは怒ってドアをたたきつけて退席した。だが、あきらめずトロツキーに「硬派」を支持するよう説得し続けた。今回は、弟ドミートリーと、ロザリア・ゼムリャチカを説得に派遣したのだ。無駄だった。トロツキーは、レーニンがまちがっているので反対しなければと決意を固めていた。[37] そして彼は勝ち組を選んでいた。投票結果は二八対二三票でマルトフの勝ちだった。だがマルトフにとっての問題は、中央党組織──中央委員会と『イスクラ』編集委員会──では反対の結果となり、プレハーノフとレーニンが両者で支配的な地位に就いたことだった。

もっとひどいことに、レーニンもマルトフも、大会で自分たちの論争に決着がついたとは思っていなかった。レーニンは最近の選挙結果をもとに、自分たちの集団を多数派（または「ボリシェヴィキ」）と呼び、マルトフの集団を少数派（または「メンシェヴィキ」）と呼んでまわった。そして、ロシア社会民主労働党の名において発言できるのは自分だけであるかのように振る舞った。そんな態度は明らかな分裂につながりかねず、トロツキーはがっかりした。[38] ナターリャ・セドーヴァに宛てた、大会についての手紙がある。彼女は経験不足にもかかわらず、サンクトペテルブルグに派遣され、工業労働者に『イスクラ』の思想を広めていたので、大会には来られなかったのだ。彼女は、こうした任務のための変装技術を身につけるのを楽しんでいたが、[39] 友人がロンドンでのできごとにどれほど失望しているかは理解できた。トロツキーに限らずロシアの全マルクス主義者にとって、労働者階級は一つしかなく、統一された労働者の党があるべきなのだった。その共通の夢を打ち砕こうとしたのは、かつての庇護者レーニンの落ち度だとトロツキーは考えていた。

第8章 独自の道へ

第二回党大会後の数ヶ月は、主人公たちにとっては落ち着かないものだった。プレハーノフはすぐにレーニン支持を後悔するようになり、マルトフ側についたので、党指導層のバランスはメンシェヴィキ側に傾いた。一方のトロツキーは「シベリア代議員団の報告」の執筆に没頭していた。(1) 後の彼はこの報告をあまり宣伝したがらなかった。ボリシェヴィズムに対する攻撃が書かれているからだ。レーニンとその支持者たちは猛然と反論したが、トロツキーはそれが不公平だという糾弾を退け、それがボリシェヴィキのドクトリンと政策からの引用に基づいていると指摘した。(2) マルトフは、『イスクラ』編集委員会にトロツキーを加えてもいいと考えた。(3) この時期のトロツキーはレーニンから離れ、アクセリロートに接近していた。だがプレハーノフは、自分がメンシェヴィキに残るには、トロツキーが『イスクラ』編集委員会に加わらないのが条件だと主張して話をややこしくした。マルトフはこの要求に屈しつつも、トロツキーの論説は刊行し続けた。(4) この妥協でトロツキーが満足してくれることを願っていたのだった。メンシェヴィキは、トロツキーによるすばらしいボリシェヴィキ攻撃の恩恵に浴し続けたかった――あるメンシェヴィキ、M・S・マカジュプは、「レーニンについてあれほど厳しいことが言える人物」は他にいない、と喜んでいる。(5)

マカジュプは後に、トロツキーの「顔には誇りと喜び」が見られたと述べており、そしてトロツキーには喜ぶ資格があると感じたことを述べている。[6] しばらくトロツキーはメンシェヴィキの中での状況を受け入れたようだった。とはいえパリでは、プレハーノフに立ち向かい、トロツキーを編集委員会に含めるようマルトフに要求する請願書がまとめられていたのだが。[7] 彼は、プレハーノフによる自分に対する仕打ちについて同情を集めようとはしなかった。ピョートル・ガルヴィはこう回想する。

彼はなぜか、「冷たい距離感」を漂わせる方法を昔から知っていた。これはトロツキーよりずっと強力だった、アクセリロート、ザスーリチ、マルトフなどの指導者でも、同志たちとの関係で確立できなかったものだ。丸めがねの奥からの冷たい視線、声色の冷ややかさ、「語るように書く」彼の演説の冷淡な正しさと鋭さの持つ、通常の会話とはちがった計算ずくの言明のような雰囲気、そして自分の外観、身なり、身振りについての過剰な細心ぶり。こうしたものはすべて、人びとを疎外し、突き放すような効果さえ持っていたのだった。[8]

トロツキーは、自分が党の中の指導者の一人として認知されたのを知っていたのだ。[9] 一九〇四年二月に日露戦争が開戦し、トロツキーはすぐに、マルクス主義者の間にこれに関する論争を引き起こしたことで、マルトフとの居心地の悪い連携を強いられた。ニコライ二世は、陸軍も海軍も無敵だと信じていた。黒海艦隊が「東洋人ども」の国に鉄槌を下すべく地球の裏側に派遣され、シベリア鉄道が兵を極東に運んだ。トロツキーは、日本との戦争が国益全般に被害を与えたと主張した――マルクス主義の同志たちが、労働者階級への被害だけに専念すべきだと主張しても、意に介さなかった。そして「『伝統的』な自己満足ではなくマルクス主義的自己批判」を呼びかけることで、メンシェヴィキの多くを激怒させた。[10] トロツキーは、ロシア社会民主労働党の信奉するものを盲信するようなことはほとんどなかった。また、「革命的独裁」を狙って「蜂起への呼びかけ」を出した人びとを罵倒した――ここでの攻撃対象はボリシェヴィキだ。彼は党の再統一を主張しているときでも、党の二大派閥に嘲笑を浴びせ続けた[11]。

トロツキーの判断では、日露戦争は革命の見通しを高めた。真っ先に考えついたのは、ロシアに戻って隠密扇動をおこなうことだった。まずはスイスを出てカールスルーエに向かい、ここでもリヴォフの名前で活動した。フョードル・ダンはジュネーブからアクセリロートに手紙を書き、頼むからトロツキーに「妄想を抑える」よう一筆書いてくれと懇願している。メンシェヴィキはトロツキーに、自分たちのために論文を書いてくれるという約束を果たしてほしかったのだ[12]。実はトロツキー自身も、ロシアに駆けつける気はなくなっていた――彼は人に言われてあれこれするような人物ではなかった。かわりに中欧にとどまって、党の指導層の中で騒動を引き起こし続けた。いつでも思ったことをそのまま書いてしまう。プレハーノフは、トロツキー嫌いを隠そうともせず、『イスクラ』編集委員会には絶対に加えるなと要求した。そして他の編集者がそれを拒めば辞任するとまで脅した[13]。マルトフとアクセリロートは、トロツキーがこの問題を認識して騒ぐのをやめてくれることを祈った。トロツキーは、党内での自分の重要性を示したとたんに、その地位を自ら脅かすようなまねをしていたのだった。どのみち、彼はメンシェヴィキにはうんざりしていた。もっと活発な革命戦略を求めていたのだ。そして、その懸念を示すために公開書簡を書いた[14]。メンシェヴィキはこの便利な才能を手放すのがいやだったので、論争は途中でおしまいとなった[15]。

一九〇四年夏に、トロツキーはミュンヘンに移った[16]。彼は派閥間の小競り合いが嫌でたまらず、バイエルン首都の活発なマルクス主義亡命者と親しくなった。これがアレクサンドル・ヘルファンドで、仮名パルヴスのほうが有名だ。トロツキーより十二歳上の彼は、アルハンゲリスク地方に十二年間流刑になってから、ドイツに亡命して哲学の博士号を取得した。すぐにドイツ社会民主党に参加し、マルクス主義を革命教義からもっと平和的な政治変革に向かわせようとするエドゥアルト・ベルンシュタインの試みを攻撃した。パルヴスは「反修正主義者」として名を挙げた。ロシアへの興味を失ったわけではないが、ボリシェヴィキにもメンシェヴィキにも加わろうとはしなかった。ロシアのマルクス主義において、彼の革命戦略は独特のものだ。中産階級など意に介しなかった。ロマノフ王朝に対する革命闘争を確実に主導できるのは、労働者階級だけだ、というのが彼の発想だった。[17] そして、ニコライ二世が打倒されたらすぐに「労働者政府」の樹立を主張していた。トロツキーはこれに魅力を感じ、パルヴスを知的な導師と仰いだ、とオフラーナはかなり心配して書いている。[18] トロツキーはメンシェヴィキの内紛に没頭することで、党の分裂に寄与しており、知らず知らずのうちに警察の仕事を手助けしていたことになる。オフラーナは派閥抗争を奨励したがっていたのだ。パルヴスと手を組むことで、トロツキーは帝政に対してどうやって暴力革命を実現できるか、という問題に専念するようになった。

『イスクラ』からの政治的な独立を求めたトロツキーは、独自の出版事業を創設しようとした。その資金減として、父親の支援を求めることにした。これはかなり繊細な扱いが必要なことで、トロツキーは「この仕組みに父を引き込むため」外国に招待しようと話していた。両者の信頼関係回復が必要だった。トロツキーは、将来遺産としてもらえると期待していた四、五〇〇〇ドルを無心するつもりだった。六年前に父と決別し、今後親からは一切の支援を受けないと大見得を切ったときとは大ちがいだ。トロツキーは探りを入れるためにヤノフカに手紙を書いた——残念ながら、いまのところダヴィド・ブロンシュテインの反応に関する資料はない。だがこれまでも見たように、シベリアを離れてから何度も、トロツキーは父親から資金を受け取っていたのはまちがいない。[19]

トロツキーは党組織の問題について『われわれの政治的課題』というパンフレットで述べている。これはロシア語で、ジュネーブの党印刷局が刊行した。署名は「N・トロツキー」で、この論文を「親愛なる師匠パーヴェル・ボリソビッチ・アクセリロート」に献呈している。だが慎ましさはそこまでだった。アクセリロートの著作は、その中身にはほとんど影響していなかった。トロツキーは自分と仲間を『少数派』の代表者」と呼んでいた。つまり、一種のメンシェヴィキだと名乗っていたわけだ(これはすぐに恥ずかしいこととなる)。[20] 他のメンシェヴィキ仲間と議論をするような手間はかけなかった。マルトフは一顧だにされない。ボリシェヴィキもほとんどは無視された。大きな例外がレーニンだった。トロツキーはボリシェヴィキの指導者たるレーニンの影響力が弱まっており、その地位が「絶望的」になっていると証明しようとした。序文の日付は、一九〇四年八月二十四日だ。[21] これは重要なことだ。というのもトロツキーは、一年にわたる党内の「悪夢のような雰囲気」がついに終わりかけていると主張したがっていたのだ。ロシア社会民主主義は、同志たちが内輪もめをやめればすぐに再起できるというわけだ。だがトロツキーは、レーニンの思想や活動が危険な逸脱であり続けていると主張することで、己の自信をも裏切っていた。ロマノフ帝政は、抱えた問題からの逃げ道として日本との戦争を使おうとしていた。ロシアの政治状況は不安定である。したがって、内部の組織問題を論争するよりも、党は「蜂起の科学」を研究すべきだ、とトロツキーは主張したのだった。[22]

トロツキーによればレーニンは、マルクス主義者が「プロレタリアの独立活動」を奨励すべきだという必要性を忘れている。中央集権と規律にばかり異様に注目するのは、百害あって一利なしだという。トロツキーは『何をなすべきか』に対するかつての賞賛を捨てて、レーニンが新聞の役割を気にしすぎているのではと述べた。完全な上意下達構造が実現可能だと思い込むのは間抜けなことであり、マルクス主義者たちが反対勢力の排除にばかり専念していたら、社会主義の目標は決して実現できないというアレクサンドル・パルヴスの議論は正しかった。レーニン主義はどう見ても非現実的であり、本当に強調すべきなのはもっと広い革命イニシアチブである。ストライキやデモは、事前に決まった活動パターンなどなしに奨励されるべきだ、と彼は主張した。(23)

トロツキーは簡潔に主張した。「兵舎レジームは、我が党のレジームにはなれない。工場が党のモデルになれないのと同様である」。(24)レーニンは、党全体が「新聞付属の技術機関」でしかないように振る舞っている(25)——。これはどう観てもダメだ。レーニンがこんな惨状に陥ったのは、革命的知識人にばかりかまけていたからだ。何やら新手のジャコバンたらんとする主張は、フランス革命史についての誤解に基づいている。マクシミリアン・ロベスピエールは、健全な政治的ビジョンにとってすべての面でまちがった態度をとっていた。それは彼のこんな宣言からもわかる。「私は二つの党しか知らない。善の党と悪い市民の党である」。トロツキーにとって、これは無意味な不寛容ぶりであり、同じ性向が「マクシミリアン・レーニン」にも見られると述べた。もしカール・マルクスがロベスピエール政権下のフランスに暮らしていたら、ギロチンで首をはねられていただろう、とトロツキーは述べた。(26)ロシア社会民主労働党は、ジャコバン派的な猜疑心を避ける必要がある。もちろん知識人たちに対する「理論的テロ」に手を染めてもいけない。(27)要するに、労働者たちの準備を整えて、彼らが自分自身の独裁制を確立できるようにするべきだ。これぞまさに、世界中のマルクス主義者たちの仕事である、とトロツキーは主張した。

レーニンが提案していたのは「政治的代行主義」だった。ボリシェヴィキの下ではプロレタリアの独裁はないが、「プロレタリアに対する独裁」はある。党は労働者のかわりに自分を置き、党の代わりに中央指導層を置き、中央指導層の代わりに指導者を置く。「プロレタリア社会主義」の代わりに、レーニン支持者たちは単なるジャコバン主義を置くことになる。自分の主張の裏付けとして、トロツキーはウファー、ペルミ、中央ウラルのボリシェヴィキ集団によるパンフレットを引用し、それに対するレーニンの反応も記している。「彼はなにも言わない」[28]。「組織フェティシズム」を持つレーニンは、労働者階級への信頼欠如へと向かうことになる。マルクス主義者はその願望を実現するのに他の方向へ向かうことになる。一部はただの改革論者となり、他の人びとはアナキズムに向かうだろう、と[29]。

この見事な主張は、多くの基本的な面で予言的だった。十月革命でボリシェヴィキは権力を握ることになるが、その後に形成された政府は、何百万もの労働者たちから反発を受けると、世論に耳を貸すのを放棄した。「プロレタリア」は一度たりとも、自分の食料配給の量すら決めさせてもらえず、ましてや支配者選びなどには一切口をはさめなかった。だが一九〇四年のこの著者は「予言」を意図してはいなかった。トロツキーは党の能力を過信して、党派主義を克服できるものと思い込んでいた。彼はボリシェヴィキ指導層が独裁者になりかねないと嘲笑したが、その時も「独裁者」の一語をカッコに入れて、それが現実的な可能性ではないことを示していた。その後十二年ほどで、ボリシェヴィキは党を融合させようという試みを幾度となく妨害し、そうでなかったのは自分の党派的な利益にとって都合がいい場合だけだった。やがてトロツキーは、ボリシェヴィキの教義や行動は変えようがないことをだんだん思い知る。レーニンが指導していなくても、ボリシェヴィキの間には大量の相容れない見解があって、それが分裂を引き起こした。レーニンが、戦術的な理由からメンシェヴィキと協力した方が得だと主張しなければもっと大騒動が起きかねなかったこともある。だがトロツキーは楽観論を続けた。党内の分裂は、革命的な出来事の圧力でどうでもよくなると信じ続けていた。

レーニンに刃向かうことで、トロツキーはとにかくボリシェヴィキの敵対者たちの評価は勝ち取った。マルトフは、『イスクラ』内部での役割を拡大して執筆者兼編集者になるようトロツキーに奨め、党パンフレットの責任者の地位を約束した。さらにトロツキーを編集主幹として「一般向け新聞」を創刊しようとも述べた。(30) トロツキーはこれに対して慎重なところを見せ、メンシェヴィキ指導層との協力はごく慎ましいものにとどめた。そんなに重い責任は背負いこめないのがわかっていたのだ。彼は作業完了が締め切りに遅れるのを嫌った。そしてマルトフとはちがって、混沌には厳しかったのだ。

さらにボリシェヴィズムに対しては辛辣な批判を展開する一方で、メンシェヴィズムも無傷ですませたわけではない。革命的闘争を導くのが「プロレタリア」であるべきで、「ブルジョワ」は仲間として決して信用できない、というのはトロツキーの信条のようなものだった。メンシェヴィキは中産階級の反発を避けようとしていた。ロシアのリベラル派が、帝政に対する反対運動で共同戦線を張って積極的に参加してくれるのを期待していた。トロツキーは、産業家や銀行家、先進的な農民たちを、政治の現状支持者として嫌悪していた。大衆革命と自分自身の金銭的な利益との選択に直面したら、彼らはロマノフ王朝の側につくだろうというのだ。リベラル派たちは、ロマノフ王朝に対する批判言論を実践しており、翌年には立憲民主党（またの名をカデット）を組織する。トロツキーは、彼らが政府圧力にすべて屈するだろうと予言した。「プロレタリア」は自分たちだけで実行すべきだ。社会変革への心からの献身により、あらゆる社会集団を導かなくてはならない。他にそれができる階級はない。労働者たちはロシアを救い、その後は世界全体を救う。トロツキーはロシアのリベラル派を侮辱して有名になった。メンシェヴィキはリベラル派を味方につけようとしたのに、トロツキーは彼らを挑発した。カデットとの戦術的な協力すべてを拒んだ。トロツキーにとって、リベラル派こそは公共生活のクズだった。ロシア社会民主労働党は、そんな連中との妥協はやめたほうがずっといいのだ。

トロツキーは、第二回党大会における両派閥の中間にいる人びとを代弁する存在として台頭した。(31) でも、彼が自分の信念を口に出す権利は認める一方で、人びとはしばしば彼の個人的な態度には反発した。傲慢で配慮に欠けるように見えたのだ。亡命ボリシェヴィキ派閥の共同指導者であるアレクサンドル・ボグダーノフは、レーニンの妻ナジェージダ・クループスカヤにトロツキーとの遭遇について手紙に書いている。「トロツキーが私に会いにやってきましたよ。心底嫌なやつでした――まったく気にくわない」[32]。ボグダーノフの判断が重要なのは、彼が同志たちの中で最も難癖をつけない一人として知られていたという事実のためだ。マルトフはトロツキーについて、半可通だと評して批判した。トロツキーはこれに対し、マルトフはいつも腰がすわらず、義弟のフョードル・ダンに言われるとすぐ立場を変えるとやりかえした。ダンはメンシェヴィキの「小レーニン」と呼ばれていた。マルトフはトロツキーの論文刊行を停止させ、事態は険悪になった。これはどうもプレハーノフが『イスクラ』との協力を維持するために要求した代償（あるいはトロツキーに言わせると「貢納」）らしかった。トロツキーはマルトフが、編集者として臆病で不当だと糾弾した[33]。トロツキーのキャリアすべてが危うくなっていた。レーニンとは反目、そしてマルトフやダンとも同様。パルヴスとの友情で少しは立場が上向いたとはいえ、この新しい導師は決して物静かな存在というわけでもなかった。

一九〇四年十月にロシアから戻ったナターリャ・セドーヴァが、トロツキーを落ち着かせた。彼は、ベルリン駅に彼女を迎えにいった。そしてそのときに口にしたのが、二人は「二度とはなればなれになってはいけない」というものだった。二人は恋に落ちていたのだ。彼女はドイツの首都で一ヶ月過ごし、トロツキーの知人となっていた主導的なドイツ社会民主党員、たとえばカール・カウツキー、クララ・ツェトキン、ローザ・ルクセンブルク、アウグスト・ベーベルなどに紹介された。そして終生の伴侶となってジュネーブに引っ越した[34]。

アレクサンドラ・ブロンシュテインとの結婚は終わりだった。回想記では「国外に着いてから、私はほとんど彼女と連絡をとることができなかった」[35]と主張しているが、これは言い訳をでっちあげているだけだ。アレクサンドラとの手紙は続いていたが、他の女に乗り換えたというのが単純明快な事実だ。この先、妻は――二番目の妻だが――法律上以外のあらゆる点でナターリャだった。アレクサンドラは、なんとか対処した。夫が別の伴侶と暮らしたいのだという事実は受け入れた。でも彼がシベリアを離れてから女手一つで娘二人を養育してきたのに、流刑を終えてもなお、自分が二人とも面倒を見続けることについては文句を言った。彼女はトロツキーと取り決めを交わし、次女ニーナはアレクサンドラと暮らすが、ジーナはヘルソン県に行って、トロツキーの妹エリザヴェータと暮らすことになった。ジーナは「インテリのブルジョワ＝地方的」環境に加わることになる――このあまり適切とは言えない表現は、ナターリャによるものだ。エリザヴェータの夫ナウム・メイルマンは、医師でアマチュア音楽家でもあった。二人はツァーリ支配に敵意は持っていたが、何ら活動に加わっていたわけではない(36)(それでも一九〇六年にはヘルソン県の家が家宅捜索に遭っているが(37))。

ナターリャもまたウクライナ出身だった――トロツキーよりはずっと、ロシア首都の人びとが言うところの「南部訛り」を保ち続けた(38)。実家はポルタヴァ県の農場主で、コサック出身の父親は一家所有の工場主だった。ナターリャには兄二人と妹二人がいた(39)。農場で暮らしたのは幼い頃だけだが、ヤシノフカの田舎にはずっと魅了されていた。後にバクーで石油のやぐらを見たときには、故郷の背の高いピラミッド状のポプラを思い出した。また黄緑の花粉に覆われた川辺の柳、無数のうなる蜂。その美しいバラや燃え立つようなライラック(40)。ナターリャは世襲貴族の一族に生まれたのだった。この一家は、有名なウクライナの反ツァーリ詩人タラス・シェフチェンコの一家とも仲がよかった(41)。やがてセドーフ家は領地を売った。これは、農民たちを領主との個人的なつながりから解放した一八六一年の農奴解放令の後で多くの人がやっていたことだ。そして一家は最寄りの都市に引っ越した。この都市がロムヌイで、ナターリャはここで一八八二年四月五日に生まれた。セドフ家の暮らしは快適だった。だが七歳のときに父親が心臓発作で死亡し、ショックを受けた母親も数ヶ月後に他界した。ナターリャを育てたのは祖母と叔母だった。

親戚たちは、彼女を私立寄宿学校に入れて教育を受けさせるべく、ハリコフに行かせた。ここの教師たちは、この時代の基準からすれば進歩的で、その一人は彼女と革命運動について論じ合った[42]。やがて彼女は政治囚のために寄付をつのり、発禁文献を読むようになっていた。ナターリャ自身の叔母の一人も革命家で、シベリアに一時期流刑になっていた（ナターリャがこれを聞かされたのは、有名な逃亡囚で革命家だったレフ・ディチからだった。ディチは後に、ナターリャとトロツキーと家族ぐるみの友人となる）[43]。学校当局には軽薄と思われていたが、成績はよかった。十六歳のときにはこの学校の制服を捨てて、モスクワの「高等女子課程」に入学した。劇場や美術館、コンサート会場への訪問が大好きだったという[44]。それからスイスに旅行して、ジュネーブのマルクス主義集団に参加し、ポルタヴァに密輸するための材料を手渡された。スイスの生活は、寄宿学校を思わせたのであまり気に入らなかった。パリのほうがお気に入りで、そこで彼女は『イスクラ』集団に参加する。まだ祖母からの仕送りを受けていた彼女は、ソルボンヌと高等ロシア学校の両方に通っていた。そしてそのパリでトロツキーに出会い、人生丸ごと、トロツキーのキャリアの大渦に飲み込まれることとなる[45]。

一九〇四〜〇五年の冬が近づくにつれ、彼女がロシア旅行から携えてきたニュースは、双方にとって政治的に嬉しいものだった。工業分野での武力闘争は増えつつあった。いくつかの県では農民たちに不安が広がっていた。リベラル派たちも蠢いて、反政府キャンペーンを張り始めた。日露戦争は、ロシアが劣勢となり、政治的、軍事的な能力が疑問視されつつあった。旅順港のロシア軍要塞は制圧された。ニコライ二世の玉座と王朝は、だんだん深刻な脅威にさらされているように見えてきた。

一九〇四年十二月、トロツキーによる論文がジュネーブの『社会民主主義者（ソツィアル・デモクラート)』に掲載された。ワルシャワとラドムでの街頭デモや、バクーのゼネストについて書いていた。そして帝国政府による「野蛮な復讐」キャンペーンを予測し、そのスケープゴートとしてユダヤ人が使われるのではと述べた。「キシニョフ療法」の再演があり得るかも知れないという(キシニョフは一九〇三年四月に、ユダヤ人に対する最悪の残虐行為が行われた場所の一つだ)。日露戦争の戦況はどうしようもなく暗いもので、トロツキーはこの状況が当局の手に負えなくなるかもしれないと感じた。革命家たちが、政府と取引したくなるのでは、というのがトロツキーの懸念だった。そうなれば、「すでに自由への闘争の中で実に多くの被害者を出してきたロシア人民の首に絞首用ロープをつける」ことになる(46)。同時に、「蜂起を呼びかける」抽象的なスローガンについても警告した。暗黙のうちに、彼はレーニンの「革命的独裁」へのこだわりすら批判していた。この論文は新聞報道をまとめたものだったが、ロシアの現状における最も危険な現象は見落としていた。それはサンクトペテルブルグを拠点とする、ゲオルギー・ガポン神父というロシア正教司祭が率いる産業労働組合だった。この組合員たちは平和的で、法的にも認められていた。だがこれは、空前の運動を組織することになる。一九〇五年一月九日に冬宮に行進して、ニコライ二世に請願を行い、普通市民権を認める勅令を出すように嘆願した。ガポンは革命的な蜂起を引き起こそうとしていたのだった。

ガポンの重要性は過小評価したものの、トロツキーは党の首脳部における同志たちに比べ、ガポン以後の展開を活用したいと考えていた。その直感により、これから重要性を増す役割を果たすための準備ができていたのだ。彼は実に流ちょうな著述や演説ができた。度胸も自信もあり、革命の代弁者となろうとしていた。同時に、同僚としてはうんざりする人物でもあった。なにかと党の規律の縛りを破りたがる。そして自分の知的な活発さを認めてくれる人びとの間にいるのが大好きだった。彼は移り気だった。トロツキーは、すでにトロツキーになっていたのだ。

第9章　一九〇五年

一九〇五年一月九日、サンクトペテルブルグの冬宮の外にいた部隊が、日曜向けの晴れ着を着た非武装の労働者たちやその家族の行進に発砲したことで、ロシア帝国は騒乱で震撼した。何百人もの罪もない人びとの虐殺は世間の怒りを引き起こした。首都ではストが勃発し、やがて全国で、工場や鉱山の労働放棄が続いた。秩序を回復するはずの兵士たちが服従するかどうかも懸念された。さらに前年から続く日露戦争の戦局が逆転したことで、帝政秩序の脆弱性は高まった。リベラル派や保守派は通常、反逆する労働者に疑いの目を向けてきた。血の日曜日の出来事がそれを一変させ、ニコライ二世に対して根本的な改革を認めろという要求が行われた。

一月の九日から十日にかけて、トロツキーはスイスの都市での演説旅行からジュネーブに戻る夜行列車の中で、落ち着かない一夜を過ごした。駅に着いた時間が早すぎて、新聞売りの少年は前日の新聞紙しか持っておらず、したがってロシアに関する記事はサンクトペテルブルグのデモを未来形で書いていた。トロツキーは、それが実現しなかったのだと思い込んだ。真相を知ったのは、市内の『イスクラ』事務所にやってきてからだった。その頃には、ジュネーブのロシア革命家集団は、血の日曜日と人びとの反応を知っていた。自分たちが長年にわたり懇願し、予言してきたことが、ついに起きているらしいというのは、なかなか信じられない思いだった。王朝とその支持者たちは、政治的に完全に撤退気運になっているのだ。亡命者たちはその後もずっと、この報せがスイスに届いたときのことをはっきり記憶している。トロツキーの反応が最も劇的だった。『イスクラ』の編集理事会会合の途中で報告が入ったのだが、トロツキーは即座に反応を見せた――いつものように卒倒したのだった。[1]この遺伝的な症状は、疲労や病気のときに起こりやすい、とトロツキーは思っていた。彼はロシア帝政、ボリシェヴィズム、世界資本主義を激しく糾弾する中で、神経のすり減る生活を送っていた。あまりに無理をしすぎていた可能性もある。ロシアでは新時代が拓かれようとしていた。あらゆる種類の革命家たち――エスエル、メンシェヴィキ、ボリシェヴィキ――がジュネーブのカルージュ街地区に集った。誰もがはやめに帰国すべきかどうか迷っていた。だが、実際に帰国した者はほとんどいなかった。名前は警察の手配リストに載っている。当局は、サンクトペテルブルグでの騒乱には何とか対処したものの、騒動が再発しかねないのは認識していた。血の日曜日の火の粉はまだ収まっていなかったのだ。

ニコライ二世は、大衆の怒りの力を認識した。帝国政府が脅かされていたのだ。日露戦争は散々な状態だった。ロシア軍は奉天まで退却を余儀なくされ、旅順は血の日曜日の一週間前に、日本の陸海軍に制圧されていた。ロマノフ王朝の名誉にかけて、軍事的な成功が必須だった。社会のあらゆる階層は、未だに一月九日のデモに対する蛮行に激怒していた。労働者に対してその不満を聞く公式の試みが首都では行われていたものの、この虐殺はみんなの脳裏に刻み込まれてしまった。都市部は荒れており、ストが頻発した。労働組合は、非合法のものを含めますます大胆になった。一九〇五年五月には、イワノヴォ・ヴォズネセンスクで、労働者ソヴィエト（または評議会）が選出された。そして地元の織維工場主に対してすぐに要求をつきつけ、その地域一帯に影響力を確立した。その時点では農民たちはまだおとなしかったが、地主たちは騒動が地方部にも波及しないか不安になっていた。サンクトペテルブルグの支配を受ける、フィンランドやグルジア、ポーランドの土地では反政府活動が強まっていた。各種の隠密政治団体が人を集め、新聞やパンフレットを発行し、政治変革についての計画を述べていた。穏健リベラル派ですら行動を呼びかけていた(2)。

トロツキーはかなり前から、自分が公開「大衆」政治動員の才能を持っていると感じていた（これは二年前に、妻アレクサンドラへの手紙でも書いていた）。彼は無謀にも、危険を承知でこっそり帰国しようと考えた。指名手配がかかっており、見つかれば即座に逮捕される。亡命者の政治活動で有力な存在だったから、その危険は高まる一方だった。でもトロツキーは気にしなかった。ロシア社会民主労働党のほぼあらゆる指導層は国外にとどまったが、トロツキーは帰国の手配をすぐにおこなった。他の指導層との対比について、自分では口にしなかった。それはトロツキーのやり方ではない。でも、なぜ他の有力者たちが自分の先例に倣おうとしないのか不思議には思ったはずだ。自己犠牲がロシアの革命家の伝統だ。個人の安全など、大義に従属するものでしかない。帝政ロシアが崩壊しつつあるのだ。トロツキーは、帝政、将軍、警官、雇用主たちに刃向かってストをおこなう労働者たちの戦いに、どうしても参加しなければならないと感じた。自分が党の指導者だからどうだというのだ。自分の思想に対する革命的献身は、どうしても危険が伴うものだ。スイスやフランス、イギリスに隠れているなど、もはや容認できるものではない。革命的義務が行動を呼びかけている。

彼はナターリャとウィーンに向かった。オーストリアの主導的マルクス主義者ヴィクトル・アドラーが、亡命者たちの資金とパスポート取得を手伝っていたのだ。トロツキーの目立つ外見は問題だったので、アドラーは美容院に行かせて変装させた。それからナターリャがウクライナに向かい、宿を見つけた。あまり逮捕の危険なしに国境を越えるには、これがいちばん手軽だったのだ。キエフに居場所が見つかると、トロツキーは退役伍長アルブーゾフの偽名でその後を追った。まだ二月だった。トロツキーとその伴侶は、革命政治に全面的に参加するつもりだったのだ(3)。

およそ一ヶ月後、二人はサンクトペテルブルグに移動して、ナターリャはワシリエフスキー島の巨大鋼管工場労働者たちの間で扇動家として活動した(4)。自分一人の場合よりもなおさら注意が必要だった。二人とも、トロツキーの安全が最優先だと合意していた。トロツキーは党の指導層だが、ナターリャはただの闘士でしかない。この頃のトロツキーは、新しい偽名ピョートル・ペトローヴィチを使っていたが、彼女がちょっとでもヘマをすれば、警察にすぐ目をつけられて、おそらくすぐに正体はばれるだろう。ナターリャは「陰謀」技法を入念に実施し、万事快調だった。五月にナターリャは市外の森で革命支持者の集会に出ていたが、密告者の通報で当局がやってきた。彼女を含む参加者は逮捕された。だがトロツキーにとっては幸運なことに、彼女とトロツキーの関係は明るみに出なかった。ナターリャは予防拘禁所に六ヶ月収監された(5)。当人の記述では、待遇はかなりよく、毎日風呂にも入れたとか。彼女は普通の犯罪者に手伝ってもらい、自分の房を磨き上げた。いつも身の回りをきれいにしておきたがったのだ(6)。ナターリャは首都から直線距離一六〇キロのトヴェリに滞在し、警察の監視下におかれることを条件に、早期釈放された。トロツキーは自分の安全のため、彼女に会えなかった。オフラーナが活動を強化する中で、多くの同志が逮捕されていたのだ。身の危険を感じたトロツキーは、夏に出かけてフィンランドのラウハでこっそり暮らした。フィンランドはサンクトペテルブルグから多少は自立しており、地元警察は潜伏する革命家捜しを嫌がることで有名だった(7)。

トロツキーはかなり早い段階で、はっきりした戦略を考案した。一九〇五年三月三日に『イスクラ』は、「全人民蜂起」を呼びかけるトロツキーの「政治的手紙」を掲載した。蜂起により臨時政府が樹立され、その後に憲法制定会議ができるという論説だ(8)。二週間後に、彼は意図を説明した。革命というのは、単純に起こればよいのではなく、組織と計画を必要とする。メンシェヴィキが「労働者政府」

というパルヴスの発想を否定したのはまちがっていた。パルヴスは、普通選挙権自体が目的だという発想を否定した。というのも中産階級は必ず、選挙制度を操作する方法を見つけるからだ。自由はお願いするものではない。勝ち取るものだ。官僚と軍は排除せねばならない。[9] いや、必要なのは実はボリシェヴィキが要求するような蜂起だけではなく、「革命を永続化」させる闘争への献身なのだ。[10] トロツキーは。パルヴスの戦略最新版を拝借し、中央委員会はその地方委員会すべてに「軍事機関」を設立するよう命じるべきだと強調した。風雲急を告げる出来事により、プロレタリアは「覇権」的な地位に向かっており、党はその状況を活用する準備を整えねばならない。

この予想される「労働者政府」は、「独立ジャコバン民主主義のための社会基盤」は持たないことは認めた。この言い回しで彼は、フランス革命におけるジャコバン派が、全国の下層階級の広範な層から支持を取り付けられたということを言いたかったらしい。ロシアの労働者は、この目的にはまだ小さすぎる。それでは仕方ない、とトロツキーは結論した。ロシアのマルクス主義者たちは、革命エリートの独裁を確立するよう戦うべきだ——これはつまり、ロシア社会民主労働党が率いる独裁となるであろう。[11]

トロツキーは、テロルについて直接はほとんど述べていない。この「労働者政府」が実現していたらどうなっていただろうか？ 何十年も後に、彼は自分の基本的な態度を回想している。「われわれもまたテロルを支持していたが、それは革命階級が実現する大衆テロルであった」[12]。主張をおこなうにあたり、彼はマルクスやエンゲルスの解釈論など無視した。レーニンは権威づけのためにやたらにマルクス主義創始者に言及して見せたが、トロツキーは自分自身の内在的な主張にだけ専念した。マルクス主義者は過去の、特にフランス革命から教訓を引き出せると主張した。そして、彼やパルヴスがヨーロッパの社会民主主義とは何の共通点もない思想を打ち出していると指摘されてむっとし、ドイツの社会民主党が、「プロレタリアによる国家権力の制圧」と「階級独裁」を狙っていると指摘した。トロツキーから見れば、合法手法の利用に対する「フェティシズム」があってはならない。また、革命的転換の期間が短期ですむと思ってもいけない。社会主義を構築するという新時代が、党の前には広がっているのだ。ロシアのマルクス主義者たちは「革命の不断性」に献身すべきである。[13]

ボリシェヴィキは、自分たちだけで四月から五月にかけて会議を開催して戦略を決めようとした。メンシェヴィキ指導層は、政策についていつまでも協議を続けるばかりだった。実はボリシェヴィキ派はトロツキーにそそのかされ、パルヴス＝トロツキーの立場に近い戦略的な選択に向かっていた。レーニンは二段階の革命プロセスを主張した。第一段では、プレハーノフが昔から予想していたように、選挙民主主義と資本主義的経済発展を導入するのだ。だがレーニンは、これが起こるためには「プロレタリアと農民による臨時革命民主独裁」が樹立されなければならないと論じた。彼は、ロシアの政治指導層に中産階級が参加するのを一切信用しなかった。当時、多くの人はこれがトロツキー主義にきわめて近いと指摘している。確かに、両者の差はイデオロギーを顕微鏡にかけなければわからないほどだ。トロツキーは、一段階で革命的転換を主張したが、レーニンは二段階を求めた――そしてレーニンはこれにより、ロシアのマルクス主義正統教義に忠実だったと主張し続けられるのだった。もう一つ意見が分かれたのは、農民の役割だ。トロツキーは、「労働者政府」が機能するには土地改革が不可欠だと述べた。レーニンは農民にもっと大きな影響力を持たせたがり、政府は農民からの選挙支持を得た党を含む、連立政権となるべきだと提案した。

一九〇五年の長い夏を通じ、ロマノフ君主制には困難が山積した。工場紛争が頻発し、軍でももめ事が見られた。ポーランド、グルジア、北コーカサス地方はほとんど統治不能となっていた。十月始めにゼネストが起きた。サンクトペテルブルグの工場労働者と急進派知識人は、労働者代表評議会（またはソヴィエト）と呼ばれるようになる組織を選出した。その機能は賃金交渉から急激に拡大して、人民自治の基本的な要求にまで発展した。十月十七日、ウィッテ伯爵（彼は一八九〇年代に蔵相として帝国内の急激な工業成長をもたらした）の助言により、ニコライ二世は譲歩して、市民に各種の自由を認める詔書を出し、国家ドゥーマ（下院）議員の選挙をおこなうと約束した。

この譲歩で、革命家たちははしゃぐと同時に震え上がった。世論のかなりの部分が、皇帝を少しは信用してみようと思っている兆候があったのだ。トロツキーは、君主制の打倒と革命こそを目指すべきだと信じる一派だった。

十月十八日、詔書発表の翌日、何万人もの人びとがサンクトペテルブルグ大学の前に立ち、闘いに興奮しつつ、初勝利の慶びに酔いしれていた。私はバルコニーから、道半ばの勝利は信用できず、敵とは相容れず、先には罠が控えているのだと叫んだ。私は皇帝詔書を引きちぎると、かけらを風に飛ばした。(14)

トロツキーにしてみれば、最悪の事態は労働者たちが王朝排除という政治的要求を捨てることだった。しばらく彼は、フィンランドに暮らしていた。だがナターリャは合法的にサンクトペテルブルグに戻り、トロツキーと接触した。そして北に旅行して、数日にわたりヴィボルグで落ち合った——ロシアの首都からたった一二〇キロだ。(15)一方、革命の気運は高まっていた。トロツキーは危険を承知でサンクトペテルブルグに戻り、公開政治活動に参加することにした。ナターリャも同行したかったはずだが、当時は健康状態が優れなかった(16)トロツキーは、ペテルブルグ・ソヴィエトに活動を集中することにして、ヤノフスキーなる仮名で活動した。

このソヴィエトで選出されていた議長は、弁護士ゲオルギー・ノサーリ＝フルスタリョフだった。彼は無党派で、自分の地位に満足していた。きれいに調髪し、詰め襟で、危険な転覆家にはまるで見えなかった。[17] そして十月二十六日に逮捕されるまでその地位にとどまっている。批判者たちはトロツキーを注視して、フルスタリョフ逮捕で空いた地位を手に入れようと画策しすぎていると考えた。[18] 彼自身は自分の持っている影響力について誇張していた。このソヴィエトでは、メンシェヴィキとボリシェヴィキはトロツキーが言うよりもしっかり協力していたし、トロツキーのおかげと言うべき意思決定はごく少数のようだ。[19] とはいえ批判者たち——ほとんどはロシア社会民主労働党の派閥に属する——も通常は、トロツキーが状況に応じた活躍を見せたことは認めた。これまで彼らは、「大衆政治活動」について議論するばかりだったのに、トロツキーだけは行動した。彼は弁士として自信をつけた。彼は平然と聴衆を動かせた。人びとを鼓舞するのも簡単だった。彼は勇敢だった。逃げ隠れせず、当局にソヴィエトをつぶしてみろと挑発した。党の中で、トロツキーほど己を危険にさらした首脳部はいない。だから、単なる人気取りと糾弾されて苛立ったのも無理はない。他に革命を実現しようがないではないか？

十月の詔書を読んで、他の亡命革命家たちもロシアに戻ろうかという気になった。そこに書かれた内容からすれば、身の安全はついに保証されたということだったからだ。そこでみんな戻ってきた。レーニン、マルトフ、チェルノフ。昔ながらの用心はある程度は必要だった。亡命者たちは偽のパスポートを使った。どこに泊まるかについては注意したし、それを誰に知らせるかにも気を遣った。みんな、目指すはサンクトペテルブルグだった。レーニンは、歯ぎしりしつつもこの同志がソヴィエトを率いるべきだと同意した。「うん、トロツキーは絶え間ない見事な仕事ぶりで、その地位を勝ち取ったんだよ」。[20] 首都の大集会に参加したほとんど誰もが、トロツキーについては同じ意見だった。帝国政治の運命がその首都にあるのは、誰の目にも明らかだった。新聞が創刊されていた。あらゆる革命集団が公然と印刷機を使っていた。各種の党が堂々と露店を出していた。書店は煽動的な文献をおくようになった。王朝とその支持者による武力の濫用が行われたところでは、一般集会が開かれた。マルクス主義者たちや他の反逆者たちの間には、ロマノフ君主制との決定的な闘争の瞬間が近いという高揚した雰囲気があった。

例外は、ペテルブルグ・ソヴィエトの一員であるロマン・グーリだった。

> 話し方の点で、トロツキーはレーニンの対極だった。レーニンは演壇をうろうろした。トロツキーは動かなかった。レーニンは華やかな雄弁は一切なかった。トロツキーは聴衆にそれを浴びせかけた。レーニンは自分自身の話し方を聞いていなかった。トロツキーは自分の話し方に耳を傾けただけでなく、まちがいなく自己陶酔していた。[21]

グーリはまた、トロツキーがネクタイの選択といったどうでもいいことまで、自分の外見にやたらに気を使うことを記録している。グーリから見れば、トロツキーは虚栄の固まりだった。だがグーリですら、大衆政治家としてのトロツキーの前では、レーニンがかすんで見えることは否定できなかった。

いまやナターリャもサンクトペテルブルグに戻っていたので、トロツキーの生活も伴侶の存在で落ち着いた。二人はヴィケンテフ夫妻を名乗って首都で部屋を借りた。家主は株の投機家で、ここ数ヶ月にサンクトペテルブルグ証券取引所が被った動乱により資産価格が下がっていた。そして、革命家たちが工場労働者を越えて門番たちにも働きかけていると知って慌てふためいた。彼の知る文明の終わりは間近に思えた。たまたま、トロツキーの書いた記事を読んで彼の目は怒りに燃えた。まさに当の著者に話しているとはつゆ知らず、彼はこう叫んだ。「この犯罪者に出くわしたら、こいつで射殺してやる!」——そしてポケットから拳銃を取り出して、宙を撃った。[22] 言うまでもなく、「ヴィケンテフ夫妻」は自分たちの政治的見解については口をつぐんでいた。新しい住居を探す手間暇はかけられなかったからだ。アパートの外でも、ほとんど社交はなかった。ペテルブルグ・ソヴィエトが存在する限り、すべての時間は政治活動にとられた。それに日刊紙に書く記事もあり、労働者集会での演説もある。借りたアパートは、単に食事と寝るだけの場所だった。

トロツキーは毎日、そのとき執筆中の新聞編集部へと出かけていくのだった。

ソヴィエトで私はヤノフスキーという名前を使った。生まれた村にちなんだ名前だ。出版物の署名はトロツキーだった。三紙で働く必要があった。パルヴスといっしょに、私は小さい『ルースカヤ・ガゼータ』[「ロシア新聞」]を主宰し、それを大衆のための闘争機関に変えていた。ものの数日で、発行部数は三万部から十万部に跳ね上がった。一ヶ月後には五〇万部になった。だが技術的なリソースは新聞の成長に追いつかなかった。この矛盾からやっと解放されたのは、政府のガサ入れのおかげだ。十一月十三日に、メンシェヴィキと共同で、われわれは大政治機関紙『ナチャーロ』[「始まり」]を設立した。この新聞の部数は、日ごとどころか時間ごとに増大した。ボリシェヴィキの『ノーヴァヤ・ジズニ』[「新生活」]はレーニン抜きではいささか退屈だった。『ナチャーロ』はそれに対し、大成功を収めた。[23]

『ナチャーロ』創刊号の論説を書いたのはトロツキーだった。[24] そして『ロシア新聞』の印刷部数はいささか誇張にしても、トロツキーの思想が首都のますます広い読者層に広まっていると主張するのはまったく正当なことだった。ボリシェヴィキとメンシェヴィキの派閥は内紛を繰り広げていた。一部のメンシェヴィキは、パルヴスとトロツキーの戦略思想に惹かれていた。[25] マルトフはこれに震え上がった。彼は立憲民主党などのリベラル派と何らかの協力を進めるのがいちばんいいと固執していたからだ。ボリシェヴィキもバラバラだった。そのほとんどは、既存労働運動とは一切関わりたくなかった。ペテルブルグ・ソヴィエトですら敬遠したほどだ。彼らは自分たちこそ真のレーニン主義者だと考え、労働者たちが自分の利害を代表するために作った組織よりも、自分の党を優先するのだった。当のレーニンは考えがちがった。彼はボリシェヴィキがあらゆる機会を活用するよう望んだ。彼にとっては、これがソヴィエトや労働組合に参加するということなのは当然だった——そして同志たちに立場を変えるよう説得するには数週間かかった。[26] だがレーニンですら、戦略を考案して論説を書く以上のことはしなかった。ペテルブルグ・ソヴィエトの活動に参加もしなかった。集会に何度か顔を出し、傍観して立ち去っただけだ。おかげでトロツキーの活躍の舞台は調った。ソヴィエトの中核の形成を手伝ったロシア社会民主労働党の指導者は彼だけだったのだ。

革命状況のおかげで、「組織問題」を巡る難問の残滓はすべて忘れられた。ロシアで実践される政治は、トロツキーや同志たちに参加を訴えかけていた。トロツキーは他の誰よりもすばやくそれに応えた。突然彼は、理論を実践に移せるようになった。そしてそれは解放感あふれる体験だった。状況のおかげで労働者や知識人たちは何万人単位でソヴィエトなどの政治組織に参加していた。これは真の大衆運動だった。他のロシア社会民主労働党の指導者たちとはちがい、トロツキーは自分の活動を大きな集団にはかる義務など負っていなかった。彼はメンシェヴィキでもなくボリシェヴィキでもない。自由なエージェントとして、やるのも語るのも好き勝手にできた。

彼は、ソヴィエトでの仕事に没頭することについて、何のイデオロギー的なためらいもなかった。ボリシェヴィキは、労働者を放置すれば「労働組合意識」しか発達させないという教義が邪魔をしていた。だから闘士たちがボリシェヴィキ主義の綱領を公式に受け入れない限り、地方ソヴィエトの活動には参加しなかったのだ。メンシェヴィキはもう少し柔軟だった。だがソヴィエト活動には参加したものの、労働者階級が望ましからぬ危険に身をさらしているのではと悩んだ。メンシェヴィキの方針は、帝政への前衛としてはブルジョワを活動させるというものだった。トロツキーは、この両派閥のメンバーがペテルブルグ・ソヴィエトでは自分に協力してくれるので大喜びだった。ボリシェヴィキとメンシェヴィキとの不信感は続き、両者はいつも別々に固まっていることが多かった。マルクス主義者たちの中でも最も拡張的な戦略を持つトロツキーは、サンクトペテルブルグの「プロレタリア」が、憲政改革の約束でごまかされないので喜んだ。労働者たちは、ニコライ二世に対して街頭デモを繰り広げるのに、特に教え込んだりする必要がなかった。これはボリシェヴィキの分析を否定するものだった。同時に、彼らは用心を訴える声にはまったく耳を貸さず、メンシェヴィキの警告する労働者階級の孤立も思い込みでしかないようだった。トロツキーは「永続革命」が間近だと信じた。

彼は政府がまだ持っている恫喝手段を見くびっていた。そろそろ年貢の納め時となっていたのだ。そしてそれは、この動乱の一年最後の月にやってきた。トロツキーはこう回想する。

十二月三日の晩、サンクトペテルブルグのソヴィエトは部隊に包囲された。出入り口は封鎖された。執行委員会を開催していたバルコニーから、私は議場でごったがえす何百人もの代議員に叫んだ——「抵抗するな、そして敵に武器を渡してはいけない」。武器はリボルバー拳銃だけだった。だから歩兵、騎兵、砲兵の警備部隊で全面的に囲まれた会議場の中、労働者たちは、その武器を使用不能にした。手慣れた様子で彼らはモーゼルをブローニングに、ブローニングをモーゼルにたたきつけた(27)。

ソヴィエトの指導層は逮捕された。トロツキーにとっては、これで革命は終わりだった——一時的にせよ。

第10章 裁判と刑罰

トロツキーと革命的同志たちが逮捕されて、首都での革命的挑戦は弱まってしまった。アレクサンドル・パルヴスは当初収監を免れ、ペテルブルグ・ソヴィエトを率いたと言われるが、彼も一九〇五年に逮捕された。(1)でも実際には、この組織は消滅してしまい、当局は他の組織に目を移していた。モスクワ・ソヴィエトは年末に蜂起を組織したが、すぐに鎮圧された。農民の叛乱には軍が動員された。沈静化キャンペーンは翌年になっても続いた。これは長期的なプロセスだった。惨憺たる日露戦争から帰還するシベリア鉄道で、軍の暴動が起きた。農民は団結して地主に刃向かい、地方部でも暴動が起きた。一九〇六年四月に国家ドゥーマがサンクトペテルブルグで招集されると、その最大派閥――トルドヴィキ、または労働グループ――は土地改革を要求した。立憲民主党はフィンランドに逃げ出し、人びとに徴兵に従わず、政府への納税をやめろと呼びかけた。皇帝ニコライ二世は、それを鎮圧した。日露戦争は一九〇五年九月のポーツマス条約で終わった。フランスからの借金で経済は救われた。旧秩序がしっかりと復活した。

ペテルブルグ・ソヴィエトの指導者や闘士たちはまずクレストゥイ監獄に収監され、それからペトロパヴロフスカヤ要塞に移送された。ここはピョートル大帝が息子アレクセイを幽閉して拷問した場所だった――そして帝国の名だたる政治犯たちも、その後ここに収監されていた。トロツキーとその一団は、その後予防拘禁所に落ち着き、四六二号房に入れられた。[2] 全体として、牢屋で十五ヶ月過ごしたことになる。囚人たちは囚人服を与えられ、公開裁判にかけられると告げられた。[3] 誰も裸にして調べられたりはしなかった。これはトロツキーが一九一七年四月にカナダで拘置されたときに初めて起きた。[4] 庭で毎日運動もして、お互いに相談事もできた。次々と訪問者も認められた。おおむね何でも読めたし、隠密革命新聞への記事もこっそり送り出す方法を見つけた。これにはトロツキーの弁護士の書類カバンがとても役に立ったのだ。[5]

監獄では図書室でシェイクスピアの戯曲を借りた。革命パンフレットとなると、別のところをあたるしかなかった。でもこれはどうにでもなる話で、S・N・サルティィコフに『フランスの内乱』をはじめマルクスの一八七一年パリコミューンに関する著作を入手してもらった。またロシアやヨーロッパにおける「農業問題」についての文献も頼んだ。ここにはカール・カウツキー、ピョートル・マスロフ、ウラジーミル・レーニンによる議論の多い書籍も含まれていた。[6] ロシアのマルクス主義者は、マルクスやエンゲルスの教義をロシア固有の状況にあわせて調整する必要があると見た――そしてトロツキーはこの作業にとりかかるのが、他の首脳陣よりも遅かった。これはトロツキーに馴染みのない知的領域だったので、結局地代の考察は完成しなかった。[7] 草稿は十月革命のしばらく後で散逸して、取り戻せなかったのだ。とはいえ彼は投獄期間を生産的に活用しようと決意しており、手に入る限りのものをがむしゃらに勉強して、党の革命プログラムを練り上げた。結果は小冊子として最も影響力のあったものの一つ『結果と展望』だった。一九一七年にこのテーマに戻ってくるまでは、トロツキーはこれが永続革命に関する最も完全な記述だと自負していた。

トロツキーはジャーナリストとしても活躍を続け、有力なリベラル派たちが政府とすぐに妥協することについて怒りを表明した「政治におけるピョートル・ストルーヴェ氏」を誇らしく思っていた。[8]

相変わらず世間的に重要人物だったので、いくつかの記事は大都市新聞にも掲載された。トロツキーの活躍は、こうした方面だけにとどまらなかった。ナターリャが定期的に訪問し、法的には夫婦ではなかったにもかかわらず、婚姻的なプライバシーが許された。結果として、ナターリャは妊娠した。彼女にとっては初子だ。トロツキーは第二の家族を作り始めたわけだ。

ロシア社会民主労働党は、何ヶ月にもわたりペテルブルグ・ソヴィエトの裁判をどうしようか相談していた。マルトフの影響で、中央委員会は被告たちに対し、このソヴィエト結成の唯一の狙いはその後の十月詔書で公布された目標を実現することでしかなかったのだ、と主張するよう告げた。国がそれを処罰したら、単なる意趣晴らしだということになる。マルトフは、ソヴィエト指導者たちがすでにかなり苦しんでいるので、なるべく軽い刑になるよう計らうつもりだった。実際には、一九〇五年には帝国秩序に対する深刻な攻撃が行われていた。だから法的な処罰はかなり厳しいものになりかねなかった。マルトフは被告の命と健康を温存し、刑務所から出たあとも闘士として活躍してもらおうと思っていたのだ。この狙いの実現を三文芝居で邪魔されたくはなかった。だがトロツキーは、どう振る舞うべきか独自の考えがあった。弁士としての自分の力を理解した彼は、党中央委員会の指示に縛られるのを拒んだ。そして、ロシア革命家の伝統にしたがい、公開裁判をプロパガンダの機会として使おうと考えた。マルトフだろうと中央委員会だろうと、それを変えられる者はいなかった。君主制や政府、全帝国秩序への批判を述べるつもりで、その結果どうなろうと知ったことか。

彼はメンシェヴィズムに対する懸念を再三マルトフに告げた。メンシェヴィキは警察のことは何も言っておらず、「革命的自治の組織」についても何の計画もない。メンシェヴィズムは、立憲民主党の戦略と戦術に退行してしまっていて、マルトフ自身の刊行物も「マンネリのおしゃべり」が特徴となってしまっている。プレハーノフはといえば、なぜエドゥアルト・ベルンシュタインのような役にも立たないドイツのマルクス主義著述家についての批判論文なんかを書き続けるだけで事足れりとしているのか？　ボリシェヴィキのケンカ腰戦術の粗雑さは嫌ってはいたものの、トロツキーとしては、レーニンが革命的楽観論の要件を支持し続けたのは正しかったと感じた。そしてマルトフには「社会民主主義者の政治家として、私は自分が［ボリシェヴィキに］近いと感じる」と告げた。そしてメンシェヴィキ指導者マルトフに対し、自分に腹をたてず、率直さを尊重してほしいと懇願した。(9) トロツキーの発言は、不器用な言い回しではあったが、革命の大義を進めるにあたり、この先も自分なりのやり方を選ぶという決意を示していた――そしてマルトフにはそれをどうしようもないのだ、ということも。

予防拘禁所でのトロツキーの準備には、まったく予想外のところから邪魔が入った。来る裁判の報せが広がったために、ニコラーエフ刑務所に面会に来て以来、一度も顔をあわせていなかった両親が、ヘルソン県から傍聴にやってきたのだった。当然ながら、どんな判決になるか二人とも心配していたし、強制労働を宣告される可能性があることもトロツキーは伝えていた。母親は、法廷が温情を見せてくれるかもしれない、ソヴィエト活動についてトロツキーを公式にほめてくれるかもしれないと自分に言い聞かせることで対処した。(10) 父親はもっと現実的だし禁欲的だった。でも同時に、息子のことを不思議と喜んでもいた。こうしたことでトロツキーも落ち着かなかった。また日々の運動時間にペアを組むアレクサンドル・パルヴスにも悩まされていた。パルヴスは裁判開始以前に脱獄を考えていた。トロツキーはこの陰謀に荷担しようとしなかった。ロシア社会民主労働党と自分に有益な注目を集めるという狙いに固執していたからだ――そのためには法廷での証言が必要だった。パルヴスの計画は、刑務所の図書室で警備員たちが道具を見つけたことから発覚した。この事件は大事にはならなかった。収監方式の強化を確保するために、オフラーナがこの証拠を捏造したのではないかと刑務所長が誤解したためだ。[11] 一九〇六年九月十九日の公判初日には、首都全域で警察が動員された。被告五四人は堂々としていた。トロツキーの弁護士はA・S・ザルードヌイとP・N・マリャントーヴィチだ。トロツキー自身が選んだわけではなかったが、有能な専門家だったしロマノフ君主制への敵意は共通だった。二人は後の一九一七年に臨時政府に加わることになる。[12]

事前のうちあわせ通り、一同は正式な抗弁はしなかった。トロツキーは、事前に脅したほどの口舌をふるわなかった。また、いつもの卒倒の発作にも襲われた。[13] だがそれでも見事な分析的レトリックを駆使して、彼は労働者たちを行動に駆り立てたのは血の日曜日だったのだと宣言した。「我々は、攻撃が政府によって行われたのであり、我々が自衛していただけだということを実証しようとしていたのだ」。皇帝とその大臣たちは、裁判で労働者たちが「ペテロがキリストを否認したように」革命家たちと袂を分かつと期待していた。[14] だがその目論見は失敗した。真実はもはや秘密ではなかった。労働者たちの利益を守れるのは社会主義革命だけなのだ。

片方には闘争、勇気、真実、自由が。
片方には——欺瞞、厚顔、讒言、隷属が。
市民たちよ、選択を![15]

これは革命勢には評判がよかった。トロツキーは、どんな紛争でも人は自分たちが攻撃している側ではないと信じたがっているのを学んでいた。だから、相手を道徳的に糾弾すると受け入れられ易い。そしてトロツキーは、ショーペンハウエル『論争術』を読んでいたので、責任逃れというレトリック装置の技能を磨いていた。だが結局のところ、裁判官を刺激して沈黙を命じられたり、極刑を言い渡されるのは避けたかった──少なくともこの点では、トロツキーもマルトフに倣った。歯に衣着せないのが自殺行為になるのは困る。

法廷は、トロツキーが帝国当局に対して糾弾をおこなうのを許した。彼は、最近ユダヤ人居留地域でのユダヤ人虐殺（ポグロム）に政府も荷担していると断言した。そしてソヴィエトがそうした「統治の形式」に対して武装したことさえ認めた。検察側証人の反対尋問では、嫌みと嘲笑を総動員し、特に憲兵隊長に対しては壮絶だった。[16] 新聞は彼の長口舌を報道し、トロツキーは再び政治的な脚光を浴びた。

十一月二日に判決が下った。あらゆる証拠を考慮した結果、被告たちは叛乱罪には問われなかった。だが、それより軽い政府転覆罪反逆では有罪とされ、終身流刑と市民権すべての喪失を宣告されたのだった。一同が明らかにほっとしたことには、強制労働を言い渡されることはなかった。法廷から連行された一同は、モスクワ移送刑務所の大部屋にまとめて収容され、最終流刑地決定までそこに留まった。トロツキーは不満だった。同志たちが絶えずたてる物音のせいで執筆ができなかったからだ。彼は執筆なしでは一日たりとも過ごせなかったのだ。[17] もっと静かな環境を彼は懇願した。そしてその数週間で起きた人生におけるもう一つの大きな変化にも、ほとんど注意を払わなかった。ナターリャの月が満ちて、一九〇六年十一月二十四日に息子が生まれたのだ。二人はその子をレフと名付けた。やがて父親のひそみにならい、家族の中ではリョーヴァとあだ名されるようになった子だ。[18] だがトロツキーは執筆に専念した。回想記でも、彼はナターリャの初子が生まれたことについて、一言触れるだけですませている。

すぐに『労働者代表ソヴィエトの歴史』が登場した。これは刑を待つ当の代議員たちが主に書いたものだ。他の執筆者と同じく、トロツキーは不利な証拠として検察側に使われるのを恐れ、書く内容には慎重だった。自分が蜂起を組織しようとしたという求刑は否定していた。ソヴィエト指導層が首都の労働者たちに武器を提供したことを裏付ける証拠は提出されていない。トロツキーは、裁判は司法的な茶番にすぎないと一蹴したのだった。[19] これは詭弁もいいところだった。一九〇五年のほとんどにわたりトロツキーが同志たちに、政府に対する蜂起に備えよと促していたのは、法廷の誰一人として知らぬ者はなかった。

ペテルブルグ・ソヴィエトが労働者に対する訴えを制限したために失敗した、という示唆ははねつけた。トロツキーに言わせると、ソヴィエトの強みはまさに、その戦略的な方向性にあるのだった。「ブルジョワ・リベラル」など君主制転覆には決して役に立たない。ソヴィエトの失敗は、政府が大量逮捕を実施する前に全ロシア労働者大会を組織しなかったことなのだ。こうした議会があれば、全ロシア労働者ソヴィエトが樹立できただろう。「言うまでもなく、この事態の本質は、名前や組織関係の細部にあるのではない。民主的に中央集権化されたプロレタリア闘争の指導層が権力を人民に移行させることこそが重要な課題なのだ[20]」。これはトロツキーの文としてはあまりエレガントではない。まるでこの概念についての興奮に溺れてしまったかのようだ。トロツキーによれば、革命家たちは帝政といま一度の衝突に備えなくてはならない。彼は明確な目的を持っていた。古い軍は解体する。「警察官僚装置」は殲滅される。一日八時間労働が施行される。ソヴィエトは「革命的都市自治機関」に変わる。このモデルは田舎にも広がり、農民代表ソヴィエトが形成される。[21]

数段落かけて、彼は一九一七年に実施する戦略を描き出している。この提案が図式的であることは自分でも認めた。

こうした計画は、考案するのは簡単だが実行は難しい。だが革命の運命が勝利であるなら、プロレタリアはこの綱領の道をたどるのを避けることはできない。この道は、世界がこれまで見たこともないような革命的作業をもたらすことになるであろう。[ソヴィエトの]五十日の歴史は、プロレタリアの闘争と勝利を描く偉大な本における、冴えない一ページに見えることだろう。[22]

彼にとっては、戦いを率いるのが労働者だというのは不可欠だった。兵士、農民、都市下層民たちは闘争に引き込まれることになる。彼らなくては成功はあり得ない。トロツキーに予言者的な面があったとすれば、それは共同執筆のペテルブルグ・ソヴィエト史の短い序文で書かれたものだった。

年末頃に、受刑者たちをさらに移送する命令が下った。でも、どこに向かうかは知らされなかった。護送隊長ですら、行き先は告げられていないという。[23] トロツキーを含む流刑者一四人は、一九〇七年一月五日に予防拘禁所から連れ出され、三等列車に乗せられた。それぞれが寝台をあてがわれたが、鉄格子入りの窓から外が見えた。[24] 道中、チュメニ刑務所で二四時間滞在し、地元の店で各種の品物を注文してから馬橇でトボリスクに向かった。警備兵は五二人いた。[25] なんといってもシベリアの真冬だったので、道はなかなか進まず、一日一六キロがせいぜいだった。トボリスク到着直前に刑期をすごす場所が告げられた。トロツキーの一団は、北極海に面したオブドルスク地区に送られるという。[26] これを聞いて一同は騒然とした。滞在場所は地区の中心都市オブドルスクではなく、そこからさらに五〇〇キロ北のへーだったから不安はなおさらだった。その当たりに住んでいるのは「原住民」の毛皮猟師だけだ。居留地全体でユルト(その土地のテント)が六つほどしかない。これは劣悪な環境となるだろう。小屋もない。定期的な通信もほとんどない。夏と冬には、極端な温度となる。

唯一の慰めは、一行が北上するにつれて、軍の警備兵による扱いが和らいできたことだった。[27] それでもつらい道中で、トボリスクから一一〇〇キロかけてやっとベリョーゾフにたどりついたのは、二月十一日のことだった。サンクトペテルブルグを出てから三三日後のことだ。イルティシュ川とオビ川で一日八〇キロ以上を移動したので、オビ川に沿ってオブドルスクに向かう最後の道中に入る前に、当局は一時的な休憩を認めてくれたのだった。[28]一行はベリョーゾフ刑務所で足を休めた。ここは彼らの到着のためだけに掃除されていた。そして食事用にテーブルクロスも敷き、ロウソクと燭台まで提供してくれたので、トロツキーは「感涙しそうになった[29]」とのこと。

彼は、これが逃走の最後のチャンスだと判断した。どんな手を使おうともオブドルスクに行く気はなかったので、仮病を使って出発を遅らせた。好意的な医師の助言で、座骨神経症のふりをしたのだった。医師たちの多くは政府が大嫌いだったので、その敵を助けるのは大歓迎だった。トロツキーは役者としては優秀だったのでなかなかの演技を見せ、警察は逃亡の恐れがないと判断した。診断を受けて入院すると、医師は患者が定期的に散歩するようにと告げた。トロツキーはこれを好機と見て、ペテルブルグ・ソヴィエトでの友人で信奉者だったドミートリー・スヴェルチコフと、逃亡の方法はないか相談した。[30]一番簡単なのは、南のトボリスクに向かうことだ。でも当局もすぐにそれは思いつくはずなので、トロツキーはまっすぐ西に向かうことにした。この道中は森と雪に覆われてはるかに困難なものだ。警察当局は、そんな無謀なことをするやつがいるとは決して思わないだろうというのがトロツキーの計算だった。[31]

衣服、装備、偽造パスポートと信頼できるガイドが不可欠だったので、スヴェルチコフはファデイ・ロシコフスキーの助けを求めた。ロシコフスキーは退役軍人で、ここ数年はベリョーゾフ流刑になっており、革命の大義を支援するのが好きだった。ロシコフスキーは「ヤギの足」と呼ばれる情報提供者を見つけ、それがズィリャン人のガイドを紹介してくれた。用心のため、このガイドにはトロツキーが政治犯だとは伝えなかった。スヴェルチコフの妻は道中のためにかなりの食料を用意した。毛皮のコートに毛皮の手袋、毛皮の足覆いが、肉体的な生存と変装のために入手された。トナカイの橇による移動となる。トロツキーは、長い旅が終わったら毛皮のコートをズィリャン人に渡すことで合意した。[32]

一同は、一九〇七年二月二十日、兵舎の食堂で素人演劇を上演している間に脱出することで合意した。[33]トロツキーは、このイベントの前半は顔を出した。警察署長がいるのを見たトロツキーは、もう体調がよくなってきたので、まもなくオブドルスクに向かえるようになると話した。そして真夜中近くにこっそり抜けだし、スヴェルチコフの宿舎であごひげを剃り落として、橇に乗り込んだ。トロツキーがあごひげを生やしはじめたのは一九〇五年で、警察はそれをトロツキーの目印にしていたのだった。この変装と実施計画は、ほとんど完璧だった。唯一のトラブルは、ズィリャン人のガイドが泥酔していて、ほとんど道案内の役に立たないことだった。それでもトロツキーは逃亡を先送りにしなかった。酔っていようとしらふだろうと、ズィリャン人は約束を果たさねばならないと言って。彼らはついていた。トロツキーの脱走が発覚するまでに丸二日かかったのだ。警察は、彼がスヴェルチコフのところで休んでいるのだろうと思い、調理人の老婆は、彼が出される食事をすべて平らげていると証言した。[34]後に残った人びとはひどい目にあうことになる。スヴェルチコフと友人たちは、逮捕されてすぐにオブドルスクの劣悪な環境に移送された。警察署長もまた拘束され、逃亡補助の罪を負わされた。[35]同志たちは、トロツキーが党の重要な財産であり、外国の指導層と合流するのを支援しなくてはならないと考え、自分を犠牲にしたのだった。大義こそがすべてであり、そのために刑が重くなっても仕方なかった。

トナカイの歩みは遅々たるものだった。[36]道中の各種ガイドはみんな深酒をしていた。自分はあまり飲まないトロツキーは、ガイドたちが顔色ひとつ変えずに九五度のアルコールを飲み干せるのに感嘆している。たまに紅茶でウォッカを割ることがあるくらいだった。[37] ユルトからユルトへ。森、森、森。ずっと雪。旅の終わり近く、トロツキーはズィリャン人に自分の正体を偽っているのを後ろめたく思い始めた。でも良心の呵責はすぐに消え、彼は何も言わなかった。[38]

ウラル山脈を越えてアルハンゲリスク県に入ると、ナターリャにいま向かっているところだという電報を打った。当時彼女は、フィンランド国境を越えてすぐ、ロシアの首都からたった五〇キロ北のテリヨキに住んでいたのだ。彼は、ヴィヤトカ＝コトラス鉄道のサミノ駅で落ち合おうと伝えた。これはサンクトペテルブルグの東一一〇〇キロで、彼女はサミノ駅に向かうまでにヴィヤトカを経由しなくてはならない。一方のトロツキーは、コトラス方面から到着することになる。ナターリャは慌ててリョーヴァを友人に預けて出発した。興奮のあまり混乱して、駅の名前すら忘れたほどだった。少なくともトロツキーはそう語る。一方のナターリャの記憶はちがっていて、トロツキーは落ち合う場所を指定しなかったという。たまたま彼女は、列車が必ずサミノですれちがうと話す商人たちの会話を漏れ聞いて、賢明にもそこで降りることにしたそうだ。[39] トロツキーの列車が駅につくと、彼はナターリャの姿をプラットホームに探したが、彼女は列車沿いに走って窓をのぞき込んでいたので見つからなかった。やっと荷物が目に入って二人は出会った。だきあい、天にものぼる心地で、勝ち誇った気分だったという。それからこの鉄道でヴィヤトカに向かい、そこからサンクトペテルブルグの友人宅に一泊してから、ナターリャはトロツキーをテリヨキの部屋に連れ帰り、そして父と息子は初めて顔を合わせることになった。

テリヨキは、一九〇六年には革命家たちが隠れて体勢を立て直せるお気に入りの場所だったが、政府が弾圧作戦を強化している中で、有名な逃亡犯が長居するのは危険だった。数日してトロツキー一家は、フィンランドのヘルシンキ近くにあるオギルビュ村に移動した。くつろぐ方策として、彼はそれまでの冒険についての話を描いた『往復』を書いた。この小冊子は、自然描写がきわめて壮大だ――この点では、他に匹敵するものといえば『わが生涯』くらいだ。彼は当局を騙すのがいかに簡単かを曝露するのを楽しんだ。そこには実用的な狙いもあった。この文の執筆からくる前渡しの印税は、国外逃亡の費用となるはずだったのだ。[40] 再会したレフとナターリャは、ポプラと樅の森を散歩した。雪合戦をした。きれいな空気と、木々のツンとした香りを吸い込んだ。二人はこれまでいっしょに本当の「ロシア式」休暇を過ごしたことはなかったし、このフィンランドでの散歩は、内戦終了まではそれにいちばん近いものとなった。ナターリャは家事関連の雑用と、新聞や書籍の入手のためにヘルシンキに出かけた。当時のトロツキーは、ドイツの風刺雑誌『ジンプリツィシムス』に夢中だったから、その雑誌も買って帰った。[41] このようにして、二人はまたもや亡命生活に戻る前に数週間過ごした。最初に出発したのはトロツキーだった。その数週間後に、ナターリャも続いた。別々に旅したのは警察との面倒ごとを避けるためで、息子リョーヴァはフィンランドの友人リトケンスに預けた。[42]

第11章 またも亡命者に

トロツキーはウィーンに落ち着くことにした。オーストリアの首都を選んだのは、党の亡命一派が拠点にしているところにいたいという信号だった。独立独歩で行くということだ。自分の得意なことに専念すれば、政治活動もうまくいく。執筆出版も集中的にできる。スイスでの党内のもめごとから離れていれば、自分の好きなやりかたができる。この時期は組織内の紛争がひどかった。ボリシェヴィキとメンシェヴィキは一九〇六年から〇七年にかけてストックホルムやロンドンで行われた、再統合への歩み寄りなどなかったかのようにいがみあっていた。そしてどちらの派閥もこれまた分裂を抱えていた。トロツキーは唖然とし、嫌悪し、距離をおいていた。どちらの派閥集団からも、協力しろという声がかかったが、トロツキーはそれを断った。

ロシア帝国からのロシア人政治亡命者たちは、ハプスブルク領だった地域では嫌がらせもなく暮らせた。サンクトペテルブルグとウィーンとの帝国ライバル関係のおかげで、ロマノフ家の敵はすべて味方だという態度をウィーン政府は採るようになっていた。オーストリア＝ハンガリー帝国は経済近代化で大きく遅れをとってはいたが、ウィーンはヨーロッパ栄華の中心だった。軍事力でいえば、ドイツとロシアに負けている。オーストリア政権は、フランツ・カフカの小説やカール・クラウスのエッセイで鮮明に描かれているように、いい加減で何でも金銭ずくだとして悪名高かった。フランツ・

ヨーゼフ一世皇帝は、こうした弱さを指摘されても無視した。一八四八年に戴冠したこの高齢の皇帝は、現在の困難はすべて一過性のものだと考えていた。皇帝とその大臣たちはヨーロッパのオスマン帝国の一部を併合したがり、東からのロシア帝国拡大の試みにはすべてがむしゃらに抵抗した。フランツ・ヨーゼフ帝は先祖から引き継いだ玉座が解体するのを見すごすつもりはなかった。だがヨーロッパのマルクス主義者にとって、ウィーンは労働運動の一大要塞だった。ウィーン郊外は、煙を吐き出して工業製品を次々に製造する工場だらけだった。帝国内外の都市へと向かう鉄道駅は七つあった。トロツキーは、革命的闘争の一大中心に引っ越すのだと感じていた。オーストリアが激しい政治紛争に飲み込まれるなら、トロツキーはその渦中にいようと思ったのだ。

ナターリャを待つ間、トロツキーは家捜しをしつつ、逃亡記録を仕上げていた。(1) これは強迫観念じみた活動だった。十年後の一九一六年に、フランスとスペインから追放されたのを記録したときにも同じことをやっている。(2) お金が必要だったというのもあるが、それ以外の魂胆もあった。シベリア脱出のドラマで、党首脳部での地位に箔がついたのだ。また散文に政治メッセージを散りばめることで、大義への支持も獲得できた。

ナターリャがフィンランドからベルリン経由でくるので、トロツキーもベルリンまで出かけて駅で落ち合った。二人はそのままドレスデンに向かい、パルヴス夫妻の家に滞在した。パルヴスは巨漢なのに熱烈なハイキングファンで、オーストリア＝ハンガリー帝国との国境近くにあるヒルシュベルクからボヘミア山地に旅行しようとトロツキー夫妻に申し出た。毎日彼らは政治について延々と語り合った。パルヴスは前進したがった。所属するドイツ社会民主党の指導層についての印象として、誰もが革命的な勢いを失ってしまったと彼は語った。(3) トロツキーとナターリャも指導層を知ってはいたが、まだパルヴスほどの低い評価ではなかった。だが、パルヴスの疑念を否定することなく、敬意をもって耳を傾けた。いずれにしても、三人は澄んだ空気と見事な眺めを満喫した——そしてトロツキーは、導師に再び近づいたことで、ロシアにとっていちばんいい選択がやはり「労働者政府」だという確信を強めた。休暇で元気になったトロツキーは、ドイツ南部のロシア人マルクス主義者集団を訪ね歩いた。そして戻ってから、ナターリャはサンクトペテルブルグに赴いてリョーヴァをオーストリアに連れ帰った。(4)

ウィーンに戻ったので旧友たちと再会することになった。その中には、リトアニアのヴィリニュス出身のユダヤ人で、オーストリアの社会民主党で重鎮となったセミョーン・クリャチコもいた。(5)同じくウィーンにいたのがアドリフ・ヨッフェで、彼は一九〇八年にやってきて世界的に有名なアルフレート・アドラーの本で精神療法の医学学位を目指して学んでいた。(6)ヨッフェはロシア社会民主労働党の有力な闘士で、トロツキーとは家族ぐるみのつきあいだった。トロツキーはまた、ヴィクトル・アドラーやその息子フリードリッヒ・アドラーなどとの旧交も温めた。やがてウィーンの社交家のような存在として、カフェ・ツェントラルの常連となった。彼がこのカフェの有名なチョコケーキを食べたかどうかは記録に残っていない。でもコーヒーを飲みながら朝刊を読む彼は、当時のウィーン名士たちに会えた。たとえば作家のペーター・アルテンベルク、フーゴ・フォン・ホフマンスタール、レオ・ペルッツなどだ。有力な風刺作家で文芸理論家のカール・クラウスも、この店で有名な評論雑誌『ファッケル（炬火）』を編集したという。トロツキーは、ヨーロッパの他の地域より中欧がお気に入りだった。彼に言わせると、ベルリンのほうがロンドンよりはるかにいい(7)し、パリなど鼻も引っ掛けなかった。でも本当に好きなのはウィーンだった。他に彼がこれほど惹かれたのはオデッサだけだ。

トロツキーは一九〇七年四月にロンドンの第五回党大会に出席し、ジュネーブとパリで演説をした。いろいろ言いたいこと、書きたいこともあったようだ。初の国家ドゥーマ選挙に党が出馬するのに当初は反対していたトロツキーだが、立場を変えて今後の選挙には全面的に参加すべきだと論じた。別に国家ドゥーマ選挙で大した結果が得られるとは思っていなかったが、ボイコットしても意味はないと考えたのだ。[8]『党の擁護』(年始には脱稿し、サンクトペテルブルグの複数の出版者から刊行された)に、この現実的な提言の説明が載っている。マルクス主義者は、政治的後退期にあっては、どんな機会であろうと活用しなければならない、と彼は主張した。彼はまた、ロシアでの革命が将来成功するためには農民が重要だということをますます強調するようになった。党は農民に接触して、労働者階級との団結を通じて救いを探るよう説得すべきだという。[9]以前と同様に、彼はボリシェヴィキの策謀めいた非寛容的な術策を批判し、メンシェヴィキがリベラル派に対して甘いことを非難した。[10]そして、ロシア社会民主労働党が知識人ばかりだという指摘を否定しつつも、かつての活力を取り戻すために何かもっとやるべきだという点は強調した。[11]

ロンドンでのトロツキーは、単なる顧問役を認められただけだった。これは彼が、どの派閥にも属さないと宣言し、したがって認知された党組織をどれも代表していないとされたからだ。いずれにしても『党の擁護』を刊行した以上、あまり好かれることはあり得なかっただろう。彼は孤立した立場に大喜びだった。大会のしょっぱなから、彼はメンシェヴィキとボリシェヴィキがお互いに優位に立とうとする試みに抵抗し続けた。[12]彼はメンシェヴィキが自分のことを、一九〇五年末に「メンシェヴィキ閥の指導者」だったたと述べたことに彼は苛立った。[13]そして演壇に立つと、彼はメンシェヴィズムとボリシェヴィズム双方の戦略を糾弾し、全面的な党の統一の呼びかけで演説を終えた。[14]すると、双方から攻撃を受けた。彼はロシアの党活動についての妥協案を提出しても無駄だと決意した。これについても、彼はまたもや双方向から攻撃を受けた。[15]めげることなく、彼はたちあがってローザ・ルクセンブルクに同意すると表明した——ローザ・ルクセンブルクはポーランドからのユダヤ人で、同時にドイツ社会民主党の党員でもあり、党がリベラル派などの「ブルジョワ政党」に甘い顔をすべきではないと主張していたのだった。(16) おかげでメンシェヴィキとブント派が徒党を組んで襲いかかってきた。レーニンは一瞬だけ優しいところを見せて、「永続革命」についてのトロツキーの邪説を見逃そうと述べた。(17) トロツキーはボリシェヴィキ頭領からさしのべられた手をはねつけた。ボリシェヴィキの中にも、国会と農業問題の両方について意見が分かれていることを指摘して、トロツキーはレーニンに対し、自分の派閥に反対票を投じてみろと挑発してから、彼を「偽善者」と糾弾した。(18) ペテルブルグ・ソヴィエトに関する論争ですら、彼は一九〇五年の活躍について賞賛を得るのに失敗した。(19) 大会で存在感は発揮したものの、誰も味方につけられなかったわけだ。弁舌は誰もが認めたが、組織的な統合を主張している当の本人が、もめごとと争いを引き起こしているときにいちばん幸せそうだという印象も強く残った。

だから大会で、トロツキーが党中央委員会に選出されなかったのも当然ではあった。ウィーンに戻った彼は、ロシア社会民主労働党の独立勢力になろうと決意した。トロツキー一家はしばらくアパートを転々とした。当初はヒュッテルドルフ区に暮らしたが、賃料が引き上げられるとセヴェリンクに移り、最終的にデープリンク区近くの労働者地区にある、ロドラーガッセ二五番二号アパートに落ち着いた。この最後の住居は、寝室二つで台所に洗面所もあった。(20) ナターリャは一九〇七年六月末に妊娠し、一九〇八年三月二十日に次男セルゲイが生まれた。この赤ん坊が生まれたことで、兄リョーヴァは当初ご機嫌斜めで、赤ん坊が夜泣きするとこぼした。トロツキーもまた多少不機嫌だった。政治的な伴侶となるはずだったナターリャは、昼間は育児に専念していたからだ。だが彼女の決意はかたく、子どもたちが寝てから本気で資料を読み込んだ。子どもたちはかなり大きくなるまで、母親は絶対に寝ないのだと思っていた。一家は決して貧乏というわけではないが、それでも夫婦は支出には気を遣う必要があった——少なくともこれまでよりは。[21]

外国からの来客としては、トロツキーの両親がかなり早い時期にやってきた。二人は一九〇七年にアレクサンドラが生んだトロツキーの五歳の娘ジーナ・ブロンシュテインを、父親にあわせるため連れてきたのだった。一家はややこしかった。当時のジーナは、トロツキーの妹エリザヴェータ夫妻と共に、ヘルソン県グリャズナヤ街の一家の家で暮らしていた。アレクサンドラは定期的に手紙を書いていた。[22] トロツキーは、赤ん坊の頃にシベリアで彼女を見て以来初めての出会いだった。目と髪の色、顔の形はトロツキー似だ。トロツキーはすぐに娘から「燃えるような崇拝」を受けた。[23]

トロツキーは一九〇五年から〇六年にかけての『結果と展望』を含む論説集を刊行した。ドイツ人読者向けに、彼は『結果と展望』を拡張して『革命のロシア』を書いた。[24] これはロシア語版が一九二二年に発表されたが、英語では『一九〇五年』と呼ばれている。[25] 彼は一貫してフランス革命に元気づけられている。ジャコバン派やその「ユートピア主義」を真似たいとは思わなかったが、その情熱は評価したのだった。[26] だが、これは具体的にはどういう意味だろうか？　必要なのはロシア社会民主労働党が率いるプロレタリア独裁だということだ。そして「労働者の政府」が樹立されるべきだということだ。これは、「不断の革命」（あるいは後にトロツキーの言う「永続革命」）を必要とする。[27]

彼の書き方は、文学的にすべてを一掃するようなやり方だった。これがトロツキーの強みだ。彼は、党の知的エリート層をいま悩ませている多くの問題検討を拒否した。当時は、認識論やロシア農業発展の道筋変更や、国家ドゥーマを活用する望ましい方法などについて論争が巻き起こっていた。帝国当局が体勢を立て直し、統治を安定化させるのに成功したため、ロシアが近いうちに革命動乱に戻ったりはしないことが党員たちにもだんだんわかってくると、こうした論争はますます激化していたのだ。だがトロツキーは流行など無視した。彼の関心は主に、一九〇五年にロシア帝国内で活動していた頃描き出した戦略主張を述べ直し、補うことにあった。

彼はロシアの歴史的発展のマイナス要因を強調した。西欧に比べ、「ロシア人民はローマ帝国からの文化的遺産」を受け取っていない。またルネサンスも経験していない。十三世紀の蒙古侵略は国家権力の肥大を招き、その肥大はロシアが独立を回復してもずっと残ってしまった。ピョートル大帝の工業化政策は、財政負担の激増を必要とし、ロシアの中産階級台頭を制約してしまった。資本家の発展と市民の強さに不可欠な、西洋の独立社会行動は、ロシアでは根付かなかった。(28)

後の世代の読者たちからは、ロシア史の独創的な分析として賞賛されたものではあるが、実はトロツキーは、ロシアのリベラル派歴史家たちが、十九世紀半ば以来の西洋化傾向としてまとめたものを真似ているだけだった。当のトロツキーは、知的独創性をまったく主張していない。そんなことをすればバカにされたことだろう。彼がやったのは、一貫性と明瞭性、そして活気を示したことだ。ロシアの支配階級は後進的だ。農民は愚かなままにされている。非ロシア人たちは尊厳のない無知におかれている。希望が少しでもあるとすれば、それは労働者階級にある。彼らは闘争を引き受けるべく運命づけられているのだ。(29)トロツキーは、楽観論が正しいのだと固執した。ロシアの「後進性」自体が有利に働くと彼は論じる。彼は読者たちに、「プチブル」フランスの首都でパリコミューンが楽に権力を奪取し、社会主義的な改革を実施したことを指摘した。コミューンは生まれて数週間でつぶされた。でもロシアのマルクス主義者たちは先に進んで、大きな社会主義社会を建設できる——そしてブルジョワがまだ団結して権力を獲得していないことも、イギリスやアメリカに比べて社会主義の実現を容易にしている。トロツキーは、この自信の裏付けとしてカウツキーを引用した。(30)

彼は、自分のマルクス主義が政治、経済、社会学、文化、哲学を一貫性ある形で調和させたものだと主張する、レーニンやボグダーノフ、プレハーノフなどには従わなかった。知的には、彼はあれやこれやととびまわり、自分の思想を体系化したいなどとは思わなかった。トロツキーは、自分が大戦前からマルクス主義理論家としてレーニンと比肩する存在だったと主張したがるトロツキストに崇拝されるようになった。だが一九一四年以前にトロツキーをそんな存在だと思った人物はいなかった。トロツキーは、傑出した広報担当として尊敬されていた。言及の文化的な広がりや、エレガントで皮肉な散文の点では党内随一の存在だった。さらに、一九一〇年代初頭の数年に、党を元通り一体化しようとトロツキー以上に頑張った人物はいなかった。パルヴスとトロツキーの戦略的な提言は確かに独特だった――そしてパルヴスがシベリア流刑から逃亡して、イスタンブールなどの事業に専念するようになってから、その提言をロシア人マルクス主義者たちに広めようとするのはトロツキー一人になっていた。誰もトロツキーをどう理解すべきかはっきりとはわからなかった。党指導者としてのトロツキーは、疲れ知らずの統一者であり、ロシア社会民主労働党への参加資格についてうるさくなったのは、大戦の直前になってからだった。

彼は、自分に対する指導層の冷たさにも落ち込もうとはしなかった。また、同志たちに対する批判の言い方がみんなの機嫌を損ねたことも認めた。[31] でも彼は、自分が党にとってよかれと思ってのことだと主張した。「メンシェヴィキ？　ボリシェヴィキ？　個人的には、私はどちらにも同じくらい近しく、両者と同じくらい密接に働き、どの派閥が主導したものであろうと、党のあらゆる革命的な業績については同じくらい誇らしく思っている」。[32] 彼は相変わらず党の融合を重視しており、快活で楽観的な気分を保ち続けた。

党を再融合させるために選んだ道具は、新聞『プラウダ（真実）』だった。この試みは、当初はトロツキーの独創ではなかった。主導的なウクライナ社会民主主義者でスピルカ（「連合」）に所属するマリアン・メレネフスキーが、ウクライナの各都市をまわって刊行物の資金集めをしていた。スピルカはウクライナのマルクス主義組織で、メレネフスキーは資金集めが上手かった。でも資金が集まると、こんどは才能ある編集者が必要だ。すぐに思い浮かぶのがトロツキーで、メレネフスキーはウィーンで彼と会った。メレネフスキーはウクライナ人の権利拡張を求めており、マルクス主義者というよりは民族主義者の兆候を見せていた。そしてトロツキーがロシア帝国を転覆できる人物と考えていた。一方のトロツキーは政治的な独立を保てさえすれば、誰から金を受け取ろうと気にしなかった。トロツキーとメレネフスキーは合意に達した。ジュネーブにいるメレネフスキーの同志たちはこれが気に入らなかったので、メレネフスキーは彼らの反対を押し切らなければならなかった。(33) トロツキーは大喜びだった。資金獲得で懇願したり、ナターリャや家族をあちこち連れ回したりすることなしに、彼は新しい党刊行物に決定的な発言力を与えられたのだった——そして党の有力派閥の要求に妥協する必要性には一切制約されていなかった。

共謀者は主に三人だった。アドリフ・ヨッフェ、セミョン・セムコフスキー、マトヴェイ・スコベレフだ。メレネフスキー自身もしばらくは活発だったし、パルヴスも商業面では協力した。(34) いつも緊張しているヨッフェは、医師でオデッサ近くのシンフェローポリ出身だったが、アルフレッド・アドラーの精神分析を受けつつ、彼の本で心理療法を学んでいた。(35) ヨッフェは自己犠牲の精神を持ち整理整頓が行き届いた人物で、いつも考えすぎて失敗する人物だった。(36) その妻は、新聞の会計を手伝った。(37) 隔月刊に足りるだけの部数を刷らねばならなかったので、仕事はかなりきついものだった。刷り上がった新聞は、ウクライナのガリツィア経由で黒海をわたり、国境を越えてロシア帝国内に密輸された。財や人の密輸はメレネフスキーの得意技だった。(38) トロツキーは執筆と編集に専念し、圧力にも楽々と対処した。この仕事を楽しんでおり、黒海水兵たちの秘密組合がニュース紙を刊行する手伝いの時間までひねり出している。(39)

通信にはリスクが伴った。オフラーナは、トロツキーの名前をしばしば「トロイツキー」と綴り間違えたが、それでも彼に目をつけていた。だが基本的な用心をいくつか怠っていたのは、トロツキーとその仲間たちだけではない。ナターリャ・セドーヴァは、後にサンクトペテルブルグへの旅行先から、ウィーンの自宅に直接手紙を送っている。唯一の用心はといえば、封筒の宛名を「シモン・ブロンシュテイン」にしたことだけで、たいがいの警官ならこれが革命指導者ブロンシュテイン＝トロツキーではないかと推測できる。[40] 他の有力なマルクス主義者たちに比べれば、トロツキーの状況はあまり危険ではなかったかもしれない。レーニンやマルトフに比べれば、トロツキーはロシア帝国内の隠密ネットワークを仕切っていたりはしなかった。中央委員会にも所属していない。主な仕事は、考え、執筆し、締め切り通りに発刊することだった。オフラーナに住み処を知られているのはわかっていた。でも、帝国当局を過度に心配することなく、生活や仕事を続けるべきだというのがトロツキーの考えだった。彼がこの態度を完全に改めたのは、かなり後になって、敵がオフラーナではなく殺人的なNKVD（内務人民委員部）になってからのことだ。

『プラウダ』の内部収支は、永続的な刊行を支えるには不十分だったので、トロツキーはマクシム・ゴーリキーに補助金を求める手紙を書いた。ゴーリキーは当時のロシア作家の中で最も有名な一人であり、その巨額の印税収入からマルクス主義刊行物を補助するのは大喜びだった。トロツキーは自分の新聞が誇らしいと述べている。そして、党指導層はこの新聞を支持するふりをしつつ、裏では妨害しているのだと主張した。[41] ゴーリキーには、ロシア帝国内の読者たちは毎号「すさまじい」反応を見せていると述べている。資金源となりそうなところには片端からあたり、党のニューヨーク集団にも手紙を書いて、『プラウダ』が負債を抱えているので、八〇〇〇部を刷るのは困難なのだと説明している。[42] 論説欄では繰り返し、資金援助を求めて訴えかけた。[43] 債務者には自ら督促状を書き、オーストリアの社会民主主義者たちから三〇〇クローネを借りている。[44]

トロツキーとウクライナとのつながりは、『プラウダ』で復活しただけではない。一九〇八年から、彼は『オデッスキエ・ノーヴォスチ（オデッサニュース）』紙に長い原稿を書くようになった。[45]『キエフスカヤ・ムィスリ（キエフ思潮）』紙でも同じことをやった。[46] ウクライナの新聞への寄稿は純粋に実務的なものであり、郷愁を示すものではない。トロツキーは、感傷屋ではなかったが、昔からオデッサが大好きではあった。でもこれまでの収監や流刑は南部ウクライナから出発したこともあり、戻りたいと言ったことはなかった。彼は何一つ後悔せずに、家族と物質的な安楽を捨て去った。ニコラーエフで恋に落ちた、最初の妻も捨てた。だがロシアではなくウクライナの主要紙に書いた理由は、単に向こうが寄稿してくれと頼んできたからだ。さらに、この両紙はロシア帝国でも最大級で影響力も高い都市二つのものだったから、両紙の読者層の重要性も増していた。オデッサとキエフは、ウィーンとは効率のいい通信で結ばれていた。すぐに記事を新聞に送れたし、また原稿料もすぐに受け取れた。これは自分の財政状況にとっても重要なことだ。記事は抑え気味に書く必要があったが、読者はそこでほのめかされていることを理解した。『オデッスキエ・ノーヴォスチ』への記事ではこう宣言している。「私は時代の中の我が国を愛している――これは二十世紀であり、風と嵐の中で生まれた時代なのだ。我が国は無限の可能性を秘めている。その領土は全世界なのだ[47]」。これは密かに、自分が社会主義者でインターナショナリストだというのを告げているものだ。

『プラウダ』は非合法組織として、ロシアやウクライナ、ヨーロッパの亡命「コロニー」の党闘士たちから賞賛を集めた。その一人は手紙に「あなたのサーシャ」と署名している。そのお馴染みの文体を見ると、おそらくこれは他ならぬ最初の妻アレクサンドラ・ブロンシュテインだったのだろう。誰であったにせよ、彼女はこの新聞がオデッサで成功していることを報告している。他の手紙には、サンクトペテルブルグで大人気だと告げている。[48] トロツキーは同紙の配信に成功した。ロシア帝国内に密輸してくれるボランティアはいくらでもいた。ロシア社会民主労働党内部の派閥抗争には相変わらずがっかりさせられてはいたものの、これは彼にとってほぼ完璧な人生と言ってよかった。

革命亡命者たちの「コロニー」から地理的に遠いことで、「労働者政府」に向けた戦略に関する質問に答えろという圧力は弱まった。多くの人は、こうした政権が実現するには、なんであれ大量の暴力行使が必要だと考えた。トロツキーはテロルを支持するのか? トロツキーは回答を拒んだ。確かに一九〇九年には、エスエルが実践した暗殺戦略をロシアの新聞が曝露したのに応えて、「個別テロル」には反対する発言はおこなっている。だがすぐに話をそらし、エスエルが労働者の動員に成功した話ばかりしている。そしてロシア社会民主労働党に対し、こちらの大義に彼らを引き込むよう呼びかけている。[49] 彼は繰り返し、本当に意味のある革命はすべて、労働者階級の支持と協力を必要とするのだと強調している。これだけでは、プロレタリア独裁をどうまとめあげるつもりなのかさっぱりわからない。十月革命で権力を握ったとたんに、トロツキーは「人民の敵」に対する大量テロルの使用を公然と支持するようになる。だが戦前期には、事前に意図を説明すべきだとはまったく思わなかった。「独裁」といった言葉を使うとき、それがきわめて字面通りの冷酷な意味で使っている、ということは明かさないことにしたのだった。

いずれにしても、自分なりの戦略的な視点にこだわったトロツキーは、メンシェヴィキから見ればまったく相容れない存在となってしまったし、「労働者政府」指向のおかげでボリシェヴィキとも距離を置くことになった。それでも彼は、党全体の中で居場所を失ってはいなかった。相変わらず党全体の融和を主張し続けたのだ。だが党内の多くの人びとにとって、トロツキーは日和見主義に見えた。[50] ボリシェヴィキは、「労働者政府」を支持しつつ、ブルジョワ勢力との連帯を唱えるような派閥を糾弾しないなどというのは、とにかく理解できなかった。ボリシェヴィキにしてみれば、この疑問に対する納得のいく答えは一つしかないように思えた。トロツキーは、革命を実践するよりも、再統合されたロシア社会民主労働党を率いるほうに関心があるにちがいない、というわけだ。メンシェヴィキも、これに同意した。そして、彼が組織内のもめごとにはまりこむのを拒否しているのは見落とした。どちらの派閥も、どのみちトロツキーのひけらかしぶりを嫌っていた。服装の趣味のよさまで鼻につくものとなった。彼は、イデオロギー的な献身なしの冒険屋だという評判を得た。派閥だらけのマルクス主義運動の中で、あらゆる論争でどちら側の意見もオープンに聞くトロツキーは、多くの敵を作った。信用できない人物だとされたのだ。この点で、ボリシェヴィキとメンシェヴィキは意見が一致していた。

第12章 統一者

ボリシェヴィキとメンシェヴィキの両方から疎んじられたが、トロツキーのロシア社会民主労働党指導者としての地位は衰えたものの、消えはしなかった。ボリシェヴィキ派のアナトーリー・ルナチャルスキーは、ナポリ湾沖のカプリ島で党の学校を組織したが、トロツキーに手紙を書いて、このプロジェクトをハナから見捨てないでくれと頼んでいる。(1) よい講師はなかなかいなかったし、トロツキーは最高の講師の一人だったからだ。トロツキーはマクシム・ゴーリキーに語ったように、この頭でっかちなプログラムが生煮えだと思ったのでカプリ島には行かなかった。(2) ニースの党グループが実施した別の試みのほうが気に入り、そちらでオーストリア＝ハンガリー帝国の状況について教えたのだ。(3) するとボリシェヴィキ・フペリョート派たちが、ドイツとオーストリアの社会民主主義について、若いロシア人新人のためにボローニャに創設しつつあった学校で講義を依頼してきた。トロツキーは一ヶ月講義した。フペリョートは党の急進左派で、レーニンがボリシェヴィキに対して、国家ドゥーマ選挙への出馬や労働組合指導部進出を促したのを糾弾した。トロツキーは、本当に左翼的な政治がほしいなら、自分の革命戦略を支持すべきだと教えて、生徒たちを怒らせようとした。学校の創設者たちはすぐに介入して、生徒たちにトロツキーの邪説について警告した。でも、教師としては実に有能だったので見逃してもらえたのだった。(4)

ヨーロッパのマルクス主義者の間であまりに評判が高かったので、一九一一年九月には、ドイツ社会民主党のイエナ大会で、ロシア問題について話してくれと依頼された。カール・リープクネヒトはフィンランドにおけるニコライ二世の高圧的なやり方を糾弾する決議を提案していた。そのための材料集めが行われており、トロツキーは地元の視点で状況を説明するはずだった。突然、ニコライ二世の首相で農業改革の相当部分を監督したピョートル・ストルイピンがキエフで暗殺されたとの報せが入った。その電報に震撼した党首脳部は、ロシアに関する論争を続けるべきか迷った。ロシアからの別の革命家がイエナで壇上に立ち、ロシアの帝国当局を糾弾したらどう見られるだろうか？　ニコライ二世とは良好な関係を保っているヴィルヘルム二世皇帝がそんな演説を知ったら、ドイツ社会民主党指導層もその暗殺を賞賛していると思うのではないか？　アウグスト・ベーベルたちは、一八七八年から九〇年にかけて党が非合法とされたことを忘れていなかった。だから政府が再び自分たちを違法組織扱いするような口実は少しでも避けたいと考えた。ベーベルはトロツキーに接近して、暗殺の首謀者は誰だろうかと意見を求めた。しばらくは、それが社会民主主義者だったかもしれないという懸念が少しあったのだ。ベーベルはまた、ドイツの警察がトロツキーにとって面倒を起こすかもしれないとも心配していた。

トロツキーは大会議事での自分の出番を放棄した。(5) リープクネヒトはツァリーズム批判をやってほしかったので苛立った。これはトロツキーにとって板挟みの状況だった。リープクネヒトは、ロシア帝国からの政治亡命者たちがドイツで政治的な問題に直面したときには、絶えず助けてくれた。また、ロシアにおけるトロツキーと同じく、ドイツ社会民主党の中でも左寄りの立場にいた。だがトロツキーは、外国での政治的作法は遵守すべきだと感じた。そうでなくても、リープクネヒトを煙たく思っている、ドイツ社会民主党指導層に対しては敬意と愛情を抱いていた。彼はカール・カウツキーと交流があった。だから、ドイツ社会民主主義者たちが革命政治に対する正真な取り組みを放棄したと主張する人びととはつきあわないことにしたのだ。ロシア帝国からの難民たちは、カウツキーのいちばん手厳しい批判者たちだった。そこにはローザ・ルクセンブルク、カール・ラデック、アレクサンドル・パルヴスもいた。この人びとは、党の指導層のマルクス主義や革命支持は形式だけで、帝国秩序を叩きつぶす行動は何もしていないと主張していた。トロツキーは友人たちの発言を聞いた。そしてロシア社会民主労働党の他の指導層ほとんどと同様に、こうした批判は誇張されていて不公平だと感じたのだった。

ルクセンブルクは一時的にはトロツキーとうまく折り合い、ロシア社会民主労働党に参加をまとめあげようとする手法にも賛成した。だが調和推進者としては不正直だと考えた。ルイゼ・カウツキーへの手紙の中で、ルクセンブルクはロシア語の党刊行物におけるトロツキーの、問題の多い言い過ぎについて、ドイツ社会民主党に伝えようとしている。

善良なるトロツキーは、ますます腐りきった正体が暴かれつつあります。［ロシア社会民主労働党の指導層の］技術委員会がレーニンから金銭的に独立して『プラウダ』へ資金提供できるようになっても、トロツキーは『プラウダ』でこの委員会とパリ協議会すべてについて、前代未聞のやり方で罵倒を続けました。ボリシェヴィキとポーランド人を「党の分断者」として真っ向から糾弾しますが、マルトフによるレーニン批判の、卑劣さの点で群をぬく、明らかに党分断を狙ったパンフレットに対しては一言もなし。まったく、あきれたものです(6)。

トロツキーとしては、オーストリアの社会民主党にまったく口出ししなかったわけではない。指導部がウィーンにパン屋を開こうと決めたのに対しては激怒した。「これはまったく粗雑きわまる暴挙で、原理的に危険であり、実践面でも絶望的である」。ヴィクトル・アドラーたちは「尊大で見下すような笑みを浮かべた」トロツキーと会談した。そして、彼らが「資本主義社会におけるプロレタリア党のあるべき地位」を貶めているというトロツキーの主張を却下した。[7] トロツキーはまた、オーストリアのマルクス主義者がセルビアとのライバル関係について書いたときの、民族主義的な論調にも反対した。バルカン諸国、特にセルビアの社会主義者から、ベオグラードの保守系、リベラル系の新聞がウィーンの『アルバイター・ツァイトゥンク』を引用して、ヨーロッパ労働運動の国際主義が単なるフィクションでしかないという裏付けにしていることも直接聞いていたのだ。このためトロツキーは苛立ち、これについて批判的な論文をカウツキーに送り、ベルリンの『ノイエ・ツァイト』に掲載するよう頼んだ。カウツキーはしばらくためらってからこれに応じ、オーストリアの党指導部は、自分たちの客がかくも批判的だと知って激怒した。記事の事実関係は正しいことを認めつつも、『アルバイター・ツァイトゥンク』の外交政策論説など誰もまじめに読まない、と彼らは主張した。したがって、誰も気に留めないというわけだ。トロツキーは、ウィーンで印刷されたものがベオグラードで影響力を持ったことを指摘した。そして指導部に対し、公開の議論ではもっと知的にしっかりしたものを出すよう要求した。[8]

だが一般的には、彼はオーストリアのマルクス主義に関する論争には口だししなかった。決然と自分の知的な関心に専念し、オットー・バウアー、カール・レンナー、ヴィクトル・アドラーが党の教義と政策を創造的に検討するやり方については無視した。オーストリア＝ハンガリーのような広大で多民族国家に暮らす彼らは、マルクス主義者たちは「民族問題」を真剣に考えない限り、社会主義の未来を適切に計画できないと主張していた。その結論は独創的なものだった。いったん革命が起きたら、各民族は独自の評議会を作り、その代表を選出する権利を持つことにしようというのがその提案だ。「文化的民族自治」がスローガンだった。バウアーら首脳部は、全国的に選出された議会の力を民族評議会が均衡させてくれると期待したのだ。国家体制の両サイドの間の緊張関係は、社会主義政府が本気であらゆる民族を公平かつ尊厳をもって扱おうとしていると一般に認識されれば弱まるはずだと考えたのだ。

カフェ・ツェントラルでウィーンの政治文化的な名士たちとの会合を楽しみつつ、彼は息子たちを近くの公園に連れて行き、サッカーとハンドボールをやった。そして一家揃ってスコベレフ一家やヨッフェ一家とその子どもたちを訪ねるのも好きだった。リョーヴァは三歳にして、ヨッフェ家の小さな娘ナージャが特に気に入った。[9] トロツキーはクリスマスには一家のツリーを飾り付けたが、夫婦ともに「贈り物の乱交」は悪趣味だと考えていた。[10] 家での会話は無神論が基本だった。[11] 息子たちが聖処女マリアのことを初めて知ったのは、地元のキリスト教系学校に行ったときだった。育てられ方のせいで、家を出ると恥ずかしい思いをすることもあった。セルゲイはあるとき「神様なんかいないしサンタクロースもいないんだよ！」[12] とむっつり言うのだった。リョーヴァとセルゲイはしっかりした意見の持ち主として育ったが、両親は他人の機嫌を損ねない技能は教えてくれなかった。それを除けば、少年たちはウィーンで水を得た魚のようだった——トロツキーから見るといささかはしゃぎすぎなほどだった。トロツキーは、子どもたちにロシア語を使い続けてほしかった。そして正式なドイツ語も身に付けてほしかったのに、地元の学校に通っていたから、当然ながらウィーン方言となった。トロツキーはこれをひどく嫌ったが、友人アルフレッド・アドラーは二人の言語能力を絶賛し、リョーヴァとセルゲイが「タクシーの老運ちゃん二人みたいな」しゃべり方をすると冗談口を叩いた。[13]

ナターリャは、トロツキーの政治活動に復帰したくてうずうずしていたので、息子たちが寝ると夫といっしょにでかけた。おかげで小さなセルゲイは心配した。「どうしてコーヒーハウスに行くの？」ナターリャは決然と答えた。「あらセリョージェンカ［セルゲイのあだ名］、あなたに必要なことは全部やってあげたから、あとはあなたはしっかり寝るだけじゃないの」。すると息子はすぐにやり返した。「でもママはおうちにいるときには、ぼくのことを考えてくれるでしょう」。そこでナターリャも正直に言うのだった。「ママはちょっと休みたいのよ。（中略）お友達とお話をして、世の中で何が起きているかを教えてもらうの。（中略）明日になったらそれを話してあげますからね」。兄のリョーヴァは弟と同じ気持ちだったが、すでに両親が家庭以外の責務を持っていることを理解していた[14]。息子たちはお行儀がよく、友人たちはトロツキーが二人に声を上げたりすることはなかったと語っている[15]。

　トロツキーは相変わらずロシア帝国の合法新聞の仕事もしていた。いつもながら、政治的紛争で落ち込んでいるときにはジャーナリズムに没頭したのだ。よいニュースをかぎ分ける直感は優れていた。ドイツのブルジョワジーの「特性のなさ」に関するロベルト・ミヒェルスの講演を聴いて、彼はドイツとロシアのブルジョワについて独自の比較を提示した。そしてピョートル・ストルーヴェによる、ロシアのブルジョワは「存在しないも同然」と述べたのを肯定的に引用した（レーニンなら、絶対にストルーヴェの書いたものを肯定的に宣伝したりはしなかっただろう。トロツキーはこの親切を埋め合わせとして、後の記事でこう書いている。「ストルーヴェの主な才能――というか、その人間性の鈍い――は、彼が常に「他人の命令」で行動したことにある[16]」）。トロツキーは、ドイツのブルジョワがこの国の都市を造り、マルチン・ルターやトマス・ミュンツァーを生み出し、宗教改革と一八四八年革命をもたらしたことは認めた。何世紀にもわたるロシア史の中では、これらに比肩するものは何一つ見つからない。執筆時点でロシアの都市中産階級を代表するのは、オクチャブリスト代表アレクサンドル・グチコフだ、とトロツキーは主張した。オクチャブリストというのは保守派の党で、議会制度を是非ともうまく機能させようとしていた。帝政には忠実だった。トロツキーは、ロシアの政治商業エリートたちを攻撃する機会には抵抗できなかった。だからグチコフについても、傑出した唯一の点はその「遺伝性の商人髭」を生やしたことだけだ、と決めつけている(17)。

ロシアの歴史的発展の特異性というお気に入りの主題と戯れることで、彼は党が直面する喫緊の問題から逃避していた。だがそれを忘れたわけでもないし、懸念しなかったわけでもない。ウィーンから大量の手紙をスイスやフランスに送り、組織としての完全な再統合が必要だと主張し続けた。いつも固執した通り、一枚岩のプロレタリアは一体の党を必要とするのであり、かしましい派閥の寄せ集めではダメなのだ。一九〇九年に、解党派と呼ばれる集団がサンクトペテルブルグで有力になったことで、事態はトロツキーの目論見通りになった。彼らの主な主張は、隠密党組織は最早何の進展も見せていないというものだった。だから合法政治活動と社会活動を優先すべきだというのだ。国家ドゥーマ選挙に立候補すべきだ。公開の大衆集会で演説をして、サンクトペテルブルグの新聞に記事を書くべきだ。党を完全に解体しろとは言わなかったが、エネルギーを別のところに集中しろというのが主張だ。『イスクラ』創設者の一人アレクサンドル・ポートレソフに倣い、彼らも一九一二年九月に、サンクトペテルブルグで新聞『ルーチ(光)』を創刊する。党首脳部は、非合法党機関を神聖なものと考えていたため、これに激怒した。ポートレソフたちは党をつぶせとは言っていないにしても、その方針は結局同じ結果を招く。あらゆる既存派閥は、怒りの度合いこそちがえ解党派に反対していた。

レーニン派のボリシェヴィキとマルトフ派のメンシェヴィキは、一九一〇年一月に中央委員会総会で顔をあわせた。トロツキーはこの際に、『プラウダ』の編集刊行活動に補助金を勝ち取っている。だがこれには代償があった。レフ・カーメネフを編集委員会に受け入れなければならなかったのだ(18)。これは家族面でも面倒な話だった。カーメネフはトロツキーの妹オリガの夫になっていた。そしてカーメネフがレーニンのための見張り番としてウィーンにやってくると、もちろん妹も一緒にきたのだった。ボリシェヴィキのアナトーリー・ルナチャルスキーは、当時はレーニンとカーメネフに批判的だったが、その対立をこう回想している。

だがカーメネフとトロツキーの間の反目があまりに激しく、カーメネフはすぐにパリに戻ってしまった。いまこの場で言わせてもらうと、トロツキーは党をまとめるどころか、その中のごく小さな集団すらろくにまとめられなかったのだ。心からトロツキーを支持する人はほぼ誰もいなかった。彼が党のことに口をはさめたのは、完全に彼個人の人格によるものだった。[19]

トロツキーの見方はちがった。彼はカーメネフが自分の著作の中身に口だしするのが大嫌いだった――そしてカーメネフは、そんなことをしても時間の無駄だと悟るようになった。[20] でもルナチャルスキーの基本的な審判は公正なものだ。いまや三十歳のトロツキーは、大きなチームをまとめる気質を欠いていた。傑出した統一支持者である彼は、支持してくれそうな人びとを遠ざける才能を持っていた――そして、そこに何か問題があるとはまったく気がつかないのだった。ルナチャルスキーはそれをトロツキーの「とんでもない傲慢さ」のせいだとした。

トロツキーは、メンシェヴィキとボリシェヴィキの双方から嫌われていた。一九一〇年の間はずっと、再統一キャンペーンをしつこく続け、協調的な取り決めを解決すべく全党大会を呼びかけていた。そしてこの努力のためにもめごとにぶちあたった。メンシェヴィキ率いる中央委員会は、彼の呼びかけは自分たちをないがしろにするものだと考えた。トロツキー自身が野心を抱いていると思われたのだ。『プラウダ』への公式補助金打ち切りの声が再び上がった。[21]

だがトロツキーは反撃した。派閥がお互いに裏工作しあうのは正気の沙汰ではない、と宣言した。唯一の党、唯一の労働者階級、唯一の革命！　共通の大義のためには、党が再統一されて、帝国内の工場や鉱山に広がるスト運動に必要な指導力を提供しなくてはならない。これはよく考えて実施する必要があるというわけだ。トロツキーは、党が労働者の思想や行動を支配してはならないと警告した。プロレタリアの自主性と「自主活動」を解き放とうとしたのだ。党は労働者階級の「先進層の組織としてのみ捉えられる[22]」。第一次世界大戦中も、彼はこの主張を続けた。狙いは労働者闘士が外部の監督から「独立」するよう促すことであるべきだった。革命を引き起こす方法はこれしかないという[23]。大いに喜ぶべきこととして、ロシア帝国の党員を調査したところ、そのほとんどは特定の派閥に忠誠を抱いているわけではなかった[24]。派閥主義は永続的な現象である必要はない。トロツキーは、どんな派閥も内的に安定していないと指摘した。これはボリシェヴィキですら言える。派閥は党全体と同じくらい内紛まみれだったので、この状況を利用して再統一のための条件を画策しようとトロツキーは考えたのだった[25]。

ボリシェヴィキ全体ではないにしても、ボリシェヴィキ＝レーニン派との主な相違は、労働者階級に負わされた役割だった。トロツキーによれば、党の新聞は労働運動を導くのではなく、それに奉仕すべきなのだった。これは彼の『プラウダ』論説に繰り返し登場する主題だ。エスエルを嘲笑したのは、ロシア社会民主労働党のようなプロレタリア基盤を持たないからだった。彼はエスエル党から新人を受け入れるのに熱心だった。労働者階級革命家にとっては、自分の党が自然で当然の居場所だということにまったく疑問を抱いていなかったのだ[26]。労働者は単一の階級で利害も一致しているという古いマルクス主義の前提をトロツキーも抱いていた。だから、彼らを代表する組織が複数あるのは無意味だということになる。もっと重要な点として、トロツキーは一九〇五年から一九〇六年にかけての政治の不安定さを認識したのだった。

問題は、一九〇五〜〇六年革命の弾圧の後で、党はあまりに弱体化したということだった。トロツキーもこれを認めた。ほとんどの委員会は消え去り、知識人たちは社会民主主義に背を向けた。どこを見ても、革命などとても起こりそうではない。だがトロツキーは絶望を拒んだ。党が優先すべきなのは、労働者の中から党員を募ることだと考えた[27]。いずれ労働者階級の気運も変わるし、帝政も打倒されるのだから。この信念がトロツキーの士気を支えた。彼はボリシェヴィズムとメンシェヴィズムを「ひたすら知識人による創造物」と評した。こうした状況は、労働者階級には禁物だ。ロシア社会民主労働党はこれを考慮して、その内部論争をやめるべきだ。みんなが口論をやめないかぎり、労働者たちは絶対にマルクス主義者をまじめに受け取ってくれない。前進する道は、妥協の合意だけにあるのではない。革命が起きるのは階級闘争からだ。労働者たちは指導される必要はない。自分なりの手段で前進するよう奨励されるべきだ。党からの細かい指導がなくても、彼らは前進する道を見つけるだろう。行動の自律性が労働者にとっては重要なのだ[28]。この時期のトロツキーは、こうした発言によりますますボリシェヴィズムから遠ざかることになる。

トロツキーはしばらくの間、レーニンの新聞に載る論争的な記事に反論するのをやめた。平和に向けた努力が必要なので、トロツキーは範を示そうとしたのだった[29]。でもその努力をみんなが評価してくれたわけではない。ドミートリー・スヴェルチコフのような好意的な同志ですら、党の多くがトロツキーを笑いものにしていることに気がついた。相容れない派閥を折り合わせるなんて無理だよ、というわけだ[30]。だがトロツキーはこの目標をあきらめることはなかった。このため党の多くの人びとは首を傾げた。どうしてトロツキーは、失敗必須の目的にこれほどの手間暇をかけるのか？　一部の人は、トロツキーの真の狙いは自分を党中央機関を越えた上位の存在にして、最高指導者の地位につくことなのだと考えた。ボリシェヴィキはトロツキーが大嫌いだった。メンシェヴィキも、彼にかなりの疑念を抱いており、『プラウダ』への公式補助金をカットしようとした。トロツキーは熱っぽい弁護論を述べた――そして確かに、非難は明らかに過剰だった。トロツキーに向けられた敵意は、亡命「上層部」がロシアの本当の党と遊離しているというトロツキーの主張を裏付けることになった。だからこそトロツキーはなおさら、遅滞なく党大会を開催するよう提唱しつづけることになったのだった。[31]

ロシア社会民主労働党は、皿の上の水銀と同じでちっともまとまらなかった。同盟や敵対関係は絶えず変わり続けた。一九一一年一月に、反目する勢力の奇妙な組み合わせが生じ、ヨシフ・スターリン――当時ボリシェヴィキ派の中で台頭しつつあり、後にトロツキーの最大の敵となる人物――などロシアを拠点とする古参党員たちは、「レーニン＝プレハーノフ陣営」と「トロツキー＝マルトフ＝ボグダーノフ陣営」とが対立にばかり血道をあげているのを、呆然と見守ることになった。スターリンから見れば、これは形而上学をめぐる議論でしかないので、「コップの水の中の嵐」でしかなかった。[32]だがメンシェヴィキは当時、トロツキーを容認していた。アレクサンドル・ボグダーノフや、他の反レーニン派のボリシェヴィキも同様だった。レーニンは断固たる態度を見せた。トロツキーが『プラウダ』で成功したのがおもしろくなかったので、ボリシェヴィキ内のレーニン派は独自の一般向け新聞『ラボーチャヤ・ガゼータ（労働者新聞）』を創刊したのだった。[33]

トロツキーはこの不満について、一九一一年にメンシェヴィキ新聞『ナーシャ・ザリャー（我らの夜明け）』に執筆した。自分を支持してくれる小集団の外にも訴えかけたかったからだ（レーニンさえ機会を与えてくれたら、ボリシェヴィキに対しても同じことをしただろう）。ロシア社会民主労働党はセクト主義まみれだった。派閥同士が争い、論争があちこちで起きた。昔からの友情や仲間関係は崩壊した。協力も失われた。

これが起きていたのはまさに、ロシアでの労働運動がどん底の時期から台頭しつつある時期だった。ロシアでの産業下降期は底を打った。外国投資はロシアに流れ込んでいた。大量の新しい冶金工場がサンクトペテルブルグに建てられていた。繊維工業がモスクワ地域では復活しつつあった。賃金はまた上昇しはじめた。失業の恐れが減ったことで、労働者たちはもっと闘争的になった。労働組合は、雇用主との対立で労働者たちを支持した。トロツキーは党内の他の指導者たちと同様に、政治的な縮小の時期が終わりつつあると感じていた。こうなれば同志たちもいさかいをやめるはずだ。革命的な状況のおかげで、ボリシェヴィキとメンシェヴィキとの融和が多少はもたらされた。いつも楽観的なトロツキーは、ロシア帝国全土での工場労働者や鉱山における武力闘争の拡大が、党の統一に向けた強力な刺激剤となるだろうと思い込んでいた。

だが社会騒乱を活用するどころか、指導的なロシア・マルクス主義者たちは、内輪の分派抗争に耽溺していた。マルトフのメンシェヴィキ、レーニンのボリシェヴィキ、プレハーノフ主義者、フペリョート派、解党派の間の紛争が激化する中で、合従連衡も続いた。得体の知れない亡命者間の誤解や反目が生じた――そしてロシア帝国内の隠密党組織は、野火のように広がる論争に戸惑うばかりだった。公式のメンシェヴィキ政策は、「中立的」労働組合を支持したが、ボリシェヴィキはこれに対し、政治への専念という優先戦術を犠牲にしているといって批判した。でも実際には、外国で政策立案をするのではなく労働運動の中で活動するメンシェヴィキは、こうした労組を「代理政治組織」に変えていた。だから実際的には、彼らは自分自身の派閥の方針を無視していたわけだ。一方、ロシアのボリシェヴィキは労働組合の政治化を進めるはずだったが、政治的なありかたの純粋性にばかりかまけていたために、自分たちと党の間に溝をつくってしまっていた。さらに、通称解党派たちは自分たちの主張通りに行動することはほとんどなかった。党委員会とは密接に協力を進めた。そして党の目的実現のためにしっかりと生産的な活動を続けていたのだ。ボリシェヴィキはこれを認めようとせず、解党派たちに対してトロツキー言うところの「組織的テロ」を仕掛けたのだった。(34)

トロツキーも、アレクサンドル・ポートレソフや解党派、そして彼らと決別しようとしない人びとを容認したわけではない。彼は、ポートレソフにきちんと対処しなかったと言ってマルトフを攻撃した。(35) ボリシェヴィキはトロツキーの主張を繰り返し、自分たちが正しかったという裏付けに使った。同時に、中央委員会が指名した代表であるカーメネフに『プラウダ』をまったく運営させなかったことで、トロツキーも糾弾した——そしてトロツキーが、実務面でのポートレソフの扱いで一貫性を持っていただろうかと疑問視した。彼らに言わせると、トロツキーのふるまいは「甘ったれ」だった。(36) トロツキーは、自分なりの道を行った。解党派に言葉で解散を説得する以外、それを消滅させる方法はまったく思いつかなかったのだ。ボリシェヴィキが好戦的すぎると確信はしていたものの、現実的な代替案は提示できなかったのだった。

第13章 特派員

トロツキーは自分の思った通りに生きた。投獄や流刑の時期は例外的なものだし、それですら革命活動の機会を完全に破壊はしなかった。一九一二年一月に、個人的な災難が突然いくつか続いた。[1]まず口が痛みとともに腫れ上がり、寝込むことになった。ちょうどその頃、母親も他界した。学校の初期以来あまり近しい関係ではなかったものの、報せを聞いたトロツキーには衝撃だった。歯の状態はあまりに悪化して、まともにしゃべれなくなってしまった。何週間たっても、医師たちはそれを一向に治せなかった。医療費がかさんでパーヴェル・アクセリロートが肩代わりしなければならなかった。[2]そしてウィーン最高の歯科医の一人が、親知らずを抜くときにドリルの先を折って、それをあごに埋め込んだままにした。何の心配もいらないと言われてもまったく信用できなかったので、トロツキーは別の外科医に相談した。[3]

口がなんとか治ったとたんに、妹のエリザヴェータが息子アレクサンドルを連れて訪れ、二週間滞在した。そしてトロツキーの父親も、十一歳のジーナ・ブロンシュテインをつれて五年ぶりに訪れ、一夏をウィーンで過ごした。トロツキーは、「親戚が滝のように降ってくる」と部外者にはこぼした。[4]仕事のペースも乱された。ストレスで胃が痛くなった。この大人の革命家の世話役は、父ダヴィド・ブロンシュテインが果たすことになった。

[医学]教授を父とともに訪れると、ヘルニアの様子を見て、手術をしようと言う。さらに療養温泉のある山に[神経を休めるため]出かけるよう奨められた。私は手術を冬まで延期し、山登りは大会後にすることにした。父は当初、旅行はすぐにやれと言っていたが、我が家に泊まって一週間で、いまは旅行すべきでないと納得した。(5)

トロツキーが父親に付き添ってもらったのは、ひょっとすると診療代を払ってもらうためだったかもしれない。手紙を読むと他の動機も示唆される。トロツキーはどうも、自分の利益に献身してくれる人物が身近にいるのを喜んでいたらしい。自分が関心の中心になれるからだ。父と連れだってウィーンの教授に会ったことで、トロツキーの士気は回復した。

政治面ではかなりのことが起きていた。ロシア社会民主労働党の各派閥はやっと会議開催に合意した。唯一の例外はボリシェヴィキ、すくなくともボリシェヴィキの中でレーニンに従う一派だった。彼らは一九一二年一月に独自の集会をプラハで開き、独自の中央委員会を選出することで他の派閥を出し抜いた。これは独立宣言も同然で、レーニンとしては自分の派閥がロシアで唯一の正当なマルクス主義政党だと宣言したに等しかった。

レーニン派は、他のロシア社会民主労働党の連中などどうでもよかった。サンクトペテルブルグのボリシェヴィキ指導部は、首都で合法新聞を創刊して『プラウダ』と名付けることで当のレーニンをすら驚かせた。これはトロツキーに対する意図的な侮辱だった。彼の『プラウダ』は一九〇八年以来刊行されていたのだ。新興の『プラウダ』を非難して、トロツキーは「レーニン主義派閥策謀サークル」が意図的に党内に混乱を作り出していると主張した。そして訴えられないのが残念だと述べた——ブルジョワ法秩序を批判している人物にしては不思議な物言いだ。訴訟のかわりに、ボリシェヴィキが新聞の名前を変えなければ第二インターナショナルに苦情を申し立てると脅した。[6] 一八八九年に創立したブリュッセル拠点の第二（社会主義）インターナショナルは、ヨーロッパの社会主義政党、社会民主主義政党、労働者政党の調整機関だった。トロツキーはレーニン主義者たちを恥じ入らせて、分断的なやり口を止めさせようとしたのだった。同じ狙いで、国家ドゥーマにいるマルクス主義者代議員たちにも手紙を書き、ボリシェヴィキが党の新聞について読者に誤解を与えていると論じた。[7] レーニンはこの騒動を喜んだ。一九一二年からポーランドのクラクフに拠点を移していたレーニンはボリシェヴィキが議会のメンシェヴィキ同志たちとは別個に活動することを狙っていた。彼は、ボリシェヴィキを来る革命の機会に備えるためには、組織の分裂が前提だと考えていたのだった。トロツキーは資金援助者たちに接触して、「レーニン主義者の大会」を党の正式見解を述べるものとして扱わないよう懇願した。[8] 唯一の代替策は、ウィーンでのもっと大規模な大会という彼の計画を実現することだった。[9]

ボリシェヴィズムの厚かましさには、党の他の人びとも苛立った。レーニンがこの分離主義を永続させられるとはみんな信じていなかったし、多くの人はそれが引き起こしている被害のためにレーニンを毛嫌いした。この敵意には金銭的な面もあった。レーニンのボリシェヴィキ内党派は、党の方針を破って銀行強盗で資金を得ていた。また党全体のための寄付金を独り占めしていた。また、裕福で何も知らない若い女性二人を、ボリシェヴィキ二人が誘惑して結婚することで得た二重の遺産についても同様にしていた。ロシア社会民主労働党は、当時公式には統一されていた。だからメンシェヴィキは、レーニンがその資金を独占する権利はないと主張した。この論争は何年も続いていたが、一向に解決しそうになかった。カール・カウツキー、クララ・ツェトキン、フランツ・メーリングという有力なドイツ社会民主主義者で構成された調停パネルが創設された。メンシェヴィキとしては、この件を真面目に検討してもらうには、レーニン主義者たちは参加しないにしても、反レーニン派閥を集めるほうが有利となる。組織統一の大義の守護者として、トロツキーは長いことこの集結を主張してきた。だから一九一二年八月にウィーンで派閥が会合を開くための資金をマルトフが承認したときには大喜びだった。

メンシェヴィキはトロツキーを利用できたので、その分トロツキーの政治力も高まった。問題となっている資金問題について、トロツキーがツェトキンらと話をするのは大歓迎だった。[10] だからといって、メンシェヴィキがトロツキーを好意的に見ていたということではない。外国のマルクス主義者の多くが、セクト主義との戦いの中でトロツキーを理性と妥協の勢力と見なしているのはわかっていた。[11] やろうと思えば、トロツキーは見事な態度と行儀のよさを演じることもできた。第二インターナショナルの主要人物に加わったときのトロツキーもそうだった——彼が第二インターナショナルの他の人びとに怒りの手紙を送りつけたりしなかっただけでも、ロシア社会民主労働党指導部の他の人びとよりましだった。

彼はウィーン大会の実務手配をやろうと名乗りを上げ、それが認められた。一ヶ月以上にわたり、彼は代議員たちの滞在場所を見つけるのに奔走した。[12] 八月にオーストリアの首都に結集したのは、実に多様な集団となった。メンシェヴィキ以外には、ブント、フペリョート派、南コーカサス、ラトヴィア、ポーランド、それに解党派の代表さえやってきた。有力派閥で出席しなかったのは、ボリシェヴィキのレーニン派だけだった——そして彼らが自分たちの中央委員会を傲慢にも擁護していることこそ、この大会の怒りの矛先だった。だがこの大会は、独自の中央委員会を選び返したりはしなかった。おとなしく組織委員会を形成しただけだった。議事が終わる前に代議員たちはどんどん帰って行った。

ウィーンにくることで、みんなレーニンがいなくても、ロシア社会民主労働党の対立諸派の間で折り合いをつけるのがいかにむずかしいかを身をもって感じたからだ。民族的な乖離も、協調行動にはマイナスだった。それ以上に、一方のフペリョート派と、一方の解党派との間に広がる政治的な意見相違が痛かった。

議事進行でトロツキーが支配的な役割を果たすつもりだったとすれば、彼は第五回党大会での扱いを忘れていたのだろう。メンシェヴィキの誰一人として、トロツキーに考え方や行動を指図されるつもりはなかった。ブント派の誰一人として、トロツキーを支持する理由はなかった。トロツキーにウィーンの『プラウダ』を任せたマリアン・メレネフスキーは、ウクライナ人の民族的自己主張を呼びかけるのにトロツキーが反対したのを不愉快に思った。(13)トロツキーは決然としていた。ドイツのマルクス主義者がいないのを知っていたので、自分の思想が「ヨーロッパ的日和見主義」に対する重要な対抗案なのだと主張した。(14)これはカール・カウツキーには聞かれたくなかっただろう。もはや何も失うものはなかったので、彼はさらに党内のあらゆる派閥を叱責した。「かつての党は民主的知識人の独裁であり、マルクス主義の観点にたって労働運動を統括した」(15)。トロツキーは、自分がどれほど潜在的な味方を苛立たせたか一顧だにしなかった。言いたいことを言い、党の論争とはそうあるべきなのだと考えていた。大会は漠然とした政策いくつかについて決議を可決した。オーストリアのマルクス主義者たちが考える「文化的民族自治」という発想が、大規模な多民族国家の統治問題解決策として採用されることが合意された。各民族はそれぞれ独自の中央機関を組織して自分たちの利益を拡張するということだ。これはボリシェヴィキにとってはまったく受け入れられないものだった。彼らは君主制を打倒してからも統一的な多民族国家を維持しつつ、住民の多数派がロシア人以外の民族であるような地域にはかなり広い地域的な自治を与えようとしていたのだ。

大会が閉会したときには、それがもたらした一体感について大げさなことが言われた。「八月ブロック」の精神に忠実でいようという約束が交わされ、トロツキーはロシア社会民主労働党の再統一がその結果として実現するだろうという希望を述べた。だが大した成果があったと思っている人はほとんどいなかった。このブロックなるものの中では派閥同士の緊張が続いていた。トロツキーはどのみち大会の議論にほとんど貢献しなかった。彼の距離をおいたようなふるまいは、代議員たちがウィーンを離れてからも続いた。何年にもわたり、彼はオーストリアのマルクス主義者たちによる民族問題への取り組みを無視してきたし、大会後にもその態度を改める理由はないと考えたのだった。それどころか、ロシア社会民主労働党を取り巻く一般論争のほとんどに引きずり込まれるのを拒んでいた。ボリシェヴィキとメンシェヴィキは、農業問題や民族問題について侃々諤々の論争を繰り広げた。また現代帝国主義や軍国主義の性質や資本主義の発展についても論争した。トロツキーはおおむねそうした論争には加わらなかった。党内の組織問題でさえ、彼の論説はこれまでずっと書いてきた内容の繰り返しでしかなかった。

大会が終われば、トロツキーは通常の『プラウダ』編集に戻るだろうとみんな思った。当時はトロツキー自身もそう思っていた。ウィーンは彼にとって、快適な検疫地域だった。大会では言いたいことは言った。だが何も成果は得られなかった。これはトロツキーのお決まりのパターンとなりつつあったので、マルクス主義新聞におけるジャーナリズムに慰めを見いだすだろうとみんな思ったのだった。だから九月に、『キエフスカヤ・ムィスリ』特派員としてバルカン半島に向かうと発表したときには、誰もが驚いた。オスマン中央当局と、ギリシャ、セルビア、モンテネグロ、ブルガリアから成るバルカン同盟との間に、その月に戦争が勃発したのだった。トルコ軍は戦略的に大いに不利だった。一九一三年五月には完璧に撃破されて、ロンドン条約でヨーロッパにおけるかなりの領土を割譲せざるを得なくなった。またアルバニアの独立も承認させられた。トルコの敗退は、すぐに同盟内部での軍事的な対立の序曲となった。というわけで、六月にブルガリアがギリシャとセルビアの拠点を攻撃し、第二次バルカン戦争が始まった。ルーマニアも参戦した。どの国も被害を被ったが、中でもブルガリアが最悪だった。停戦は一九一三年七月となる。

戦争にでかけるトロツキーは、セルビア、クロアチア、モンテネグロのどれかに思い入れがある部外者の一人ではなかった。彼は暗い予感を抱きつつ現地に向かった。以下に書かれている通りだ。

だがベオグラードの橋に立つと、予備兵と赤十字の腕章をつけた民間人の長い列が目に入り、議会代議員たちやジャーナリスト、農民や労働者の口からは、退却があり得ず数日中に戦争が起こると聞かされた。このとき、自分のよく知る人びと——政治家、編集者、講師たち——がすでに国境地帯の前線で戦火にさらされており、殺し殺されねばならないのだと悟った。その時まで頭の中や論説では気軽に考察していた抽象概念としての戦争は、起こりそうになく、起こり得ないように思えたのだった。(16)

後に彼はこの時期について、兵法を学ぶ機会を与えてくれたのだと述べるようになる。支持者に対し、このときの体験により一九一八年に軍事人民委員に指名されるだけの技能が身についたのだと納得させた。これは詩的な誇張だ。特派員だった彼は、交戦中の軍が使う戦略や戦術にはほとんど興味を示さなかった。

『キエフスカヤ・ムィスリ』はトロツキーに前線に出るよう要求したわけではなく、彼は賢明にも戦闘には一切近づかなかった(ロシア内戦で好きこのんで危険を冒したのとは好対照だ)。この地域について何も勉強していかなかった。地元の言語もまったく習得しなかった。自分が目を開いて既成のイデオロギーをもってバルカンにでかけるだけで十分だと思ったのだった。前線は不安定で、戦闘がいつ始まるか予想がつかなかった。戦闘員たちは、相手かまわず凄惨な残虐行為をやってのけた。トロツキーは雰囲気を伝え、オスマン帝国に対する叛乱の動機について解説した。その記事は、当時のものとしては一級だった。主要なバルカン都市をいくつか巡り、ソフィアとベオグラードからいくつか記事を送っている。彼は、会ってくれる公的指導者たちには手当たり次第に面会した――この戦争から政治的、領土的に何を得たいと思っているかと尋ねるのが常だ。地元ジャーナリストたちからもヒントを得た。また兵士たちともわざわざ話した。戦闘そのもののはるか後方にはいたものの、その結果は嫌と言うほど目にしている。他のほとんどの記者とはちがい、病院にでかけて負傷者とも話をしている。その記述は今なお衰えていない。一九一二年から一三年にかけてのトロツキーの記事を読んだ人なら、この地域で後の時代に生じる民族間暴力の激しさに驚いたりはしないだろう。

ある記事にはこう書かれている。

負傷者と死者を選り分けてから、重傷者と軽傷者の選別が行われる。重傷者は戦場であるクルクキリセ、ヤンボル、フィリッポポリスからあまり遠くない場所に置き去りにされ、軽傷者は我々のいるソフィアに輸送される。ここにいるのはほとんどが、脚や腕や肩に「軽い」傷を負ったものだけだ。

だが「兵士たち」自身は、自分の負ったのが軽傷とは感じていない。自分たちに傷を負わせた戦いの轟きと硝煙にまだ覆われたままの彼らは、まったく別の謎めいたひどい世界からの訪問者のように見える。いま体験したばかりの戦闘の範囲外に広がるような思考や感情を失ってしまったのだ。口にするのは戦闘のことで、眠ってもそれを夢に見る。[17]

押さえた筆致が実に強い効果をもたらしている。

一九一三年一月にウィーンに戻り、三ヶ月ぶりに『プラウダ』に復帰したトロツキーはすっかりおとなしくなっていた。彼の論説にしっかり刻まれるようになった主題が一つあるとすれば、それは南東ヨーロッパにおける民族主義の危険性だった。この地域全体がトロツキーには正気の沙汰とは思えず、民族主義の追究はヨーロッパ全土の平和を邪魔するものだと強調するようになった。バルカン諸国に行くまでは、民族問題についてはほとんど書いたことがなかった。だがバルカン戦争を見たことで、オーストリアとセルビアはいずれ戦争を起こすと確信するようになった。だから、自分の思想を広めるためのヨーロッパ全土の基盤を確保しなければならないと考え、来るドイツ社会民主党大会での演説への招聘を求めた。[18]バルカン半島の地元民を除けば、ヨーロッパの社会主義者の中で南東ヨーロッパでの危機について最も詳しいのはトロツキーだった。社会主義インターナショナルの、軍国主義や帝国主義に対する原理的な反対はいまでも支持していた。社会主義政党は今後政府による戦争を一切支持すべきでないという政策にも賛成だった。でも多くの党の間に強い合意を形成する必要性があることは、直感的に理解していた。ドイツ社会民主党員たちは、社会主義インターナショナルの主要勢力だった。トロツキーとしては、ロシア社会民主派たちの内紛を捨てて、ドイツの同志たちに対して緊急の予防行動を採るよう警告するのが何よりも重要だった。

バルカン半島の旅行中、『プラウダ』はセミョーン・セムコフスキーに任せてあった。だがいまやトロツキーは党ジャーナリズムに復帰して全力投球を始めた。組織統一が主要な課題だった。軍事ジャーナリズムの経験が彼を活気づけていた。後のキャリアでもしばしば起こることだが、党内部のもめごとから一時的に退くことで、次の政治キャンペーンに向けたエネルギーが蓄積されるのだった。これはトロツキーの強みでもあり、弱みでもあった。というのも、おかげでフルタイムの政治家になるのに専念できなかったからだ。

レーニン主義者たちを分裂活動で糾弾しつつも、彼はそれが引き起こしている被害を批判しているときでさえ楽観主義のままだった。これについては、国家ドゥーマにいるメンシェヴィキ代議員ニコライ・チヘイゼ宛の手紙を見れば明らかだ。トロツキーは、彼の演説が大いに気に入っていて、自分の思想の味方につけようとしていたのだった。

> レーニンの「成功」は、私にしてみればそれ以上の懸念材料ではない。いまは一九〇三年や一九〇八年ではない。（中略）一言で、現在のレーニン主義という構築物はウソと虚偽の上に立てられており、それ自体の解体の有毒な萌芽を内部に宿しているのである。もし相手方が賢明に振る舞えば、ごく近い将来にレーニン主義者たちの間には残酷な解体が生じることはまちがいない。その解体はまさに、統一か分裂かという問題をめぐって生じるはずだ。[19]

トロツキーは一九〇四年の発言を繰り返しているわけだ。当時も彼は、レーニンやボリシェヴィキには長期的な見通しなどないと一蹴した。[20] だが一九〇五年には、サンクトペテルブルグの工業労働者たちがいかにあっさりソヴィエトの指導の下に集うかを目の当たりにした。それでも次にロマノフ朝の専政に危機が訪れたら、マルクス主義者たちは成り行き上、以前よりずっと効果的に結集せざるを得ないと信じ続けたのだった。

物事が軌道にのるように、八月ブロックの活動協調をもっと強固にしようとトロツキーは考えた。

そのうちにレーニン派は崩壊するだろうと思ったのだ。そうなれば労働者たちも大喜びなはずだ、と。[21] 彼はブロックの活力も、そして労働者階級の政治的な関心も過大評価しすぎていた。[22] さらにボリシェヴィキも崩壊などしなかった。それどころか、レーニンは実に彼らしく、解党派たちの存在をうまく利用して、これだからメンシェヴィズムすべてを否定すべきなのだと主張していた。マルトフは、解党派たちと袂を分かつのを拒否することで、レーニンの思うつぼにはまってしまった。マルトフとしては、八月大会の精神を尊重してあらゆるやる気のある派閥をまとめあげようとしていたのだが。トロツキーは批判的だった。サンクトペテルブルグの解党派新聞『ルーチ』に記事を書き、解党派反対運動を止めるための条件を提示した。彼らは「地下活動を悪者扱いせず、［党の］計画を廃止せず、古い旗印に忠実」であるよう合意しなければならない。そして八月大会が、こうした立場を拒絶する者すべてに対して「妥協なき闘争を宣言した」と主張した。[23] メンシェヴィキは、トロツキーが単に「権力と名声の絶頂」に上り詰めたいだけだと感じた。マルトフは、『ルーチ』での攻撃においてトロツキーが大げさすぎると感じた。[24] アクセリロートですらトロツキーに苛立った。[25] マルクス主義者たちはロシアからトロツキーに手紙を書き、党内の統一を呼びかけているくせにどうしてわざともめ事を起こしたがるのかと尋ねた。これはロシアからの苦情でもしばしば指摘されたことだった。[26]

第四次国家ドゥーマのメンシェヴィキ代議員の名前で発刊されているサンクトペテルブルグ新聞『ナーシャ・ザリャー』編集者たちはこう語った。「あなたの最新の論説すべてが成功しているわけではない。失敗している。『悪者と悪者探し』ではダメだ。［立憲民主党著述家の］イズゴーエフへの反論も失敗している。リベラル派との論争では常に、『ルーチ』読者層と自分の文の想定読者を念頭に置くことが必要だ」。『ナーシャ・ザリャー』編集者たちの言い分は完全に無視されたわけではない。トロツキーが議会について鮮明かつ明晰に描くことは認識していた。でもいつもの舌鋒の鋭さは避け

てほしかったのだった。(27)

珍しくナターリャもトロツキーに対し、党の統一という大義における彼のやり口について批判し、失敗した大義のためにエネルギーを無駄遣いするのはやめてほしいと述べた。もっと現実的なアプローチを取るべきだ、と諫めたのだ。一九一三年十二月に旅先のサンクトペテルブルグから書いた手紙を見ると、彼女はトロツキーには見えなかったものが見えていたことがわかる。彼女はトロツキーの計画がすべて「シャボン玉のように」破裂しつつあると報告した。(28)議会でも、サンクトペテルブルグのマルクス主義刊行物でも、隠密党ネットワークの中でも、メンシェヴィキとボリシェヴィキの明らかな分裂が続いていた。ナターリャはこれを細々とは書かなかったし、どのみちトロツキーを納得させることはできなかった。いったんこうと決めたら、トロツキーはてこでも動かなかった。これは彼女が他の誰よりもよく知っていた。トロツキーは相変わらず統一の必要性と、ボリシェヴィキと解党派の両方を排除すべきだということについて執筆を続けた。相変わらずメンシェヴィキの批判を続けた。ロシアでは読者がいたものの、独自の派閥を率いていたわけではなかった。率いたいとも思わなかった。党内の影響力がこれほど下がったことはなかった――そして妻のナターリャには、当人よりもその理由がよく理解できた。

トロツキーのやる気を支えたものが三つあった。大きかったのは二つ。彼自身の思い上がり、そしてマルトフが第二インターナショナル向けの請願書で、レーニン派反対論をトロツキーに強化してほしいと思っていたことだ。マルトフはこれでボリシェヴィキに、党資金を返すか望ましからぬ分裂主義者として糾弾されるかの二者択一を迫るつもりだった。(29)トロツキーを元気づけた第三の要因はロシア帝国内の状況だった。工業労働者たちは一九一二年四月に、シベリアのレナ金鉱で軍がスト労働者たちに発砲して以来、政府や雇用主を困らせてきた。経済停滞の時期が終わり、もはや失業の恐れが減ったロシアの労働者たちは、ますます工場所有者たちとの強気な対決姿勢を強めていた。一九一三年に比べ一四年前半にはスト件数が二四〇四件から三五三四件に増えた。(30) サンクトペテルブルグの街頭をデモが埋め尽くしたとき、帝政打倒を呼びかけるスローガンもかなり見られた。過激主義が再び台頭しつつあった。これを遠くから見ていたトロツキーは、独自の雑誌『ボリバー(「闘争」)』をロシアの首都で発刊し、自分の思想に対する支持を拡大しようとした。警察の介入と、既存派閥からの不信に苦しんだものの(そしてセムコフスキーなどトロツキー支持者の一部ですらこれを妨害した)、主要マルクス主義者数名から見事な論文を集めた――そしてトロツキー自身も、国家ドゥーマや、国の歳入がウォッカ売上げに依存していること、ロシアの史的発展の特異性などについて、長々とした論文を寄稿し続けた。(31)

トロツキーもレーニンも、状況が自分たちの革命戦略に有利になりつつあることを確信していた。歴史は一九〇五年のときと同じように、自分たちの方向に動いているようだった。『ボリバー』初の論説では「知識人だけでなく労働者にも訴えたい」と述べていた。党が前進するには、労働者階級が独自の意見をまとめ、「人類全体の幸福」を目指して闘争を始めなければならないとトロツキーは固執した。(32) そしてまたもやセクト主義の放棄を求めた。あらゆる分派はそれなりの内紛を抱えているのだから、組織的な統一は現実的な目標だ、と彼は主張した。(33) したがって、第二インターナショナルによるボリシェヴィキ＝メンシェヴィキ紛争の審査になどかまけるのは面倒だと思った。主張と反論が交わされた。カウツキー、ツェトキン、メーリングから成る仲裁パネルは、この問題を終わらせたかった。だからこのロシアでの諍いの双方がドイツ人の監督下で、一九一四年七月にブリュッセルで会合を開くことが決まった。審判はかなりレーニンに不利になるものと予想された。トロツキーは、もしメンシェヴィキに大きく加勢したいのであれば、夏の計画を捨ててウィーンからブリュッセルに向かわねばならないこととなる。だがこの会合は起こらなかったし、トロツキーの旅行もなかった。代わりに起きたのは、バルカン半島のみならずヨーロッパのほぼ全土にわたる戦争だった。

第2部

一九一四-一九年

第14章 戦争に対する戦争

トロツキー一家は一九一四年夏にウィーンで静かに暮らしていたが、そこへヨーロッパ全土にまたがる政治的な嵐が生じ、それが突然、第一次世界大戦を勃発させた。ハプスブルク家の世継ぎたるフェルディナント大公が六月二十八日にサラエボで暗殺された。オーストリア政府はセルビアの責任だとして、拒絶確実な要求を含む最後通牒をつきつけた。まだ特に警戒すべき理由もなさそうだった。バルカン半島にありがちなもめごとのひとつのようだったし、それまでの紛争と同じく妥協で終わるものと思われた。

だが今回はちがっていた。ヨーロッパの列強は七月を通じ緊張の度合いを強めた。ロシアはオーストリアに対し、軍事行動を避けるよう警告した。ドイツがオーストリアに対して、セルビアへの脅しを行動に移せと煽ったことで雰囲気は悪化した。フランツ・ヨーゼフ皇帝も、背中を押してもらう必要はなかった。国益と個人的な名誉が攻撃されていると判断したからだ。ロシア人たちは、大陸戦争が迫っているかもしれないと感じ、ニコライ二世も軍に準備を命じた。これはオーストリアとドイツをさらに刺激しただけだった。ロシアは、軍を退却させせないと攻撃すると告げられた。ニコライ二世が要求を無視すると、ドイツは宣戦布告した。すでにセルビアと交戦中だったオーストリアもそれに加わった。ロンドンもパリも、ロシアが敗北してドイツが中欧・東欧を制圧するような事態は見たくなかった。二大同盟が形成された。中央同盟はドイツとオーストリア＝ハンガリーが中心で、連合国はフランス、ロシア、イギリスが中心だった。ヨーロッパは列車と軍靴の音を聞いた。だがこの戦争が政治社会的な大変動を作り出すと予想した大臣や外交官はほとんどいなかった。大多数は、短期集中型の交戦だと思っていたのだ。

トロツキーは当初は何も気にしていなかったが、ドイツがロシアに宣戦布告して、ドイツ帝国と同盟関係にある国に暮らすロシア臣民の立場が脅かされたことでそれが変わった。翌日の八月三日、彼はウィーンツァイレにある社会民主党の日刊紙『アルバイター・ツァイトゥンク』事務所にでかけ、友人のフリードリッヒ・アドラーを探した。フリードリッヒの父親ヴィクトルも加わり、ウィーンの当局がトロツキーのようなロシア亡命者をどう扱うつもりか、適正な指導を受けるべきだと示唆した。ヴィクトルは、同国の指導的な社会主義者であると同時に精神分析医でもあったので、戦争が社会民族主義的な傾向をもたらし大衆「狂気」が生じると予想した。トロツキーがニコライ二世の批判者だという事実があっても、収監は避けられないかもしれない。トロツキー一家が暴徒の手にかかる可能性も否定できなかった。状況はまったく予想がつかなかった。ヴィクトル・アドラーは、トロツキー自身の安全が脅かされていると確信していた。国家政府最高地位とつながりがある彼は、午後の最中にタクシーを呼んで、トロツキーを政治警察長官ガイアーに会わせた。ガイアーはフリードリッヒ・アドラーの悲観論を裏付け、ロシア国籍の住民が大量に逮捕される予定になっていることを示唆した。トロツキーはこの報せを平然と聞いた。「では国を離れろと奨めますか？」

「その通り。早いほどいい」

「なるほど。では明日に家族をつれてスイスに行きましょう」

「ふむ！……私としては今日出発していただいたほうがいい」(1)

紳士然としたガイアーは、ウィーンの刑務所を外国人だらけにしたくはなかった。トロツキーはニコライ二世の敵として知られていたので、オーストリア当局の不穏外国人一覧には名を連ねていなかった。トロツキーに対する何かの措置が取られる前に彼が姿を消してくれれば、万人にとって都合がいい。トロツキーは慌てて家に帰り一家に話をした。スーツケースが押し入れから引っ張り出され、服や政治ファイルが慌てて詰め込まれた。パニックはなかった。トロツキーとナターリャは実務的で秩序だった人びとであり、突然の緊急事態にも備えておくべきだという想定で暮らしていたのだ。午後六時四〇分には、オーストリアを発って中立国スイスに向かう列車に乗っていた。(2)

まずはチューリッヒに向かった。ここにはロシア人マルクス主義者の大きなコミュニティがあり、トロツキーは他の古参同志と顔をあわせた。彼は革命活動実務の固定した拠点を失っていた。『プラウダ』はもはやなく、支援者チームも崩壊し、金銭状況はとても当てにできるものではなかった。最悪なのは第二インターナショナルに参加した各国の党が戦争に対して示した反応だった。インターナショナル内部での敵対行動の発生を阻止するため、政府が戦争を始めたら、自国政府に対する支援を控えるとみんな誓っていた。だがトロツキーが歯がみしたことに、この約束は放棄された。ドイツ、フランス、イギリスでは、主要社会主義政党の中で台頭した指導部は、みんな自国の軍事行動を支持した。例外はロシアとブルガリアだった。だがこの両国ですら、愛国行動に出た社会主義者は多かった。最も有名なのがゲオルギー・プレハーノフだった。グリゴーリー・アレクシンスキーのようなボリシェヴィキですら、ドイツはロシア人民の敵であり打倒すべきだと宣言した。ロシア帝国からの社会主義亡命者たちは、ニコライ二世が大嫌いだったが、フランス軍に群れをなして志願した。第二インターナショナルはもはや死んだも同然だった。ドイツ社会民主党は、国がフランス、ロシア、イギリスに支配される危険がなくなるまでは革命活動を延期することにした。フランス社会党は、ドイツ人による支配を防ごうとする政府の味方についていた。

トロツキーのような反戦社会主義者たちは、第二インターナショナルで合意された約束を反故にした政党に怒っていた。トロツキー自身にとっては、ヨーロッパでの戦争勃発はちょっとだけ溜飲の下がることだった。別に軍事戦略について言いたいことはなかった。個別の為政者や議会や司令部についても、ほとんど何の興味もなかった。だが戦闘で革命の見込みは高まると思ったのだ。この「帝国主義戦争」が世界資本主義の断末魔だとトロツキーは確信していた。ヨーロッパの大規模な軍事紛争は、あらゆる交戦国の政治的現状を混乱させることになる。社会主義は戦争の灰の中から人類の救世主として台頭するのだ。

こうした気運の中で、トロツキーはチューリッヒ路上でヘルマン・モルケンブールに出くわした。モルケンブールはドイツ社会民主党代表として訪れており、戦争をめぐる政策について調査していた。トロツキーは今後の見通しについての考えを尋ねた。するとこんな返事がきた。「ドイツ軍はあと二ヶ月でフランスを始末して、それから東に進軍してロシア軍を始末する。そして三ヶ月以内に――最大でも四ヶ月で――ヨーロッパにしっかりと平和をもたらす」。モルケンブールは、トロツキーの終末論的な予想を「ユートピア主義者」の戯言と考えた(3)。だがトロツキーはひるまなかった。一九〇五年に、ラウハというペンションに隠れていたのが、翌日にはサンクトペテルブルグの工業大学で、ソヴィエトの仕事を主導するようになっていたのを忘れてはいなかった。こうした状況の激変は、絶対にまた起こると思ったのだ。もちろんスイスは中立国のままだった。その軍は自国国境を守るためだけに存在しており、通常行われる軍事活動はできない。でもスイス政府は軍事紛争に巻き込まれないようにするつもりだった。政府の主な議論は、ジャガイモの余剰と悪化するチーズ不足だった(4)。

急進左派の他の人びとと同様に、トロツキーはスイスでの社会主義革命の可能性を否定はしなかった。だが反戦運動を慎重に値踏みした結果、自分にとってはフランスのほうが都合がいいと決めた――それにどのみち『キエフスカヤ・ムィスリ』は、フランスで戦争特派員をやってくれと依頼していた。そこで一九一四年十一月十九日にパリに旅をした。そこでは活発なロシア人マルクス主義集団が活動していた。その中にはアナトーリー・ルナチャルスキーやユーリー・マルトフもいた。(5) トロツキーは彼らの新聞『ゴーロス（声）』に協力しようと狙い、ユーリー・マルトフやアレクサンドラ・コロンタイ、アンジェリカ・バラバーノヴァを含む他の反戦マルクス主義者たちとともに、寄稿者に名を連ねた。旧友アクセリロートはスイスから寄稿していたが、彼も名を連ねていた。(6) 家庭回りのことはナターリャに任せた。お金がないとナターリャから手紙がくると、トロツキーはアクセリロートに連絡して短期融資を得るのを手助けしてもらった。また『キエフスカヤ・ムィスリ』に電報をうち、彼女に小切手を送らせた。(7) トロツキー一家の銀行口座にお金がなかったわけではないが、パリからの送金がむずかしくなっていたのだ。(8)

『ゴーロス』は間もなく『ナーシェ・スローヴォ（我らの言葉）』に改名し、トロツキーはその編集委員会に参加したいと名乗り出た。この申し出で議論が生じた。編集者たちはトロツキーが何でも仕切りたがるのを知っていたし、作業の雰囲気が乱されるかもしれないという懸念を抱いた。でも筆致の華やかさの点で彼の右に出る者はなく、マルトフからレーニンまであらゆる反戦マルクス主義者と共同作業をおこなう決意があるのは認められた。だから拒絶するのはほぼ無理だった。(9) とはいえ、マルトフはこれにいい顔をしなかった。トロツキーは委員会に参加したとたん、プレハーノフやその他ロシア参戦を支持した人びとと決然と袂を分かつのをマルトフがためらっていることについて議論すべきだと固執した。『ナーシェ・スローヴォ』での委員会は、怒号飛び交う場となった。(10) マルトフは気質的に組織の分裂が嫌いだったし、そもそもトロツキーが一九一四年以前に推奨していた広範な組織的寛容性の道を歩んでいたのだった。トロツキーはもはや、組織に人びとを広く含める必要があるという議論を認めなかった。大戦こそが党全体にとって新しい根本問題だったのだ。マルトフは古いマルクス主義政治にこだわっていたが、トロツキーは新しいアプローチを提唱した。トロツキーからみると、ロシア帝国の愛国的な防衛を支持する者は誰であれ、プロレタリアの大義に対する真っ向からの敵として扱われるべきなのだった。

プレハーノフとの論争は初めてだったが、いまやプレハーノフのことは徹底的に軽蔑するようになっていた。[11] 仮にも党の大統一者とされるトロツキーは、これまで党の創設者の罵倒はできる限り控えてきた。彼は派閥抗争が嫌いだったし、レーニンとの一九〇三年からの定期的な論争は例外的なものだった。同様に、戦前に解党派を批判したやり方は、党内部の意見相違を解決する通常のやり方ではなかった。だが一九一四年には、戦争をめぐる政策についてプレハーノフと反目した。プレハーノフは帝国の帝政は支援しなかったが、ロシアがドイツを撃破してほしいとは思っていた。もし中央同盟が勝ったら、ヨーロッパはドイツに踏みにじられると予想していたのだ。だからロシア政府の軍事行動に一票を投じるのを承認した。トロツキーはプレハーノフを裏切り者と糾弾した。彼にいわせると、プレハーノフは狂信的愛国主義者の最悪のものとなり、もはや同志として見るに値しないというのだ。トロツキーはずっと、アレクサンドル・ポートレソフと解党派を軽蔑してきた。そして解党派のほとんどが「社会愛国主義者」になったのも意外でもなんでもないと考え、しょっちゅう彼らを糾弾するのだった。またウィーンの『プラウダ』編集長に据えてくれたマリアン・メレネフスキーとは決定的に袂をわかった。一九一五年にメレネフスキーはウクライナ解放同盟の主導者となり、マルクス主義者から民族主義者に転身した。トロツキーは彼を糾弾した。メレネフスキーもやりかえした。[12]

戦時政治のおかげで、ロシア社会民主労働党の統一性が重要だというトロツキーの想定は砕け散った。ニコライ二世政府の戦時公債に賛成投票するのを大目に見た党指導者には、誰であれ激怒した。それが彼にとっての主要な戦略的判断基準となった。ボリシェヴィキのうち愛国者になった者たちは、通常は派閥への忠誠を捨てたが、他の党内集団は政策的な意見の不一致により分裂していた。トロツキーの目から見てプレハーノフの著作よりはるかに深刻なのは、『ナーシャ・ザリャー』の採用した編集方針だった。これはメンシェヴィキの新聞だが、中立性をすべて捨て、民主的な連合国が専制的な中央同盟に勝つことが望ましいという路線を採用したのだった。トロツキーは激怒した。この戦争が「政治形態の争い」ではないことを、編集者たちはなぜわからないのか？　民主主義など何の関係もない。交戦する二つの連合は、実は市場や領土や世界支配をめぐって戦っているのだ。『ナーシャ・ザリャー』が何もかもドイツ貴族階級のせいにするのはナンセンスだとトロツキーは述べた。(13) 同時に、彼はロシアの軍事的敗北を願うというレーニンによる政治キャンペーンの提案には従えなかった。戦争反対のボリシェヴィキの多くですら、こんな狂信的な広告は意味がないと考えた。トロツキーと同じく彼らも、あらゆる参戦国をまとめて同時に批判すべきだと訴えた。トロツキーは国際主義者だというのが誇りだった。彼にとって、レーニンの手管は民族主義の裏返しのように思えた。そこでこの問題について公開書簡を書いたが、『ナーシェ・スローヴォ』はそれを掲載しなかった——あるいは何か秘密の理由があって、トロツキー自身がそれを引っ込めたのかも知れない。(14)

いずれにしても、ナターリャと息子たちは一九一五年五月にパリに到着した。戦争があろうとなかろうと、いつもの休暇は取る。イタリアの画家レネ・パレスとそのロシア人の妻エラ・クリャチコが、パリ南西セーヴルにある別荘を貸そうというので、一家はそれに飛びついた。パレスとクリャチコは戦争から逃れるためスイスにでかけていた。(15) だがトロツキーはなるべく戦争に近いところにいたかった。革命がいつ起こるかもしれないと思っていたからだ——そして彼は、連合国にとって軍事的な困難が起きたら、政治的爆発のための好機が絶対確実にもたらされると考えた。息子たちは別荘近くの学校に通い、そこで夏休みが始まった。ロシア語とウィーン訛りのドイツ語をしゃべって育てられた二人は、こんどは一からフランス語を学ばねばならなかった。[16] フランスにいるトロツキーの政治的シンパは、一家が落ち着くのを助けた。二人の知人のフランス人労働者は、キキという名のアルザス犬をくれた。八歳のセルゲイは犬に夢中になり、まるで人間のような扱いをした。母親に、歯ブラシとハンカチを犬にもあげて、キキが身ぎれいにできるようにしてくれと頼んだ。そして犬がなぜしゃべれなかったのか理解できなかった。[17] トロツキー家は、オーストリアやスイスではペットを飼ったことがなかったので、セルゲイの無知も仕方ないかもしれない。だがひょっとしたら、きわめて政治的な両親から放置されすぎていたために、いっしょにいてくれる「人物」を発明したのかもしれない。

　夏が終わるとトロツキー家はパリに引っ越し、モンスーリ公園近くのアミラル＝ムーシェ街にあるアパートに落ち着いた。[18] リョーヴァとセルゲイがロシア語を続け、ブランキ大通りのロシア学校に通うというのは、トロツキー一家にとって栄誉に関わることだった。いつもながら世帯の切り盛りをしたのはナターリャで、トロツキーは仕事に没頭していた。とにかく書き続けた。かなりの編集もした。演説をして支持者を募った。書評家としての活動も続けた。いつも活動的だったが、医者ですら正体のわからない熱に冒され、ナターリャがそれをずっと看病することになった。[19] 健康だろうと病気だろうと、彼は予定を厳密に守った。マルトフのように、カフェ・ロトンドでおしゃべりして時間を潰したりはしなかった。毎朝十一時には新聞のオフィスに出かけ、そこで次号について議論した。[20] 印刷室のインキの匂いが大好きだった。そして刷り上がったばかりでまだ熱く湿った新聞のページをめくるのが大好きだった。[21] 息子二人はやっとトロツキーのお使いができるくらいの歳になっており、『ナーシェ・スローヴォ』事務所に父親の原稿を届けるのが大好きだった。セルゲイは道で二〇フラン拾い、それを新聞に寄付した。(22) 家族生活からの影響で、少年たちは政治化していた(これはリョーヴァにはその後ずっと影響したがセルゲイはちがった)。(23)

印刷所の労働者の一人、インベルなる人物はセルゲイと仲良くなろうとしたが、誰かがバカげたことを言っていると思ったときにこの少年がすさまじくつっけんどんになるのでびっくりした。ナターリャは、今後はもっと如才なくふるまわなくてはならないと説教した。(24) もちろんセルゲイは、一家の別の人物が、愚かさに対してすぐ苛立つのを見てきたのだった。

トロツキーもその妻も、パリではつつましく暮らしたと主張することになる。でもそれを裏付けるものはない。一九一四年には『キエフスカヤ・ムィスリ』に長い記事を六本おくった。それがあまりに大好評だったので、同紙は一九一五年から一六年にかけてトロツキーを雇い続けた。そしてフランスとロシアは戦争で同盟関係にあったから、原稿料はほぼ確実にパリの銀行口座にすぐに入金された。戦時中のフランスで、トロツキー一家は貧窮してはいなかった。『キエフスカヤ・ムィスリ』はリベラル派の新聞で、貴重な収入をもたらしてくれたが、彼は社会主義の新聞に書く方が好きだった。それどころか、いつも反戦社会主義の立場を取る新聞に記事を掲載したいと願っていた。だが戦争について決まった立場を持たない左派新聞にも喜んで記事を書いた。その中にはニューヨークの『ノーヴィ・ミール(新世界)』もあり、これはロシア人亡命者たちに広く読まれていた。トロツキーは戦時中も大西洋を越えて記事を同紙に送り続け、ロシア、フランス、イギリスの帝国主義に関する警告を控えようとはしなかった。(25) ニコラーエフ以来のトロツキーの古い同志ジフは、亡命してニューヨークで医師を開業していたが、反戦キャンペーンとアメリカの参戦反対キャンペーンを支持した。そしてトロツキーに幸運を祈ると返事を書いている。(26)

同盟国政府や司令官たちは、戦闘について書かれたこれらのニュースが出るやいなや検閲した。そしてトロツキーが大戦中に、前線には一切近づかないのも明らかだった。それでも彼は、パリの街頭で見かけた傷病者や寡婦たちについて鋭い観察を報告した。悲劇をちょっと目撃するだけで、金銭的な利益追求のために軍事紛争を始めた「帝国主義者」や「資本家たち」糾弾のタペストリーを編み上げることができたのだった。トロツキーは、自分が記述して分析したい現実を視覚化するのが重要だと強く感じていた。大戦のひどさを活写すれば、読者も自分の政治的な提言にもっと同意してくれるだろうと理解していたのだ。パリとキエフの新聞それぞれへの記事の表現については慎重さが必要だった。フランスやロシアの戦時検閲を通らないとわかっているようなものを書いても意味はない。合法刊行物のための記事は、ぎりぎり刊行可能なものばかりだった。

プレハーノフは、『ナーシェ・スローヴォ』と『キエフスカヤ・ムィスリ』に矛盾するメッセージを掲載したといってトロツキーを糾弾した。トロツキーは正当にも、自分は基本的な思想が去勢されるのを許したことはないとやりかえした。[27] 時にはトロツキーの文章は検閲官の目に余るものとなり、『ナーシェ・スローヴォ』には白抜き部分が登場した。だが通常は発言を抑えたり、間接的にしたりして論文を刊行できるようにした。[28] これはいたちごっこではあった。当然ながらパリ駐在のロシア大使は、トロツキーらロシアからの反戦革命家たちが連合国の愛国心を否定しているとこぼした。

フランスとロシア帝国の双方から、反戦社会主義インターナショナリストたちがフランス首都のジュマペ通りに議論のため結集した。トロツキーは常連だった。彼を『ナーシェ・スローヴォ』で助けた一人のウラジーミル・アントーノフ゠オフセエンコは、編集作業にかかりきりであまり顔を出さなかった。ナターリャは家に残って子どもたちの面倒を見た。[29] トロツキーの到着まで、議論の核となったのはマルトフだった。みんな、マルトフがきわめて知的で献身的だと合意していた。トロツキーのおかげで、マルトフは日陰に退いた。押しが強くてウィットに富んだトロツキーは、マルトフが経験したような知的な疑念や同志精神からくる禁忌などで身動きが取れなくなることはなかった。トロツキーはマルトフが好きだったが、革命党の構築と革命任務の命令に必要な活力がないとずっと昔に結論していた。だが二人の合意事項もたくさんあった。戦争は資本主義と帝国主義の競合の結果であり、ヨーロッパに社会主義政府が樹立されない限り終わらない。第二インターナショナルの最大の部分は、どうしようもなく信用を失墜させていた。ジュマペ通りに集まったロシアやフランスの闘士たちにとって、戦争に反対する社会主義集団の国際同盟を作るのが仕事となった。国の出自を問わず、集団や組織をまとめあげなければならない。大戦は終わらせなくてはならない。ヨーロッパは社会主義の時代の創始をひどく必要としている、と彼らは考えたのだった。

第15章 革命の設計

大戦中にはトロツキスト集団など生まれなかったし、トロツキーもそんなものを作ろうとはしなかった。この点で彼は他のロシア社会民主労働党指導者たちとはちがっていたが、その差をあまり過大視するべきではないだろう。レーニン派の数も減った。特にレーニンがロシアの軍事的敗退を呼びかけてからはなおさらだった。マルトフ派も話題に上らなくなった。そしてプレハーノフ派は相変わらず存在したが、少数で組織力も弱かった。だが党の指導層の中で、トロツキーほどの一匹狼はいなかった。

同時に彼は、ヨーロッパの反戦社会主義者をまとめあげるのに専念していた。戦闘のため、ヨーロッパのほとんどの国は準備会合を開催できなかった。可能性がある主要国は、中立を保っているスイス、スカンジナビア、オランダだ。スイスの社会民主党指導者で平和主義者のロベルト・グリムは、会議組織が自分の政治的、道徳的な義務だと考えた。トロツキーは一九一四年十二月にこの噂を聞いて、それが本当かどうかアクセリロートに手紙で問い合わせた。(1) 本当だと言われたトロツキーは飛びつくように参加した。グリムの出した参加条件は、中央同盟や連合国との関係においてベルン当局の体面を潰すようなことはしない、というものだった。招待状は、イギリス、フランス、ロシア、オーストリア、ドイツに同時に出された。だが参戦国がこれを知って、自国民の参加を禁止したことで問題が起きた――そしてスイスに来た参加者たちは、帰国できるか確信が持てなかった。収監されたために来られない人もいた。たとえばドイツのローザ・ルクセンブルクやカール・リープクネヒトがそうだ。そしてスイスに来たドイツ人十人のうち、ヴィルヘルム二世の政府が要求した戦時公債に反対投票をした人物はたった一人――ユリアン・ボルハルトだけだった。こうした公債がなければ戦争は戦えなかっただろう。

招待客がベルンより高い山村ツィンメルヴァルトに集まると、グリムはまたもやショックを受けることになる。彼は仲間意識の高い雰囲気を期待していたのに、ヨーロッパの社会主義急進派の派閥性をもろに体験してしまったのだ。レーニンはいつもの小細工に乗り出し、自分の敵対派閥の綱領を攻撃した。グリムはすぐに混乱しきってしまった。[2]レーニン派の小細工にブレーキをかけられるとすれば、トロツキーだけだった。『ナーシェ・スローヴォ』共同編集者として、彼は名声を楽しんでいた。レーニンもそう思い、ボリシェヴィキの策謀に対する反対派を集めかねない敵としてマークした。そして、当時ボリシェヴィキの仲間の中で一番親密だったグリゴーリー・ジノヴィエフに対し、協議の中でトロツキーに対する妥協は最小限にするよう指示した。[3]レーニンとジノヴィエフは、なるべく会議の参加者を限定しようとした。できれば、革命による権力奪取を無条件で狙う反戦論者たちだけと交渉したいと思っていたのだ。トロツキーは暴力革命という目標はボリシェヴィキと共有していたが、大会が始まる前から崩壊するのは見たくなかった。なんとかしてヨーロッパの反戦社会主義者の連合合意をとりつけなければならなかったし、レーニンの分裂主義は抑える必要があった。

トロツキーは一九一五年九月五日の会合開会日について、印象的な描写をしている。

代議員たちは駅馬車四台に詰め込まれて山上を目指した。通りすがりの人びとは、この異様な集団を好奇心いっぱいで眺めた。代議員たち自身は、第一インターナショナル創設から半世紀たったのに、いまだにあらゆるインターナショナリストたちを馬車四台に詰め込めると冗談を飛ばした。だがこの冗談には懐疑論はまったくなかった。歴史の糸はしばしば途切れる。だからいずれ新しい結び目を結ぶ必要がある。我々がツィンメルヴァルトでやるのもこれだった。(4)

つまり彼は、スイスでの小さな会合が、マルクスとエンゲルスの創設した信念や実践を回復しようとしているのだと主張したのだった。

後にはロベルト・グリムが十月革命に対して批判的なので毛嫌いするようになったとはいえ、当時の彼はグリムに感謝して敬意も抱いていた。グリムがいなければ、会合はなかっただろう——大戦の両側の国々からきた社会主義者がそこに参加することもあり得なかった。ロシア社会民主労働党は、反戦派の指導者たちが同じ部屋で顔を合わせることさえ耐えられないほど仲が悪いという単純な理由で、こんな会議は開けなかっただろうし、ましてヨーロッパの急進社会主義グループ指導層を協議の場に集めることなど不可能だった。ツィンメルヴァルト会議の参加者たちは実に多様だった。ほとんどは第二インターナショナルの伝統に忠実で、軍国主義を糾弾していた。全面的な平和主義者もいたし、また原理的に反戦論者ではないが、想像しうるあらゆる戦争に対しては支持を控えるという人びともいた。これはトロツキーやその社会主義仲間についてはまったく当てはまらなかった。彼らは社会主義を武力で広める可能性を絶対に否定しなかった。一九一五年にそれを宣言しなかったのは、目先の狙いが中央同盟と連合国の戦闘継続能力を潰すことだったからだ。

会議が進行するにつれ、レーニンはカール・ラデックと徒党を組んだ。両者はその支持者とともに、後にツィンメルヴァルト左派と呼ばれるようになったものの中核となった。彼らは会議をゴリ押しして、階級闘争や権力の暴力的奪取、社会主義革命についての態度を強化させようとした。監獄のカール・リープクネヒトからの手紙が届き、参戦国内での内戦の必要性が強調された。これでレーニンとラデックの士気は高まった。会議を支配できないにしても、急進主義の方向に誘導できそうだったからだ。左派は、あらゆる集団をこの会議でまとめあげようとするグリムの努力に対抗し、独自の宣言を用意した。(5) トロツキーはその内容をほとんどの面で支持し、ラデックともよく話し合った。ラデックは戦時中にもしばしばやりとりがあったのだ(6)（両者はあまり友人といえる相手を持ったことがない人物だったことを考えれば、二人は友人だったとすら言える）。多くの人はトロツキーの戦争糾弾に感動してトロツキーが平和主義者だと思っていたが、実は平和主義を名乗ったことは一度もない。レーニンやラデックと同じく、持続的な平和の唯一の道は社会主義革命だと主張したが、でもみんなは平和への呼びかけだけに注目しがちなのだった。

ラデックの説得にもかかわらず、トロツキーは左派宣言などの文書には署名しなかった。レーニンに接近するのを嫌い、会議の他の参加者に、独自の左派宣言を作ろうと持ちかけた。このときジノヴィエフは、珍しくレーニンに背を向け、トロツキーを個人的に賞賛して、左派のほうに「小さな一歩」を踏み出していることに喜びを表明した。(7) だが特に成果はあがらず、レーニンは旧敵の隣に座る必要はなくなった。レーニンは、ヨーロッパにおける平和運動とトロツキーが戯れているのを批判した。トロツキーはといえば、ツィンメルヴァルト左派がマルクス主義者以外の反戦論者に訴えかけないのは愚かだと固執していた。また、欠席したカウツキーをボリシェヴィキが罵倒するのを批判した。そんなのはレーニンのこだわりでしかない、と言うのだ。カウツキーがドイツ政府への戦時公債に賛成投票したことで自分の党を糾弾しなかったという当初の失敗はそろそろ忘れるべきだ。事態は変わった。カウツキーはいまや声高に戦争と党の指導部を非難していた（そして一九一七年にはドイツに独立社会民主党を設立することになる)。最終的には、トロツキーとオランダの急進社会主義者ヘンリエッタ・ロランド＝ホルストだけで独自の宣言が起草されることになる。(8)

どのみち、グリムたちの宣言が楽々と多数派となった。だがレーニン、ラデック、トロツキーは団結してその書きぶりを先鋭化させ、出席者全員に受け入れられやすくした。結果として公式宣言は無骨に「妥協なきプロレタリア階級闘争」を呼びかけるものとなった。(9)

ツィンメルヴァルト大会は九月八日に終わり、トロツキーは私的な仲間はほとんどできなかったものの、急進左派の間では評価が高まった。会議の他の全員を糾弾してばかりいたわけではなかったし、基本的な狙いのためにできるだけ多くの支持者を集めようとしていた。恨まれるようなこともしなかった。この時点では、どんな形であれレーニンと比較されるのはトロツキーにとって好都合だった。ヨーロッパで革命が起きたら、反戦急進社会主義者たちは団結せざるを得ない——そしてレーニンの高圧主義ではまとまるものもまとまらない。トロツキーは一九〇五年にリーダーシップの実務能力を証明してみせた。そしてそれを、ロシアでも、さらにある程度はフランスですら繰り返してみせた。派閥的な帰属がないので、他にはない落ち着きと自信をもって機会をうかがえた。ツィンメルヴァルトで自分が国際社会主義平和委員会に選出されなくても、まったく気にしなかった。実は、ロシア社会民主労働党からは誰もこの委員会に参加していない。ロシアのどれか一つの派閥が他より優先されたら、果てしないいがみ合いの種となるので、いっそ誰も入れないほうがよかろうと思われたのだった。どのみち国際社会主義平和委員会は、何ら指示を出す権限を持っていなかった。

ツィンメルヴァルト会議はフランスでは報道が禁じられていた。だが検閲はフランス語の刊行物だけに専念していた。オフラーナががっかりしたことに、『ナーシェ・スローヴォ』に載ったトロツキーによる議事報告は網の目をすりぬけ、ロシアの警察諜報員はペトログラードに対してトロツキーが「親独キャンペーン」をおこなっていると報告した——彼らから見れば、ニコライ二世とその軍を攻撃している者は誰であれ、中央同盟の片棒かつぎなのだった[10]（ロシアの首都はペトログラードと改名していた。サンクトペテルブルグという名前は、ドイツとの戦争中にはあまりにチュートン的と思われたからだ）。亡命革命家コミュニティでは、スイスで何が起きたか噂が広まった。ツィンメルヴァルト派たち（会議参加者はそう自称した）は「参戦国において戦争人気に新たなひびや穴が生じるだろうという新たな希望」を抱いて会場を離れた。

ほとんどの社会主義者にとって、大戦後に旧世界が何も変わらないなどということは考えられなかった。混乱と悲惨は避けられないと思われた。参戦国の野望はかつてないほど巨大だった。中央同盟は、制圧した国々に植民地支配的な手法を適用しているといって連合国に罵倒された。ベルギーでは虐殺が起きた。だが連合国のほうも、ドイツとオーストリアで似たような批判にさらされた。ドイツとオーストリアの野心に対する嫌悪は実に強く、英仏当局はロシア帝国——政治的反動の権化——の勢力が東欧で拡大するのを容認したほどだった。戦争の目的は、戦闘が続くにつれて絶えず改訂され続けた。戦争の結果次第で世界中に影響が出る。ドイツが負ければ、かなりの代償を余儀なくされるだろう。ヴィルヘルム二世とその「フン族じみた」大臣たちは、連合国の新聞で絶えず悪鬼扱いされた。ドイツ国家は、負ければまちがいなく自国や外縁部の帝国で領土を失うことになる。またオーストリア＝ハンガリー帝国も不人気で、ハプスブルク家の支配地を民族国家に切り分ける計画が進行中だった。だが、連合国が中央同盟に負けたらどうなる？　イギリス、フランス、オランダの植民地が無事にすむはずはなかった。反戦社会主義者たちは、どちらが勝っても戦勝国側がすさまじい再編を要求するのは当然だと思っていた。併合が行われ、賠償金が要求される。

こうした結果が長続きするとは考えにくかった。レーニンはさらなる世界戦争が不可避だと述べたが、彼は平和を懇願する急進派社会主義者の中で、最も人気の高い人物とはとうてい言えない存在だった。これはまあ仕方ないことだ。彼のスローガンは、現在の「帝国主義戦争」に続いて「ヨーロッパ内戦」を呼びかけるものだったからだ。(11) トロツキーやマルトフはもとより、多くのレーニン派にとっても、レーニンは政治的な現実を見失っているように思えた。交戦国の労働者階級がもっと悲惨でない見通しを与えられない限り、ツィンメルヴァルト主義は絶望的に思えたのだった。そして、たった一、二年ではなくもっと永続的な見通しを十分に持つような講和条約を本気で考える時期がとっくにきているのだと信じていたのだった。

トロツキーはすばやく自分の考えをまとめあげ、そしていつもながら、その後はほとんど手を加えなかった。彼は考え直したりして時間を無駄にするのが大嫌いだった。よほど激しく状況が変わらないと再考したりはしない。一九〇五年には労働者政府について独自の考えを提出した。いったんそれを記述して支持論を述べたら、もうそれでやることは十分にやったと考えたのだった。これは他の主導的なロシアマルクス主義指導者たちとは好対照だ。彼らは自分たちの政策提言をいつまでも修正改良しつづけるのが常だった。大戦でも話は同じだった。トロツキーは即座に自分の狙いをうちだした。新しいスローガンは「ヨーロッパ合衆国」だった。彼は世界情勢の新しい特徴に専念した。スイスやアメリカの連邦憲法には感嘆し、社会主義者も資本主義の成果に学ぶべきだと書いた。ハンガリーは火種なのに、いまだにそれが十分認識されていない。イタリアとブルガリア、およびセルビアとハンガリーも領土拡張の野心を見せている。これを解決するには社会主義と平和と連邦制を混ぜることだ。各国はこの連邦に所属し「民主主義原理に基づく連邦的自治」を享受するのだという。(12)

特に、バルカン半島に連邦制を導入しようという提案が行われた。セルビアが独立を続ければ、他のヨーロッパ諸国に騒乱をもたらし続けるとトロツキーは宣言した。でも連邦にすれば、地域全体を急激に工業化できる[13]。社会主義の蜂起なしには、どんな解決策も不可能だ、と彼は主張した——そしてヨーロッパ合衆国はプロレタリア独裁にならねばならない。当初、レーニンも同じ発想を弄んでいたが、後にそれを捨てた。おそらく左派のトロツキーやルクセンブルクなどとのちがいを強調したかったのだろう。トロツキーにとって、これまたレーニンの日和見主義とセクト主義の証拠であり、革命指導者としての成功に不可欠な視野を持たないエゴイストぶりのしるしだった。

トロツキーのペンからは論文が流れ出し、資本主義は根っから腐っていて本質的に軍事的なのだと証明しようとした。ヨーロッパの地図が国民国家だらけであるうちは平和などあり得ない。戦争は大陸の端から端へと何度も起こるだろう[14]。軍が戦っているのは、その国民が帝国の資本主義的な支配を握るためだ。公式の場で言われる名誉や自由など、ただのレトリックにすぎない。資本主義は、世界の大きな領土がすべて帝国主義支配にさらされる段階にまで到達している。戦争は、植民地領土を獲得し市場拡大するための手段なのだ。トロツキーは実証的な情報に基づく詳細な経済議論を構築したりはしなかった。そんな作業はレーニンやラデック、ルクセンブルク、ピョートル・マスロフに任せておいた。分析的な枠組みだけ構築したら、あとはそれに従って日々の論評を書くだけだった。相変わらず『キエフスカヤ・ムィスリ』には執筆を続けていた。戦争が西側連合国に及ぼしている陰惨な影響の報告は控えめにする必要があった。ある記事では、一九一四年以来未亡人になったフランス女性の数を扱った。トロツキーは、パリでは喪服の黒がファッションになり、ハイクチュールの華やかさに置き換わったと述べている[15]。またモナコのカジノについても書いた。彼は国中を旅するだけの資金はあり、フランスの中上流階級における退廃と私欲追求を描くにあたり、皮肉を手控えたりはしていない[16]。

彼はまた、露骨に政治的な文書を公開報告の中にまぎれこませた。たとえばあるとき、彼はフランス社会党とドイツ社会民主党を比較し、どちらも開戦以来政府を公式に支持してきたことを指摘した。ある面で、両者の立場は異なっていた。ドイツ社会民主党の議員は、戦時議会には一人もいなかったが、フランス社会党はその代表格であるジュール・ゲード、マルセル・サンバ、アルベール・トマを大臣として政府に送り込んでいた。トロツキーは、ドイツ社会民主党がドイツの支配階級からきっちり独立しているとはいえず、「帝国主義」体制に荷担していると強調した。だが悲観論には陥らなかった。牢内のカール・リープクネヒトの影響を強調はしなかったが、だんだんその立場に賛成する人が増えてきたと述べている。(17) これはトロツキーなりに、西欧や中欧の社会主義者たちが、政府や人民の間で戦争支持のコンセンサスを疑問視できるのだというニュースを読者に伝えようとしているのだ。また、ヴィルヘルム・リープクネヒト(カールの父親)、アウグスト・ベーベル、ジャン・ジョレス、エドゥアール・ヴァイヨンなど、軍国主義に反対した第二インターナショナル指導者たちの思い出を賞賛した。そこにこめられた反戦メッセージは明らかだ。(18)

一九一六年四月末の、ヨーロッパ反戦社会主義者による第二回国際会議には危険すぎて参加できないとトロツキーは考えた。この会議はツィンメルヴァルトの第一回会議と同じく、ベルンの山地で開催された。今回の会場はキーンタール村だった。『ナーシェ・スローヴォ』のような新聞に対する一般の批判は高まっており、これに出席したらトロツキーはフランスに再入国できなかったかもしれないのだ。

当時は出席できないことにかなり苛立ってはいたものの、フランスに留まるという決断は後のキャリアにとって有益となる。キーンタール会議での論争はツィンメルヴァルトでのものよりさらに熾烈だった。またもや分裂を煽ったのはレーニンだった。トロツキーが出席していたら、両者はまちがいなく衝突していただろう。そうなったらトロツキーの回想記でも触れないわけにはいかなかったはずだ。でも傍観者だった彼は、こんな風に書けた。「ツィンメルヴァルトで私とレーニンとを隔てていた、基本的にあまり重要でない意見の相違は、その後数ヶ月でないも同然となった」[19]。その頃には、ドイツの社会民主党ははっきりと分裂が生じていた。カール・カウツキーとフーゴ・ハーゼは、当初戦争を支持するという党の公式方針に対する反対運動を展開していた。だがレーニンは、国の戦争に反対しなかったことでカウツキーを非難し続けた。レーニンは革命的目標への揺るがぬ服従を要求しており、カウツキーとハーゼはこの要件を満たしていなかった。ジノヴィエフは、ロシアの戦争を支持するペトログラードのメンシェヴィキを代表しているというマルトフとアクセリロートを攻撃し、議事を紛糾させた。怒りに満ちた応酬が展開された。レーニンは戦争を終わらせようとする「ブルジョワ平和主義」的企みを糾弾したが、その標的にマルトフが含まれているのは周知のことだった。キーンタール会議は、ロベルト・グリムにとっては最初から終わりまで苦痛でしかなかった。そしてレーニンとその仲間カール・ラデックが少数派だったことで、議事はかろうじて急進左派に乗っ取られずにすんだのだった[20]。

実は欠席したトロツキーも、マルトフの行動を糾弾する点ではレーニンに負けていなかった。ペトログラードのメンシェヴィキはどう考えてもキーンタールに代議員を送れる立場にはなかった。『ナーシェ・スローヴォ』におけるトロツキーとマルトフの関係も悪化を続けた。一九一四年におけるマルトフの最悪の恐れが裏付けられたのだった。つまり、トロツキーはレーニンのような策謀家ではなかったものの、彼がいることで編集委員会の全員が派閥的な糾弾を背負いこまねばならなくなったのだ。

一方、トロツキーはロシアの党との組織的なつながりはなかった――ロシア情勢についての知識はすべてヨーロッパの新聞から得たものだった。記事は相変わらず『キエフスカヤ・ムィスリ』に掲載され続け、ウクライナからは銀行為替が届き続けた。大戦の軍事的な側面については、かなり散漫な扱いしかしていない。『ナーシェ・スローヴォ』では、常に革命の見通しに専念した。そのジャーナリズムは、フランスにおける生活と労働条件の悪化を述べている。負傷者の状況にも触れた。連合国政府の野心を糾弾し、さらにニコライ二世の大臣たちを嘲笑するのも忘れなかった。はっきりとは言わなかったが、トロツキーは状況がずっと悪くなっているので革命は必ず起きるしかないと想定していた。工場労働者や徴兵された兵たちの苦しみは、まちがいなくいずれ耐えがたくなる。するとプロレタリアがブルジョワジーに対して立ち上がるだろう。彼は信念を保ち、情勢はヨーロッパ社会主義の前進に有利になるつつあるという考えを常に強調し続けた。他の急進左派は士気を失うか興味を失った。レーニンですら、戦争が延々と続くにつれて、自信を失いつつあった[21]。だがトロツキーは岩のように不動だった。今にも革命的変化が起こるという予言を発表し、いまや事象のほうがその予言を実現させる番だと述べたのだった――そしてトロツキー自身も、その変化に一役買うつもりだった。

だが、誰もトロツキーをどう捕らえていいのかはっきりわからなかった。党指導者としては疲れ知らずの統一者であり、誰がロシア社会民主労働党に参加できるかについて細かいことを言い始めたのは、第一次世界大戦直前のことだった。戦時中の業績はジャーナリスト活動に限られていた。この孤高の革命家が、二十世紀世界史の中で最も影響力の強い人物のひとりとして名を残すことになるとは、誰一人として予想できなかった。

第16章 大西洋横断

トロツキーは「ブルジョワジー」の寛容性を不思議なくらい信じており、違法行為さえしなければフランスでは安全だと考えていた。ロシア政府がフランス政府に対し、トロツキーや『ナーシェ・スローヴォ』の友人たちについてどれだけ文句を言っているかを知れば、たぶんもっと不安になったことだろう。パリのロシア大使館は、同紙の発禁とトロツキーの引き渡しを要求した。ロシアは中央同盟との戦争における連合国の一つだった。共同軍事活動を維持したければ、ペトログラードからの請願はそうそう無下にはできなかった。対立が長引くにつれて、フランス政府としてもロシアの戦争活動を積極的に否定する革命家たちをかくまうのは、だんだん気が進まなくなってきたのだった。

一九一六年九月十五日、突然フランス内務省のルイ・マルヴィから命令がきて、『ナーシェ・スローヴォ』は発禁となった。翌日、トロツキーは自分が国外退去となったのを知った(1)。マルヴィは急進党所属で、最近までは戦争反対活動をする人びとの逮捕を却下してきたのだった。この政策変更はトロツキーの記憶に焼き付いた。そして自分を苦しめた連中の命運をその後数年にわたり追い続け、ジョルジュ・クレマンソー首相がマルヴィを間もなく更迭したことを知って大いに満足したのだった。一九一七年に、マルヴィがドイツ政府から秘密資金を受け取っていた新聞に補助金を出していたことがわかった。マルヴィは裁判にかけられ、一九一八年に五年間の国外追放処分となった。トロツキーを追放した当の人物が追放されたわけだ。またパリに住むロシア人革命家たちの報告をマルヴィに提供した警察長官もいる。この人物はシャルル・アドルフ・フォー＝パ・ビデという印象的な名前だった。彼は一九一八年に、両者の役割が逆転したときにトロツキーと接触することになる。その時にはトロツキーは、ソヴィエト政府における軍事人民委員であり、フォー＝パ・ビデはロシアで秘密任務に就いていた。ソヴィエトの公安部隊に捕まったフォー＝パ・ビデはトロツキーの前に引き出されて、弁明をするよう求められた。フォー＝パ・ビデは「あれこれ出来事が続いたわけだよ！」と答えた。(2)

有力なフランス社会主義者たちの陳情で、国外追放の実施は遅れた。トロツキーはマルヴィに抗議したがどうにもならなかった。反戦闘士アルフォンス・メルアイムは、国際関係再開委員会の議場で発言する機会を与えることで支援した。トロツキーは熱っぽい演説をした。第二インターナショナルの国際社会主義事務局書記カミーユ・ユイスマンスによる最近の試みである、戦争の中立国から社会主義者を集めて会議を開こうとする活動を糾弾した。トロツキーは、戦争に批判的なあらゆる社会主義政党や集団の協調を求めた。「ブルジョワ平和主義」の刻印ははねつけなくてはならない。階級闘争は不可欠だ。ツィンメルヴァルト会議とキーンタール会議での決議に従うべきだ。第三インターナショナルを創設しなくてはならない、と彼は主張した。(3)

トロツキーは、なぜ追放されるのかという説明は一度も受けなかったが、いくつかの糾弾が噂にのぼっていた。親独だとされており、確かにマルセイユにおけるロシア人暴動者たちは、『ナーシェ・スローヴォ』を手にしていた。(4) 彼は焦り始めた。最後の手段として、スイスに戻る許可を申請した。そうすればスイスで戦争から逃れようとしたロシア人マルクス主義者たちといっしょにいられるからだ。ベルン当局はロシアとの関係がこれ以上ややこしくなるのをあまり歓迎せず、トロツキーの要請を却下した。マルヴィは苛立ち、スペインに追放するという決定を下した。ウードリー通りのアパートに刑事が二人やってきて、フランス国境まで同行するよう命じた。妻や子どもを伴わずに列車で立ち去れという。刑事二人は個人的な嫌がらせはせず、旅行中もトロツキーとおしゃべりした。二人ともこっそりと動き、スペインの警察に警戒されないようにした。トロツキーをスペイン領に送り込んでからパリに戻れ、というのが任務だった。

トロツキーの一時的な伴侶たちは、任務に成功した。イルンとサン・セバスチャンの間の北部国境を越え、そこにトロツキーを放置したのだった。トロツキーはマドリッドに移動することで目をくらまそうとしたが、警察に気がつかれて、すぐさま退却を命じられた。トロツキーはこれを美文調で回想している。「市民ロマノネスのリベラルなスペイン政府は、セルバンテスの言葉を学ぶ時間を与えてはくれなかった」[5]。彼は狂ったようにパリの友人たちに手紙を送っている。スペイン当局にも訴え出た。スイスからの支援も求めた。どれもうまくいかなかった。スペインもフランスと同様、トロツキーなど願い下げだった。当局は、彼をキューバ行きの船に乗せることも考えた。これはトロツキーのお気に召さなかった。カリブ海の島に住んでいては、通信が遅くなるからだ。ヨーロッパに居場所がないなら、次善の策はアメリカだった。そしてツキがめぐってきたようで、ニューヨークへの上陸には何の反対もないことがわかった。だがナターリャと息子たちはまだパリだ。資金もパリにあるし、スペイン警察は首都からさらに遠い南部のカディスに移動しろと要求する。トロツキーはこの状況をパリの同志たちに報告し、トロツキー一家がバルセロナで落ち合ってから、新世界への旅客船に乗るという計画が立てられた。

スペインの蒸気船モンセラート号は、一九一六年のクリスマスの日（西側の教会暦による）にバルセロナを出港した[6]。トロツキーは、二等船室だったと主張する[7]。これはトロツキーのくだらないウソの一つで、記録を見れば一等船室に乗っていたことがわかる。一家は二等の切符に一七〇〇ペセタ払

っていたが、乗船してみると二等が満室で、追加料金なしで一等船室を与えられたのだった。(8)

トロツキーはそれがかなりのオンボロ船だと思った。(9) だが少なくとも一家はよい船室を与えられ、最下層船室の乗客のような環境に耐える必要はなかった。革命的社会主義者でプロレタリア独裁支持者ではあったが、トロツキーはその「ブルジョワ」的快適性を楽しんだ。一家が甲板で出会った乗客たちはごたまぜだった。多くは単に戦災で荒廃したヨーロッパを離れたかっただけで、おもしろい身の上話が聴けた。フランス最高のビリヤード選手を自称する「凡庸なチェスの差し手」を含む数人はツィンメルヴァルトに興味を持っていた。トロツキーはその理由について見当がついた。この船は「逃亡者たちの蒸気船」なのだった。だから彼らに心を許さず、「こいつらは父祖の地の力に頼って生きるのは大好きだが、それを守るために死ぬ気はないのだ」と嘲笑した。またある旅行者は、砂糖生産についての本を書いているところで、戦闘終結のためにはベルギー分割の合意が必須だと考えていた。トロツキーが会った中で魅力が感じられたのは一人だけだった。ルクセンブルク出身の女中だったが、それ以上は何も書いていない。小馬鹿にできるような小話のネタを提供してくれなかったせいだろうか。(10) 乗客の中にはヨーロッパの反戦社会主義運動に興味を持つ人もいることは書いているが、トロツキーは敢えて彼らに自分の政治思想を納得させようとはしていない。超然と観察するだけだった。

日々のニュースから切り離されて、彼は暇つぶしに日記を書いた。船はスペインの南部沿岸をかすめ、ヴァレンシアとマラガに入港した。そしてジブラルタルの隆起山地を通過してカディスに停泊し、トロツキーは上陸してごく最近追放された町への再訪が許された。それから大洋を越える船旅だ。第一週の天候は季節はずれなほど穏やかで、日差しがまぶしかった。トロツキーは日記を書き進め、セルゲイとリョーヴァはスペイン人船員たちと仲良くなり、間もなくマドリッドの王家を始末するぞと聞かされた。ナターリャによれば、男たちは言語の障壁を乗り越えるため、指をのどで掻き切る仕草

をしてみせ、少年たちはそれで意味がわかったそうだ。(11)

ニューヨークに到着すると、ロシア帝国からの亡命社会主義支持者たちから、英雄並の歓迎を受けた。戦時中はずっと、レフ・ディチとは連絡をとっていた。『ノーヴィ・ミール』で長年執筆してきたので、急進左派関係者では有名人なのだった。(12)でもまず一家は船を下りなければならなかった。乗客たちは船上で衛生検査を受けた。ナターリャはヴェールをかぶっていたので、医療係官はそれを持ち上げるように指示して、トラコーマがないかまぶたを開かせようと手を伸ばした。だが彼女の落ち着き払った威厳に尻込みして、一家はそれ以上の取り調べなしで下船を許された。(13)トロツキーは、インタビューしたがるジャーナリストに取り囲まれた。「警備兵たちの熾烈な訊問を受けたときですら、こうしたプロの専門家たちによる質問の十字砲火の中でほどの冷や汗はかかなかった」。(14)ニューヨークの政治左派は、どこへ行っても大歓迎してくれた。唯一の例外はクーパーユニオンでの集会で、会議場は五分の入りでしかなかった。発言者の言語も様々だったし、主催者は戦争についてのトロツキーの立場を詳しくは知らなかった。だがいったんトロツキーが演壇に上ると、そこにいるのが天才弁士だということは誰の目にも明らかだった。トロツキーとは意見のちがう聴衆でも、その見事なパフォーマンスには見ほれた。(15)

一九〇五年のサンクトペテルブルグ以来、こんな世評の高まりを体験したことはついぞなかった。イディッシュ語の社会主義新聞『フォアヴェルツ(前進)』はトロツキーをインタビューして「同志トロツキーは当分ここに滞在する」、少なくとも終戦までは、と述べた。(16)この新聞は一日二〇万部が売れていたので、トロツキーは自国以外では、少なくともロシア帝国からの亡命者の中では最大級の有名人となったわけだ。同紙の編集者のために、彼は論文を四本書いている。ドイツ政府の諜報員だという糾弾に対する反論として、彼は自分が親独ではないと述べた。トロツキーはアメリカの労働者に――とはいえもちろん、それは『フォアヴェルツ』を読むユダヤ人労働者に限られたが――国際主義の目標のために立ち上がろうと訴えかけた。

　万事快調だったが、そこでアメリカ国務省が、メキシコをアメリカに刃向かわせるよう誘惑するドイツの陰謀を暴いた。ベルリン当局は、メキシコが協力してくれれば、連合国が撃破された暁にはニューメキシコ州すべてとカリフォルニア州の相当部分をメキシコに返還させると約束したのだ。『フォアヴェルツ』とその編集者エイブラハム・ケイハンはアメリカ愛国主義の立場を取り、ドイツ当局の陰謀に対する嫌悪を表明した。トロツキーは、ケイハンが「帝国主義者の戦争」でどちらかに肩入れするのに反対した。ロシアユダヤ系アメリカ社会主義者たちがウッドロー・ウィルソン大統領政権に肩入れするのは、ドイツ社会民主党が一九一四年に戦時公債を支持したのと同じくらい許し難いことだという。社会主義は国際主義の側面なしには社会主義とは呼べない。祖国への愛は唾棄すべき感情だ。社会主義者の目標は、あらゆる戦争を過去のものとしてしまう革命のために闘争することであるべきだ、とトロツキーは主張した。トロツキーより三十歳近く年配で、かつてはロシア帝国で革命家もやったことのあるケイハンは、トロツキーなどに説教を受ける気はなかった。すさまじい口論が起き、トロツキーは二度と『フォアヴェルツ』には書かなかった。[17] 私生活面では、ニコラーエフ以来の旧友でいまやニューヨークで医者を営むグリーシャ・ジフともめごとを起こした。ジフと会うと、チェスの勝負を申し出たのだった。ジフが勝った。トロツキーは負けるのが大嫌いで、二度とジフとはチェスをしなかった。彼はどんな勝負であれ、勝たなければ気が済まなかったのだ。[18]

　一九一一年の創刊以来コンタクトを保ってきた『ノーヴィ・ミール』では話がちがった。[19] 友人レフ・デイチはかつては編集長だった。[20] かつてパリでいっしょに取材したグリゴーリー・チュドノフスキーもまだ働いていた。ボリシェヴィキのニコライ・ブハーリンもまた、よく寄稿していた。『ノーヴィ・

ミール』はスイスやフランスなどの各種ロシア語反戦刊行物よりも秘密的ではなかった。セントマークスプレイス七七番発刊の日刊紙で、ロシア社会主義刊行協会の主催となっていた。記事はロシアのニュースがほとんどで、銀行預金口座案内から、ロマノフ君主制からのアナキスト難民が組織する「受刑者仮面舞踏会」といったニューヨークにおけるロシア関連のあらゆる広告が出ていた。方向性は社会主義だが、『キエフスカヤ・ムィスリ』を除けば、これまでトロツキーが書いたどんな刊行物よりも通常の一般紙に近いものだった。でも『キエフスカヤ・ムィスリ』とのちがいは、『ノーヴィ・ミール』編集部は自由に訪問できたが、キエフでは見つかった瞬間に逮捕されるということだった。トロツキーはまたもや自分らしさを取り戻した。アメリカ社会主義のもっと広い世界ではほとんど知られていなかったが、気にしなかった。どのみち、英語はほとんどしゃべれなかったのだ。『ノーヴィ・ミール』のおかげで、ロシア系、ユダヤ系、ドイツ系亡命者たちの間に、検閲なしで大戦反対論を広める舞台が得られた。ついにトロツキーは、思う存分に言いたい放題が言えるようになったのだった。

渡米後初の記事の題名は、トロツキーの戦闘性を示すものだった。「闘争よ永遠に！」[21] 当然ながら、論争が巻き起こるのに時間はかからなかった。ニューヨーク在住のアンナ・インガーマンは、赤十字の医師は、社会主義者の参戦禁止から除外されるべきだと提案した。トロツキーはカッとなった。彼に言わせると、赤十字は「政府の軍国主義組織」なのだった。[22] もはやその議論はあまりに度が過ぎていた。赤十字は、無慮何十万人もの負傷兵や捕虜たちを悲惨な状態から救ってきた。しかもそこで救われていたのは、トロツキーが支持を得ようとしている徴兵された兵士たちなのだ。一九一七年のロシア守備隊は、これほどの人道性欠如ぶりを知っていたら、トロツキーにさほど惹かれなかったのではないか。

トロツキー一家はアメリカ滞在を楽しんだ。チュドノフスキーはブロンクスに一家のアパートを見つけた。[23] トロツキーが『ノーヴィ・ミール』で働く間、ナターリャや息子たちは暇になった。ここしばらく家庭が落ち着かなかったので、彼らはこの平穏を楽しんだ。少年たちはマンハッタンのスカイラインに夢中となり、摩天楼の階数を数えるのが趣味になった。おかげでナターリャは、階数を「数え直す」のをやめさせて家に引っ張って帰るはめになった。ときには三人でドライブにもでかけた。ミハイロフスキー医師なる人物がいて、おそらくトロツキーのファンか親戚かもしれないが、それが車と運転手を出してくれたのだ。だがリョーヴァとセルゲイは、人びとを対等に扱うよう育てられてきたので、なぜミハイロフスキーの運転手がいっしょにレストランで食べないのか理解できなかった。[24] 中流階級のライフスタイルを楽しむ両親に対してセルゲイが首を傾げたのは、この時だけではない。[25] 家賃月一八ドルのアパートは快適だった。設備は最新のアメリカ標準で、冷蔵庫、ガスコンロ、電話もあった。これは一家が友人に電話もできないパリやウィーンの生活からは大きな改善だった。[26]

トロツキーは講演も数多くこなし、これで家計も潤った。アナキストのエマ・ゴールドマンはある会合でトロツキーを見て驚いた。「いささか退屈な講演者が何人か続いたあとで、トロツキーが紹介された。中肉中背、頬が少しやつれ、髪は赤みがかり、不揃いな赤髭の人物が力強く進み出た。その演説は、まずはロシア語で、それからドイツ語で行われたが、強力で活気に満ちていた」。[27] 講演はニューヨークに限らず、フィラデルフィアなどアメリカ北東部の他の都市にも及んだ。

アメリカの社会主義者に対する彼のメッセージは、ヨーロッパでの発言や著作の繰り返しだった。アメリカの急進左派は最新の情報に飢えていたが、トロツキーは「インターナショナリスト」がヨーロッパの党では少数派だと素直に認めた。でも、カール・リープクネヒトは孤立してはおらず、ヨーロッパの反戦運動はだんだん勢いを増していると主張した。カール・カウツキーやフーゴ・ハーゼ、そして修正主義者の筆頭ともいうべきエドゥアルト・ベルンシュタインですら、それぞれの党で多数派に刃向かうようになってきたのを歓迎した。そしてこの傾向が強くなると予想した。聴衆に対して彼は、自分が一九一二年から一三年のバルカン戦争で、軍を率いる「強盗の群れ」を目撃したと述べた。現在の戦争についても同じ見解であり、「それを変える理由はまったく見られない」と言う。だがこの戦争はいい結果ももたらすという。「将来の時代は社会主義革命の時代となる」。この大戦でどちらが勝っても、大規模な改革が行われるなどと思ってはいけない。唯一のまともな解決策は革命による変革なのだ。トロツキーは自信たっぷりに、これぞまさに起こるはずのことだと述べた。(28)

ロシアについてよりは戦争についての話が多かった。そして他の人びとと同じく、一九一七年二月最終週にペトログラードでストやデモが起きたというニュースには驚いた。ニコライ二世は、守備隊の兵士たちが反抗的な労働者に加わったことで、自分の権威が消滅したことを知った。そこで三月二日に退位した。血友病の息子アレクセイに権力を移譲するつもりだったが、誰も賛成しないので王位を弟ミハイルに譲ろうとした。トロツキーとナターリャは、一九〇五年一月のように大喜びだった。その息子たちも喜んだ。(29) ロシアはまたも革命段階に入りつつあり、トロツキーは自分の予言が裏付けられたと感じたのだ。

その頃には社会主義政党も自信を回復していた。世間の圧力に屈して、彼らは労働者・兵士代表ペトログラード・ソヴィエトの選挙を組織した。同時にリベラル派も活発だった。国家ドゥーマやその他公共機関にいる指導者たちが、協力して臨時政府を樹立した。新首相にはゼムストヴォ連合の議長だったゲオルギー・リヴォフ公爵が選ばれたが、圧倒的な影響力を持っていたのは、パーヴェル・ミリュコーフ率いるカデットだった(ミリュコーフは外務大臣となった)。内閣は市民の普遍的自由を宣言した。人びとは思想、発言、組織の全面的な自由を与えられた。リヴォフとその大臣たちは、他の基本的な改革、特に農業問題についてはもう少し辛抱してほしい、憲法制定会議の選挙まで待ってくれと述べた。また、国防政策も約束し、領土拡張主義的な野心はすべて捨てたと述べた。ロンドンやパリ、ワシントンには、ロシアの参戦は少なくとも全国民の支持がなければやらないという確約が送られた。リヴォフ内閣には制約が課せられた。臨時政府は、ペトログラード・ソヴィエトの承認があって初めて成立することができたのだった。

トロツキーは『ノーヴィ・ミール』事務所で日々送られてくるニュースを検分した。そして、メンシェヴィキやエスエルが臨時政府に「条件つき支持」を与えるつもりだというのが明らかになると激怒した。そんなことは許し難かった。社会主義者たる者、戦争に反対して社会主義革命のために闘争するのが義務であるというのだ。トロツキーは同時に、アメリカ国内で高まりつつある、アメリカの連合国参戦を訴える運動への反対を展開した。ドイツが潜水艦でアメリカ船舶を標的にするようになってから、中央同盟への敵対心が国内で高まっていたのだった。ドイツの作戦は、物資供給がフランスやイギリスに渡らないようにすることだった。ウッドロー・ウィルソン大統領は四月初めに、参戦への承認を確保した。トロツキーは怒りの発作に襲われた。ロシア臨時政府が中央同盟と戦闘に入ろうとしているだけでもひどいのに、いまやアメリカまで連合国に入ろうとしている。トロツキーから見れば、暗天の中で唯一の輝きは、臨時政府が一九一七年以前に当局に訴追されたすべての人びとの帰国を支援する制度を発表したことだった。この制度への応募には何の条件もなかったので、トロツキーは喜んでこの機会を活用しようとした(30)。

三月二十日付けの熱っぽい記事で、トロツキーは臨時政府がロシアを大災厄から救えるという考え方を拒絶した。オクチャブリストの指導者アレクサンドル・グチコフは、昔から帝国拡大を支持していて、大臣になってもそれを改めるつもりはなかった。メンシェヴィキと社会革命党に率いられたペトログラード・ソヴィエトは、臨時政府を支持するべきではなかった——そして、かつて彼が議会で味方につけようとした、ニコライ・チヘイゼのようなソヴィエト指導者は「社会民主主義の日和見主義的な要素」しか代表していないと彼は結論づけた。戦争は、社会主義革命が起こるまでは続く。もし臨時政府がロシアでとってかわられたら、ドイツのプロレタリアもその顰みに倣うであろう。帝国ドイツのホーエンツォレルン朝は、ペトログラードの革命騒動が持つ感染力を恐れて正解だった。ロシア労働者が道を示す。彼らは「農民大衆」の支持獲得しなければ成功し得ない。トロツキーは新しいスローガンをぶちあげた。「コンスタンチノープルではなく『地主の土地』!」これはロシア帝国政府が領土拡張的な戦争意図を持っていて、オスマン帝国の領土をかすめろうとしているのだという事実を曝露するものだった。トロツキーにしてはあまり上手なプロパガンダではなかったし、彼もすぐに使わなくなった。だが、東部戦線(中央同盟と西側連合がそう呼んでいた)の戦闘終結と、地主貴族からの土地没収を約束すれば、農民たちが急進左派に加勢するという基本的な発想には忠実だった。[31]

トロツキーは一九〇五年以来温存してきた自分のアイデアを即座に展開した。彼の意見では、必要なのは「革命的労働者共和国」だった。彼は希望に満ちていた。「ロシアのプロレタリアはいまや、「社会革命の」弾薬庫に火のついたたいまつを投げ込んだのである。このたいまつが爆発を起こさないと考えるのは、史的論理と心理の法則を無視するに等しい[32]」

彼はペトログラードに戻ろうと必死になり、ロシア領事館から必要書類を確保した。それからお別れ会が始まった。それまでは公開発言には慎重だったが、出発前夜にはハーレム・リバーパーク・カジノでの会合でこう述べたとされる。「この国の呪わしい腐りきった資本主義政府を打倒できるまで、みなさんには組織を拡大して組織化を続けてほしい[33]」(これはトロツキーの発言をそのまま訳したというよりは、英語圏ジャーナリストによるパラフレーズに思える)。トロツキー一家のアメリカ滞在は三ヶ月に満たなかった。一家は三月二十七日に、ノルウェー＝アメリカ路線のクリスチャニアフィヨルド号に乗船し、人生有数の旅を楽しみにしていた。トロツキーは、その船がノヴァスコシアのハリファックスに寄港して他の乗客を乗せたときにイギリス軍に捕まるかも知れない、とアメリカのコラムニストであるフランク・ハリスに警告されたのを、あっさり無視したとされる。[34] 大雨にもかかわらず、見送り客が三〇〇人も集まった。トロツキーは友人たちの肩にかつがれて乗船し、旗や花が振られた。[35] ペトログラードはまちがいなく、これまでの人生をかけてきたものの集大成になるはずだった。他の革命家も一握りほど同じ船に船室を確保していた。そこにはトロツキーの仲間グリゴーリー・チュドノフスキーも入っていたが、彼はトロツキーを見張らせるために連合軍に送り込まれた可能性も高い。[36]

万事快調だったが、船がハリファックスに停泊して追加の乗客が乗ってきたところで状況が変わった。警告されたとおり、カナダの当局はアメリカとはちがい、昔から反戦社会主義者たちのもたらす危険に敏感だった。ロンドンとオタワとの間に電報が飛び交った。そして悪名高いトロツキーが入港していることがわかると、逮捕状が下った。トロツキーは声高に抗議して、身元を名乗る以上の協力は拒んだ。だが、自分が連合国の大義を攻撃糾弾する主張をしてきたことは否定しようがなかった。クリスチャニアフィヨルド号から引きずり下ろされたのは、トロツキー一人ではない。当局は熱狂的な反戦容疑であと七人を連行した。みんな激しく抵抗して「大柄な武装した水兵たち」に強制連行されねばならなかった。トロツキーはわめき暴れてみたが、その怒りは何の役にもたたなかった。[37] それから、これまでの数多い逮捕歴の中で初めて裸にされて身体捜索を受けた。彼はこんなやり方で触れられるのは我慢ならず、生涯これを根に持ち続けた。トロツキーらの小集団は、船から降ろされて一五〇〇キロ離れたアムハーストの捕虜収容所に連行され、ナターリャと息子たちはプリンスジョージ・ホテルに収容された。[38] トロツキーは、中央同盟の兵士たちの間に反戦プロパガンダを広めようとして、カナダ当局にとっても、収容されているドイツ兵捕虜にとってもうんざりする存在となった。

臨時政府が、ペトログラード・ソヴィエトからの圧力で抗議をしたため、トロツキーは釈放されて、別の船ヘリ・オーラヴ号に乗り、一家との旅行を再開した。イギリスのために通訳をおこなったアンドレイ・カルパシニコフは、その様子をこう回想している。「船が岸を離れるにつれて、トロツキーはイギリスの係官たちに拳を振り上げ、イギリスを呪った」。[39] 時間の無駄と船を逃したことについて文句を言ったが、当時の彼はクリスチャニアフィヨルド号が大西洋航路であまり幸運とはいえない船だったことを知るよしもなかった。一九一七年六月、ニューヨークからの航海中に、この船は操船を誤ってニューファウンドランド島レース岬の沖合で座礁したのだった。[40]

カナダで手間取ったために、トロツキーが戻ってきた頃にはロマノフ君主制打倒から政治的な状況はかなりの変化をとげていた。臨時政府の力は弱かった。警察は逃げ出した。兵舎の兵たちは、ペトログラードとその他の地方のソヴィエトからの承認がない限り、閣議による法令に従おうとはしなかった。メンシェヴィキやエスエル党は、組閣しようとはしなかった。彼らの教義によれば、ロシアはまだ工業発展と文化発展においてあまりに原始的すぎて、社会主義導入が考えられる段階ではなかったのだ。また国の戦時中の困難に対して責任を取るのもいやだった。いやいやながら、彼らはエスエル党の弁護士アレクサンドル・ケレンスキーに組閣を任せることにした。だが彼らの好んだ戦略は、権力を自分で握るよりは影響力を及ぼすことだった——そして臨時政府支持の代償として、市民の自由と国防政策にはこだわった。ボリシェヴィキですらバラバラだった。一部は社会主義蜂起を煽っていたが、中央委員会の指導者たち、特にレフ・カーメネフとヨシフ・スターリンは、内閣に対して「条件つき支持」を与えるべきだという考え方を概ね共有していた。

トロツキーがニューヨークを離れて以来、世界政治も変わっていた。ドイツ潜水艦は、イギリスへの物流を妨害して軍事的に無力化しようという必死の試みで、アメリカ船舶を攻撃した。西部戦線のルーデンドルフ将軍とヒンデンブルク将軍は、大西洋からの英仏に対する物資補給を断ち切りたがったのだ。アメリカは四月六日にドイツに宣戦布告し、他の同盟国とはちがうが共同で戦う「連合国」となった。そしてトロツキーは新生ロシアの政治にはまったく関わっていなかったが、自信だけはあり余るほど持っていた。

第17章 ほとんどボリシェヴィキ

ニューヨークからの平穏ならざる旅の最後の部分は、中欧からの亡命者たちが使ったのと同じ鉄道での旅となった。スウェーデンとフィンランドの国境で共同警備にあたるイギリスの係官たちは面倒は起こさなかった。トルニオで乗車を許されたトロツキーは、高揚した気分で南下した。いまやロシア到達を阻むものはなかった。国内のロシア＝フィンランドの境をベロオストロフで越えると、マルクス主義者仲間のモイセイ・ウリツキーとG・F・フョードロフが迎えてくれた。(1) ウリツキーは統一社会民主主義者地区間組織（メジライオンカ）の一人だが、これはメンシェヴィキやボリシェヴィキの分派主義を嫌い、社会主義連立政府設立と終戦という共通目標によりロシア社会民主労働党を統一しようとする一派だ。フョードロフはボリシェヴィキ中央委員会の一員だった。メンシェヴィキ代表は誰もこなかった。トロツキーは五月四日にフィンランド駅に到着した。ニコライ二世退位の二ヶ月後であり、レーニンより一ヶ月遅れだ。ペトログラード・ソヴィエトの、メンシェヴィキとエスエル指導者たちはいつもながら歓迎のセレモニーを開いた。トロツキーが肩車されてプラットホームから下ろされると、喝采が起きた。彼は首都初のソヴィエトを十二年前に率いていた。刑務所やシベリアでの囚人生活も経験した。政治的な著作で名声を得ていた。そしてどんな党であれ、演説家としての彼に並ぶ者はなかった。

ボリシェヴィキは、レーニンからの圧力でそれまでの二週間で戦略を変えていた。分派の一会議で承認されたレーニンの『四月テーゼ』は、臨時政府に代わり革命的社会主義政権を樹立すべきだと呼びかけるものだった。要するにレーニンは、ロマノフ君主制打倒に続いて資本主義の発展という段階を予想していた「古いボリシェヴィズム」を捨て去ったのだった。いまやトロツキーと同じく、ボリシェヴィキは即座に社会主義革命を支持する立場となった。トロツキーを迎えにフョードロフがベロオストロフに派遣され、何か政治的な協力が取り付けられないか探りを入れた。

フィンランド駅で受けた歓迎の温かさの裏では、トロツキーについての不安が続いていた。メンシェヴィキやエスエルはトロツキーの革命観を嫌悪していたし、ボリシェヴィキは未だにトロツキーが信用できる同志だとは納得していなかった。[2] トロツキーは通常、他人が自分にどういう態度を取ろうが無関心だった。でも今はちょっと敏感になった。ペトログラードでは孤立していたからだ。一九〇五年のソヴィエト指導者としての経験はあまり役に立たなかった。まったくちがう状況で、新しい評判を構築しなければならないのだ。メンシェヴィキとボリシェヴィキはいまや全力で活動しており、十二年前に見せた気後れはもはや跡形もなかった。政治は異様に複雑な段階に入っており、トロツキーはまだ状況が把握できていることを示せていなかった。だからといってひるむトロツキーではない。メンシェヴィキとボリシェヴィキの派閥にはまだ警戒を見せつつも、この状況は肯定的に捉えていたのだ。ハリファックスで見せた感情的な爆発は、ペトログラードでの革命の本流に加われないという強い不満から生じたものだった。いまや三十八歳の彼は、活力と自信に満ちていた。自分が宿命を成就すべくペトログラードに戻ったつもりでいたのだ。

ペトログラードについてすぐにおこなった活動の一つは、義弟レフ・カーメネフと妹オリガに連絡することだった。これはボリシェヴィキの活動を探る狙いもあった。カーメネフを通じて彼は、『プラウダ』編集部を訪問しようとした。[3] 実はトロツキーはボリシェヴィキに限らず、ロシア社会民主労働党の中で無条件に戦争に反対しているあらゆる派閥と話をした。さらにボリシェヴィキとの間にはいまだにしこりが残っており、トロツキーがボリシェヴィキと手を組むかどうかはまったくわからない状態だった。[4]

外務大臣パーヴェル・ミリュコーフが連合国に対し、ロシアがニコライ二世の領土拡張的な戦争目的を継続すると確約したことが暴露されて騒動が持ち上がり、臨時政府は四月末に再編された。ペトログラード・ソヴィエトの主導する街頭デモにより、ミリュコーフとグチコフは辞任に追い込まれた。リヴォフ公爵は、メンシェヴィキとエスエルが内閣への参加に同意しない限り、もめごとは終わらないと考えた。ソヴィエト指導部は、紛糾しつつもそれに応じた。トロツキーはもともとリベラル派とのあらゆる取引に批判的だったので、「労働者政府」を推奨し続けた。だが、ロマノフ君主制に対する蜂起でもそんな政府が成立しなかったのに、どうすれば労働者政府ができようか。そしてリヴォフ内閣への反対運動にぴったりのスローガンとはどんなものだろう？[5] ボリシェヴィキはこうした問題をめぐって会議を開き、一週間前にレーニンの『四月テーゼ』の大勝利によってそれが解決された。ボリシェヴィキは、ソヴィエトの中では少数派だったが、臨時政府の困難が拡大する中で、労働者や農民、兵士たちに対する影響力を強化すると決意していた。資本主義ではロシアが経済社会的な惨状にとどまり、軍事的な流血も永続化する、と彼らは宣言した。だからこそロシアには労働者政府が必要なのだ、と。

レーニンがイデオロギー面での曲芸を展開して、社会主義革命への呼びかけを無理に正当化するはるか前から、トロツキーはまさにこの見解を採っていた。レーニンは、三月にすでに完全なブルジョワ民主革命が起こっていたというふりをした。これは、自分が未だに二段階革命戦略を維持しているのだと強弁するための詐術だった。(6) 実はそれまでのレーニンは、全党的な社会主義独裁が政権を奪取し、根本的な農業改革が実施されない限り、ブルジョワ民主革命など起こりえないと主張していたのだが、それについては口をぬぐった。自分の変節を認めるのに一番近い行動といえば、「古いボリシェヴィズム」の放棄を訴えたことくらいだ。そうでなければ、自分がまちがっていたことを認めるしかない。これはレーニンが絶対にやりたがらないことだった。だがトロツキーのほうは、昔から「労働者政府」支持しており、それをバカにされ続けても、一歩も退かなかったのだ。ボリシェヴィキは、トロツキーはマルクス主義をわかっていないイカレポンチだと嘲笑してきた。それがいまやボリシェヴィズムが改変されて、レーニンとその同志たちは「プロレタリア独裁」の即時樹立を訴えていた。そしてボリシェヴィキ指導部は、この立場の変化についてあれこれ弁解しなければならなかったが、トロツキーはフィンランド駅で列車を降りて、十二年前に自分が訴えたアイデアをそのまま繰り返すだけでよかった。

彼はちょうど、ペトログラード・ソヴィエトがリベラル派と社会主義者の政府協定をめぐって論争を始めるところへやってきた。これはかなり異様な光景だった。ソヴィエトはスモリーヌイ学院に勝手に本部を構えていたが。ここは二月革命まで女子中学だったところだ。トロツキーは自分の元子分マトヴェイ・スコベレフが、連立政府を公式に訴えるのを見た。(7) ソヴィエトの指導部はトロツキーを無視した。フィンランド駅で敬意を表するのはかまわないが、ソヴィエトでその不穏な政治的見解を述べる機会を与えるとなると、話はまったく別だったのだ。だが聴衆の間にトロツキーがいるという噂が流れると、トロツキーに話をさせろという声が上がった。そしてトロツキーが演台に立つと、支持の大喝采が起こった。予想通り、彼はリベラル派との連携計画には反対したが、いつもの鋭い舌鋒は控えた。まだペトログラードの政治状況の感触をつかもうとしていたのだ。また、ちょっとあがっていた——トロツキーは公共的な演台では滅多にあがったりしない。手を振り回すうちに、シャツのすそがスーツからあまりに飛び出てしまったので、外見をやたらに気にする彼は自分の立場についても身だしなみについても、所在なげな様子だった。(8)

数週間にわたり彼は意見をはっきりさせず、自分の考えを曲げずにキャンペーンを張る基盤を作るのに役立ちそうなあらゆる人びととおしゃべりをした。ペトログラードでは、自分と同じくらい急速な社会主義革命を熱望するメジライオンカに参加した。統一社会民主主義者地区間組織は、ボリシェヴィキとの融合を通じて思想や行動の自立性を失うのを恐れたマルクス主義者たちを歓迎した。決してきちんとまとまった派閥ではなかった——そしてペトログラードから外に自分たちのネットワークを広げようとはほとんどしなかった。後に、トロツキーはその指導者だったと言われるようになる。(9)だが実際には、何人かの有力なメンバーの中で単に一番有名だというだけだったし、その指導部は集合的なものでしかなかった。トロツキーに圧倒的な権限を与えようなどとは、誰一人夢にも思わなかった。

他の主導的な反戦マルクス主義者の元亡命者たちは、メジライオンカに参加するか、あるいは派閥には加わらず独立に活動した。その中には、パリの『ナーシェ・スローヴォ』への寄稿者たちもいた。たとえばモイセイ・ウリツキー、ソロモン・ロゾフスキー、ウラジーミル・アントーノフ＝オフセエンコ、ドミートリー・マヌイリスキー、ミロン・ウラジーミロフ、フリスチャン・ラコフスキー、アンジェリカ・バラバーノヴァ、グリゴーリー・チュドノフスキー、アナトーリー・ルナチャルスキー、ダヴィド・リャザーノフ、ミハイル・ポクロフスキーなどだ。二月革命後にシベリアから釈放された、旧友のアドリフ・ヨッフェもいた。(10)こうした古くからの活動家たちは、やがてボリシェヴィズムの最上層部に組み込まれることになる。(11)地区間組織に参加することで、トロツキーはかなりの言論と活動の自由を確保していた。同時に、ボリシェヴィキともある程度は協力しようとしたし、レーニンも地区間組織と多少の協力を模索していた。このレーニンの意図は、ボリシェヴィキ中央委員会全員が共有しているものではなかった。だがレーニンはこだわり、「同志レーニンと中央委員会委員数名の名において」呼びかけが行われた。[12] トロツキーは、ちょっとつれないそぶりをして見せた。五月に彼らの会議で発言したトロツキーは、どんな組織的融合への合意をするにしても、レーニンが何らかの代償を支払うべきだとこだわった。「ボリシェヴィキはボリシェヴィズムを捨てた──そして私はボリシェヴィキを名乗ることはできない。(中略)ボリシェヴィズムの認知を我々に要求することはできない。(中略)古い分派主義的な呼称は望ましくない[13]」

トロツキーは、臨時政府打倒と即時終戦を求めるあらゆる集団で党を組織したいと思った。ボリシェヴィキには加わりたくなかったのだ。ボリシェヴィキも地区間組織も、その他各種「民族」組織も、まとまって平等に新しい党を組織すべきだ、というのがトロツキーの発想だった──そして、ここで提案している組織委員会にメンシェヴィキの国際主義者を参加させるのもやぶさかではなかった。[14] レーニンはそんな条件を飲める立場ではなかった。というのもボリシェヴィキ中央委員会は、反政府キャンペーンにおける自分たちの優位性を死守したがっていたからだ。トロツキーとレーニンは、その場ではとりあえず決裂することに同意しつつ、現実的な立場においては協力を続けることにした。一方、トロツキーは引き続き、影響力の高い編集職の機会を探し続けていた。

すぐに思いつく新聞は、日刊紙『ノーヴァヤ・ジズニ』だ。ここはメンシェヴィキとエスエルが、ボリシェヴィズムを受け入れないまま妥協しようとするのを批判していた。だがトロツキーの特異な革命戦略の話がすでに同紙には伝わっていた。さらにトロツキーの傲慢さも知れ渡っていた。『ノーヴァヤ・ジズニ』は、編集部にトロツキーを加えないことにした。[15]

新聞に参加したがっていた亡命帰還者は、トロツキーだけではなかった。元ボリシェヴィキでいまや地区間組織の仲間のルナチャルスキーは、五月末に会合を開いて話をまとめようとした。トロツキーは事前に、編集者の少なくとも一人を魅了して味方につけようとした。[16] トロツキーとルナチャルスキーは社会主義者だけで政府を組織したがった。編集者たちはその主張をはねつけ、新聞を彼らに任せようとはしなかった。率直な意見交換が行われ、マルトフがメンシェヴィキ主流派と決別したがらないのでトロツキーは激怒した。スハーノフによれば、トロツキーはこう結論したそうだ。「こうなったら私としては、レーニンと共同で新聞を創刊する以外の道はないではないか！」。[17] しばらくの間、トロツキーはヨッフェと共に地区間組織向けの『フペリョート（前進）』の編集支援でやりくりした。[18] 財務基盤が弱いため、同紙の部数はボリシェヴィキの『プラウダ』には決して及ばず、定期刊行すらおぼつかなかった。トロツキーとしては、自分の論文のために安定した大規模な刊行物が必要だった。ボリシェヴィキとの融和プロセスは続いていた。六月始めになると、トロツキーはスハーノフにこう語っていた。「人は自分らしくなれるような党に参加し、自分らしくなれる刊行物に執筆しなくてはならないんだよ」[19]

こうした状況にあって、家族が落ち着くのも重要だった。トロツキー一家はとりあえず、ユーリー・ラーリン一家のもとに身を寄せていた。[20] ラーリンは昔からロシア社会民主労働党の左派に属し、第一次世界大戦前には党の議論に活発に参加していた。トロツキーと同じく、ボリシェヴィズムに傾きつつあった。片足が麻痺していてひどい近眼だったラーリンは、ボリシェヴィキの著述家としてすぐに頭角を現した。思想家というよりは扇動家として有能で、その夢見がちな非現実性のおかげで、責任ある実務職には決して指名されそうになかった。後にトロツキーも同じ意見となった。だが一九一七年半ばの大西洋横断直後には、ラーリンのアパートに部屋を提供してもらえるだけでありがたかった。とても理想的とはいえない状況だが、二人とも折り合うすべを学んだ。

ペトログラード暮らしの利点の一つは、アレクサンドラ・ブロンシュテインに生ませた娘二人との接触を回復できることだった。ジーナは十六歳でニーナはその一歳下だ。ナターリャはウィーンでジーナとは会っていた。そして今回初めてニーナと会った。十一歳と十二歳のリョーヴァとセルゲイは、両親ともに政治活動に没頭していたためにしょっちゅう留守番をさせられた。そこで姉たちと会いに、アレクサンドラ・ブロンシュテインのアパートに出かけた。ジーナは以前よりはくつろいだ様子で、リョーヴァとセルゲイはすぐになついた。(21) 夏が来るとトロツキー家の息子たちは、フィンランド湾に面したテリヨキ（かつてトロツキーとナターリャが潜伏していた場所だ）に滞在して、海辺の空気を楽しんだ。(22) そこにいるロシア中流階級の休暇客たちは、まるでイタリアの海岸部か仏領リビエラにでもいるようで、革命下のペトログラードなどはるか彼方とでもいうようだった。トロツキー一家は、そうしたライフスタイルを当然のように身につけた。テリヨキはフィンランドの一部だという余録もあった。フィンランドは臨時政府など無視して、実質的に自治をおこなっていた。ここでなら息子たちに決して害が及ぶことはないと安心できたので、トロツキーは邪魔されずに政治活動に専念できた。

多数の大衆集会で演説をするにつれて、急進左派の政治主張に対するトロツキーの影響は強まった。その評判は知れ渡っていた。人びとは単にトロツキーを聞くだけのために集会にやってきた。時にはトロツキー人気が激しすぎて、多くの集会が行われるモデルン劇場から退場するには、群衆の波に運ばれる形で彼らの頭上を通って出るしかないことさえあった。(23) 演説を細かく準備したりはしなかった。そんな暇はなかったし、自分の才能が花開くのは言葉が決まった台本に縛られないときだというのを理解していたのだ。弁舌は常にトロツキーを魅了した。これは最初の妻アレクサンドラ宛の一九〇三年の手紙でも述べられていた[24]。一九〇八年には、フランスの左派最高の演説家ジャン・ジョレスを「巨人」と評した。ジョレスが肉体的にはあまり魅力がないのに、魅了するような情熱を示せることに感動したのだ。トロツキーはジョレスが「神の恩寵により弁士となった」と述べた[25]。真に偉大な弁士は、自分でもどうやっているのか必ずしもわからないままにそうした能力を発揮するのだ、と彼はほのめかしていたのだ。確かに、ジョレスとトロツキーはそうだったかもしれない。魔法と呼ばれる演説を自分がどうやって実現しているのか、まったく考えた様子がないのだ。だが経験から学んだ部分もある。最高の教師たちと同じく、彼らは何がうまく行って何がうまく行かないかを理解していた。

トロツキーのやり方は、主要な論点とその順番については計画を書き出し、強調すべき点にしるしをつけておくことだった[26]。話し方は文法通りだった。その流暢さは非凡だった。冷笑的で、説得力があり、情熱的だった。もじゃもじゃの赤褐色の髪が風にそよぐ。スリーピースのスーツを着て、いつもこざっぱりとしていた[27]。鼻眼鏡ですぐに誰だか見分けがつく。聴衆のほとんどよりも背が高く、聴衆を揺り動かすための言葉やテーマを選び出しつつしなやかに動いた。彼は身振りを多用した――これは拡声器が屋外で群衆に対してあまりきれいな音を提供できない時代には、とても有用だった。そして論点を強調したいときには、右腕を前に跳ね上げて、人差し指で聴衆を指さすのだった[28]。聴衆に対し、マルクスへの言及や、当時の西欧の政治家、ロシア革命家たちの内輪ジョークなどへの言及を浴びせかけるのにもためらわなかった。その全般的な論点を彼は楽々と伝えた。そして集会から集会へと、まるで命がかかっているとでもいうようにはしごした――そして数分前に同じ演説をしたときでも、それが真新しく即興で行われているかのように聞かせた。その熱狂的な献身ぶりは疑いようがなかった。彼は明らかに、ロシアの新しい「大衆」政治を楽しんでいたのだ。

トロツキーが聴衆や読者に最も熱心に伝えたがったのは、政治に関する戦略的なアイデアだった。

もはやロシア社会民主労働党のあらゆる派閥を統一しようとは訴えなかった。いまや彼にとっても、レーニンにとってと同じく、マルトフらメンシェヴィキ左派は追うだけ無駄だった。だが同時に彼は、「永続革命」理論を誇らしげに提示した。これは昔からレーニンにはお気に召さなかった。ただし一九〇五年にレーニンが書き留めつつも決して公開しなかったいくつかのコメントを見ると、必ずしもそうとばかりはいえない面もあったようだ。[29] 二月革命の後ですら、レーニンはトロツキーの仕組みが自分の発想よりも実際に必要なものに近かったことを認めようとはしなかった。トロツキーはそれにこだわらなかった。そして友人たちとともに「プロレタリア国家」がついに実現可能となったことを喜んだ。革命的な雰囲気は、マルクス主義の大義を進める機会があるならどんなリスクをも冒そうとするトロツキーのような人物にはありがたいものだった。モイセイ・ウリツキーは感嘆している。「ここにすごい革命家がやってきたぞ！　そしてレーニンはどんなに賢くても、トロツキーの天才と並ぶとかすんで見える」[30]

レーニンは急進左派に自分のライバルがいるなどと心配はしなかった。トロツキーのような活発で才能ある仲間が必要だったし、欲してもいた。二人は革命でなすべきことについてはおおむね合意していた。臨時政府は倒さねばならないし、「労働者政府」を設立しなければならない。ヨーロッパ社会主義革命の時代がやってきた。大戦は、急進左派が権力を握り、資本主義と帝国主義、民族主義、軍国主義を否定しなければ終わらない。ロシアでは即座に根本的な改革が必要だ。皇帝一族の土地や国やロシア正教会の土地は農民が奪取すべきである。労働者が工場を支配すべきだ。トロツキーは、戦争支持のメンシェヴィキとマルトフが決裂してくれたら、マルトフと党を組織しただろう。そしてこの路線でマルトフに訴えかけた。だがマルトフは折れず、メンシェヴィキ内部での亀裂はロシアにおける社会主義運動にとって大惨事をもたらすという見解に固執しつづけた。[31] トロツキーはちがった。

やってみると、ボリシェヴィキと話をするのも、彼らと演台に立つのも気に入った。過去の反目のしこりは水に流された。レーニンとジノヴィエフは、五月末のメジライオンカの協議会に出席することで誠意を見せた。トロツキーが仲裁する必要はなかった。ボリシェヴィキがもはや、だだっ子のセクト主義者のようなふるまいは見せず、昔から予言されていた「社会主義移行」を実現させる決定的な集団となれるのは明らかだった。彼はボリシェヴィキ党に加わり、その指導部に参加したいと願った。

反戦左派の状況すべてが急激に変わっていた。ボリシェヴィキとメンシェヴィキはついに、完全に決裂して別々の党となった。首都の外では、ロシア社会民主労働党の統一を訴える運動は続いたが、ほとんどの地元委員会は夏の終わりまでには分裂していた。それに一九一七年のボリシェヴィキ党は、各種ボリシェヴィズムのゴッタ煮だった。一部のボリシェヴィキは、レーニンの誘いを即座にはねつけた——アレクサンドル・ボグダーノフがその好例だ。彼と作家マクシム・ゴーリキーは、レーニンが扇動家で人間嫌いだと考えたのだ。だが他の古参党員たちは過去の争いを捨てた。たとえばルナチャルスキーなどがそうだ。二月革命以後のボリシェヴィズムは、以前よりも分析や予想をしっかりとまとめあげた。党の闘士たちは臨時政府打倒と大戦終結を求めた。全員が大衆の力を認める発言をした。労働者や農民が、人生を自分たちの思い通りに作り直すべきだということも合意された。工場や会社や農場は再編されるべきだ。ボリシェヴィキの中には相違点も残った——そして党が政権を握った瞬間にそれが噴出する。だが二月から十月までの間、そうした反目は抑えられた。

とはいえレーニンとトロツキーで意見の相違がなかったわけではない。レーニンはボリシェヴィキが単独で政権を握ってもかまわないと思っていたが、トロツキーは次の革命が政治左派集団の組み合わせにより生じてほしいと強く思っていた。(32) 相違点はもう一つあった。メンシェヴィキとエスエルがソヴィエトを支配している間は、レーニンは権力をソヴィエトに渡したがらなかった。トロツキーは、ソヴィエトを誰が牛耳っていようと、臨時政府から権力を奪い去るべきだと要求した。[33]

レーニンは各種のスローガンを使った。大ざっぱな形で、彼は「プロレタリア独裁」を求めたし、これはトロツキーの用語とも一致していた。だがときには、彼はプロレタリアと貧農の独裁について書いた——そしてトロツキーは決してそんな仕組みは使わなかった。両者はこの点を議論して白黒つけたいとは思わなかった。臨時政府を排除して革命政権を樹立するという共通の決意の前では、そうしたちがいは重要でなかったからだ。後にトロツキー支持者たちは、一九一七年に戦略的な見通しの再考を余儀なくされたのはレーニンだけだと主張する。[34]これは適切とはいえない。トロツキーは工場労働者が主導する革命を予言した。だがロシアで実際に目撃したものにより、その分析は見直しを迫られた。一九一七年ペトログラードにおけるどんな政府であれ、その命運は兵士が支持してくれるかどうかで決まった——そして権力奪取の動きは、首都の兵舎で強い支持が得られなければまったく現実味がないものとなる。軍人たちの中で最大の比率を占めていたのは農民たちだ。トロツキーはこれを見て、計画の中で農民をもっと決定的な役割に含めるように戦略を改めている。このプロセスにより、トロツキーはレーニンに接近した。レーニンと同じく、トロツキーもこうした見直しをきちんと説明しようとはしなかった。[35]

『十月からブレスト＝リトフスクへ』で数ヶ月後に彼が認めたところでは、戦略変更の必要性は、戦争が引き起こした状況のせいで生じたものであり、それまでの発想は平和時の状況を前提としてものだったという。[36]あれほど忙しくなければ、これについてもっと説明を書いたかもしれない。だが当時は、権力奪取を可能にする広い社会的支持を強調するという主な狙いは実現されていた。[37]目が回るほどの忙しさだった。彼の生活——そしてナターリャの生活——は果てしない演説や委員会会合、政治協議などに取り込まれていた。頭の中で支配的だったのは、臨時政府を打倒して革命政権を樹立することだけだった。そうすれば、根本的な社会経済改革が実現する。ヨーロッパの戦争は終わる。ロシアの革命に続き、ヨーロッパ全土で支配階級の打倒が起こる。行動しなければひどいことになる。旧ロシア帝国における反革命要素は、反撃の機会をうかがっているのだ、と彼は主張した。

第18章

脅威と約束

一九一七年五月に、メンシェヴィキとエスエルが大臣に加わったが、それでも臨時政府の苦難は終わらなかった。どちらの党も内部に左派の派閥を抱えていて、その派閥は、相変わらず立憲民主党に対する譲歩が多すぎると思っていたのだった。こうした派閥はソヴィエト内部で、対外政策と国内政策をもっと急進的にしろとキャンペーンを張った。新任の社会主義大臣たちは、そうした批判を嫌悪した。メンシェヴィキのイラクリー・ツェレテリは、中立のスウェーデンであらゆる参戦国から社会主義者たちを集めて会合を開くよう尽力し、各国政府に戦争終結を迫ろうと考えた。同じ党の同志マトヴェイ・スコベレフは工業労働者の福祉改善のための規制を発表し、工業に対する国の規制を拡大した。(1) エスエル党指導者で農業大臣となったヴィクトル・チェルノフは、各地の現場で選出された委員会に対し、未開墾地を農民に移譲する権限を与えた。(2) 立憲民主党はこうした出来事すべてにがっかりしていた。彼らにしてみれば、メンシェヴィキもエスエルも、真の連立に必要な妥協の精神を投げ捨てているとしか思えなかった。内閣の崩壊は加速した。

トロツキーは、自分の楽観論の根拠をツェレテリに伝えた。「反革命将軍が革命の首に輪縄をかけようとするとき、立憲民主党はその縄に石けんをぬって滑りをよくするが、クロンシュタットの水兵たちは死ぬまで戦いに来てくれる。(3)(後略)」。クロンシュタットは、ペトログラード近くの沖合の島で、巨大な海軍兵舎があった。その水兵たちは、臨時政府への不信で有名だった。トロツキーは彼らに対する畏敬の念を表明し、メンシェヴィキとエスエル指導者たちの背信は糾弾し続けた。彼の演説は、政治左派だけが正直だと主張し、その後数十年にわたり彼の個人的なイメージは、彼が確かに率直な政治家だったと示唆しているように見える。だがこれは誇張だ。トロツキーだって、恣意的な切り取り方をしてデマゴーグとなる手口は知っていた。そしてペトログラードの労働者や兵士たちを党の味方につけるためなら、ほとんどどんなことでも言うのだった。公共交通は無料という特権を持っていた兵士たちに、路電の乗車一回あたり五コペイカを負担して市の財政を助けてほしいという提案が出されると、トロツキーはいかにも激怒したような顔をした。同志アドリフ・ヨッフェですらこの提案には同意した。当時の労働者たちは乗車一回あたり二〇コペイカ払わねばならなかったのだ。兵舎の兵たちは、戦闘に従事しているわけでもなく、東部戦線に送られたくないだけだったのだから、首都の他の住民には与えられない特権を提供する意味はあまりなかった。[4]

トロツキーは、デマゴギー的な戦術をためらったことはなかった。[5] そしていまや彼を含む政治左派は、革命という目標が視野に入ってきたので、それを追求するにあたってはどんな手段でも正当化されると考えた。臨時政府はトロツキーから見れば、資本家という主人たちの利益を守るために「大衆」をだましている罪深い存在だ。それに比べれば、自分たちの詐術など小さなものだ——そしてそれは、リヴォフ内閣が排除されて「プロレタリア自治」が確立することで、労働者階級のための正義と真実の世界を実現するためのものなのだ。

演説や論説では、そうした展開にはほとんど触れなかった。別に弁士活動や影響あるジャーナリストとしての活動をやめたからではない。どちらもかつてないほどの忙しさだった。[6] また社会主義者の大臣たちが、国の疾病に対して必要な一般的治療法を試さずにその場しのぎの対応しかしていないと思っていたことだけが理由でもない。トロツキーがそちらに目を向けなかったのは、臨時政府による活動の別の側面に専念していたためだ。一九一七年六月に、指導的なエスエルであり軍事大臣でもあったアレクサンドル・ケレンスキーが、東部戦線攻撃再開を命じた。ケレンスキーの敵であるトロツキーやレーニンなどにとって、これはミリュコーフとグチコフが辞任しても領土併合の公式な狙いは消えていないという証拠だった。トロツキーはケレンスキーの方針に対する宣言を用意し、第一回ソヴィエト大会におけるボリシェヴィキ幹部会議でこれが読み上げられた。[7] トロツキーとレーニンの友好関係は日に日に固まりつつあった。

労働者や兵士、水兵の間では、反政府感情が高まっていた。「資本家大臣」に反対する政治デモをペトログラードで行おうと、ボリシェヴィキが呼びかけた。ソヴィエト大会の全ロシア中央執行委員会は、このデモを禁止して独自のデモを組織することで一枚上を行った。ボリシェヴィキ中央委員会は退いた。だがレーニンは、臨時政府を揺るがすのをあきらめなかった。またもや首都で街頭デモをしようという相談がボリシェヴィキ内部で始まった。トロツキーと地区間組織も同時に議論をしていた。この両組織の密接な連携が維持され、武装デモの実施が決まった。狙いは明示されなかったが、デモ隊がネフスキー大通りを行進する以上の行動に及んだとしても、トロツキーとレーニンの驚きは決して不快なものではなかったはずだ。誰もが二月革命という先例を念頭においていた。十分な数の労働者と兵士がデモに共感すれば、臨時政府は倒れるかもしれない。クロンシュタットの水兵たちは、大臣本土に渡って参加する意向を示した。もし騒乱が起これば、ボリシェヴィキとその仲間たちは、大臣たちを即座にかなり苦しめられる。スローガンは「すべての権力をソヴィエトに！」だ。[8]

トロツキーはあちこちで、直接行動への熱意をかきたてていった。活字になった論文は、彼の考えを明確に述べてはいなかった。というのも臨時政府に拘束される口実を与えたくなかったからだ。だが演台に上ると、話は別だ。クロンシュタット海軍守備隊に対する錨広場での演説で、彼はリヴォフ内閣とそのメンシェヴィキやエスエル支持者たちの排除を訴えかけた。彼が樹立したがっている政府は、独裁的で暴力的だった。「言っておくが、首は飛ぶし血は流れる。（中略）フランス革命の強みは、人民の敵の身長を頭一つ分だけ縮める機械を持っていたことだ。これはすばらしい装置だ。あらゆる都市に据え付けねばならない」(9)。トロツキーは当時のジャコバン派そのものだった。臨時政府は、こんなこともあろうかと、そうしたデモをすべて禁止してきた。これに対してボリシェヴィキ中央委員会は、党が騒乱行為で活動禁止になるのではとパニックを起こした。レーニンは最近の活躍で疲れ切っており、妻ナジェージダと妹マリアとともに田舎にでかけて休息していた。彼が読みちがえていたのは、ペトログラードに集結しつつあるデモ隊の一触即発状態だった。労働者や水兵の間の活動家たちは、行進の計画を続けていた。そしてスモリーヌイ学院にやってくると、武装デモについてボリシェヴィキ中央委員会が何かお墨付きを出せと要求した。

他のみんなが慌てる中で、トロツキーは平静を保った。トロツキーは何度も街頭に出ては、ボリシェヴィキにデモ隊を臨時政府反対のデモで先導するよう懇願した。ペトログラード守備隊では、第一機銃連隊が最前線だった。クロンシュタット海軍基地からの水兵たちも市内で合流した。ボリシェヴィキ党の軍事組織の指導部は、無秩序を醸成してそれを権力奪取に使うという試みをやる気満々だった。政治的爆発は避けられそうになかった。ガリツィアでのロシア軍強制撤退の報せは、リヴォフ内閣に対する嫌悪感を高めていた。ボリシェヴィキや地区間組織も含む、あらゆる社会主義政党による新しい連立政府を要請する声がしばしば上がった。臨時政府自体も内紛を抱えていた。社会主義大臣たちは、ウクライナに対して広範な地方自治を与えようと提案した。リベラル派はこれを旧ロシア帝国解体の第一歩ととらえた。七月二日、リベラル派はまとめて臨時政府を辞任し、リヴォフ公爵も首相を辞任した。ロシアの統治は奈落の底に落ちつつあった。[10] 大臣たちが執務室を構えていたタヴリーダ宮殿の外では、抗議する労働者や兵士の群集がふくれあがった。ここはまた、ソヴィエト大会中央執行委員会の所在地でもある。台頭しつつあるソヴィエト指導部には、増える一方の政治デモの雰囲気を抑えられる者は誰もいなかった。

世間の不満も高まっていた。都市への食糧供給が低下し、労働者たちは企業も閉鎖されて自分たちが無職の悲惨な状態に置かれるのではと不安になっていた。インフレは上昇を続け、農民たちは穀物を市場に持ってくる気にもならなかった。戦争は政府に不利に作用し、軍はいずれ東部戦線の激戦地に送り込まれるのではと恐れた。何百万もの労働者、兵士、農民たちの意向は、社会主義者集団、特に「急進的な手法」の必要性を訴えたボリシェヴィキに傾いた。ボリシェヴィキ党は、工場を「労働者統制」に移行させようと狙っていた。そして農民が帝室や教会や地主貴族たちの土地を奪取するのを許す計画だった。大戦をすぐに終わらせ、ロシア軍を帰還させて「ヨーロッパ社会主義革命」を起こす手立てを持っているのだと主張した。自分たちが政権を取ったら、ロシア帝国の万人に分離の権利を与えると約束した。またドイツの労働者や兵士はいずれ独自の革命を実現するとも主張した。ボリシェヴィキは、きわめて意気揚々とした自信を見せていた。人類史のまったく新しい時代が目前に来ていると確信していたからだ。

七月二日、地区間組織メンバーたちは会合を開いたが、首都の街頭では状況が沸騰していた。トロツキーは、レーニンが考案したのと似たような発想のプロジェクトを提案した。プロレタリア独裁を確立して社会で広い支持を得るための方策に専念したため、レーニン以上に経済面のことは考えなかった。[11]「科学的」革命家というトロツキーの自画自賛もその程度のものだった。それどころか、彼は出たとこ勝負の人間だった。だからといって、思想を真面目に考えなかったわけではない。革命概念で頭はいっぱいだった。でもトロツキーの驚異的なところは、そうした概念を実際に試してみるべきだと熱心に考えていたことだ。そして、実験の時がやってきたと判断したのだった。

トロツキーは熱にうかされたような活躍ぶりで、群集を革命行動へと煽動しつつ、そうした行動がまだ不適切だと思ったときには、自制を要求するという危ういバランスを取っていた。七月三日にクロンシュタットの水兵たちは、農相でエスエル党指導者のヴィクトル・チェルノフを、タヴリーダ宮殿の外でこづき回した。社会主義を名乗って権力を奪取しなかったことで、罵声を浴びせたのだ。その雰囲気は手に負えなくなりつつあり、リンチの危険も出てきた。たまたまトロツキーが通りかかった。そしてすぐに割り込んでチェルノフの命を救った。別に同志としての連帯感で行動したのではない。チェルノフが殺されたら、臨時政府に敵対する政治派閥が弾圧されることになると計算したのだ。トロツキーは時の英雄となった。彼は水兵たちの好意も維持するのを忘れなかった。「クロンシュタットの赤き諸君、君たちは革命を脅かす危機があると聞いてすぐにここにやってきた！　またもやクロンシュタットは、プロレタリアの大義のために前衛に立つ戦士であることを示したのだ！　赤きクロンシュタットよ永遠に、君たちは革命の名誉であり栄光だ！」[12]いずれ間もなく彼はクロンシュタットを必要とすることになる。だが彼や同志たちが指定する日までクロンシュタットには待機してもらわねばならない。

ボリシェヴィキとメジライオンカは、支持者の期待を意図的に高め、このために抗議者たちはペトログラードに集結したのだった。当初、トロツキー、ルナチャルスキー、ジノヴィエフなどは騒動を喜んだ。だが、臨時政府は困難に直面してはいても、予想された武装デモを潰すだけの能力を持っているし、その望みを叶えるのに十分なだけの忠実な軍を擁していることがわかってきた。ボリシェヴィキやメジライオンカにとって、これ以上の街頭行動を容認するのは自殺行為だった。双方の指導者たちから、群集に解散の訴えが行われた。その狙いは実現したが、多くのデモ参加者は、内閣が打倒されなかったことにはっきり不満を述べた。その後大臣たちは、レーニンとトロツキーがタヴリーダ宮殿での騒々しい行進を隠れ蓑に権力奪取を企んでいたと糾弾した。ボリシェヴィキもメジライオンカも、臨時政府をあらん限りの悪態で罵倒していた。この二人は、リヴォフとその同僚たちが人民と革命の大義を裏切っていると言う。でも何千人ものデモ参加者たちに、武器を持ってこいと言うような組織者が、どうして平和的な抗議集会だなどと言えるのか、というわけだ。

レーニンとトロツキーは常に、内閣を暴力的な手段で打倒しようと企んでいることを公式には否定してきた(13)し、レーニンは特に、首都で騒動が盛り上がっていたときに自分はペトログラードにいなかったという点を強調できた。トロツキー、ルナチャルスキー、ジノヴィエフはそれに加えて、自分たちがどのメンシェヴィキやエスエルよりも、行進の前進を押しとどめたのだと主張できた。批判と反批判の応酬が続き、内閣はクーデターの企みがあったと述べ、内務省もまたボリシェヴィキ党の資金源調査から証拠を発表した。その主張は、レーニンたちがベルリン政府から資金——「ドイツの黄金」——を受け取ったというものだった。その仲介者としてアレクサンドル・パルヴスの名が上がった。あくまで状況証拠だったが、なかなか説得力があった——このため内閣は、レーニンが政府転覆を企んでいるだけでなく売国奴だと考えた。レーニンは休暇を切り上げてペトログラードに戻った。だが七月六日には、レーニンとジノヴィエフの逮捕状が出た。数日後、二人は首都で身を隠し、それから北三〇キロの村ラズリフに逃げた。ジノヴィエフは自首することにした。レーニンは逃げ続け、ヘルシンキ警察署長の家という安全な隠れ家を見つけた。

だが、蜂起の計画が企まれたという証拠はなかった——そしてルナチャルスキーが一九一七年以降に、そういう計画があったと口走ったときには、トロツキーが怒り狂って、そんな発言はしていないと否定せざるを得なくなった[14]。それでもトロツキーは、一九二〇年の党集会という秘密の場で、ボリシェヴィキと地区間組織がペトログラードの騒乱を、権力奪取の可能性を「探る」機会として使っていたことを認めた[15]。この言葉が活字になるのは、数十年後にトロツキーが死んでかなりたってからのことだった。たぶん、政治的な左派は確かに、何か機会が生じたらそれを利用するだけの準備を整えていた可能性が高い。レーニンとトロツキーは蜂起を組織する経験などなかったが、世紀の変わり目以来、そうした蜂起の必要性については何度も語ってきた。いまや、臨時政府のジレンマが拡大するにつれて、「大衆」のエネルギーをある方向に振り向ける適切な手段を考案できるという自信がついてきた。デモでロマノフ君主制は打倒された。だからリヴォフ内閣も同じように打倒して、メンシェヴィキやエスエルも放り出せるかもしれない。ボリシェヴィキの指導部と、地区間組織を含むその仲間は、内閣打倒の時期が来たかどうかをそろそろ試そうと決意していたのだ。

この政治的な非常事態の期間は七月の日々と呼ばれるようになった。この時期に、ソヴィエト政府がメンシェヴィキとエスエルにより組閣できるのではというかすかな希望も、トロツキーの中では完全につぶれた。また同時に、マルトフがメンシェヴィキ党と決別しないのにも呆れていた。トロツキーは、急進左派は独立勢力として活動すべきだと結論づけた。まだボリシェヴィキ党には参加しなかったが、七月十日付で公開書簡を書き、レーニンとの連帯を表明した。もしレーニンに逮捕状が出たなら自分も収監されるべきだと示唆し、一貫性を保つためまさにそうするよう政府に促した[16]。世間の話題を曲げて「ドイツの黄金」からそらし、ペトログラードのボリシェヴィキとその仲間たちがクーデターを企んでいたかという問題に向けようとしたのだった。彼は一九〇六年に自分が受けたような公開裁判を望んだ。そうすれば自分が再び大きな影響力を発揮できるのを確信していたし、そのためには自分の安全面で少しリスクを負ってもいいと思っていた。臨時政府とソヴィエト指導層内の支持者たちは、左派の敵に対して強硬に出るような気分ではなかったのだ。彼は二週間にわたり当局を嘲笑しまくった。アレクサンドル・ケレンスキーは必死で組閣をおこなった。メンシェヴィキとエスエルの指導者たちは、一切の協力を拒んだ。立憲民主党は、連立政府を見捨てるという決定に固執した。他はともかくペトログラードのボリシェヴィキは、さらに弾圧されるのではと恐れて隠密活動に戻った。ケレンスキーは、軍司令部との相談後に、ソヴィエトに対する武力行使の意思があることを示した。そして七月八日に首相になると、ケレンスキーは行動した。

「灰色の大外套たち」——臨時政府に忠実な兵士——は七月二十三日にラーリンのアパートにやってきた。これはロシア北部の白夜の時期で、夜にあっても空は一時的にしか暗くならない。司法相A・S・ザルードヌイは、十一年前にはトロツキーの弁護士を務めた人物だったが、いまはトロツキーの逮捕状を出した。ナターリャは、玄関に人がくるのを聞きつけた。そしてトロツキーの肩に触れ、抑えた声で述べた。「来たわよ！」ラーリンが玄関に出て話をした。相手は、まずルナチャルスキー、そしてトロツキーを出せと言う。ラーリンは彼らを家にいれなかった。そしてソヴィエト指導部のメンシェヴィキやエスエルの知り合いに電話をした。誰も電話にでなかった。トロツキーはその後逮捕され、クレストゥィ刑務所に収容された（一九〇五年にも入れられたところだ）[17]。罪状は、その七月に臨時政府に対する暴力攻撃を幇助したというものだった[18]。

トロツキーの勇敢さとレーニンの臆病さ、という比較がよく持ち出される。捜査官がドイツからの資金補助の証拠を探し続けている間は、二人とも危険にさらされていた。トロツキーの場合、これまでのパルヴスとの親交は有名で、この二人の間に金銭のやりとりがあったことを証明しようという試みがあった。トロツキーの子どもたちにとって、これはなかなか不快なものだった。「子どもたちは母親を責めるのだった。パパが収容所に入れられ、監獄送りになるような革命って何なの、と言って。

母親は、これがまだ本物の革命ではないと言って子どもたちに同意した。だが彼らの心には苦い猜疑心のしずくが忍び込んだのだった」[19]。トロツキーはまるで、臨時政府が一方的に自分の収監を命じたかのような書き方をしている。彼は文芸的な哀愁を狙っていたのだった――そしてそれは、自伝読者のほとんどに対しては成功した。彼は、収監しろと自分から当局を挑発したという情報を書いていないのだ。確かにそれは大胆なのはまちがいないが、それが賢明だったとは言い難い。確かにケレンスキーは、彼に肉体的な被害が及ばないようにしただろうし、トロツキーなら裁判で弁護士たちを手玉に取るのも容易だったろう。だが刑務所に入ってしまえば、臨時政府の大臣たちほど遠慮のない連中から、肉体的な攻撃の危険にさらされていた。だからこれはかなりのリスクなのだった。

七月二十六日、トロツキー逮捕の三日後、第六回党大会がペトログラードでこっそり開催された。厳密に言えば、これは「国際派」マルクス主義者の大会だった。だが当時は誰一人として、マルトフやメンシェヴィキ左派がメンシェヴィキ派閥から分裂してこの会議に参加するとは思っていなかった。つまりこの大会では、ボリシェヴィキが数の上でも圧倒的多数ということだ。地区間組織メンバーは、基本的にはボリシェヴィキ党への編入に同意していた。当時はすでに、ボリシェヴィキとメンシェヴィキの共同組織などほとんどなくなっていたからだ。編入の条件は、地区間組織メンバーには寛容なものだった。出席できないトロツキーと、モイセイ・ウリツキーにグリゴーリー・ソコーリニコフは、地区間組織からボリシェヴィキの新生中央委員会に選出された――そしてアドリフ・ヨッフェは委員候補となった。トロツキーは、急進左派グループたちがついに一体化しつつあるので喜んだ。獄中の論説は自動的に『プラウダ』に掲載された。監獄の環境は滑稽なほど緩く、トロツキーは囚人仲間たちといっしょに、臨時政府に対する激烈なマスコミキャンペーンを張れた。リョーヴァとセルゲイは、いまだに状況が把握し切れていなかったが、母親と獄中訪問にしょっちゅうやってきた（トロツキーの回想記には一貫して身勝手な調子がある。彼は、ケレンスキー政権としても政府の武力転覆を謀る人びとに対する用心の必要があったことを一切認めようとしない)。

これはナターリャにとっては不安な時期だった。この年、彼女は父親がハリファックスの捕虜収容所に収監されていたときも子どもたちを慰めねばならなかったのだ。だが、それほど心配する必要はなかった。一家はヨッフェ家といっしょに、トロツキーぬきでテリヨキに向かった。両家の子どもたちはいっしょにでかけて、クロンシュタットの水兵たち二人に出くわした。それが誰の子かを知った水兵たちは、トロツキーの息子たちの肩を叩いてこう言った。「坊やたち、心配するな。おれたちがじきにきみたちのお父さんを解放してやるよ、銃剣と音楽でな」。子どもたちは、ブラスバンドの演奏の中で釈放されるという発想に喜んだ[20]。

臨時政府は、ボリシェヴィキ指導者たちの裁判を急ぐつもりはなかった。また内務大臣も、レーニンの隠れ家を見つけるのにあまり努力はしていない。やろうと思えばすぐ見つかったはずだ。妻のナジェージダ・クループスカヤなどはしょっちゅうヘルシンキにでかけ、レーニンの手紙や論説を受け取り、ペトログラードのニュースを伝えていたのだから。ケレンスキーは、首相の座についたとたんに極右勢力からの軍事的な脅しに苦しめられていた。彼の狙いは、ドイツ戦線の軍から分遣隊を送らせて、ペトログラード・ソヴィエトからのもめごとを押さえ込んで政権を救おうというものだった。そのトップ司令官ラヴル・コルニーロフはすぐに同意して、八月二十七日、部隊に首都へ戻る列車に乗るよう命じた。ケレンスキーとコルニーロフの盟約は、計画実行前に崩壊した。コルニーロフが東部戦線から戻ってくると、臨時政府の右派の敵から大歓迎を受けた。彼は全国に秩序を復活させるのに必要な「豪腕の者」と広く認知されていたのだ。ケレンスキーはコルニーロフがクーデターを起こすのではと恐れ、軍分遣隊をペトログラードに招集する命令を撤回した。ここでコルニーロフはケレンスキーが首相の器でないと判断して、公然と反逆した。ケレンスキーはあまりに危うい状況に陥ったので、分遣隊がコルニーロフにしたがわないよう説得するのに、ボリシェヴィキを含む社会主義扇動者たちの助けを求めたのだった。彼らはそれに成功した。反乱軍は惨めに崩壊し、コルニーロフは逮捕された――そしてボリシェヴィキ党は公然と、一般政治の舞台に復活したのだった。

突然九月二日に、トロツキーは釈放され、クレストゥイ刑務所を出た。その日から彼は、レーニンが隠れ家から顔を出すまでボリシェヴィズムの顔となった。主要なボリシェヴィキが党代表として登場するとき、みんなが見聞きしたいのはトロツキーだった(21)。ボリシェヴィキの中で、カーメネフもジノヴィエフも、大衆的な人気の点ではトロツキーの足元にも及ばなかった。レーニンはヘルシンキに隠れており、新聞論説でしか影響力を行使できなかったが、ほとんどの人は新聞など読まない(七月の日々以前の『プラウダ』刊行部数は九万部以下だった(22))。

ペトログラード・ソヴィエトにおける九月一日の最新の選挙は、ボリシェヴィキを初めて多数派にした。トロツキーは早いうちにその恩恵にあずかった。

革命的民主主義の監獄から釈放されると、我々はリベラル派ジャーナリストの未亡人から借りた、巨大なブルジョワ邸宅の小さなアパートに落ち着いた。十月の権力奪取準備が猛然と進んでいた。私はペトログラード・ソヴィエトの議長となったので、考えられるあらゆる形で悪者扱いされた。敵意と憎悪の壁が自宅でもわれわれを取り巻き、強まっていった。台所の女中アンナ・オシポヴナは、パンをもらいに建物委員会に出ると主婦たちの攻撃を受けた。息子は学校で口頭のいじめを受け、父親のように「議長」と呼ばれた。妻が木材労働者組合から戻ると、門番長は憎悪に満ちた目で彼女が通り過ぎるのをねめつけた。階段を上るだけでも拷問だった。家主は何度も電話して、家具は無事かと尋ねるのだった。[23]

だが彼は圧力を無視した。いま率いているのは、自分を一九〇五年に有名で有力な存在にしてくれた組織だった。今年はなおさら幸先がよい。革命を試みる前にすでにクレストゥイ刑務所に収監されたのだから。彼はペトログラード・ソヴィエトを権力奪取に向かわせ、社会主義体制の開始を狙おうとしていたのだった。

第19章

権力掌握

トロツキーがクレストゥィ刑務所で過ごした時間は、それまでの目が回るような政治活動からの休息時間を与えてくれたという点でよいものだった。だが、そこで貯めた予備のエネルギーを、彼はすぐに使い果たした。またもやすさまじい勢いで活動しはじめたのだ。人生のこの時点で、彼はまだ大演説の前にはタバコを一本吸っていた――そうやって落ち着くことが必要だったのだ。(1) 九月と十月の拠点は、スモリーヌイ学院でボリシェヴィキ党が占拠していた部屋だった。もと女学校だったここは、いまや入り口に装甲車が停まっていた。(2) そのシンボリズムはなかなか適切だった。ボリシェヴィキは、臨時政府からのもめごとを予想しており、防衛の手はずを整えたというわけだ。建物全体を兵士が巡回していた。

ボリシェヴィキ党は、「大衆組織」――ソヴィエト、工場委員会など労働者、農民、兵士選出の組織――に国家権力の核を構成させるつもりだった。それを支配するのが革命政権だ。だがメンシェヴィキとエスエル指導下のソヴィエトが臨時政府に対し、ボリシェヴィキの弾圧を許したことで、レーニンは七月の日々の後、他の組織を考え始めた。最大級のソヴィエトでボリシェヴィキが多数派になるのを待つのはいやだったのだ。これは「ソヴィエト権力」というスローガンの魅力を理解していたボリシェヴィキから反対を招いた。ボリシェヴィキ中央委員会は、レーニンがフィンランドからすさまじいキャンペーンを張った後で、[3] いつどうやって臨時政府を転覆させるかという決定を先送りにした。レーニンは相変わらず、ボリシェヴィズム内の強硬派だった。まずは八月革命を求め、その後は九月革命を要求する。八月や九月では、ケレンスキーがまだそうした蜂起を叩きつぶすだけの力を残しているというのに、レーニンはまったく意に介さなかった。

トロツキーは柔軟性と策略の必要性をもっと理解していた。まずは無用にメンシェヴィキやエスエルを刺激しないようにした。ペトログラード・ソヴィエトの議長として、彼はこう宣言した。「我々はみな党の人間であり、時には非難が飛び交うこともある。だが、我々はあらゆる党幹部に完全な自由という精神に基づいてペトログラード・ソヴィエトの仕事を率いるし、「ソヴィエト」幹部会の手は、決して少数派を弾圧する手にはならない」[4]。レーニンなら、ボリシェヴィズムの敵に対してこんなにへつらうとは想像しにくい。だがトロツキーはもはや、マルトフ派との取引を探しているのではなかった。マルトフ支持者のニコライ・スハーノフは、スモリーヌイ学院でトロツキーに接近して自分でこれを確認しようとした。トロツキーは礼儀正しく何も約束しなかった。スハーノフは、ボリシェヴィキの指導部は急進左派の他の党と仲良くするつもりはないのだという当然の結論を引き出した。[5]

トロツキーは、同じ建物で開催されるボリシェヴィキ中央委員会で仕事に没頭した。そして他の地区間組織メンバーのルナチャルスキーとウリツキーと共に、『プラウダ』編集部に加わった。[6] ほとんどの古参ボリシェヴィキとちがい、彼は長年にわたるレーニンの心理的圧力は受けていなかった。独自の条件で党に参加し、中央委員会では昔から参加していたかのように振る舞った――そしてユーリー・ラーリンをボリシェヴィズムへ引き込んで、編集者と選挙キャンペーン担当として党の仕事を確保してあげた。[7] 他の古参ボリシェヴィキがラーリンに対してわだかまりを残しているのに気がついていたとしても、それを外に見せることはなかった。彼が応じた唯一の自己否定の取り決めは、ボリシェヴィキがこっそり採用した革命戦略は、自分が一九〇五年からずっと言い続けていたものだということを中央委員会にこれ見よがしに言わない、ということだけだった。それにどのみちボリシェヴィキは、トロツキーの八面六臂の才能を重要視していたので、多少の疑念は大目に見ることにしていた。トロツキーはえらく自信たっぷりで恐れ知らずだった。ついに彼は、自分が狙った目的を達成するような革命を実現できそうな党に所属していた。自分の政治的野心の道具が見つかったわけで、その戦術家としていまやのびのびと活躍していたのだった。

中央委員会出席者一覧の筆頭にくるのは、トロツキーであることが多かった[8]。九月中旬にケレンスキーが開催を予定している民主主義協議会で、党の名で行われる宣言を起草する作業部会（カーメネフとスターリンも加わっていた）にも参加を求められた[9]。臨時政府は選出されたものではなく、政治的な正統性を欠いている。ケレンスキーの計画は、急進左派のボリシェヴィキから右派のメンシェヴィキやエスエルまで、あらゆる党や組織を集めて共和国臨時評議会（または予備議会）を指名し、公式の政策を議論して大臣と相談する権限を持たせる、というものだった。七月の日々とコルニーロフ反乱という騒乱の後なら、なんとか公共生活における建設的な気運が高まるのではと期待していたのだ。

トロツキーは、民主主義協議会に参加する場合でも、ケレンスキーを糾弾して予備議会にボリシェヴィキ党は参加しないと宣言するだけで帰るつもりだった。カーメネフは、ボリシェヴィキがそのまま残り、協議会と予備議会での急進的な重要反対勢力として活動すべきだと言う。カーメネフはボリシェヴィキ指導部を説得した。そのボリシェヴィキ指導部は、レーニンがボリシェヴィキ代表団を率いることができるように、レーニンに個人的な不可侵性を保証するよう政府に要求することも考えていた[10]（レーニンはこの相談を受けていなかったが、賛成したとは考えにくい）。九月十三日、中央委員会はトロツキー、カーメネフ、スターリン、ミリューチン、アレクセイ・ルィコフに、民主主義協議会における党の宣言を完成させるよう任命した。レーニンはまだヘルシンキで、姿を見せなかったが、一切妥協するなと警告した。「いま権力を奪取しなければ歴史は許してくれない」。中央委員会は九月十五日に集まって、レーニンの議論を検討した。その議論は、ドイツとイギリスが独立に講和条約を結ぶ寸前だという異様な主張以外は、八月からあまり変わっていなかった。レーニンは即時蜂起を要求した。中央委員会はそうは思わず、カーメネフはレーニンの提案を無条件で棄却しようと主張した。中央委員会の多数派にとって、これは行き過ぎだった。代わりに彼らは、兵舎や工場での唐突な騒乱を防ごうと決議するだけにとどめた。(11)

トロツキーはレーニンからの圧力に助けられた。民主主義協議会での宣言はトロツキーが読み上げたが、これは権力を臨時政府からソヴィエトに移譲するよう呼びかけていた。(12)だが中央委員会では、ボリシェヴィキが予備議会にも居座るべきだというカーメネフの主張が通った。そしてこれは、九月二十一日民主主義協議会に出席したボリシェヴィキ派閥でも確認されたが、票は割れて七七対五〇だった。蜂起支持に傾いている党内部の意見が明らかに増大しつつあったのだ。(13)トロツキーはそのまま党中央委員会多数派と協力を続け、予備議会でもその代表を務めることに同意した。(14)十月五日にトロツキーは中央委員会の背中を押して、民主主義協議会の議事に加わらないよう説き伏せた。カーメネフはゾッとして、ソヴィエト大会の中央執行委員会において、党の代表を辞任したいと申し出た。(15)カーメネフは他の社会主義政党との決裂を避けたいと考えていたが、トロツキーは他の政党は臨時政府と共謀したことで、社会主義を裏切ったのだと考えていた。トロツキーは、義弟カーメネフとの闘いに勝ったわけだ。

また、ペトログラード・ソヴィエトのためにやらねばならない仕事もあった。十月九日には、首都の兵士に関わる問題に対処した。メンシェヴィキとエスエルは、ドイツに対して首都防衛を支援できる組織を形成したがっていた。トロツキーは、それを実現するには東部戦線に平和をもたらすしかないと答えた。そして、ソヴィエトへの権力移譲の主張を繰り返した。議論の双方は、ペトログラード・ソヴィエトが兵舎の部隊の中で活動を協調するための新しい手法が必要だという点で同意した。[16]

レーニンは相変わらず隠れたままだったが、数日前にヘルシンキからペトログラードに移っており、中央委員会で自分の主張を訴える気でいた。トロツキーは、予備議会と協力するという政策をひっくり返した。レーニンはその仕事を仕上げるつもりだった。各県のソヴィエトでボリシェヴィキが多数派を獲得する傾向にあったので、今こそまたとないチャンスだ。中央委員会は十月十日にカルポフカ三二番で開催され、議論は晩に始まった。左派メンシェヴィキでそのアパートの住人でもあったスハーノフはこの委員会のことを報されていなかった。妻のガリーナ・フラクセルマンはボリシェヴィキで、彼女が手配をおこなったのだ。[17] レーニンはカツラをかぶって登場した――これは見栄ではなく、秘密警察に見つかるのを恐れてのことだった。議題は六つあったが、すべては書かれていない議題に従属するものだった。その議題とは、臨時政府の打倒だ。レーニンは「権力奪取の問題に無関心」だった代議員たちをこき下ろした。党は原則的にこの問題への答えを決めている、と彼は述べた。したがって、まともな議論対象になるのは、話の「技術面」だけだ。即座に行動をとらなければチャンスが失われてしまう。レーニンは、国際状況もボリシェヴィキの味方だと宣言した。そして、臨時政府はドイツにペトログラードを明け渡す計画を持っていると言いつのり、そうなったらすべてがおじゃんだと警告した。[18]

十月十一日未明に評決が行われ、賛成十票、反対二票でレーニンの主張が通った。[19] 今後の蜂起のタイミングと戦術は先送りになった。議事録にはトロツキーの貢献は記録されておらず、回想記でもあまり触れていない。これはいつものトロツキーらしくない。戦術面での細部がエネルギーの無駄だとでも言いたげなレーニンに対し、思うところがあったせいかもしれない。だが明らかに、彼は全体としての決議には喜んでいた。そうでなければ、一九二〇年代の政敵たちはまちがいなくそれをついたはずだ。レーニンに明らかに反対した中央委員二名はカーメネフとジノヴィエフだ。ボリシェヴィキが権力を奪取するか、さもなくば資本主義体制転覆のあらゆる希望は失われる、などという二者択一しかないわけではないのだ、という熱っぽい手紙を、彼らは主要な党組織に対して送付している。ロシアのほとんどの労働者や多くの兵士がボリシェヴィキを支持しているからといって、それは全人民の多数派からお墨付きを得ているのとはちがうのだ、と彼らは指摘した。また、ヨーロッパの社会主義革命が本当に目前に迫っているかどうかも疑問視した。臨時政府に対する暴力的な活動をすべて否定はしなかったが、それはケレンスキーからの攻撃に対する報復の場合に限られる。いまのところは、「防衛的な立場」を保とう、というのが彼らの提案だった。[20] 要するに、彼らはレーニンとトロツキーが無用な戦略的悲観論に陥っていると批判したわけだ。

だがトロツキーは、レーニンほどは硬直しておらず、当初は十月二十日に予定されていた来る第二回ソヴィエト大会での権力移譲を支持する地域ソヴィエトのネットワークを構築しようとした。彼は、即時蜂起を要求するレーニンを無視した。[21] 十月十六日に、ペトログラード・ソヴィエトは軍事革命委員会を設立して、守備隊の調整をおこなうことにした。[22] 名目上は、いかなる革命計画も意図されてはおらず、この組織も四日にわたり会合を開かなかった。その頃には、ボリシェヴィキはその存在を利用して、ビューローに代表者三人を送り込むのに成功していた。あと二人は左派エスエルで、その一人はビューロー議長となったパーヴェル・ラジミールだ。トロツキーはこの結果を喜び、スモリーヌイ学院二階の軍事革命委員会と密接につながりを保った。[23] ボリシェヴィキやその仲間は、ドイツから首都を救うペトログラード・ソヴィエトの計画のためという名目で、守備隊を訪問した。そしてほとんどの兵士の忠誠を確保した。トロツキーは連隊から連隊へとまわり、東部戦線への部隊派遣を止められるのはボリシェヴィキとその仲間だけだと強調した。そして、二月革命の初期と同様に、ペトログラード・ソヴィエトに忠誠を誓ってくれと懇願した。彼は議長として発言した――そして、もし全国のソヴィエトが権力をすべて握れば、公共生活の膿や傷はすべて治ると断言した。

対立の激しい問題を解決するため、中央委員会の会議がもう一度十月十六日に開かれた。ペテルブルグ委員会、軍事組織、ペトログラード・ソヴィエトや各種の大衆組織からの党指導者たちが出席した。[24] レーニンは前回の中央委員会の議事について報告し、メンシェヴィキとエスエルとの妥協はもはや不可能だという主張を曲げなかった。また、ドイツでの革命も目前だと宣言した。[25] だが他の参加者の報告により、ペトログラードにおける権力掌握成功の見通しはかなり悪いことが明らかとなった。中央委員のミリューチン、ジノヴィエフ、カーメネフはレーニンに反対した。[26] トロツキーも提案をしたのかもしれないが、ここでも議事録には何も記載されず、回想記でもこの会合にまったく触れていないということは、おそらくよそで忙しかったのだろう。というのも、ペトログラード・ソヴィエトや軍事革命委員会でトロツキーが処理すべき話はいくらでもあったからだ。レーニンはボリシェヴィキ中央委員会の扱いにかけては専門家だった。レーニンの説得力の強さは、ジノヴィエフとカーメネフ率いる反対派を押しつぶすのに決定的だったし、その間にトロツキーは首都の兵たちを味方につけるために活躍した。今回の評決は圧倒的にレーニン優位で、賛成一九、反対二、棄権四票だった。[27]

レーニンがボリシェヴィキ活動家マリア・フォファノヴァのアパートに隠れざるを得なかったため、計画立案は他の人びとがやった。地方から最近になって昇進したボリシェヴィキであるヤーコフ・スヴェルドロフが党書記局を仕切った。一方、スターリンが『プラウダ』を編集した。この状況で、トロツキーは自分がペトログラード・ソヴィエトで役に立つと思ったことは何でもやれる白紙委任状を持っているものと考えていた。中央委員会の調整はかなりゆるいもので、その指導者たちは仕事の進め方を自分の判断でおこなっていた。カーメネフはあまりに党政策と自分がずれていると感じ、中央委員会から退くと発表。(28)彼とジノヴィエフは『ノーヴァヤ・ジズニ』紙に、ボリシェヴィキが武装蜂起を企んでいると暴露した。レーニンは中央委員会に対し、彼らを「スト破り」と糾弾する手紙を書いた。(29)

トロツキーはカーメネフとジノヴィエフに対し、十月十八日のペトログラード・ソヴィエトにおけるこんな二枚舌演説で反駁した。

ペトログラード・ソヴィエトの決定は公開されている。ソヴィエトは選出された組織であり、あらゆる代議員はその者を選出した労働者や兵士たちの責任を負う。この革命議会は（中略）労働者の知らないような決定を下すことはできない。我々は何も隠さない。私はソヴィエトに代わって宣言しよう――我々は武装行動を何も決定していない。(30)

こうして彼は、ボリシェヴィキ中央委員会で何が起こったかという質問をはぐらかすのに成功した。カーメネフは、ボリシェヴィキを去るのが怖かったので、立ち上がってトロツキーの発言が事実だと裏付け、ジノヴィエフも同じ意向で公開書簡を書いた。(31)この三人の連帯の話を知って、レーニンは不穏に思った。すると権力奪取は起こらないということなのか？　トロツキーはこっそりレーニンを訪ね、蜂起という狙いは安泰だと保証した。ペトログラードでの来る第二回ソヴィエト大会開始数時間前に行動を起こす計画をたてているのは、まさに自分なのだ、と。こうすることで、単一の党が狙って起こした蜂起という印象は薄まる。レーニンの気持ちは収まった、それでも、ジノヴィエフとカーメネフを党から追放するよう要求した。

十月二十日の中央委員会は、神経のすり減るものとなった。ジノヴィエフは欠席したが、トロツキーは出席していて、カーメネフの辞表受諾を目撃することになった。スターリンは、カーメネフとジノヴィエフの扱いがあまりに厳しいと感じた。そして党の出版物の中で、この二人に対するスターリン自身の態度が問題にされると、スターリンも辞任しようとした。彼の主要な敵が、出しゃばり屋のトロツキーだったというのも都合が悪かった。だがスターリンの辞任は認められなかった。当のトロツキーがえらく上機嫌だったからだ。彼とヨッフェは、軍事革命委員会の活動に参加したい人は自由に参加できるという提案をおこなって、それが通ったのだ。(32)

後にトロツキーは、自分の戦術的な嗜好を以下のように記述している。「攻撃する側はほとんど必ず、防衛にまわっているかのように見せたがる。革命党は法的な覆いを気にするのだ」。(33) これはまさに、臨時政府に対する蜂起を導いた一九一七年十月におけるトロツキーの振る舞いだった。戦闘前に兵の激励にやってきた将軍のように、彼は首都のあちらこちら、そしていたるところで演説をおこなった。

トロツキーは自分一人で、革命本部［スモリーヌイ学院］の仕事から抜け出して、オブーホフ工場から鋼管工場、プチロフ工場からバルト工場、マネージから守備隊へと飛び回った。まるでこうしたあらゆる場所で同時に話しているかのように思えたほどだ。ペテルブルグのあらゆる労働者や兵士は、個人的にトロツキーを知っていたしその演説を聴いていた。当時の彼の影響は、大衆の間でも本部でも圧倒的だった。(34)

トロツキーは執筆し、演説し、議論した。組織をまとめた。革命ロシアで最高の万能活動家だった。他の革命指導者の多くとはちがい、体つきは重量挙げ選手よりはランナーに近かった。なにやら永遠の活力のようなものを持っていたのだ。人びとに話すときには、芸術的な感性を持っているかのような印象を与えた。その手が実に細いのに、その握手は実に力強いのは誰もが気がついた。[35] 武装蜂起の準備で圧倒的な役割を果たしたのはトロツキーだ。

ボリシェヴィキの魂胆が見えてくると、臨時政府も堪忍袋の緒が切れた。十月二十三日に、党の新聞閉鎖を命じ、それを執行するために兵を送った。トロツキーは対抗措置を打ち出したが、ペトログラード・ソヴィエトを防衛しているだけのようなふりをした。実は彼の命令は完全な攻撃命令だった。十月二十四日に、手配が進んだ。軍事革命委員たちは守備隊にでかけて協力をもとめ、トロツキーは彼らをスモリーヌイ学院から指揮した。隣室には電話ボックスがあった。その日の日中に、当局が一時的に電話線を切っていたが、その後市内のあらゆるところから電話が入っていた。カーメネフが蜂起に対する政治的な反対を棚上げして支援にやってきたので、トロツキーは驚いた。[36] トロツキーは丸一週間も働きづめだった。決定的な闘争の瞬間が間近に迫っているのは明らかだった。首都は武装活動で震撼した。ケレンスキーは戦略地点に兵を動かした。トロツキーと軍事革命委員会は、兵を動かして郵便局と電報局、中央銀行、電話交換所と鉄道駅を制圧した。タヴリーダ宮殿は蜂起軍の手に落ちた。

十月二十四日から二十五日の夜、レーニンは警戒心を振り払って、フォファノヴァのアパートを離れ、スモリーヌイ学院に向かった。どうせぐずぐずと蜂起が遅れているのだろうと思ったからだ。だが心配無用だった。蜂起はすでに引き返せないほど進んでおり、臨時政府の反撃はまったく不十分だった。また、ソヴィエト大会の開会時に最大の党となるのがボリシェヴィキなのは明らかだった。レーニンとトロツキーは、十月二十五日の日中には首都中で最後の手配をしてまわった。臨時政府が置かれた冬宮が急襲された。ケレンスキーは逃げ出した。

トロツキーは議会向けに指名されたボリシェヴィキ代表団にこう宣言した。「もし諸君が決然としていれば、内戦は起こらず、敵たちは即座に無条件で降伏し、諸君は当然の権利である地位を獲得するのだ！」[37] ヨッフェの娘によれば、彼は「疲れ切ってほとんど立っていられなかった」[38] とのこと。神経もまいっていた。ソファに横たわり、カーメネフのほうを見て「タバコをくれないか」と言った。何服かしてから、何事かをつぶやくと、いきなり気を失った。またもやいつもの卒倒だった。意識が戻ったときには、カーメネフが狼狽しきっていた。「薬を用意しようか？」トロツキーはそれを断った。「それより食べ物を見つけてくれたほうがありがたい」。二十四時間以上も、何も食べていないのを思い出したのだった。[39] すぐに食べ終えると、彼は仕事に戻った。

ボリシェヴィキは、議会幹部会での議席多数派を握った。トロツキーは、メンシェヴィキやエスエルを挑発した。

一般大衆の蜂起に正当化など必要ない。いま起こったことは蜂起であり、陰謀ではないのだ。我々はペテルブルグの労働者と兵士の間のエネルギーの鋼鉄を鍛えた。大衆の意思を、陰謀ではなく蜂起のほうにハンマーで向けたのだ。（中略）一般大衆は我々の旗印のもとで動き、我々の蜂起は勝利をおさめた。そこへ我々に提案が行われている。勝利を蜂起せよ、譲歩せよ、合意を取り付けよ……いいや、この時点では合意など役にたたない。この場を離れた者たち、そして「妥協の」提案などを持ち出してくる連中に、我々はこう言わざるを得ない――おまえたちは見下げ果てた人間だ。おまえたちは破産した。おまえたちの役割は終わった。自分たちのふさわしい場所へ行ってしまうがいい。歴史のごみ箱へと。[40]

この長口舌はマルトフを激怒させた。もはや怒りを抑えきれず、マルトフは「そんなら我々は出て行く！」と叫んだ。それを合図に、メンシェヴィキやエスエルは一斉に退席した。トロツキーは喜びを隠そうともしなかった。[41]

レーニンを議長とする政府が形成された。トロツキーの示唆で、これは人民委員会議という名称になった——あるいはロシア語の略称で、ソヴナルコムだ。権力機構の全体が、ソヴィエトの既存ヒエラルキーに基づくものとされていた。平和、土地、出版に関する布告がすぐさま発表された。ソヴナルコムの命令は、その時点ではペトログラードの外には伝わらなかった。布告はボリシェヴィキに対する一般の支持を集め、「大衆」が古い社会システムをひっくり返すよう奨励するためのものだった。社会主義革命がロシアで始まったのだ。レーニンとトロツキーは、ヨーロッパの他の国も後に続くと予想した。彼らは一世一代の政治的ギャンブルを行い、自分たちの勝利について微塵も疑いを抱いていなかった。

第20章 人民委員

ロシアのほとんどの人もその他の世界中も、ボリシェヴィキの指導部など荒っぽい無能集団で、権力を維持するなど絶対無理だと思っていた。ソヴィエト支配者たちはそう思われるのは平気だった。でも、政府としてすぐに能力を証明してみせなくてはならないことは理解していた。そして要職についた人の中には、出来がいいのもいれば悪いのもいた。トロツキーの素質はすぐに深い印象を残した。彼は一九一七年以前にマルクス主義新聞の編集で身につけた技能を活用した。概要メモがまわってくれば、驚くほど楽々とそれを理解し、さらりとそれを他人に説明できた。その裏面として、彼は助言を求めたり受け入れたりしたがらず、それを隠そうとさえしなかった。自分で腹を決めたら、同志たちは単に彼の考えに従うものだと思っていた。レーニンと彼とが合意できているうちは、これでもよかった。レーニンはトロツキーの決然としたところを評価していた。スターリン、スヴェルドロフ、ジノヴィエフもそれで評価されていた。他人のことに鼻をつっこむクセはあったものの、レーニンは何もかも自分でやるわけにはいかないことを認識していた。身の回りに指導者をおいて、難しい状況では彼らに権威を発揮してほしがった。トロツキーは明らかに爆発的なエネルギーを持っており、これはレーニンの要件をほぼ完璧に満たしていた。

権力を掌握してからのレーニンとトロツキーは、どんな政府がほしいのかまったく疑問の余地を残さなかった。彼らがつきあうのは、臨時政府の打倒を支持した社会主義者だけだった。したがって、メンシェヴィキとは一切の関係を断った。左派メンシェヴィズムの指導的な存在であるマルトフは、第二回ソヴィエト大会を退席した。レーニンとトロツキーにしてみれば、彼は政府におけるパートナーとなる権利を自ら放棄したのだった。エスエルもほとんど同じ行動を採ったが、例外は内部の急進分派、いわゆる左派エスエルで、彼らは大会に残った。レーニンとトロツキーは、この左派の異端者たちだけとしか連合を検討しようとせず、彼らをソヴナルコムに参加させるための協議が始まった。

レーニンは十一月一日に党ペテルブルグ委員会にやってきて、メンシェヴィキやエスエルとの一切の妥協に反対するキャンペーンについて、トロツキーをほめた。「トロツキーはこれを理解し、それ以来これ以上のボリシェヴィキはいない」[1]。お返しにトロツキーは、レーニンが独裁者になろうとしているというルナチャルスキーの非難に対してレーニンを擁護した。

中道の政策など存在しない。後戻りはできない。我々はプロレタリア独裁を導入する。人びとに働くよう強制する。なぜ過去のテロルの下ではサボタージュが存在したと思っているのか？　だがここでは単にテロルがあるだけではなく、ブルジョワに適用された労働者の組織暴力があるのだ。（中略）労働者たちに対して、メンシェヴィキなどとの連立は支持していないことを明確かつ率直に言う必要がある。そんなことは問題の核心ではない。重要なのはプログラムだ。我々はいまなお戦っている農民、労働者、兵士たちと連合を組んでいる。（中略）［政府に］ごく少数のボリシェヴィキだけを残しておいたら、話がまったく進まない。権力を握ったのだから、それだけの責任も負わなくてはならないのだ[2]。

共産主義というプロジェクトをここまで容赦なく述べるなど、レーニンすらやっていない。

レーニンとトロツキーはロシアの政治における不可分の存在となった。一心同体で、敵に対しては国家テロルを含む容赦ない手段を使う決意だったのだ。ペテルブルグ委員会では二人は勝利をおさめたが、そのときのトロツキーは、かつてメンシェヴィキを説得して交渉しようとした態度はかけらも残していなかった。レーニンとトロツキーにとっての問題は、ボリシェヴィキ中央委員会で十分な支持が得られないということだった。支配的な意見は、権力を握ったボリシェヴィキは、全社会主義政党との連立政府を作るべきだ、というものだった。カーメネフとジノヴィエフが中央委員会に復帰したことでその傾向は強まった。メンシェヴィキとエスエルとの協議が行われた。レーニンとトロツキーは自縄自縛となってしまった。ケレンスキー政府の転覆以前には、二人は意図的に自分たちの意図をぼかしておいたので、中央委員会がロシアのあらゆる社会主義を一堂に集めるような内閣を作ろうという一般的な願望に従ったところで、文句を言える立場ではなかったのだ。権力は奪取したものの、それを誰が行使するかという真面目な戦略に関する討議は行われていなかったのだ。

だが一つの点については、中央委員会の誰もが同意していた。それはケレンスキーの復権は許してはならないということだった。前首相は、コサック軍を率いてペトログラードの外のプルコヴォ丘に陣取り、ボリシェヴィキの殲滅を狙っていた。赤衛軍の志願兵たちが市から進軍して対決した。駐屯地の兵が動員され、短い交戦の後で、ケレンスキーは敗北した。一方、ヴィグジェリ——メンシェヴィキが指導する鉄道労働組合——の呼びかけた鉄道ストは、始まるか始まらないかのうちに立ち消えた。組合指導者たちは、鉄道員たちのソヴィエト政府に対する反感を過大に見積もっていたのだった。コサック軍は敗走した。メンシェヴィキとエスエルの交渉の手札は弱まった。あらゆる連立政権からレーニンとトロツキーを排除するよう彼らが要求したときには、ボリシェヴィキ中央委員会はあっさりこれを拒絶した。

レーニンが驚いたのは、彼の意図していた地位につくのをトロツキーが拒絶したことだった。トロツキーは出版政策を扱いたがった。長年ジャーナリストとして活動してきたために、ソヴナルコムのこの面を運営したいという嗜好を生み出したのだろう。これはまちがいなく重要な職務で、レーニンは十月二十六日に検閲を導入する布告を出した。だが最も価値の高い同志をそんな職務で無駄にするのは嫌だった。(3) 彼はボリシェヴィキ中央委員会で、トロツキーが全政府の長となるべきだと示唆した。だがトロツキーは断固として拒絶した。

私は抗議に飛び上がった――この提案はあまりに予想外で不適切に思えたのだ。だがレーニンはこだわった。「どうして絶対に嫌だなどと? 権力を奪取したペトログラード・ソヴィエトの議長を務めていたのはきみじゃないか」。私は議論なしに、彼の提案を却下する動議を出した。そしてそのように決定された。(4)

トロツキーは決してその理由を説明しなかったし――彼の記述を信用するなら――当時も何ら理由は述べなかったようだ。ひょっとすると、指導的な立場にはつきたくても、孤高の指導者になるのはいやだったのかもしれない。これは後年はっきりしてくる彼の心理的な特徴だった。また政治的な計算もあったかもしれない。というのも、レーニンがこの後で内務人民委員を引き継いでくれと言うと、トロツキーはまたもそれを拒んで、反ユダヤ主義の強い社会でユダヤ人が警察を仕切るのは不適切だと説明している。ユダヤ人がロシア人を弾圧していると見られたら、ポグロムの気運が高まるかもしれない。トロツキーは、それが個人的な問題ではなく政治的な問題なのだと固執した。(5)

かわりに彼は、ソヴナルコムの外務人民委員を引き受けた。レーニンはこれではトロツキーの才能が無駄になると思ったが、スヴェルドロフがそれに反対した。

「レフ・ダヴィドヴィチはヨーロッパに対して向けられるべきですよ。外務を彼に任せましょう」。「これから我々がどんな外交問題を持つというんだね」とレーニンは叫んだ。だがしぶしぶ承知した。私もしぶしぶ承知した。したがってスヴェルドロフの発案で、私は四分の一年ほどソヴィエト外交の長となったのだった。

外務人民委員ということは、私にとっては官庁仕事からの自由ということだった。手助けを申し出た同志たちには、ほとんど例外なくそのエネルギーにもっと適した分野を探すよう示唆した。一人は後にその回想記で、ソヴィエト政府形成直後の私との会話について、かなり活き活きとした報告をしている。彼の記述によれば、私はこう言ったのだそうだ。「我々にどんな外交作業があるというんだよ。なあ、革命的宣言をいくつか［外国の］人民に向けて発行して、あとは店じまいだ」[6]

トロツキーはこの発言通り、すぐに一九一五年の連合軍の秘密協定を公表し、世界中の労働者に対して政府に抵抗し立ち上がれと呼びかけた。

ロシアの反ユダヤ主義者たちは、ロシアに対する愛国的な献身のない人種だとしてユダヤ人を迫害した。政府の外務大臣となって、国の利益を守るよりも世界革命を広めるほうに関心を抱くということで、トロツキーは「ユダヤ人問題」として広まっているステレオタイプ通りに動いていることとなった。もっとも実際には、革命政権でどんな有力な地位に就いたとしても、ロシア内外の超愛国主義政治団体にとっては憎悪の対象にならざるを得ない。当時の状況で、彼はすでに世界で最も有名なユダヤ人となっていた。ロシア駐在のアメリカ赤十字指導者、レイモンド・ロビンス大佐は、彼らしい辛辣な表現でこれを指摘している。モスクワに来たイギリス外交使節団の団長ロバート・ブルース・ロックハートとの会話で、彼はトロツキーを「とにかく幾重ものクソッタレではあるが、キリスト以来最大のユダヤ人ですな」と評している。[7] さらにソヴナルコムはユダヤ人比率が異様に高いところで、トロツキーは単にその中で最も有名というだけだった。同じことがボリシェヴィキの中央党指導部についても言えた。レーニンが有能なユダヤ人を排除していたら、絶対に組閣などできなかっただろう。

外務人民委員部は他の省庁とは世界観が大いに異なっていた。トロツキーなどのボリシェヴィキは外交政策よりはむしろ国際関係に専念していた。彼らにとってのロシアは、数多くの国の一つでしかなく、ヨーロッパ社会主義革命よりもロシアを優先するつもりはなかった。偉大なる新時代はたまたまペトログラードで始まっただけだ。古い民族主義、帝国主義、軍国主義のやり方は、終わりかけていると宣言された。この外務人民委員部に対するおざなりな態度を裏書きするかのように、トロツキーはほとんど役所で働かなかった。彼にとって、レーニンが事務所を構えるスモリーヌイ学院に拠点を置くのが重要だった。外務人民委員部における日常業務は、トロツキーの副官であるイワン・ザルキンド博士がこなしていた。だからといって、外務人民委員部が暇だったというわけではない。実はかなりの革新的な試みが行われていた。この委員部は、国際革命宣伝局を創設したりしているのだ。ボリシェヴィキはまた、印刷局、捕虜局も創設した。この三機関は共同でドイツ語、ハンガリー語、ルーマニア語で新聞を刊行し、各国軍の兵士たちを革命の大義に共感させようとした。[8]

東部戦線では停戦の取り決めが行われた。ロシアと中央同盟国との戦いは中断し、ソヴナルコムは軍の退却にとりかかった。ペトログラードと世界の他地域との接触は弱まったが、トロツキーはボリシェヴィキが権力を奪取したというニュースは、まちがいなくヨーロッパのメディアで報じられるものと想定していた。期待としては、ロシアの先例――彼はそれをモデルとは呼ばなかった――に追随する国が出るということだった。中欧諸国が政府を打倒するのを待つつもりだったし、ドイツのプロレタリアがそれだけの気合いを見せるものと思っていた。こうした革命から、まちがいなく新時代の夜明けがやってきて、永続的な平和が生じるはずなのだ。苛立たしいことに、ドイツやオーストリアの新聞に執筆はできなかった。だが外務人民委員は、手をこまねいてはいなかった。部下たちに、前線周辺地域への配信にふさわしいプロパガンダを用意させたのだ。ロシア兵たちは中央同盟の兵たちと仲良くなるよう奨励された。東欧の言語で書かれたパンフレットを持つことで、彼らは共産主義のメッセージを伝えることができる。ホーエンツォレルン家やハプスブルク家に対する軍の暴動が醸成されるはずだった。軍で問題が起きれば、それが文民社会にも浸透するはずだった。ドイツ軍最高司令部は、数週間ほどはこの新しい手口を容認していた。ソヴナルコムが軍事的な戦いを止めたので、ドイツは資源を西部戦線に集中できたのだ。

　トロツキーはますます図に乗ってきたが、レーニンとのパートナーシップを楽しんでいたために、党の指導部内でどれほどの恨みを買っているか気がついていなかった。カーメネフ、スターリン、スヴェルドロフ、ジノヴィエフはレーニンに尊重されていた。ジノヴィエフは一九一七年以前には、亡命ボリシェヴィキ派閥の副指導者という非公式の地位を占めるのが常だった。[9] それがいまや、レーニンは統治のあらゆる重要な問題について、相談相手はトロツキーだ。法令や発表がすさまじい勢いで実施されねばならず、レーニンはトロツキーに発表直前のものを修正するよう依頼していた。ソヴナルコムの活動に対応するため、レーニンはもっと大きな部屋に引っ越したが、そのときにトロツキーにも小さなオフィスを与えた。だがこの部屋は建物の中でレーニンから一番離れたところにあったので、しばしば廊下を闊歩して相談に向かうトロツキーの姿が見られた。ボリシェヴィキのエリートたちは、まだ執務条件をなるべく良好にする必要性を認識していなかった。当初は専門のタイピストを雇うだけの常識もなかったほどだ。

トロツキーは政府内での地位が上がったのに、家族と過ごす時間も増やした。このパラドックスの一部は、地理条件で説明できる。ソヴィエト政治指導部の人びとは、近親者たちをスモリーヌイ学院に引っ越させたのだった。建物の上層階は、メンシェヴィキとエスエルが退去してすぐに家族用アパートに改装された。みんなが建物内にいてくれれば、ボリシェヴィキ指導部を警備するのも楽になる。どのみちみんな、権力の掌握をしっかりさせるにあたり、密接かつ定期的にお互いとの接触が必要なのだった。十月二十五日の卒倒を受けて、トロツキーは市内をとびまわってストレスをためないほうがいいと判断された。普通の日だと、彼は昼食で家に帰り、昼寝をした。思春期になった娘のジーナとニーナは、市内の別の場所に母アレクサンドラと住んでいたが、このスケジュールをつきとめて食事がくる前にアパートに飛び込んでくるのだった。これまでの生涯のほとんどを、二人は父なしで過ごしてきた。いまやっと、父の昼寝を削ることになるとはいえ、父といっしょに過ごせるのだ。昼食後にトロツキーはソファでくつろぎ、娘たちの隣にすわって冗談をとばした。たまたまトロツキーがいなければ、ジーナとニーナは弟たちと遊ぶのだった。[10]

あまりきつくない外務人民委員部の仕事以外にも、トロツキーにはいろいろやることはあった。ソヴナルコムでは革命法廷を設立する手法を導入した。[11]法令の編集にも呼ばれた。[12]ロシア暦を世界の他のものと一致させるための方策もトロツキーが責任者だった。[13]彼は古い陸海軍省全体の「活発な粛清」を呼びかけ、またラトヴィア狙撃兵師団（共産主義の大義に奉仕する軍事勢力の中で最も有能だった）をペトログラードにつれてきて、防衛を強化することも求めた。首都をはじめとする各地での、その他の抵抗運動噴出も指摘した。[14] オレンブルグでの反革命の動きについても報告した。[15]「ブルジョワ出版」に対する取り締まり強化を要求した。[16] もっと一般的には、人民委員部が対処すべき他の政策を示唆するのに活躍した。[17] 十一月半ばから十二月初頭にかけて、左派エスエルがやっとボリシェヴィキの招きに屈して連立政府に参加したが、トロツキーの権威と地位は揺るがなかった。ボリシェヴィキは十月革命を実施して足場を固めた存在だ。だから新参者たちに、ソヴナルコムで同じ数の役職を与えるつもりはなかった。でも同志として左派エスエルは歓迎した。トロツキーはもともとレーニンよりも、権力掌握が一党だけの活動に見えないようあれこれ努力してきたので、連立政権の組成はトロツキーのお気に召したのだ。

世間的な名声で、トロツキーはいい気になってしまった。彼はもともと、組織への忠誠などで動く人間ではなかった。昔から情熱を傾けたのは、万人を革命行動に向けて備えさせることだった。臨時政府転覆は、彼にとっては党内部のメンツをめぐる小競り合いなどよりはるかに重要だった——そして数年後に、彼は他のボリシェヴィキ指導者たちにどう思われているかを軽視したことで大いなる代償を支払うことになる。だが、これがいつものトロツキー流だった。自分なりの政策を決めて、それをなるべくすぐに実施しようというわけだ。

その気取りと優雅さに伴うものとして、トロツキーは社会主義にまったく好意的でない外国人とも平気でつきあうという恐ろしい傾向を持っていた。外務人民委員部での職務を果たすには、ペトログラードの外交官たちとのつきあいは避けられなかった。ヨーロッパ全体に革命を醸成しようという長期的な狙いにもかかわらず、短期的には現実的な理由から、ボリシェヴィキは連合国の機嫌を無用に損ねるわけにはいかなかった。ヨーロッパの地政状況は微妙なところだった。ソヴナルコムとしては、大戦の終わりは模索しつつも、英仏がロシアに軍事介入する理由を増やしたくはなかった。というのも一九一七年から一八年にかけての冬には、西部戦線でどっちが勝つかはまったく読めなかったのだ。この危険が増すにつれて、トロツキーは外務人民委員部での仕事をもっとしっかりこなすようになった。またペトログラードの外国報道機関とも定期的に話した。これほどすぐにインタビューに応じるボリシェヴィキ指導者は他にいなかった。[18] ほとんどの特派員は、十月革命以前にはトロツキーとの交流はなかった。みんな彼の真面目さ、雄弁さと自信には感銘を受けていた。ソヴナルコム代表として進み出た彼は、倒れた臨時政府の大使館に電報を打ち、ソヴィエトの「平和政策」を支持するか、あるいは大使館を退去せよと命じた。[19]

列強の外交官やジャーナリストたちは、スモリーヌイ学院の彼のオフィスでインタビューしようと列をなした。また、最上階にある一家のアパートでトロツキーの叡智が傾けられることもしばしばあった——彼はありとあらゆることについて、特に理由がなくても長々と持論を垂れたがるのだった。訪問者たちは彼の暮らしが質素なのに感銘を受けた。その一人は、アメリカ人記者ルイーズ・ブライアントだ。

ボリシェヴィキ革命の最初の日々に、私はスモリーヌイに出かけて最新ニュースを得ようとした。トロツキーと、ほとんどフランス語しかしゃべれない彼のきれいで小柄な妻は、最上階の部屋に住んでいた。部屋は貧乏画家の屋根裏スタジオのようについたてで仕切られていた。その一端にはベビーベッドが二つと安手のたんす、反対側には机と安手の椅子が二、三脚。絵画もなく、くつろぐ場所もない。トロツキーは外務大臣だった頃にずっとこの事務所に陣取っていて、多くの高官はここでトロツキーに会わざるを得なかった。[20]

どうやら、この学院のかつての栄光の名残といえば、大きな赤いじゅうたんだけだったようだ。[21]

トロツキーがペトログラードに腰を据えている間、東部戦線近くのブレスト＝リトフスクでドイツやオーストリア＝ハンガリーと交渉していたのは、友人のアドリフ・ヨッフェだった。中央同盟諸国が停戦を破棄してロシアに侵攻したら、ボリシェヴィキとしては英米仏に対して軍事援助を要請できるようにしておきたかった。これはずいぶん異様な状況ではあった。トロツキーの部下たちは連合国の仇敵と平和交渉しており、それが成立すれば中央同盟は西部戦線で勝つ見込みが高まる。一方でトロツキーとロバート・ブルース・ロックハートは定期的に会談して、実に折り合いがよかった。[22] トロツキーはまた、ペトログラードのフランス人やアメリカ人にも愛想をふりまいた。フランスの軍事アタッシェ、ジャック・サドゥールと親交を結び、アメリカの赤十字の責任者レイモンド・ロビンスに対して、アメリカ鉄道ミッション（これはロシアの鉄道網再建の支援で臨時政府に派遣されていた）がソヴナルコムに支援をするなら、よいオフィスを使ってもいいと提案した。[23] こうした状況だったので、トロツキーとレーニンはロシアの外交を店じまいするなどとうていできるものではなかった。

ニューヨークの『インディペンデント』紙のエドワード・アルズワース・ロス記者は、経済再生に関するトロツキーの考えを記録している。人民委員は、ソヴィエト政府はいまのところ全産業をすぐに国有化するつもりはないと強調した。ボリシェヴィキは所有よりはコントロールを狙っているのだという。私的利益の規模は制限する。また、工場が社会福祉のニーズにあわせて生産をおこなうように手をうつ。資本主義は厳しく課せられた枠組みの中で機能するという。ロスは当然ながら、事業者たちがそんな条件下で事業をやりたがるだろうかと質問した。トロツキーは、政府は国からの資本逃避を一切禁止するのだとやり返した。どこかよそで資本主義が継続していたら問題が生じることは認めた。だが十月革命による先例の後では、そんなことは現実的な可能性としてあり得ないと一蹴した。[24]トロツキーはロスの問いかけに正面からは答えていない。これは当時のボリシェヴィキの通例だった。彼らは単に、最善の結果を祈っていただけだった。だがそのインタビューでの何気ない発言で、トロツキーが多少は考えていたことがうかがえる。トロツキーによれば、ボリシェヴィキは工業生産の組織にあたり「テイラー主義」を適用するのだという――トロツキーはアメリカの工場におけるF・W・テイラーの時間活動調査について読んでおり、それをロシアにも適用したがったのだ。[25]

だが十二月に、中央同盟はいつまでもソヴナルコムに甘い顔はしないことをはっきり告げてきた。東部戦線の停戦だけでは不十分だった。完全な単独講和条約を結べと迫ったのだ。そうすれば、軍をフランスに移して西側連合国を撃破できるからだ。だからソヴナルコムが譲歩しないとロシアとの戦争を再開するぞと脅した。

トロツキーは、ブレスト＝リトフスク交渉に参加せざるを得なかった。中央同盟を率いるのはドイツだった。その文民代表団は雄弁だったが、その背後には軍人たちが常に圧力をかけていて、絶えずドイツの要求を拡大させているのだった。オーストリア代表はもっぱら聞く側だった。というのも、六月のケレンスキーによる攻勢に耐えられず、ドイツ部隊による増強を頼まねばならなかったからだ。だがドイツも自分なりの問題を抱えていた。国内の経済状況が悪化していた。また兵役に適した若者を十分に徴兵するのもむずかしくなってきた。工場では不満が増大していた。連合国は驚くほど持ちこたえており、アメリカの参戦で強くなる一方だ。ヒンデンブルクとルーデンドルフ率いるドイツ最高司令部は苛立ちを見せてきた。唯一の解決策は、東部での戦闘を不要にすることだというのが彼らの考えだった。ロシア軍はソヴナルコムの命令で軍を撤収させていた。ドイツにとって次の望ましい段階は、講和条約に調印させることだ。そうすればヒンデンブルクとルーデンドルフは勢力を結集し、西部戦線で英仏と戦える。

こうした中央同盟諸国の懸念は見事に隠されていた。ドイツとオーストリアは会談の席に向かうとき、畏敬をもって扱われるつもりでいた。すでに自分たちが勝利をおさめたようなふるまいだった。彼らもその社会階層の偏見から逃れてはいなかった。彼らにとって、何であれ社会主義者など人間未満の存在だった。ロシアの共産主義者など、指導層がユダヤ人だらけでもあるし、害虫と大差ない存在だった。

だから十二月にブレスト＝リトフスクでロシア代表団にトロツキーが出てきたときには、彼らには一大衝撃となった。トロツキーは通訳を必要としなかった。ドイツ語は優秀で、ベルリン方言やウィーン方言の細かいニュアンスまで理解できた。文化的な言及の広範さは驚異的だった。発言はウィットに富んでいた。そしてお願いする側に回るのを拒んだ。ドイツもオーストリアも、トロツキーが自分たちをバカにしていると正しく感じ取った。交渉にあたっての戦術は、トロツキーらしく巧妙なものだ。それぞれの交渉の立場を文書として刊行するという同意を取り付けたので、ドイツやオーストリアの新聞はトロツキーの発言を報道することになった。そして彼はあらゆる機会をとらえて、ボリシェヴィキ党の究極目標を宣言した。中央同盟が重量級パンチのような要求をつきつけるたびに、トロツキーはそれをひらりとかわした。そしてこちらから質問を返すのだった。世界の現状についてあれこれ考察してみせた。どうしようもなく脆弱な国の外相が、まるで目先の心配事などなにもないような話し方をするのだ。彼は革命的鉄面皮そのものだった。服装も身だしなみも立派で、小汚い共産主義者というステレオタイプとはかけ離れている。ホーエンツォレルン家やハプスブルク家の高等代表人たちは、こんな人間存在とやりあう用意などまったくできていなかった。

第21章 トロツキーとユダヤ人

トロツキーはユダヤ教徒としての出自を強調されるのを嫌った。革命家としてのキャリアでずっと、出自のくびきから逃れようと苦闘してきたのだ。だが幻想は持っていなかった。世間がユダヤ人としての自分に興味を持つのは仕方ないとわかっていたので、その帰結に対応する準備もしていた。

二十世紀初頭にロシアでユダヤ人だというのはどういうことだったのだろう？　ツァーの下で誰かをユダヤ人だと呼ぶのは、民族を示すよりは宗教的な帰属を示すものだった。警察の記録や裁判報告、それに一八九七年帝国国勢調査もこの考え方で実施されていた。だが多くのユダヤ人は、特に一八九〇年代に、信仰を捨てていた。キリスト教に改宗した者もあれば、もっと多くは不可知論者か無神論者になった。キリスト教の福音を受け入れたら、帝国法から見ればもう彼らはすでにユダヤ人ではない。ロシア正教会に帰属すれば、ロシア人になったという認知が得られる。だがこれに対してソヴィエトの下では、ユダヤ性というのは民族的な出自の印であり、ユダヤ人を親に持つ人は、ユダヤ教を信仰として戴いているかどうかによらず、ユダヤ人とされた。一八九七年国勢調査の時点で、ロシア帝国にはユダヤ人が五二〇〇万人いた。他のこうした大規模な民族集団とちがって、ユダヤ人が多数派を占めるある程度の領土というものはなかった――そしてこのため一部のマルクス主義者たちはユダヤ人を民族として分類したがらなかった。公式の宗教的な定義と民族的な定義という両極の間には、信仰は捨てたものの他人から見ればまだ文化的にユダヤ人に思える大量の人びとがいた。コーシャ式伝統に基づく食事をする人もいる。あるいは食事は非ユダヤ的でも、社会的な態度や訛りや、ユーモアやウィットなどでも、どう見てもユダヤ人とされている人もいた。何があればユダヤ人なのかという統一見解はなかった。当のユダヤ人たちですら、見解はばらばらだった。

トロツキーは「ユダヤ人問題」にはほとんど時間を割かなかった。公式の党書類に記入するときには、民族として「ユダヤ人」と書いた。[1] そして一九三〇年代に刊行された長編伝記では、ユダヤ人として生まれ育ったことは一切隠されていない。だが当人の目からすれば、彼はまともな意味でのユダヤ人ではなくなっていた。というのもマルクス主義が出自による偶発的な残滓を焼き尽くしてしまったからだ。彼は自分が何よりもまず革命的マルクス主義者だと考えていた。自分の先祖は、自分とはまったく関係ない、と彼は固執した。

彼は国際主義者を名乗った。これは彼なりに、自分が民族主義を超越していて、新たに民族的アイデンティティなどを身につけるつもりはないというのを示すやり方だった。ロシア語を話し、ヨーロッパのことばも明らかなロシア訛りでしゃべりはしたが、地理の偶然を除けば自分はロシア人でもウクライナ人でもないと思っていた。政治的、文化的な志向からいえば、コスモポリタンだった。学校は十九世紀末に発達しつつあった新生ロシアの価値観に基づいていたし、これは進歩、啓蒙、科学に価値をおくものだった。ウクライナ南部に生まれつつも、その住民を仲間として捜し出そうという衝動はまったく感じなかった。地主や資本家、帝国役人を持つかつてのウクライナ社会は大嫌いだった。新生ロシアにとどまらず新生ウクライナ、新生ヨーロッパ、新生世界を求めていたのだ。バルカン半島での体験はすべて、民族にばかりこだわると人類にとって実に危険だと示すものばかりだった。マルクス主義は、社会主義下の世界がどんなものになるかという予想を助けてくれるような、イデオロギー的なプリズムを提供してくれた。古い価値観や習慣、結びつきは消え去る。トロツキーは豊かな地主の息子として生きる気はなかったし、ユダヤ人の息子として生きるつもりもなかった。万人の利得に基づく政策により、あらゆる偏見と特権の名残が消し去られた、完璧な世界コミュニティの市民を目指していたのだった。この立場を説明したのはやっと一九三四年になって、アメリカの共産主義同盟の同志たちに問い詰められたときだった。

なぜ私が「同化主義者」扱いされねばならないのか理解に苦しむ。広くいえば、この単語がどんな意味をもつか私には見当がつかない。私がシオニズムや、その他ユダヤ人労働者の自己孤立活動には反対していることは知られていると思う。私はフランスのユダヤ人労働者に対し、フランスの生活とフランスの労働階級の問題についてもっと勉強するよう呼びかける。そうでなければ、自分たちを搾取している国の労働階級運動に参加するのはむずかしい。ユダヤ人プロレタリアはあちこちの国に散在しているので、ユダヤ人労働者は自国語の他に、他国の言葉を知って階級闘争の武器とすることが必要だ。それが「同化」と何の関係があろうか?(2)

この態度は、公的な生活における考え方に一貫していた。マルクス主義者の任務とは、民族主義や宗教の不平等性を暴露することである、と彼は信じていた。彼は社会主義者、国際主義者、無神論者の立場を掲げていたのだ。

トロツキーはユダヤ教を否定はしたが、個別のユダヤ人を嫌ったということはまったくない。意識的か無意識のうちにかはわからないが、一番親密な同志として惹かれた数名はユダヤ人だった。アクセリロートは父親のような友人であり、トロツキーが心を打ち明けられる相手だった。ディチは尊敬する古参社会主義者で、疲れ知らずの脱獄者だった。パルヴスは数年にわたり導師となった。マルトフはしばらくは仲間だったし、ヨッフェは昔ながらの友人だ。みんなユダヤ教を捨てていた。

同じことがヨーロッパにおけるトロツキーの友人たちについても言えた。ドイツ社会民主党のカウツキーやルクセンブルクとの交流は、政治的な配慮に基づくものだった。二人がユダヤ系の出自なのはどうでもよかった。オーストリア社会民主党では、ヴィクトルとフリードリッヒのアドラー親子がいた――そしてもちろん、ウィーンでは精神分析医のアルフレッド・アドラーや亡命者セミョーン・クリャチコなどの仲間もいる。みんな親はユダヤ人だ。誰も一義的に、あるいはまったくユダヤ人であることを知られたいとは思っていなかった。彼らは世界市民として行動し考えた。これは世紀の変わり目において、政治だけでなく文化や科学面で広まった傾向で、ユダヤ知識人たちはその急先鋒だった。

トロツキーにはまた、ユダヤ人でないコスモポリタン仲間もいた。ブルガリア人フリスチャン・ラコフスキーが一例だ。トロツキーは一九二七年にヨッフェが他界してから、彼を親友として大切にするようになる。さらにトロツキーのドイツ社会民主党の仲間は、先祖にまったくユダヤ人のいない人などいくらでもいた。カール・リープクネヒトとは友だちだった。アウグスト・ベーベルともよく話をした。知的な関心はヨーロッパ的だった。フランス芸術に興味のあったナターリャがこれを後押しして、スイスやドイツ、オーストリアでの亡命時代にはヨーロッパの古典文学に没頭していた。さらに、トロツキーが成人してからの暮らしには、ユダヤ教のかけらもない。棄教したユダヤ人でも、宗教的な食事の禁忌は守り、伝統的なお祭りは祝ったりする人は多い。だがトロツキーはちがった。確かに、アレクサンドラ・ソコロフスカヤとの結婚はラビがとりもった[3]。だが、シベリア亡命中にいっしょに暮らすためには、それ以外に手がなかったのだ。帝国法は世俗婚は認知しなかったし、キリスト教に改宗もしていなかったので、ユダヤ教にしたがった結婚をするしかなかった。

この儀式を終えると、トロツキーは反宗教的なやり方に戻った。聖書からの引用を使ったわずかな場合でも、新約聖書からの引用が多かった（たとえば「行きなさい。もう罪を犯さないように」と書いたときのように）[4]。どのみち二番目の妻ナターリャはユダヤ教徒ではなかったし、アレクサンドラが生んだ娘二人も、ナターリャが産んだ息子二人も、ユダヤ性とは無縁の名前がつけられた。長男に父親の名前をつけるかわりに、彼とナターリャはレフという名前を選んだ。

トロツキーのようなユダヤ人は、ロシア帝国にはたくさんいた。つまりユダヤ宗教学校で提供されているよりも広い、人文科学系の教育の恩恵を受けたユダヤ人ということだ。多くの利発な若者のように、トロツキーはこれがもたらした文化的自由を満喫した。彼は自分の賢さを鼻に掛け、率直に意見を述べた。怖い者なしだ。トロツキーはこうした特徴を、ユダヤ教社会の伝統や帝国秩序の制約から逃れた他のユダヤ人のほとんどよりも強く持ってはいた。確かに彼は、突出した才能の持ち主ではある。だが、社会的な地位向上の機会を明白に楽しんだユダヤ人は、他にもたくさんいた。後に彼らは、世界共産主義運動におけるユダヤ人の若者たちにとってお手本となる。その若者たちも声高に話し、辛辣な書き方をして、他の人びとの気持ちなど意に介さなかった。トロツキーは自己嫌悪型ユダヤ人症候群なるもので苦しんだとはとても言えない。憎悪はここには登場しない。自分と自分の人生を喜びすぎていて、先祖を恥じたりしている暇などなかったのだ。

トロツキーはロシア帝国における教育を受けたユダヤ人何万人もの一人で、彼らはついに、両親たちならキリスト教の官僚王国の前で頭を下げて逃げ出さなくてはいけない状況で、胸を張れるようになったのだった。若い野心家には、名声への二つの道があった。一つは合法、一つは非合法。他のヨーロッパと同じく、ロシアでもユダヤ人は技芸の道で頭角を現すこともできた。ロシア帝国最高の医師や弁護士は、ユダヤ人定住区域出身者だった。芸術や科学もますますユダヤ人による貢献が見られるようになった。二番目の道は、革命党に加わることで、そこはユダヤ人比率が異様に高かった。若いユダヤ男女は、厳しいトーラーの教えを受けたが、それと似通った世俗の教えをマルクス主義のややこしい教義に見いだした。マルクス主義でもユダヤ教でも、重箱の隅をつつくような論争は日常茶飯事だった（プロテスタンティズムでもそうだが）。セクト／宗派間の争いはユダヤ人地域の生活に見られた特徴だった。完璧な未来への信仰は、かつては純粋に宗教的な現象だったが、いまやそれが急進的社会主義運動にも入り込んだのだった。

　トロツキーが拒絶したユダヤ人たちは、自分たちのユダヤ性を強調する人びとだった。その筆頭がブント派だ。一九〇三年第二回党大会ではブントに反対する発言をした。またシオニズムも攻撃した。シオニズムは、ポグロムが増えるにつれて、ユダヤ人定住地域で支持者がどんどん増えていたのだった。トロツキーにとって、シオニストはブント派の双子だった。一九〇四年に彼は『イスクラ』に、「シオニズム解体とその後継候補」なる記事を書いた。これはユダヤ政治分離主義に対するトロツキーの最も詳細な批判論文だ。彼はシオニズム指導者テオドール・ヘルツェルがヨーロッパなどのユダヤ人向けに故郷の地をアフリカに認めてくれとキャンペーンを張っているのをバカにした。これはトロツキーが認めたよりも真面目な計画ではあった。イギリス政府がこうした提案をヘルツェルに対して提示しており、一時はそれが実現しそうな可能性がかなり高かったのだ。とはいえ、トロツキーの予想通り、結局はお流れに終わった[5]。だがシオニズム自体が間もなく消え去るというトロツキーの予想はまちがっていた。当時の評論家のほとんどと同じく、トロツキーも世界の列強が、イスラエル国家を中東に創設するのを容認するような未来を想像できなかったのだ。

　ブントの思想の細部に、トロツキーはまるで興味を持たなかった。ブント派ですら——少なくともその指導者たちは――当時のロシア帝国や外国のユダヤ人の大半とはちがい、無神論を公言していたことはまったく見落としていた。ブント派についてトロツキーが心配したのは、そのメンバーたちがユダヤ人としての自覚を保ちたいと願っていたことだった。トロツキーは社会主義者が民族的な自認をおこなうのが嫌いだった。オーストリアやセルビアの同志たちにこの傾向があるのを批判し、一九一四年にも、ドイツ社会民主党が自国政府の戦時公債に賛同投票したときには、同じ理由でそれを糾弾した。ユダヤ人問題について、トロツキーは建設的な提案の提唱者になるよりは、他人を攻撃するほうを好んだ。帝国政府については、ポグロムについて手をこまねいていたようだとして罵倒した。またユダヤ人が民族集団として認知されるべき根拠などないと主張したことで、ピョートル・ストルーヴェも攻撃した。[6]だが、何が民族を構成し、領土や信念、伝統がそれにどう貢献するのかを検討して話を深めることはしなかった。それについて答えを出さなかったのは、当時誰もそれを彼に尋ねなかったからだ。また八月ブロックによる、ユダヤ人に「文化的民族自治」を与えるという提案にも魅力を感じなかった。自治という発想には賛成も反対もせず、その議論を避けた。ユダヤ人がユダヤ人であるゆえに嫌いというのではないが、民族や人種を掲げても世界の根本問題は解決できないと感じていたのだった。

いずれにしても彼は、シオニズムの支持者たちのうち、失望した左派はブントに参加するだろうと予言した。そうしたユダヤ人は、少なくとも逃亡するよりは救いを革命に求めることになる。そして、いずれはそうしたユダヤ人をロシア社会民主労働党に引き込めるかもしれないというのがトロツキーの期待だった。だがブントはシオニズムとは戦ったものの、トロツキーに言わせるとその思想は民族主義にゆがめられていた。そしてこれはトロツキーに言わせると、君主制を打倒してよりよい社会を創設する望ましい方法とは言えない。トロツキーはブントが、ユゼフ・ピウスツキのポーランド社会党と同じく、人びとをもっぱらその民族出自で判断するという道をたどっていると考えた。(7) だが戦術的な理由から、ロシア社会民主労働党をまとめるためにはブントとも協力が必要だった。レーニンのボリシェヴィキも含め、あらゆる派閥は一九〇六年第四回大会では、ブント派を党の不可分な一部として受け入れていた(一九〇三年の第二回大会では、彼らは席を蹴っていた)。トロツキーはブント派が党の同志として公式に認められている限り、ブントを無視するというやり方で対処した。トロツキーにとって、ブント派は常に普遍的な社会主義の約束に対する脅威となる存在だった。

一九一七年の二月革命から十月革命の間に、ブント派は政治的な影響力を獲得した。その指導者マルク(ミハイル)・リーベルは、ボリシェヴィキが権力を握るまでソヴィエトを支配していた、社会主義者連合に深く関わっていた。ユダヤ人はあらゆる革命政党に大量にいた――フョードル・ダンとユーリー・マルトフはメンシェヴィキ指導者だったし、アブラム・ゴーツはエスエルの首脳部だった。一時は、ユダヤ人問題はロシアの政治ではもはや問題ではないように思えた。

敬虔なユダヤ社会は、革命運動の指導層にいる数々のユダヤ人について心配していた。古い一般の反セム主義の伝統が復活したら、それが一般のユダヤ人に対しても被害を及ぼすだろうと思ったのだ。ペトログラードのトロツキーのもとに代表団が送られ、ボリシェヴィキとは縁を切るよう説得しようとした。彼は慎重に耳を傾け、後年の回想によれば、おおむね以下のように回答したという。「私がユダヤ人の皮の中に生まれたのは、私のせいではない。労働者たちのほうが、あらゆるユダヤ人よりも私にとっては大事なんだ。そして人類のために、人類のある部分が消滅しなければならないとしたら、そのある部分というのがロシアのユダヤ人であっても、私はまったく気にしない」(8)。トロツキーが本当にこんなことを言ったとは考えにくい。トロツキーは、共産主義政治秩序に準拠する限り、それぞれの民族集団が独自の伝統を守るのは認めるべきだと一般に思っていた――そして、人びとが学校教育や新聞で独自の言語を使えるようにするというソヴィエト政府の努力にも賛成していた。また各民族集団から若者たちをリクルートして、イデオロギー訓練をほどこして公職に就けるという手法も支持していた。この関連でユダヤ人に言及したことはないが、非ロシア人の共感獲得を狙った公式政策の範疇に十分収まるものだった。

モスクワのラビ、マゼはこう言い放った。「借用書に署名するのはレフ・ダヴィドヴィチ・トロツキーかもしれんが、その借金を返すのはレイバ・ブロンシュテインなんだからな」[9]。この聖職者は、信仰を維持しつつ、おとなしく世俗の権威にもしたがう何百万もの敬虔なユダヤ教徒たちについて述べている。これは何世紀も続いてきたことだ。そこへ革命家たちがやってきて、その中にはユダヤ出身者がたくさんいて、新しい社会を作ると約束はしてみせるが、そのための物質的な資源は差しだそうとしない、というわけだ。

トロツキーはマゼの懸念を理解したが、その全般的な助言は無視した。役職を提示されたときに断る口実としてユダヤの出自を持ちだしたのは、内務人民委員部の長になりたがらなかったときが最後ではない。一九一八年に、彼は軍事人民委員に任命されたのを断ろうとして失敗した。さらに一九二二年に、ソヴィエト政府で自分の副官になれとレーニンが申し出た時にも断ることになる。この三回とも、その役職に自分が不適切であるという口実として、ユダヤ系の出身だというのを挙げている。その後の内戦でも、ユダヤ人は何ら特権を与えられないと何度も約束しようとしている。ユダヤ人は、平均よりも識字率や数学能力が高かったから、ソヴィエト政権に職を見つけるのも簡単だった。トロツキーは、ソヴィエト国家の人気という面でこれが不都合だと思い、赤軍に入るユダヤ人を増やして、親分面をするのはユダヤ人で死ぬのはロシア人だという世間の不満を打ち消したいと思った。党の指導部は広くユダヤ人集団と見なされていた。トロツキーは、自分が政府や党や軍で有力な地位にあるのは、革命の大義にとって有害だと信じ続けた。そして内戦が終わると、共産主義指導部にこう告げたのだった。「さて、同志諸君よ、この分野であれこれ私がやってきた結果として、完全に自信をもってこう言おう。私が正しかった、と」[10]

確かに、ユダヤ人がボリシェヴィキ党で圧倒的多数だと言われていた。実は、ボリシェヴィキの中では、他にもいくつかの少数民族が極端に多かった。スターリンはグルジア人だし、フェリックス・ジェルジンスキーはポーランド人、ステパン・シャウミャンはアルメニア人だ。バルトの人びと、特にラトヴィア人とリトアニア人も有力な人物を輩出していた。こうした指導者たちが台頭することで、一九一七年以前には帝国秩序への反感に、民族的人種的な側面を追加することになる。だが最も悪意に満ちた非難を浴びるのはユダヤ人だったし、トロツキーがそれに注目して心配したのも無理はない。

反革命ポスターは、トロツキーについてユダヤ恐怖症的な扱いをするのが通例だった。有名な絵では、彼が獣のように身構えて、敵を襲おうと待ち構えている。背景には一般のロシア人たちが、彼の政策の影響に苦しんでいる。空はおどろおどろしい色合いで、街路には血の赤が流れている。別の絵では、トロツキーは中国人めいたコミッサールたちに指示を出している。こうしたイメージは、十月革命がロシアとその国民の利益に損失を与えたことを示そうとしたものだ。反ソヴィエト司令官アレクセイ・カレージンは、ボリシェヴィキの指導者はロシア人ではなくユダヤ人だと宣言して兵たちの士気を高めた――そしてレーニンとトロツキーは、粉砕すべき連中の筆頭だった。[11]この二人は共産主義体制そのものと言うべき存在だったのだ。[12]ソヴィエト当局への匿名の手紙にはこう書かれている。

いまのロシアを誰が支配しているか見えないとは、目でもつぶれたか？（中略）トロツキー、スヴェルドロフ、ジノヴィエフみたいな連中――あれはみんな、根っからのユダヤ人で、ロシア式の名字をつけてロシアの人びとをだまそうとしているんだ。トロツキーは実はブロンシュテインで、ジノヴィエフは実はリーベルマンで等々。そしてロシア正教のツァーよりも、ユダ公ブロンシュテイン――トロツキー――をひいきにしてるのはお前らだ。

著者は、反キリストの時代がやってきたのだと宣言した。(13)

トロツキーは、反共主義者たちにいらだちを見せて喜ばせたりはしなかったが、ユダヤ人に対するあらゆる差別には毅然と対応した。その立場は、一九一九年十月に『イズヴェスチヤ(「ニュース」)』に書いた記事にうかがえる。「反セム主義はユダヤに対する憎悪にとどまらず、ユダヤに対する臆病なのである」。これはつまり、怒りに燃える反セム主義者たちは、公的な場面でユダヤ人と競争するのが怖いのだ、ということだ。トロツキーはユダヤ人が特に才能ある人びとだというのを否定した。そして彼らが政治の場で活躍している理由について、もっとつまらない説明をした。ユダヤ人は主に都市住民だ。街は、ロマノフ君主制に対する最も鋭い反感が醸成された場所だ。したがって、ロシア帝国においては、(14)ユダヤ系が人口比率よりも高い革命家を生み出したのはまったく理屈にかなっている、というのだ。

数年にわたり、ユダヤ人問題についてトロツキーはこれしか言わなかった。状況が変わるのは、一九二三年にトロツキーとスターリンの間で派閥分裂が生じ始めたときだ。公の論争は熾烈なもので、舞台裏での策謀はなおさらひどかった。党の指導層でだんだん出世した集団は、トロツキーのユダヤ出自を指摘する活動家たちに支えられるようになった。一九二六年三月、トロツキーはスターリンに近い人物の中で誰よりもまともな人格を持つと思っていたブハーリンに手紙を書いている(そしてその時ですら、トロツキーはユダヤ人問題に触れるのが心穏やかでなかったらしく、口述筆記はさせていない）。党の細胞の集会において、反セム的な発言がしばしば聞かれるようになったのに気がついた、と手紙には書かれている。何でも誰かは、「ユダ公どもは政治局［中央委員会の中の小委員会］でやりたいほうだいだ」と言ったとか。こうした雰囲気があると、まともなボリシェヴィキが反セム主義を批判する発言がやりにくくなるのだ、という。彼は派閥では敵にあたるブハーリンに対し、介入して政治論争ではこういう汚い手はつかわないよう主張してくれ、と訴えかけている。[15] どうやらこの話について、スターリンに手紙を書いても意味はないと思ったようだ。そんなことをしても時間の無駄だと思ったのだろう。実は当のスターリンも、ラーザリ・カガノーヴィチというユダヤ人の部下を持っていたが、カガノーヴィチのような労働者階級のユダヤ人は、彼のＵＳＳＲ（ソヴィエト社会主義共和国連邦、名目上は「連邦」だ）計画を脅かすものではなかった。だが聞き分けのないユダヤ系知識人となると話はちがうし、特にそれがトロツキーのように自分の権力を脅かすならなおさらだ。スターリンは反セム主義の噴出を見て見ぬふりをした。それが政敵の打倒に役立つからだ。

どのみちトロツキーは、現代の重要な問題は民族主義ではなく社会主義なのだと固執し続けた。ロシア人を持ち上げたりはしなかった。そういう形でのロシアへの言及はほとんどなかった。これはユダヤ人として育てられた人びとを含め、ボリシェヴィキ指導層としては珍しいことではない。中央委員会で、ロシア人を特別扱いしようとする傾向があった唯一の人物はスターリンだ。[16] それも一九二〇年代にはきわめて用心深い形でしかやっていない。ソヴィエト連邦の中で最高の民族としてロシア人を持ち上げるようになるのは、主に三〇年代に入ってからのことだった。グルジア人であるスターリンは、自分がロシア人でないことについてある程度は政治的に埋め合わせをしようとしていたのだった。だがトロツキーは強硬な国際主義者であり続けた。ヨーロッパとアジアでの革命の必要性について、トロツキーは山ほど論文を書いた。これまた、十月革命以後の一年間では珍しい立場ではなかったものの、トロツキーはそれを驚くほど後まで頑固に保持し続けた。レーニンはしばしば、ドイツ文化が高水準だと述べている。ロシアのボリシェヴィキ革命は、ドイツにおける兄弟革命政権の支持がなければ失墜してしまうとでも言いたげな印象すら受けるときもある。[17]だがトロツキーにはまったくそんな様子はなかった。彼は特定の人民の性質を賞賛したりバカにしたりするのを一貫して嫌い、それがマルクス主義者としての正しいやり方だと信じていた。

確かに彼は、ロシアの文化的な後進性、特に農民の後進性が、社会主義への変革におけるブレーキとなると述べている。そして絶えず、ロシアは社会全体を近代化しなくてはならないと指摘した。[18]確かに彼は、ロシアの古典文学を愛していた。だがフランスの小説も好きで、イプセンを崇拝し、ニーチェに心酔していた。彼はこのすべてを現代世界文化の例として扱っていたのだ。

彼はその後だんだん態度は洗練させていったが、基本的な立場は変えなかった。彼はソ連のあらゆる民族に最高のものを望み、そこにはユダヤ人も含まれていた。そして彼は、ユダヤ人を社会主義、国際主義、無神論に導かなければ実現できないと思っていた。ユダヤ人を特別なニーズをもった人びととして特別扱いしたことは一度たりともない。世界のユダヤ人絶滅を避けるべき、固有の手段を設計しなければならないと彼が結論づけたのは、やっと一九三〇年代にヒトラーが政権を握ってからのことだった。

第22章 ブレスト＝リトフスク

一九一七年十二月から、トロツキーは飛び杼のようにブレスト＝リトフスクとロシアの首都とを往復していた。ブレスト＝リトフスクでは、相変わらず自信たっぷりで悩みなどない国士役を演じ続けた。ボリシェヴィキ中央委員会では中央同盟からの迫り来る危険を赤裸々に語った。彼は外交交渉に秩序と規律を導入した。ロシア人の中で誰が権威を持っているかは一目瞭然だった。

ソヴィエト代表団の団長として、私は、交渉の最初の時期にいつのまにかつくりだされたなれなれしい関係を、すぐに終わらせようと決心した。われわれの軍事代表を通じて、私は、バイエルン公に謁見するつもりはないことを通告した。相手側はこれを承知した。さらに私は、休憩時間にわれわれだけで協議する必要があるので、昼食および夕食は別々にとりたい、と要求した。これもだまって受け入れられた。(1)

トロツキーはすぐに、中央同盟代表団の中での権力分布を見定めた。オーストリアの外相オットカル・チェルニン伯爵は、ドイツの外務次官リヒャルト・フォン・キュールマンに指図されていた。だがキュールマン自身は、ホフマン将軍には頭が上がらなかった――そしてホフマンはこんどは、西部戦線にいるドイツ最高司令部にいる主人たち、つまりパウル・フォン・ヒンデンブルクとエーリッヒ・ルーデンドルフになりかわって発言しているだけだった。トロツキーはこれについて、一九一八年が終わったずっと後まで笑っていた。彼は形式張ったおためごかしを暴くのが大好きだった――エチケットのスクリーンの背後では、大臣や外交官や皇帝ですら、軍のむきだしの力に決められてあれこれ命令を出しているのを彼は知っていた(2)。

年末に、中央同盟は最後通牒をつきつけてきた。トロツキーの雄弁の時間は終わり、ボリシェヴィキは選択に直面した。単独講和に調印して、ロシアを大戦から引き揚げるか、そうでなければドイツ軍が停戦ラインを越えて侵攻する。トロツキーは、ドイツ人たちがモスクワとペトログラードを制圧するまでは止まらないと確信していた。そうなったら十月革命は打倒されてしまう。

ロシアにおけるソヴィエト政権の権威は、かつてないほど低下していた。一九一七年十一月に、憲法制定会議の選挙が行われたが、どの党も過半数は取れなかった。だがエスエルが最大の議席を得た。これはソヴナルコムにとっては逆風だった。ボリシェヴィキは投票数の四分の一しか確保できなかったのだ。左派エスエルはチェルノフやエスエルから分離してソヴナルコムに加わった。だがこの二つの対立する党への分裂は、選挙で別々の候補を立てるには遅すぎた。有権者たちは、古いエスエルの中で、右派と左派を区別する機会が得られなかった。いずれにしても、ボリシェヴィキと左派エスエル党の連立がなんとか権力にしがみつくことが決まり、そしてこの政権は一九一八年一月六日に力尽くで憲法制定会議を弾圧した。ソヴィエト当局は、経済回復を実現できなかったと攻められた。農民たちは都市の市場から撤退した。食糧供給は消えた。工場労働者と鉱山労働者たちは工業生産の瓦解を恨み、大量失業を恐れた。地方ソヴィエトは穀物強制徴用に乗り出した。農民との衝突が増えた。労働者たちはだんだんメンシェヴィキに耳を傾けるようになった。ボリシェヴィキは、十月革命をやったときには労働者階級と農民の支持率が上がり続けるものと確信していた。だが彼らの失望は、一九一七年から一八年の冬には相当なものになっていた。

トロツキーはブレスト＝リトフスクの会談について報告し、ボリシェヴィキと左派エスエルの連立政権は譲歩すべきではないという結論をレーニンが認めてくれるものと期待していた。だがレーニンは自分の政策を考え直したところだった。ロシアの軍が、戦闘力としては存在しないも同然だということを認識したのだ。制服を着ただけの農民たちは、塹壕を後にして、再分配されている土地の分け前に預かろうとして家路を急いでいるところだった──そしてボリシェヴィキは、動員解除委員会を設置することでそれを奨励してきたのだ。戦争再開を望む世論はまったく見あたらなかった。ロシア人たちは戦闘にはうんざりしていたのだ。彼らは平和を求め、レーニンの平和に関する布告がそれを約束してくれたのだと思っていた。レーニンはこれをすべて理解していた。この分析に基づいて、ドイツとの武力衝突は現実的に不可能だと確信していた。そして、ソヴナルコムは中央同盟の出した条件を受け入れるべきだという考えを固めたが、しばらくはそれを誰にも話さなかった。問題は、連立政権の両党ともに、ヨーロッパ社会主義政権の確立による平和が実現しなければ、「革命戦争」を仕掛けると約束していたことだった。ボリシェヴィキの中で、多少なりとも「ヨーロッパ社会主義革命」が間近だというのを疑ったことがあるのは、ごく少数──カーメネフ、ジノヴィエフ、スターリン──だけだったのだ。

トロツキーを含むほとんどのボリシェヴィキ指導部は、中央同盟に対する単独講和は、資本主義帝国主義に対する耐えがたい譲歩だと思った。トロツキーは公式の発言の中で、政府が中央同盟と単独講和しないというのを、大原則として掲げていた。ソヴィエトの安全保障が現在は外部からの支援なしには実現不可能だというのを知っていたのに、それをごまかしていたのだ。ブレスト＝リトフスクでの協議に参加する前に、彼は定期的に西側の連合国代表と接触し、ドイツが侵攻してきたら英仏から軍事支援を受けられる可能性を温存しようとしていた。そして、一九一八年夏までこのアプローチを手放さなかった。(3) 何年にもわたり彼は、「アングロフレンチ」帝国主義は、ドイツやオーストリアのものと同じくらいひどい、と言い続けてきた。だが、講和条約でなくても、ロンドンやパリと何らかの取引の可能性は排除しなかった。レーニンは、この数ヶ月間のトロツキーに何やらポーズだけの急進派めいた雰囲気を感じ取っていたが、それは正しかったのだ。

ボリシェヴィキ中央委員会は、戦争と平和をめぐり大乱闘となった。左派エスエルのほうはそんな内紛はなかった。中央同盟の条件に譲歩を拒否するという点では絶対的だったからだ。議論の余地があると思ったのはボリシェヴィキだけだったし、それももっぱらレーニンのこだわりによるものだった。憲法制定会議が解散されてから、中央委員会は再編すべきだと認められた。そのメンバーは絶えず、その公職によって気が散っていた。また地理的な要因もあった。ドイツの軍事的な脅威により、首都をペトログラードからモスクワに移すほうがよいと思われた。ペトログラードには党指導部の中核をジノヴィエフの指導下で残すことになった。レーニン、スターリン、スヴェルドロフ、ソコーリニコフ、トロツキーから成る内部ビューローが選出された。こちらはモスクワで活動する。モスクワに腰を据えていないメンバーはトロツキーだけだった。彼は定期的にブレスト＝リトフスクに出張しなくてはならなかったからだ。(4) それでも彼がビューローに含まれたというのは、党にとって彼がいかに重要だったかを示すものだ。そしてそれは、当時のボリシェヴィズムの課題を反映するものでもある。戦争と平和の問題がすべてを圧倒していた。だが結局のところ、ビューローは機能しなかった。ボリシェヴィキ中央委員会のあらゆるメンバーが、戦争と平和論争には参加する機会を求めたからだ。

一九一八年一月十八日に主張を中央委員会で訴えたレーニンは、「革命戦争」などやったら十月革命は崩壊確実だと主張した。そんなことをすれば結果はドイツ軍による占拠しかあり得ない。大胆な決断にひるんだりしないレーニンは、同志たちに無理を承知で、事態が悪化する前にドイツの条件を呑むよう告げた。まだベルリンとウィーンでのプロレタリア蜂起が目前だとは信じていたので、中欧の政治状況が急変すれば喜んで考え直すつもりではあった。だからドイツで革命的蜂起が起これば、ボリシェヴィキとしては、できる限りの軍事支援はせざるを得ない、とレーニンは述べた。(5) トロツキーは耳を疑った。ロシアでの権力掌握のパートナーが、党と政府の非常時計画を一方的に破り捨てようとしているのだ。レーニンは、一九一七年十月以前は妥協に反対していたのに、ヨーロッパの大帝国主義列強に降伏を提案しているのだった。レーニンとトロツキーは、一九〇三年以来何年も敵同士だった。一九一七年半ばに、それが協力関係になった。ソヴナルコムでは三ヶ月にわたり、一心同体のように協力してきた。それがいまや突然決裂し、しかもそれは人格や手法とはまったく関係ない。レーニンとトロツキーは、政府政策の中身についての議論に飛び込んだのだった。

トロツキーは東部戦戦の空っぽの塹壕を見て、ソヴィエト・ロシアが誰を相手にしても戦えないのは知っていた。でも中央同盟と講和を締結するというのは、トロツキーから見ればあまりに行き過ぎだった。彼は、ソヴィエト政府は戦争もしないし講和条約にも調印しないと宣言するという戦術を提案した。彼はこれを手管の中で使い、ドイツの攻勢を遅らせようとしていた。一方でボリシェヴィキのプロパガンダをドイツで広めるつもりだった。内心では、急進的社会主義者に対してベルリンで社会主義蜂起をそそのかすつもりだったのだ。(6)

彼の立場は、レーニンとボリシェヴィキ左派との中道だった。ブハーリンは帝国ドイツに対する全面戦争を支持した。彼と通称左翼共産主義者たちは、国際主義の約束を放棄するくらいなら戦って倒れるほうを選んだ――そしてペトログラードでの権力奪取を自分たちにそそのかした指導者であるレーニンが、耐え難い妥協を提案しているので不満だった。彼らにとって、トロツキーの時間稼ぎ戦術は次善の策だったので、評決ではそれが優勢となった。レーニンの支持者はほとんどなかった。数少ない一人がスターリンで、彼は西欧での革命が目前に迫っているというまともな証拠などないと論じた。さらにジノヴィエフは、キュールマンはトロツキーの戦術のご機嫌取り部分などまったく意に介さないだろうと述べた。だが、この問題を国民投票にかけてもかまわないと言う。スターリンとジノヴィエフの応援は、レーニンにしてみればちっとも安心できるものではなかった。彼はヨーロッパでの社会主義革命に対するスターリンの懐疑論からは距離を置いた。さらに国民投票の提案など言語道断だった。トロツキーは革命戦争についての決断を迫った。賛成者はたった二人。他の一一人は反対で、棄権が一人。するとレーニンは、交渉の時間稼ぎについての投票を求めた。この議論は、賛成一二に反対一で成立した。トロツキーの「戦争でも平和でもない」方針が確認された。レーニンの望んだ結果ではなかったが、戦争をするという決定よりはましだった。

トロツキーは、ブレスト＝リトフスクへの出張中は、自分の政策をなかなか擁護できなかった。レーニンは説得力ある論者だったし、中央委員会やその書記局に絶えず接触できた。十月革命が生き残るにはかなりのツキが必要だと前から理解していたボリシェヴィキや左派エスエルの指導者たちは、ドイツの最後通牒に震撼した。彼らの一家は、いつでも逃げ出せるよう、スーツケースに荷造りして暮らしていたほどだ。ソヴィエトの国際的な安全保障の問題が急激に深刻さを増した。ゲオルギー・チチェーリンが一九一八年一月二十九日にトロツキーの副官に任命され、トロツキーとヨッフェが首都にいないときにも業務がなめらかにはかどるようにした。外務人民委員部がついに政府活動の最前線に出てきたのだった。[7] レーニンは、中央委員会書記局の支援を受けて、党全体とやりとりをして単独講和を説いた。左翼共産主義者たちが「革命戦争」に向けて地方党組織で支持を集めようとしたところ、工場労働者からはほとんど支持が得られなかった。レーニンのキャンペーンは着実にボリシェヴィキ党の中で支持を高めていった。左派エスエルとなると話はちがった。指導者も闘士も、一人たりとも中央同盟との取引を容認しようとはしなかった。でも重要なのはボリシェヴィキのほうだし、戦争と平和についての最終的な決断を下すのは、ボリシェヴィキの中央委員会なのだった。

ボリシェヴィキは絶えず、ドイツ労働者階級がなにやら予想外の理由で、政府に対して蜂起しない場合には「革命戦争」を起こすのだと宣言し続けてきた。これは一九一七年末近くまで、レーニンの公的な指向ではあった。そして中央同盟と取引に調印することについて、嫌悪を隠そうとはしていなかった。それはドイツ帝国主義との「いかがわしい平和」になると述べていたのだ。彼はヨーロッパのプロレタリアが遅かれ早かれ資本主義を打倒するものと確信し続けており、そういう蜂起が起きれば、外交交渉など放棄すると宣言していた。でも挑発してドイツ侵攻を招き、十月革命を破滅させたくはなかった。

トロツキーも、中央同盟とちょっとでも戦争になったらソヴナルコムは破滅だということくらい、レーニンに負けず劣らず承知していた。ペトログラードとブレスト＝リトフスクをしょっちゅう往復しているので、ロシアがいかに防衛力を失っているかは目の当たりにしていたのだから。ボリシェヴィキは中央同盟に対抗できるだけの軍を集められないし、またその紛争に勝つなど現実的にあり得なかった。だからトロツキーは、ブレスト＝リトフスクでの交渉を引き延ばす以外の選択肢は認めなかった。彼はますます国際的な国士の役割にはまっていった。仕事の時間を節約するのにも慣れてきた。これまでずっと、手紙は自分の手で書いていた。いまや速記タイピストに口述した。[8] だがブレスト＝リトフスクのドイツ人やオーストリア人はトロツキーのことを、党が国際革命の大義に献身していることを隠そうともしない駆け出しだと見ていた。中央同盟が英仏を撃破したいなら、アメリカ軍がヨーロッパにやってくる前に、西部戦線に攻勢をかけねばならない。トロツキーが自分の目で見た通り、ドイツの交渉者たちは、ロシアが戦うのか平和を選ぶのかはっきりしないので、だんだん苛立ってきた。口頭でごまかしても、ドイツの侵攻計画をいつまでもとどめておくことはできない。

ブハーリンですら、革命戦争が実現できるとは思っていなかった。だから中央委員会での初の大議論で、彼はドイツ軍が攻勢をかけるまでは、トロツキーの外交戦術を支持することにした。[9] おかげでトロツキーはちょっとバツの悪い思いをした。

現時点では、この問題のすべてが勢力の相互関係に包み込まれているのはまちがいない。我々が積極的に帝国主義戦争に参戦しようと、活動を控えようと、何らちがいはない。結局戦争に参加しているにはちがいないのだ。だから我々としては、自分にいちばん有利なのは何かと考える必要がある。我々の力のすべてを軍事力にするというのは、空想的に過ぎる。したがって、革命戦争の問題というのは、非現実的な問題だ。軍は解体しなければならないが、軍の解体と講和への調印とはちがうものだ。[10]

聞く耳を持っている者にとって、これは一般に思われていた（そして今も思われている）ほどレーニンの立場を否定するものではない。トロツキーは現実的に考えた主張をおこなっている。「国際主義」の視点を求めつつも、戦う戦わないというのが原理的にまちがっているのだ、というのを受け入れるのを拒んでいる。彼の慎重な議論というのは、ボリシェヴィキは何をするにしても、意図せずしてヨーロッパの戦争でどちらかの側を助けていることになるというものだった。したがって、答えるべき問題は道徳的なものではなく、実際的なものだ。革命の大義に最も役立つのは何だろうか、というのがその問題だ。

これはスターリンに攻撃された。彼は、これがヨーロッパの社会主義革命の可能性を誇張していると思ったのだ。「トロツキーの立場は、何の立場も取らないものだ」とスターリンは決めつけた。党がトロツキーの助言に従ったら、中央同盟と少しでも有利な取引をする可能性は悪化するだけだという[11]。ジノヴィエフもスターリンに同意した。レーニンはヨーロッパでの革命の可能性は相変わらず高いと思っていたので、この二人に同意しなかった。だが、ボリシェヴィキは今すぐ中央同盟の条件に応じなくてはならないと主張した。一九一七年には革命的手練手管の名手だったトロツキーが、なぜこれを認識できないのか、レーニンにはさっぱりわからなかった[12]。でも「戦争でもなく平和でもなく」というのが期待できる精一杯の結果だというのもわかったので、うまくその路線で動議を提出した[13]。

一九一八年一月二十四日に、トロツキーはウィーンに電報を打って、「オーストリアのプロレタリア代表と協議を実施するため」にオーストリアの首都を訪問する許可を求めた。彼が外国での大衆集会で演説するのが大好きだったというのはまちがいない。だがこの電報の文言は挑発的だし、トロツキーもそれがわからなかったはずはない。チェルニンはそれなりの応答をし、トロツキーはそうした協議において誰かを代表するような正式な権限を持っていないと説明した[14]。トロツキーはチェルニンをからかい続け、そんな形式面の配慮から断わられたという主張をあざ笑った。明らかに中央同盟はボリシェヴィキ「感染」の拡大を恐れていたのだった。彼らは一九一七年のロシアにおける革命アジ演説の効果を見ていた。大衆集会はロシアの労働者階級の考えを一変させたとされる。ドイツやオーストリア＝ハンガリーの都市も、やはり騒乱のさなかにあった。ストは増えていた。食料配給が不足して、不満が高まっていた。フランス軍では暴動が起き、ベルリンやウィーンでも同じことが起こりかねなかった。中央同盟としては、トロツキーのような熱っぽい弁士が、自分たちの街頭でもめごとを起こすのはご免だった。また、ブレスト＝リトフスクでの議題をトロツキーに左右させるつもりもなかった。彼らは狡猾にも、アメリカ大統領ウッドロー・ウィルソンによる大戦終結の平和原則十四ヶ条を受け入れていた。これは民族自決の原理を含んでいた。中央同盟はあらゆるヨーロッパ民族の独立を認知すると述べており、それは大陸の東部にいる民族も含まれていたのだ。ベルリンとウィーンは、これが盛大にロシアの裏をかくチャンスだと考えた。

この問題を二月二十三日に議論した中央委員会の会議で、トロツキーは怒鳴り散らした。レーニンの作戦が勝利に近づいていたのだ。新しい議論は何も出なかった。唯一の変化は、ドイツがこれ以上の遅れは認めないというまちがいない徴を出してきたため、戦争賛成の多数派が崩壊したことだった。評決は七対四でレーニンに下った。トロツキーは断固として意見を変えず、あっさり棄権した。(15) そして強情に、単独講和条約に調印するのは革命の原則を裏切ることになると固執した。ブレスト＝リトフスクの協議からも退席した。二月二十四日には、それ以上の抵抗はやめて、新しい外交チームの組成に関する議論に貢献した。党の方針が決まった以上、それを邪魔する存在にはなりたくなかったのだ。スターリンはこの対応を歓迎し、あと数日はその座に残ってくれとトロツキーに頼んだ。トロツキーは合意した。そして闘争を続けたい誘惑をこらえた。(16) 何が彼を押しとどめたのだろう？　革命戦争は統一された党がなければ戦えないというのが彼の主張だった。この選択肢は明らかに実現できなかった。したがって、中央委員会の権威にしたがうことにしたわけだ。(17) 最後の演説には、明らかに口先だけにとどまらない殊勝さが入り込んでいた。講和条約反対派たちがそれ以前の数週間で勝っていたとしても、党内部の統一が保たれる可能性はほとんどなかった。トロツキーはうわべを取り繕っていたのだ。将来の歴史記録において、自分の基準に照らして潔白で純粋に見えるようにしたいと思ったのだった。彼は自分の信念のために戦った。そして闘争に負けたのだ。

講和条約は、第七回党大会で一九一八年三月に承認された。この集会で、ボリシェヴィキは改名して、ロシア共産党（ボリシェヴィキ）となった。これはレーニンのプロレタリア革命の教義に反対する、ロシア内外の社会主義政党と自分たちを区別するためだった。この大会はまた、共産主義指導者たちが、革命をいずれ西に広げることについてのたゆまぬ献身を表明する機会となった。当時の状況では、ドイツの軍事力がそれを不可能にしていた。ソヴィエト国家に対する危険は完全に取り除かれたわけではない。講和条約で中央同盟のロシア侵攻は止められた。だが一九一八年三月には、ドイツがその条約を遵守すると完全に確信が持てる人はいなかったし、実際ドイツ軍は四月にクリミアを侵略する。(18) これはブレスト=リトフスクの合意違反だった。単独講和の首謀者だったスターリンですら、これで革命戦争に対する反対論を考え直すことになる。(19) 結局はボリシェヴィキが、ペトログラードとモスクワを攻撃から防衛せざるを得なくなるかもしれない。そうなったら、トロツキーがどういう主張をするかは疑問の余地がなかった。彼は喜んで中央同盟に立ち向かっただろう。レーニンはこの時期を、息つぎと呼んだ。

トロツキーは敗北を喫した。一九一七年十月から十一月にかけて、最も現実主義的なボリシェヴィキとして台頭したのに、ブレスト=リトフスク論争ではまったく非現実的な態度を取った。本人もずっと、もし避けがたい決断の瞬間がやってきたら「戦争でもなく平和でもなく」などという政策ではダメだというのはわかっていた。だからレーニンから見れば、トロツキーはみんなの時間を無駄にしたのだった。それ以上に、トロツキーはロシアがもはやまともな軍を持っていないと知っていたくせに、みんなに「革命戦争」が可能だと思わせようとした。その無責任さは、帝国ドイツとの戦争が十月革命を破滅させると知りつつも全面戦争を唱えた、左翼共産主義者たちにも劣らない。トロツキーは人の意見を聞かなかった。他人の主張はまったく耳に入らない。私的な議論でもすべて、一方的にしゃべりたがるばかりだった。政治集会の外で、他の党員とつきあうことはほとんどなかった。気が変わるときは唐突だった――そしてそれを事前に同志たちに根回ししなかった。また、自分の立場の擁護はすごい剣幕でおこなうのだった。相手に妥協するくらいなら党をひっくり返す勢いでケンカをすることが何度となくあった。革命秩序を救うのに有益な考えを持っていたときには、これはトロツキーの強みとなった。だがその威勢は、本人の大義にとって有益どころかかえって有害になる場合があまりに多かったのだ。

ロバート・ブルース・ロックハートは、一九一八年九月にロシアを発つまではモスクワのイギリス使節団長だった。彼はブレスト=リトフスク論争で、レーニンがトロツキーに対する心理的な優位を獲得したやり方を観察している。[20] この二人の主要な支配者は、平等な権限をもっているわけではなかった。トロツキーはある論争で熱っぽく語れた。レーニンに反対する闘争を率いることもできたし、一九二〇年から二一年にはそれを堂々と実践することになる。[21] だが彼は、深い自信からくるしっかりした目的意識を欠いていた。怒鳴り散らし、やたらに白黒つけたがる。自分の提案が通らなければ、自分の政治生命どころかソヴィエト政権すら脅かされるとでもいわんばかりのふるまいをする。だが彼は、自分がレーニンに取って代わることはできないと認識するに至ったのだった。これは単に、一年弱ほどの同志であるレーニンが、ボリシェヴィキほとんど全員の忠誠をたっぷり受けているということを認識しただけではない。トロツキーは、一九〇二年から〇三年以来初めて、レーニンを身近かつ密接に観察することとなった。そして彼は、レーニンの知性と実務的才能を評価した。その意志力を感じ、個人的な虚栄心のなさに惹かれた。まるでトロツキーはレーニンと腕相撲をして、力比べに負けたかのようだった。レーニンは勝つのになれていたので、勝ち誇りすぎる誘惑に耐えることができたのだ。

とはいえトロツキーは外務人民委員への留任には同意しなかった。その地位に残っていたら、ブレスト＝リトフスクにでかけて講和条約に調印しなくてはならない。トロツキーは芝居っけはあった。政治的な演壇に出るのは大好きだったとはいえ、レーニンですら「いかがわしい平和」と呼んだものに自分の名前を記す場面を映画や写真に撮られるのはお断りだったのだ。もはやこの人民委員部の責任はとりたくなかった。だが後任になりたがる人材を見つけるのは一苦労だった。最終的に、その仕事はグリゴーリー・ソコーリニコフのものとなった。講和条約に調印するというソヴィエトの決定を仕切った当のレーニンですら、ブレスト＝リトフスクに顔を出す仕事からは逃げたのだった。

第23章　カザンとその後

レーニンはすばやく行動して、トロツキーを共通の基盤に引き戻した。このために、彼はトロツキーに軍事人民委員をやってくれと依頼した。これを思いついたのはトロツキーの昔からの同志アドリフ・ヨッフェで、それをペトログラードに残った中央委員たちに承認してもらったのだ。そしてヨッフェは、トロツキーが十月革命の中で軍と仕事をする技能を証明したという主張を強くおこなった。(1) レーニンも同意した。だがトロツキーは、引き裂かれるような気分だった。ソヴナルコムの中にとどまりたい気持ちはあったが、ユダヤ人が赤軍を率いるのは政治的にまずいと思ったのだ。これは内務人民委員を断ったときとまったく同じ議論であり、今回の提案にも激しく抵抗してみせた。レーニンは頑固にそれを拒み、トロツキーは数日ほど無職を経てから、ソヴナルコムに再度加わり、一九一八年三月十四日に着任したのだった。(2)

レーニンと同じくトロツキーもホッとした。彼は十月革命のドラマで主要な役割を演じた。革命国家が樹立したのだ。今後も影響力を保ちたいなら、ソヴィエト政府を見捨てても他に行き場はどこにもなかった。だから何とかボリシェヴィキにとどまる道を見つける必要があった。これは後に思われたよりも、トロツキーにとっては容易なことだった。中央同盟との講和条約は調印されたが、誰もドイツがそれを破棄してソヴィエト領を吸収しないと確信はできなかった。そうなったら、レーニンは好むと好まざるとにかかわらず「革命戦争」を抱えることになる。あるいはドイツ軍事力が北部フランスで崩壊し、ロシア人たちの方から講和条約を破れるようになるかもしれない。レーニンやスターリンですら、この平和は一時的に都合がよい以上のものだとは思っていなかった。トロツキーとしては、自分がまだ外交と軍事政策の論争で負けたわけではないと考える理由があった。目先の将来ですら予測不可能なのだ。軍事人民委員を引き受けることで、トロツキーは「ヨーロッパ社会主義革命」を育む機会をすぐに利用するために軍を動かせる地位を獲得するのだ。

この新しい仕事に対するトロツキーの資格経験はかなりお粗末なものだった。一九一四年以前にバルカン半島で戦争の取材はしたし、一九一五〜一六年にはパリで戦争の影響を見た。十月革命の権力掌握前には、軍事革命委員会を通じてペトログラードの守備隊をまとめた。遊びの狩猟で銃を撃ったこともあった。

それでもトロツキーは気にしなかった。見れば赤軍はひどい状態で、それに関する意見を彼は平気で人にふれまわった。ソヴィエト軍創設は一九一八年二月二十三日に発表され、最初の指導者たちはよきボリシェヴィキではあったが、軍事組織家としてはどうしようもなかった。ソヴィエト当局の下で従軍しようという指揮官との協力もあまりなかった。机上の計画ばかりが果てしなく積み上がった。現実はといえば、旧ロシア軍は大量逃亡とソヴナルコムが主導した動員解除プロセスにより消え失せていたのだった。トロツキーは軍の構築に新たな危機感を注入した。これぞトロツキーの得意技だ。昔から彼は、自分の組織はソヴィエト国家の生存と繁栄にとって死活問題なのだといわんばかりのふるまいをした。赤軍をすばやく査定して、彼は経験ある士官を引き込むという方針に切り替えた。また同時に、あらゆる指揮階層に政治コミッサールを置くというケレンスキーの方針を拡大した。将校とコミッサールは肩を並べて働く。前者は軍事技能を提供し、後者は将校の忠誠心を監督するとともに、兵へのプロパガンダ拡大をおこなう。トロツキーは軍の兵員募集、訓練、物資供給、動員を、実地の現場で学んでいったのだった。

西側連合国の代表とは相変わらず会談を続け、単独講和条約調印のほんの数日後である三月五日には、ソヴナルコムがドイツとの戦争に乗り出した場合に支援してくれるかとアメリカに尋ねている。(3) ボリシェヴィキは、自国支援なしには戦えないのを知っていた。トロツキーは未だにブレスト＝リトフスク協定がまちがいだと信じていたので、こうした接触を維持するのに熱心だった。ドイツとの対戦を再開したかったのだ。モスクワの連合国外交官や武官たちはこれを理解しており、喜んでトロツキーと対話した。トロツキーなどソヴナルコムにとって、これと裏腹の計算は、西側連合国による侵略も防ぎたいということだった。一九一八年三月以降には、そうした作戦は明確にあり得るものとなっていた。イギリスはロシアでの軍備供給路保護という名目で、アルハンゲリスクに部隊を送っていた。フランスの小艇隊がオデッサに兵を上陸させた。こうしたできごとで、ソヴナルコムは大パニックとなったし、軍事人民委員部のトロツキーも、外務人民委員部のチチェーリンも、ロシアとドイツとの協定は永続的なものではないと連合国に確約すべく、できる限りのことをした。とはいえ、ソヴナルコムが連合国と再び手を組むことはあっても、だからといってボリシェヴィキが国際社会主義革命への献身をあきらめたわけではない、というのは敢えて言わなかったのだが。

トロツキーは、イギリスのロバート・ブルース・ロックハート、フランスのジャック・サドゥール、アメリカのレイモンド・ロビンスとの知己を利用して、連合国にロシア軍再構築を手伝ってもらおうとした(明らかにドイツの外交官や諜報部を苛立たせて喜んでいたのだ)。公用リムジンでロックハートをあちこち連れ回し、赤軍をドイツ軍と対決させる計画を説明した。(4) またイギリスの特殊情報部(間もなく秘密情報部という名前になる)のG・A・ヒル大佐の技能も活用し、赤軍の空軍をまとめあげた。(5) トロツキーはこれについては回想記で一切触れていない。これを書いた頃には、一九一八年の連合軍とのつながりについては黙っておかないと、ソヴィエト・ロシアを裏切ったと糾弾されかねなかったからだ。

彼が身の安全を顧みない勇気を発揮したのは事実だ。ロックハートの回想では、あるとき糧食部の外にクロンシュタットの水兵たちが集結したという。そして賃金と待遇についての不満を怒鳴り始めると、雰囲気が険悪になってきた。糧食部の将校たちはパニックを起こしはじめた。というのもこれは、臨時政府を震撼させるのに大きな役割を果たした水兵たちだったからだ。トロツキーはこの群集との対決に決然とした態度を見せた。「彼の目は怒りに燃えていた。たった一人で駆け出して、十五分にわたり水兵たちを舌鋒鋭く批判して、鞭打たれた野良犬のように追い返してしまったのだった」(6)。これはヘタをすれば自分を殺しかねない怒った軍人に説教するのも厭わない。真の指導者だった。彼は不服従を許さなかった。子供時代から、農場の手伝いに父が命令するのを見てきた彼は、そういう人物に育っていた。それ以上に、彼はいまや革命家であり、人民の名において権力を掌握した以上、その人民からは最大限の協力を求めた。人民に失望したときには、必ずそれがわかるようにした。「大衆」は厳しい指導が必要だ、というのが彼の前提だった。

赤軍を集めて訓練するのは面倒な作業だった。夏の時点ではまだ完了していなかったが、そこへ次々にソヴナルコムを緊急事態が襲った。トロツキーはその中でも最初のものに深く関与していた。連合国との合意で、チェコの戦争捕虜の分遣隊を出国させ、フランスでドイツ軍と戦う軍に参加することを彼は認めた。この道中の最初の長い経路は、シベリア横断鉄道で太平洋に送り出すことだった。道中、トロツキーは彼らに対して武器を引き渡すよう命じた。チェコ人たちは、これは陰謀ではないかと疑ってしまった。実はトロツキーは、単にチェコ人たちの裏切りに対する予防措置をとっていただけだったのだが。こうして、一九一八年五月末にチェリャビンスクでチェコ軍団の反乱が始まった。チェコ人たちは装備もよく戦闘経験も豊富で、列車をロシアに引き返させた。南東ロシアのヴォルガ川沿いにあるサマーラに着くと、彼らは憲法制定会議議員委員会（またの名をコムウチ）の下に参集した。このコムウチは、エスエルが一九一八年六月に創設した反ボリシェヴィキ政府だ。彼らは憲法制定会議の選挙でエスエル党が多数の議席を獲得したのを根拠に、自分たちの正当性を訴えていた。コムウチとソヴナルコムの軍事紛争が生じた。赤軍はあっさり敗れ、チェコ人たちの軍事力で、ヴォルガ地域全体がエスエルのものとなった。これまで何度か起こりかけては立ち消えた内戦が、いまや爆発的に広がった。

外交政策や軍事政策に関する論争はいまや二の次となった。レーニンとトロツキーはまたもや肩を並べ、レーニンの政策が急進的になるにつれて、左翼共産主義者たちは党イデオロギーの核心が息を吹き返したという自信を得た。あらゆるボリシェヴィキは、お互いのために戦っていた。ヴォルガの緊急事態で、中央ロシアと北部ロシアはヴォルガ地域からの穀物供給が遮断されてしまった。これに対してソヴナルコムは食糧独裁で応じた。食糧のあらゆる民間取引は刑事犯罪とされ、武装団が地方に食糧徴発部隊として送り出された。農民との紛争が増加した。左派エスエルはそれまで、ドイツとの講和条約により人民委員部の要職は辞任したものの、ソヴナルコムへの協力は続けていた。その一部がヤーコフ・ブリュムキンに率いられて、中央同盟との開戦を狙ってドイツ大使ヴィルヘルム・フォン・ミルバッハの暗殺を七月九日に企てた。その週に第五回ソヴィエト大会がモスクワで開催されるのにあわせて、左派エスエルの全体がソヴナルコムに反逆して蜂起した。ボリシェヴィキはラトヴィア人狙撃兵師団に頼り、左派エスエルは制圧された。

六月六日にモスクワ郊外のソコーリニキで公開会合が開かれ、トロツキーは穀物の自由取引復帰を主張した人びとに対して激怒した。確かにモスクワとペトログラードでの食糧供給の状態は悪い、と彼は認めた。さらに、ロシアの他の地域ではもっとひどいことも認めた。だがヨーロッパの状況はもっと深刻だ、とトロツキーは固執した。聴衆に最新の公式統計を浴びせつつ、トロツキーはロシアにたっぷり穀物があるのだと宣言した。問題はそれを都市に届ける方法なのだ。彼は、国家の穀物独占を導入したのはボリシェヴィキではないことを強調した（が、なぜそんな独占がいまでも不可欠なのかは説明しなかった）。収穫に対する支払金額を増やすのには反対した。そんな手法で利益を受けるのは、「投機家」や「富農《クラーク》」たちだけだ、と彼は宣言した。トロツキーはこれらの用語を定義していない。同志の共産主義者同様に、商人と投機家というのはまったく同じだと思っていたのだ。そしてボリシェヴィキの用語法では、クラークというのは農民の中で地元の平均より豊かな者すべてだ。国の穀物独占を終えれば都市部への供給が増えるのなら、経済的に見てそのどこがまずいのかについては述べなかった。政府の布の在庫は、村落の貧民にだけ配布すべきだ、とトロツキーは論じた。そして穀物を貯め込んでいる豊かな農民たちに対する暴力的な闘争が必要だと述べ、そういう農民は重労働十年の刑に処するべきだと述べた(7)。

　トロツキーは共産主義の究極目標のビジョンに立ち戻った。「そしてこの地上に人民の真のパラダイスを創造したいのだと申し上げよう(8)」。レーニンならこれを、望ましからぬ軟弱さのあらわれと思ったかも知れない。だがこの面で疑念があったとしても、トロツキーのコムウチに対する軍事行動における行動を見れば一掃されたことだろう。ヴォルガ地方に到着したトロツキーは指揮官やコミッサールを招集した。赤軍はひどい状況だが、規律と決意を示せば勝利は可能だとトロツキーは宣言した。赤軍は、勝つつもりなら最大級の献身を求めねばならない。それまでの士気と協調は劣悪だった。トロツキーは、前線をスヴィヤジスクで維持してカザン制圧を計画することで、その場にいるだけで改善を引き起こしたのだった。

レーニンからは赤軍の軍事活動について文句を言うせっかちな電報が届き、カザンを灰燼に帰そうともすぐさま砲撃しろと要求された。敵は「無慈悲な破壊」にさらされるべきだ、と。[9] トロツキーは、コムウチの所有する弾薬は赤軍とほとんど遜色がないと回答した。さらに重要な点として、赤軍側の砲兵の腕は劣っていた。遅れが生じるのは仕方ない。トロツキーはそれでも、「私がカザンに手心を加えているという示唆は根拠のないものである」とレーニンに保証した。[10] トロツキーが関与した初の軍事行動は、ヴォルガ川の対岸にあるスヴィヤジスクでのものだった。彼は大衆集会で兵に演説し、十月革命の存続が脅かされているのだと述べた。労働者と農民の権力を守らなくてはならない。赤軍内は相変わらず混乱が続いていた。最高司令官はミハイル・ムラヴィヨフ――左派エスエル――だったが、逃亡してしかも自軍の一部を連れて行ってしまった。トロツキーの士気はそれでも下がらなかった。拳銃を片手に、彼は前線を回ってコムウチ軍に対する攻勢をさらに倍にするよう呼びかけた。赤軍は八月二十八日にスヴィヤジスクを奪取した。カザンは九月十日に陥落した。この出兵で初の赤軍勝利だった。トロツキーの名前はモスクワで大評判となった。

だがこの時期のある事件が、トロツキーに長期的な政治的ダメージをもたらすことになる。それは第二ペトログラード連隊のコミッサールだった、パンテレーエフなる人物の運命を巡るものだった。スヴィヤジスク周辺での戦闘が赤軍不利に見えたとき、パンテレーエフとその部下たちは蒸気船を接収して上流のニジニ・ノヴゴロドに逃亡しようとした。この船舶に他の赤軍部隊が乗り込んで、逃亡者たちは逮捕された。トロツキーは一同の即時処刑を命じた。[11] だがその処罰が執行されたとたん、トロツキーに対する糾弾が赤軍内のボリシェヴィキの間で高まりはじめた。パンテレーエフはボリシェヴィキだった。多くの党員から見れば、たった一年前にボリシェヴィキに参加したトロツキーは、ひどい一線を越えてしまったように思えた。ボリシェヴィキはかばい合うべきだ、と古参党員たちは考えていた。彼らによれば、赤軍内で本当に有害な分子はボリシェヴィキのコミッサールではなく、元帝国軍将校たちのほうだ。トロツキーは党よりも将校団をひいきにしているという疑念が高まった。だがレーニンは気にもしなかった。彼は、軍事人民委員が登場するだけでみんな落ち着くと信じていた。そしてトロツキーに再び前線を訪れ、赤軍部隊に直接アプローチして、一発演説でもぶってくれと告げた。[12] モスクワ拠点のソヴナルコム議長は、自分が知りもしない軍事作戦上の問題についてあれこれ口をはさんでも平気だった。トロツキーも気にしなかった。首都からの電報は焦りがにじんでおり、トロツキーも同感だったからだ。またそれは、トロツキーがいかに評価されているかを証明するものでもあった。

八月三十日、モスクワのミヘリソン工場外で暗殺者がレーニンに発砲し、トロツキーとレーニンとの共闘関係はこなごなになりかけた。重傷を負ったレーニンはクレムリンに運ばれて手当を受けた。ソヴィエト政府とボリシェヴィキ党の調整を引き継いだスヴェルドロフは、トロツキーに電報を打った。「すぐ戻れ、イリイチ重傷、状態不明、絶対安静」。[13] 赤色テロルが宣言された。実施するのは一九一七年十二月にレーニンが設立した政治警察、正式名は非常委員会だがロシア語の略称チェーカーのほうが有名だ。その長官はジェルジンスキーで、反ソヴィエト陰謀を弾圧する容赦ない冷酷さですぐに有名となった。チェーカーは、レーニン暗殺未遂の後に何千もの中上流階級の人びとを連行した。即座に射殺された者もあれば、ボリシェヴィズムの敵がさらに暗殺を企てた場合の人質として収監され続けた者もいた。トロツキーは赤色テロルを全面支持し、仕事に余裕ができるとすぐにレーニンに面会した。レーニンが軍事人民委員と会ったのは、モスクワ南東部のゴールキ・サナトリウムでのことだった。トロツキーの話を聞いてレーニンは大喜びだった。「レーニンはまるで私を別の目で見ているかのようだった。彼は人がある面を見せたときに、その相手と恋に落ちるようなところがあった。その熱のこもった関心ぶりには、『恋に落ちる』ような雰囲気があったのだ[14]」。これが正確な回想ではなかったとしても、レーニンよりは同志革命家たちの感情などほとんど意に介したことのないトロツキーについて物語るところの多い逸話だ。

だがレーニンの以下の結論は完全に信用できる。「これで勝負はついた。軍に秩序を確立できたのなら、他のところでも秩序は確立できるということだ。そして革命は――秩序を得て――もはや破られることはない[15]」。レーニンとトロツキーは十月革命の敵を回復不能なまでに弾圧できるよう、内戦を求めていた。どちらもそんなことを公式には言わなかった。だがトロツキーが一九一八年八月十七日にレーニン宛に売った秘密の電報が二人の態度をまとめている。

> 赤十字の旗を掲げた蒸気船の［ヴォルガ川の］通行を認めるなど許し難いと思う。穀物を受け入れれば、ペテン師やバカ者どもは野合が可能で内戦など不要だという可能性を示すものと思ってしまう。軍事的な動機は私にはわからない。空軍パイロットや砲兵は、カザンのブルジョワ地区、続いてシムビルスクとサマーラに爆撃と砲火を命じられている。こうした状況で赤十字救援隊は不適切だ[16]。

トロツキーは嫌々戦ったわけではない。人道的な面などまったく考慮せず、政治革命を暴力的手段で嬉々として深めていった。レーニンも同じ考えだった。回復中に彼は『プロレタリア革命と背教者カウツキー』を書き、マルクスの教義は武装蜂起と階級独裁の必要性を要求しているのだと主張した[17]。赤軍における政治支配を確立するため、共和国革命軍事評議会（RVSR）が九月二日に設置され、トロツキーが議長に指名され、エフライム・スクリャンスキーがその補佐となった。評議会は、あらゆる階級での軍将校とコミッサールとをつなぐ権限を与えられ、各種前線の革命軍事評議会の監督をおこなった。評議会と人民委員部との組織的な衝突を避けるためには、トロツキー以外の人物を議長に据えるわけにはいかなかった。(18) とはいえ、そうした役割分担がきちんと考え抜かれていたわけではない。レーニンはそんなことは気にしなかった。トロツキーの実績に感嘆していたので、実務的なことは彼がなんとかするだろうと思っていたのだ。

だがレーニンのこの考え方に、指導部全員が同意しているわけではなかった。スターリンは、トロツキーは十月革命を崩壊させかねないから、「手綱」をつけるべきだと主張した。トロツキーは当初、スターリンをカザンからヴォルガ川を一〇〇〇キロ近く下ったツァリーツィンに派遣し、南部戦線の政治的な統制を任せた。(19) だがすぐに後悔することになる。スターリンは傍若無人のふるまいを見せたのだ。トロツキーですら、南部戦線の軍はカザン周辺で自分が訓練した部隊ほど強固ではないと認めていた。(20) スターリンは、完全に軍事的な問題まで指図するようになり、問題を悪化させた。彼の設立した革命軍事評議会は、あらゆる作戦についてヴォルガ河畔のツァリーツィンから命令を下すようになった。間もなくスターリンの活動は、トロツキーと総司令官ユクムス・ヴァーツィエティス（イオアキム・ヴァツェチス）が合意した中央計画と衝突するようになった。トロツキーは、こうした不服従を糾弾した。スターリンは、現場にいる以上、戦線周辺の複雑な困難を解消するために責任を負わざるを得ないのだとやり返した。トロツキーはうんざりして、一九一八年十月四日にはレーニンに「私は全面的にスターリンの排除を要求する」(21) と電報を送っている。

戦時中の状況で、どちらが正しいかは見極めがたい。スターリンとトロツキーは、罵詈雑言だらけのやりとりを始め、しかもそれをいちいち中央委員会にも送りつけるのだった。レーニンとスヴェルドロフの期待は、両者が気を静めて協力的に働いてくれることだった。だが組織的な混乱の影響に関する報告がモスクワにも届いた。スターリンが上からの命令に従わないことで、戦時活動に被害が出ていた。カッとなりやすい気質は、スヴェルドロフが妥協を探るべく面会する以前から、その手紙の言葉遣いにも表れていた。さらに、スターリンがおこなっている作戦行動はリスクが高く、大量の軍事的な損失を招いているのがはっきりしてきた。レーニンはこの論争でトロツキーのほうに傾きつつあった。これに対してスターリンは、党内での公式の党政策に対する反対者をこっそり後押しする戦術に出た。レーニンですら、赤軍にあまりに多くの帝国軍将校が雇われていることにはいい顔をしていなかった。スターリンが身勝手に軍事作戦を実行したが、トロツキーはニコライ二世の軍から経験豊かな軍人を選んで、軍司令部を造り上げていた。もちろんこれ自体は政府の政策に反するものではない。だがこれほどの規模でやるとは、中央委員会に報告していなかったのだ。

トロツキーはレーニンに対し、元帝国軍将校の技能なしには赤軍が崩壊してしまうと説明したので、レーニンも軍事人民委員を支持することにした。だが党内ではトロツキーへの反目が高まりつつあった。パンテレーエフ事件が慢性的な問題となっていた。トロツキーは軍の運営手法としてやたらに処刑に頼るという悪評が高まっていたのだ。スターリンも規律確保のために負けず劣らず残酷な手法に頼ってはいたが、この段階では政治コミッサールを怖がらせるようなことはしていなかった。コミッサールのほとんどはボリシェヴィキの党活動家たちだった。トロツキーが赤軍で彼らを叱責したり脅したりするたびに、彼のボリシェヴィズムに対する懸念は強化された。スターリンとしては、反トロツキーの気運を盛り上げたり煽ったりするまでもなかった。すでに六月には、トロツキーのやり方に対する厳しい糾弾が出ていた。[22] この軍事反対派と呼ばれるようになる動きは、自然発生的にわき起こったもので、多種多様なボリシェヴィキが参加していた。赤軍を率いるのは将校ではなく党指導者たちであるべきだと主張する者もいた。また将校を選挙で選べという者もいた。また、軍組織はあまり中央集権的でないものが望ましいと信じる者もいた。だがその全員が、ボリシェヴィズムの価値観と十月革命の存続にとって、トロツキーが大きな脅威だと考えていたのだった。

そのままなら、一九一八年末に事態はかなり深刻になっていたかもしれないが、そこでボリシェヴィキは夏のコムウチよりはるかに強い敵勢力に直面することとなった。コルチャーク提督が反ボリシェヴィキ将校たちを、西シベリアのオムスクで精力的に集めたのだった。当初は、ヴォルガ地域で敗走したエスエルの残党に手を貸していた。コルチャーク一党は、政治家すべてを信用せず、一九一八年十一月には独自の執政府を確立した。コルチャークは全ロシアの最高統治者を名乗り、イギリスからの物資支援を受けて、西のウラル方面へ進軍を開始した。内戦に新たな戦線が生じた。コルチャークは白衛軍の第一陣を率いた。白は、赤軍の国際主義に対抗する純粋さと愛国心の象徴として採用されたものだった。

トロツキーはそれまでの数ヶ月にわたり、ボリシェヴィキがこうした攻撃を駆逐できるほど有能かどうか懸念していた。その批判について、党の高位指導者であるイヴァール・スミルガとミハイル・ラシェーヴィチは、レーニンに苦情を申し立てた。どちらも、スターリンの味方ではなかった。当時トロツキーは、彼らの主張を「こざかしい」と一蹴していた。この表現は、第一次大戦前のトロツキー自身について何度か言われたもので、自分の革命教義に一切妥協を許さないことを威張りたがると論敵に批判されたときの表現だった。だがこんどはトロツキーのほうが、実務的な真剣さを欠いた人物として同じ表現で批判者を糾弾していた。ブレスト＝リトフスク時代には左翼共産主義者でレーニンに反対して苦闘したＩ・Ｎ・スミルノフは、軍におけるヒエラルキー的な規制は党内の同志的な仲間の伝統に反するものだと主張した。レーニンに予想通り敵対したのは「ツァリーツィン・グループ」で、トロツキーは権威主義の権化だという猛批判を浴びせた。トロツキーは後に、彼らをスターリニストの卵だと批判する。だが実はその一人セルゲイ・ミーニンは、左翼共産主義者だったし、スターリンの党員仲間だったクリメント・ヴォロシーロフですら、スターリン盲従にはほど遠い人物だった。トロツキーはヴォルガの戦いで獲得した評判をすぐに使い果たしてしまった。そして党内部の懸念をなだめる代わりに、出会う人すべての感情を逆なでした。華々しい革命家であり、軍師としても柔軟性を見せた。だが政治家としての成績は悲惨なものだった。抱きしめるべきところでいちいちパンチを繰り出すのだ。

当時のトロツキーを救ったのは、ソヴナルコムが直面した深刻な危機だった。一九一八年十二月に、ひどい報せが届いた。ウラル地方の大都市の一つ、ペルミがコルチャーク軍に制圧されたのだった。赤軍は総崩れとなり烏合の衆と化した。軍は我先に逃げ出して、政府や党の機関も崩壊した。これで白衛軍が、ロシア中心を目指す攻撃ルートが開けた。モスクワへの進路を防衛する軍をまとめられるのはトロツキーしかいなかった。スターリンですら、これは否定しようがなかった。

第24章 司令官寸前

ペルミ大惨事以降の数週間にわたり、トロツキーはスターリンとの口論をやめた。党中央指導部は、一九一九年一月にスターリンとジェルジンスキーをウラル地方に派遣して状況を報告させた。トロツキーもこれを大いに支持して、東部戦戦では「軟弱ぶり」が蔓延しすぎていると述べた。そしてスターリンに、問題を引き起こすコミッサールを粛清しろと示唆した――軍事的な意志決定に口出ししない限り、トロツキーはスターリンでも利用したのだ。(1) スターリンとジェルジンスキーからの報告はただならぬものだった。ソヴィエト行政府は崩壊した。赤軍は混乱して士気も下がり、規律もばらばらになっていた。共産党は役にたたなかった。スターリンとジェルジンスキーは、これ以上の惨事を避けるには完全な組織再編が必要だと述べていた。ヒエラルキーを強化すべきだし、国の秩序の混乱もなくす必要がある。党、政府、軍の明確な役割分担が必要だ。(2) 党指導部はこの提言を一致して受け入れた。トロツキーはスターリンを信用しきっていたので、ミハイル・ラシェーヴィチに代わりスターリンを現地に置いて、状況改善の権限を与えようとした。一九一九年三月末にも、シムビルスクにおける同種の作戦でスターリンの名前を挙げているし、一九二〇年五月には、ウクライナの南西前線の革命軍事評議会にスターリンを入れるよう強く指示している。(3)

それでもトロツキーは、ボリシェヴィキが必然的にプロの将校よりも司令官として優れているのだというスターリンの考えは拒否し続けた。そして一九一九年一月には、ウラル地方の東部戦線における軍事司令官の指名をスターリンに任せるのは絶対に拒否した(4)。軍事反対派は勢力を増し、トロツキーの権限が大きくなりすぎたと主張した。トロツキーは妥協したがらなかった。軍最高司令部がそれぞれの戦線で無用に介入したとは認めなかった。そして自分に対する批判の重箱の隅をつついた。結果として、批判者たちが前線巡りをやめてモスクワに腰を据えろと言っていることに気がついた。だが、中央委員会が本当にそんなことを求めているのかと疑念を述べた――そしてスヴィヤジスクでの見事な戦績を見れば、答えがどうなるかはわかっていた。さらに軍事反対派の主張が通り、政治コミッサールの相談会合がやたらに開催されるようになったら、誰が赤軍を指揮するのか、とも尋ねた。トロツキーによれば、戦争ではそんな時間の無駄は許されない。だが、彼も一つだけ譲歩をし、軍最高司令部に党の同志たちをあと数人追加することに同意した。スヴェルドロフの説得で、その地位はイヴァール・スミルガとミハイル・ラシェーヴィチに与えられた(後にこの二人は、前線で醜態をさらすことになる)(5)。

トロツキーは、内戦をどう戦うかについての根本的な決定が党中央指導部の手中にあることを当初は理解していなかった。軍事人民委員になってから、彼はずっと自分の判断で動くか、あるいはピンチのときには命令を施行するのにレーニンやスヴェルドロフの助けを借りていた。赤軍の指揮系統を整えて定型化する一方で、トロツキーは自分自身の軍事的な好みを組織的な統括の元に置くのは嫌がった。自分の考えとはちがう命令を受けるのを嫌う点では、スターリンと大差なかったわけだ。そしてまた、スターリンの狡猾さもなかった。つまり自分の才能を管理運営する才能は持っていなかったのだ。

一九一八年から一九年の長い冬に、ソヴィエト政治の構造も刷新された。それまでは、いくつも重複した機関が存在していた。結果として行政は大混乱だった。主導的なボリシェヴィキの間では――トロツキーは例外だが――秩序をもたらせる機関はたった一つ、ロシア共産党しかないというのが通説になっていた。だから党を中央集権化し、国家機関を統制して戦争活動を導けるようにすべきだという共通の声が上がった。一九一八年七月に左派エスエルを弾圧してから、ソヴィエト共和国は実質的には一党国家になってはいた。いまやボリシェヴィキは、党を最高政府機関にしようとしていた。党中央指導部ですら改組された。戦時中にモスクワに残れる中央委員はほとんどいなくなった。指導部の中に政治局が組織され、中央委員会総会の間に政策を決めることになった。トロツキーはほとんどモスクワにはいられないのに、政治局に名を連ねたが、これは彼の重要性が認められたことを示す。また組織局も追加され、党内部の統括を司った。一九一九年三月にスヴェルドロフがインフルエンザで死んだため、手続きの定型化への動きはさらに加速されたのだった(6)。

これは一九一九年三月の第八回党大会以前に決められた。トロツキーは軍事反対派への反論をおこなうため、この大会には出席するつもりだった。だがコルチャークが進軍を再開したために、欠席せざるを得なくなった。だがトロツキーは非妥協的なアイデアをクレムリンに大量に送りつけて、折り合いをつけてくれというジノヴィエフの懇願を拒絶した。「『規律を引き締める』べきだという立場を私は堅持する(7)」。レーニンは、元帝国軍将校がどれだけ赤軍に雇われ、どれほどの貢献をしているのかトロツキーが説明するまで躊躇した。軍事反対派の怒りは熾烈で、議会では秘密部会を開かねばならなかったほどだ。かなり熱っぽい議論となり、そして多くの人はレーニンがツァリーツィン・グループ――ひいてはスターリン――を、南部戦線における赤軍兵の安易な浪費について攻撃したのでびっくりした。だがトロツキーの主張も完全に認められたわけではなかった。大会は軍における共産党員たちをもっと慎重に扱うべしと強調した。また、将校団の統制が重要だとも強調していた。戦争活動

のあらゆる側面で、党組織のほうが優位なのだと明言している。これはトロツキーに対する、かなり露骨な警告だった。(8)

当初トロツキーは、大会で合意された妥協を嫌った。だが、感謝すべきだったのだ。大会のおかげで批判者たちのガス抜きがかなり実現し、前線でトロツキーが政治コミッサールに指図されずに自由が守れるような一連の手続きが導入されたのだった。トロツキーもすぐに落ち着きを取り戻した。戦線が拡大するにつれて、戦略や物資供給、兵員に関する意思決定の複雑さが増すことはわかっていた。スヴィヤジスク・カザンでの作戦は短期で単純だった。いまや政治指導層、軍司令部、分散した赤軍は、洗練された形での協調を必要としており、トロツキーですら重要な事柄についてはすべて党中央指導部での討議が必要だということを認めたのだった。トロツキーは通常はモスクワでの会議には出席できなかったから、中央委員会への電報を多用した。危機が起きてすばやい対応が必要なら、解決策を提案して承認を求めた。「指示求む」はトロツキーですら頻繁に使う用語となった。(9)一方的な個人的判断は減り、赤軍、人民委員部、チェーカーの間でのしっかりした情報提供と指揮系統が配置されていった。

トロツキーは、格好いい深緑のチュニック、キャップ、大外套という軍服姿で落ち着き払って見えた。彼はいつも服装には気を遣っていたし、四十歳の誕生日をはさむこの戦争期間は、この方面で彼が好き勝手にできる時期となった。また仕事では極度の几帳面さで知られており、その性癖を軍にも持ち込んだ。会議は定時に始まった。報告は入念に仕上げねばならなかった。軍服や兵器は清潔で手入れを整え、すぐに使えるようでなければならなかった。軍靴を磨かずにやってきた兵はしかりつけた。

トロツキーはなれ合いなど無縁だった。一九二一年に党中央委員候補だったユーリー・ピャタコフは、トロツキーから電話をもらったときには震え上がったという。(10) ボリシェヴィキの戦時中の状況に関する最も鋭い観察者の一人は、教育人民委員部のアナトーリー・ルナチャルスキーだった。彼は「あちこち電撃のように動き回り、驚異的な演説をこなし、その場で矢継ぎ早に命令を下し、弱まりつつある軍をたゆまず焚きつけ続け、それもあちらこちらで次々におこなうという、［トロツキーが］背負いこんだ巨大な任務をこなせるのは」他に誰もいなかっただろう、レーニンですら無理だっただろう、と述べている。(11) だがルナチャルスキーはこの絶賛にこんな辛辣な指摘も加えている。

彼はとてつもなく傲慢であり、他人に対してどんな形であれ、優しくしたり配慮したりということが一切できないか、あるいはそうしたがらなかった。レーニンが常に持っていたこの魅力を欠いていることで、トロツキーはある種の孤立した状態になっていた。これを理解するには、彼の私的な友人（といってももちろん政治的な場面での話だが）の数名ですら、彼の心底からの敵になってしまったことを思い出せばいい。(12)

ルナチャルスキーがこれを書いたのは一九二三年で、この記述は一九一七年以前についてのものだが、明らかに彼はトロツキーの人格としてこれがその後も変わりそうにないと思っていたようだ。人民委員は、通称トロツキー列車で移動した。(13) そして部下たちにはその整備をうるさく要求し、自分の指定通りに仕上がっていないと叱責した。ほとんどの人は、この列車が機関車一台と客車一揃いだけだったと思っている。だが実は機関車四台、そして客車は丸ごと二揃いを好きに使えたのだった。(14) 自分専用のベッド、机、椅子、ソファがあった。専属補佐官たちや召使いたちも独自の場所をもらい、まともな厨房も備わっていた。食堂車は、一行全員のクラブとしても機能していた。客車の一両には印刷機が搭載されていた。トロツキーは自分の言葉を続々と論説にした。そしてその印刷部門は、公式には共和国革命軍事評議会議長トロツキー宣伝印刷部と呼ばれており、このチームのチラシや新聞を停車駅ごとに発行した[15]。列車が都市で――いや小さな村でも――停車すると、通常は演説をおこなう。ソヴィエト政権についての噂が国中に広まるにつれて、ほとんど誰もがレーニンとトロツキーの名前くらいは知っていた。レーニンはモスクワとペトログラードでしか演説しなかったが、トロツキーはヨーロッパ・ロシアとウクライナの何百カ所で、ボリシェヴィズムに声を与えていた。トロツキーに耳を傾ける労働者や農民たちは、しばしば熱にうかされたようになった。そしていつも、この偉人を一目見ようとみんな熱心に集まるのだった。

トロツキー列車は、一九一八年末には以下の人員を乗せていた。

専属補佐官　五名
技術職員（写真家、画家、製版技師、財務官を含む）　一四名
列車指揮官職員　四名
通信員　四一名
財務部員　一二名
司令部　五名
図案工　二名
植字助手　一七名
トロツキーの個人ボディガード　一二名
軍楽隊　三五名
モスクワ第一食糧供給特別班騎兵　六名

第二ラトヴィア人狙撃兵ソヴィエト連隊　三〇名
第九ラトヴィア人狙撃兵ソヴィエト連隊　一五名
第三特殊任務連隊砲兵　三九名
第三八シーモノフ・ロゴジスキー歩兵連隊　三二名
装甲車部隊　一一名
食堂車職員　一四名
ボイラー技士、機関士　二三名
車掌　一六名
グリース係(16)　八名
衛兵　三八名

これは人民委員の単なる輸送設備などではなく、軍事政治組織一揃いだった。

トロツキーの軍事的な名声も高まった。戦略・戦術要領書は一瞬で読み込んだ。司令官たちからは定期的な報告を要求し、それを手に入れた。遠方からあらゆる前線を監督しつつ、それぞれを頻繁に訪ねた。直感と観察を通じて学んでいった。そして軍事政治的な職務を終えると、国際関係や経済学、安全保障や政治をめぐる党政策について書くのを好んだ。

彼は軍の兵員の民族構成の問題を提起した。ユダヤ人とラトヴィア人は、ソヴィエトやチェーカーには多数いたが、赤軍には少なかった。というのも、読み書き算数の能力が高いために、行政官としての価値が高かったからだ。なぜ赤軍ではユダヤ人やラトヴィア人が軍務にこれほど少数しかいないのかと尋ねられた。トロツキーはこれが「強い排斥主義的な不満」をもたらしていることを懸念したので、政治局は彼とイヴァール・スミルガに対し、状況改善手段の考案を命じた。[17] つまり、ユダヤ人とラトヴィア人が、赤軍の民族基盤を拡大しろと言われたわけだ。何か実績があがったという証拠はないが、少なくともやるだけのことはしてみたようだ。トロツキーは、民族問題の別の面についてレーニンをがっかりさせた。ウクライナでは、ボリシェヴィキはボロチビストという政治的ライバルに直面した。彼らは左派エスエルにほとんどの点では近かったが、ウクライナ人の民族的な利益を追求するという点だけがちがう。ボロチビストはソヴィエト内で合法的に活動していた。トロツキーから見れば彼らは「右」に偏り、「富農分子《クラーク》」に依存していた。そこで、それを違法にしろと主張したのだった。[18] だがレーニンはボロチビストを全体としてロシア共産党（ボリシェヴィキ）に迎え入れたいと考えた。そうすれば、ウクライナにおいてウクライナ人の役職比率が上がるからだ。党中央指導部での議論に勝ったのはレーニンだった。[19] トロツキーは、民族的な野心がウクライナで手に負えなくなる危険性について、レーニンよりも警戒心が強かった。でもそういう警告をしたからといって、ウクライナ人のロシア化を望んだわけではない。ウクライナ語の学校や大学や新聞などが乱立するのは歓迎した。[20]

彼はマルクス主義を戦時体験にもあてはめた。一九一八年に参謀本部アカデミーの学生に対する演説で、「階級軍のみが強くなれる」という主題で話をしている。その意味するところを説明する必要は感じなかったようだ――あるいは自分でもはっきり考えがまとまっていなかったのかもしれない。彼は、労働者と農民が才能や可能性を示せば、赤軍の高官に昇進させられるべきだと示唆した。だが労働者や農民だというだけで自動的に昇進という考えは受け入れられなかった。軍は高効率でなければならない。何よりも優れた指導が必要であり、そのためには専門性が必須だった。「パルチザン的手法」はまったくもって不適切だ。[21] トロツキーから見れば「赤色将校」はほとんどつかいものにならない。まともな軍務経験のある元軍人のほうが好みだった[22]――そして一九一九年末には、そうした人材二〇万人近くを獲得している。トロツキーにとって、これは帝国陸軍からの士官六万人を動員したのと同じくらい重要だった。また、赤軍の兵員のうち五分の一が労働者出身だったというのもお気に召した。[23]彼は「プロレタリア」への呼びかけ継続と、彼らが行動で自分たちの価値を示す機会を与えるのを忘れたことはなかった。これは軍事独裁者への道とはほど遠い発想だ。

さらに、トロツキーは旧帝国軍将校たちに対し、十分に尊敬を勝ち得るまではかなり厳しい扱いをしている。家族から人質を取った。ミハイル・ムラヴィヨフのような指導者が部隊を引き連れて反ボリシェヴィキ軍に寝返ったというひどい事例もあって、裏切りの兆候には敏感だった。スターリンには、アレクサンドル・ヴェルホフスキーについての疑念を述べた手紙を書いている――そして一九二〇年に至るまで、司令部将校たちの裏切りの可能性については警告を続けている。[24]トロツキーが旧帝政の将校団と仲良くしているという評判は、ボリシェヴィキの間には広く普及していた――そしてスターリンもそれを広めるのに一役買った。だが真実にはほど遠かった。トロツキーは、司令官たちに恐れられつつも尊敬されていたのだった。見せしめ処刑がお気に入りのやり口だった。あるときは、銃殺刑を命じる前に野戦軍事法廷を開催するのを忘れた部下たちをしかりつけた。だがその処罰は甘いものだった。というのもトロツキーも脅しで軍を服従させようと考えていたからだ。[25]トロツキーは常に、現実的な結果をもたらすものを強調し、厳しい規律を常に追求し続けた。逃亡したり臆病さを見せたりした部隊は皆殺しにされる方針を導入し、その対象には司令官も含まれた。[26]

だが、それを党にはあまりうまく説明できなかった。というより、そもそも説明しようとしなかった。古参ボリシェヴィキのご機嫌とりを嫌がるあまり、彼はまるでその人びとが十月革命にほとんど何も貢献していないような書き方をした。一九一九年刊行の著書『十月からブレスト＝リトフスクまで』では、ボリシェヴィキの党組織がほとんど触れられていない。そしてボリシェヴィキに敢えて言及する時には、それをマクシマリスト（最大限綱領主義者）と呼んだりした。まるで革命の過去を脱ボリシェヴィキ化したがっているかのようだった。(27)

ボリシェヴィキは、以前の革命の歴史を熱心に学んでおり、特に一七八九年以降のフランスで起きたことから教訓を学ぼうとしていた。絶対王政の打倒に続いていくつも急進的な政権が生まれた。マクシミリアン・ロベスピエールは、戦闘的無神論と社会変革の指導者として台頭し、フランス革命の国内の敵に対するテロル作戦を強化した。だがその権力は、経済的な混乱と外部からの介入によってつぶされてしまった。また、自分に刃向かう政治勢力をすべて殲滅させるのにも成功しなかった――そして一七九四年には、自分自身がギロチン処刑の命令を下されてしまった。この熱っぽい革命の雰囲気のおかげで、有能な若きコルシカの将校ナポレオン・ボナパルトが台頭した。その軍事的な成功と軍内部での人気のおかげで、ナポレオンは一七九九年には第一執政となり、一八〇四年には自ら皇帝を名乗って、それまでの政権が実施した急進的な改革の多くを交代させようとした。十月革命の後でボリシェヴィキはこうした成り行きを恐れており、トロツキーはソヴィエト版ナポレオンの役割を担いそうな候補者の筆頭と思われていた。

パンテレーエフ事件が相変わらず足を引っ張っていた。トロツキーの政敵が指摘したように、彼の一般的な命令は、十分に状況を斟酌せずに軍務の共産主義者たちを死刑にする可能性を残したままとなっていた。(28)その激しい言葉遣いもマイナスだった。東部戦線で旧帝国軍将校たちの裏切りが発覚すると、裏切り者を見逃してしまったコミッサールたちに、射殺するぞと脅す電報を打った。その周辺にいた有力なボリシェヴィキのピョートル・ザルツキーとイワン・バカーエフは、これを自分たちを殺すと言っているのだと解釈した。そして、イヴァール・スミルガが介入したおかげでザルツキーとバカーエフはからくも処刑されずにすんだという噂が流れた。『プラウダ』さえそれに近い記事を載せたほどだ。トロツキーはこの記事について強硬に文句を言ったし、細かい点では彼の主張が正しかった。[29] だがある例では、彼は本当に有力な共産党員ミハイル・ケドロフを処刑しそうになった。ケドロフはペトログラードの北部戦線で、革命軍事評議会の議長を務めていたが、一九一八年九月に転進を拒んだのだった。トロツキーは野戦軍事法廷を開くよう命じ「己の責務に怯えて敵に利する者すべて」に対処せよと述べた。トロツキーは明確な教訓を示したかったのだ。「ソヴィエトのサボタージュをおこなう者は、ブルジョワと同じく厳しい処罰を受けるのだ[30]」

一九一九年四月に、トロツキーはパンテレーエフ事件で自分の汚名を雪ぐには政治局による調査しかないと判断した。ニコライ・クレスチンスキー、レオニード・セレブリャコフとスミルガが調査を率いた。[31] クレスチンスキーとセレブリャコフは、ブレスト＝リトフスク論争でトロツキーの味方につき、一九二〇年代の党内論争ではトロツキーを支持した。彼らをパンテレーエフ事件の調査に加えたということは、ソヴィエト国家に厳しい軍事的な危機が迫る中で党の指導層がトロツキーに負担をかけたくなかったということを示している。トロツキーは、自分が革命軍事法廷の判決を支持してコミッサールを処刑したのは正しかったのだと論じた。[32] パンテレーエフは共産党員として射殺されたのではなく、臆病な逃亡者として射殺されたのだ、と。一九一九年三月にはまたもや、あるボリシェヴィキ党員に個人的に厳しい対処を試みた。トロツキーはパニューシキンなる人物が赤軍に任命されることに反対していた。パニューシキンはトロツキーが恐れた通り、六百人の逃亡兵を銃殺刑場へと送り届けるのを拒否した。[33] トロツキーはパニューシキンを共和国法廷に引き渡せと要求した。パンテレーエフ事件に懲りて、彼はパニューシキンがまず党員資格を剥奪されるべきだと提案した——そして用心のため政治局の判断を仰いだ。政治局はそれを却下し、パニューシキンはチェーカーに拾われて、ボリシェヴィキ党員資格は失わなかった。[34] トロツキーは激怒して、パニューシキンの「犯罪行為」の証拠をその後も集め続けた。[35]

トロツキーは側近選びにあたり、能力だけを基準とし、ボリシェヴィズムに昔から帰依していたかどうかは気にしなかった。共和国革命軍事評議会の副議長としてエフライム・スクリャンスキーを選んだが、このスクリャンスキーは聡明で活力に満ち、活発なマルクス主義者ではあったものの、大戦前はボリシェヴィキ党員ではなかった。一九一七年に軍医兼政治活動家としてトロツキーの目にとまった――そして十月革命直後の軍総司令部でのコミッサールとしての成功で、まちがいなく才能ある人物として立場が固まった。[36] また個人補佐官としてはミハイル・グラズマン、ゲオルギー・ブートフ、イーゴリ・ポズナンスキーなどが選ばれた。グラズマンは背の低い、若々しく活発な人物だった。トロツキーが移動中の速記タイピストとして経歴を始めたが、物理的な戦闘でも物怖じせず、見事な行政官となった。[37] ブートフとポズナンスキーも同様の性質を持っていた。だがトロツキーにとっては不幸なことに、こうした側近選びも彼についての疑念を強めるものとなった。

彼は相変わらず多大な勇気を示した。スヴィヤジスクでの一件は赤軍の誰もが知っていた。モスクワ南のゴールキ駅で列車が障害物に衝突したときにも危険はあった。それは真夜中のことで、ものすごい振動で彼は目を覚ました。

半分眠ったまま、私は何とか手探りでベッドの端に沿って進んだ。お馴染みのガタゴトいう音が急に止まってしまった。客車は傾いたまま、まったく動かない。夜の静けさの中、弱々しくもの悲しい声が聞こえた。重たい客車の扉はあまりにゆがんで開かない。出られないのだ。誰もやってこなかったので、私は警戒した。敵か？　片手に拳銃を握り、私は窓から飛び出したが、そこでカンテラを持った誰かにぶつかった。それは車掌で、私のところにたどり着けずにいたのだった。客車は斜面に止まり、車輪三つが深く土手に食い込んで、残り三つは線路の上高くに上がっている。客車前後のプラットホームはひしゃげていた。前方の鉄格子とプラットホームの間に衛兵が一人はさまれており、暗闇の中で聞こえてきたのは、その衛兵のもの悲しい小さな声で、まるで子どもの泣き声のようだった(38)。

トロツキーは、こうした事件をレーニンの報告には含めなかった。戦争ではそんなことは日常茶飯事だと思っていたからだ。

彼は自分を軍人だと思い始めていた。彼の見たところ、武力紛争はそれを体験した者の間に絆をはぐくむ。マルクス主義者の中では「軍事主義者」というのは最大の侮辱の一つだったが、トロツキーはこの慣行に反対して立ち上がった。軍事主義的な手法は、やってみるとそんなに悪いものではないと思ったのだ。精神的な決意、発言の簡潔さ、実務的な精度をもたらす。軍の生活は、常に活動に備えて責任を取るというものだ。トロツキーは、こうした性質は赤軍の外で平和時になっても失われはしないと結論づけた(39)。

彼はマルクス主義の究極目標を忘れてはおらず、戦争なき世界の創造に献身を続けた。そしてこの主題について一九一九年七月の『イズヴェスチヤ』に感動的な論説を書き、軍事紛争は人間社会が永遠に持ち続ける特徴なのだと主張する人びとがいると指摘した。だが人肉食もかつてはあったものの、ほとんどの社会では消えた。封建騎士の戦争も忘却の彼方だ。もっと最近まで、個人が意見の相違について、決闘で決着をつけていた。これも終わった。現在では「諸国民間の戦争」が世界政治の主題となっているが、絶望する必要はない。歴史は前進している。マルクス主義の教えによれば「戦争は昔も今も、武装搾取の一形態であり、搾取に対する武力闘争の一形態なのだ」[40]。この論説の結論は明らかだった。社会主義が世界中で勝利し、プロレタリアがブルジョワを打倒したら、あらゆる種類の戦争をはぐくんできた物質的条件は消え去るというのだ。トロツキーは、武力紛争をどう終わらせるかという説得力ある計画は持っていなかったが、調和のとれた世界社会というビジョンは大事にしていたのだ。彼はまだ夢見る力は失っていなかった。

第25章 赤軍の勝利

赤軍と白軍との戦争が頂点に達したのは一九一九年初頭だった。コルチャークはウラルでの成功に気をよくして、モスクワ方面への攻勢の準備を整え始めた。白軍はまた、ミハイル・アレクセーエフ将軍とラヴル・コルニーロフ将軍が創設して、二人の死後はアントン・デニーキン将軍が率いる義勇軍の協力も仰げた。この義勇軍もボリシェヴィズム撃破の用意を調えていた。独立ウクライナ政府は、ドイツの軍事占領が終わった後にもぐりこもうとしたボリシェヴィキ党組織を根絶やしにした。英仏は、コルチャークとデニーキンに政治的、物資的な支援をおこなった。ソヴィエト国家が支配しているのは、中世モスクワ大公国よりわずかに広いくらいの地域となってしまった。

トロツキーはソヴィエト軍をまとめるのに没頭していたので、三月のロシア共産党第八回大会には出席できなかった。だから批判者たちに対して自分の軍事政策を擁護する機会も得られなかった。また欠席したために、ソヴィエト国家再建のやり方に対する反発が高まっているのも目撃できなかった。チモフェイ・サプローノフが率いる民主主義的中央集権派という小集団は、組織的な中央集権化は認めたものの、党内やソヴィエトからの民主的なコントロールがあるべきだと強調した。そして、高官たちの中できちんと選挙で選ばれた者がどんどん減っていることを嘆いた。これは独裁主義的な傾向のあらわれだから、やめるべきだという。党内の他の反対者たちは、反対をもっと先まで進めたがった。一年以内に、彼らは労働者反対派を組織する。アレクサンドル・シリャプニコフとアレクサンドラ・コロンタイが主導するこの集団は、労働者や農民たちが経済についての意志決定力を与えられるべきだと論じた。労働者反対派は、自分たちの思想こそがかつては党の中心的なドクトリンだったと論じた。そして、一九一七年綱領への復帰を主張した。民主主義的中央集権派と労働者反対派は、中央指導部全体に対して批判を展開した。ことさらトロツキーだけを批判したわけではないが、その怒りの主な標的はトロツキーだった――そして大会に出席していたら、トロツキーはかなりつらい目にあったことだろう。

だが彼は内戦で忙しかった。中央ロシアはまさにコルチャーク軍の進路上にあった。モスクワにも焦燥感が広がる中で、レーニンは革命の防衛を呼びかけた。コルチャークは一九一九年五月まで攻撃を控えたが、そこで赤軍はなんとか白軍をウラルまで押し戻し、シベリア鉄道沿いに彼らを追い詰めた。白軍は赤軍だけでなく、農民の反乱にも悩まされた。コルチャークはまた、西側連合国の顧問からも批判され、ボリシェヴィズムに勝ったら選挙を実施すると約束しない限り外国援助を打ち切ると脅された。軍を率いてまとめる能力は次第に無残に崩れていった。工業活動のない地域に移動するにつれて、工業製品が入手できなくなった。赤軍のほうは、兵も装備もますます増えた。さらに輸送や通信手段も優れていた。それでも白軍は希望を捨てなかった。鉄道沿いのあちこちでコルチャークは停止を命じ、軍を招集して赤軍の前進を阻止しようとした(1)。

ヴァツェチスは総司令官として、赤軍の体制立て直しと訓練期間を設けようと主張した。だが東部戦線で赤軍を率いるセルゲイ・カーメネフ(政治局のカーメネフとは無関係)は反対した。彼の電報はレーニンとトロツキーに、進軍再開を求めている。カーメネフの血気盛んな態度はレーニンに受けがよく、政治局は共和国革命軍事評議会のスミルガとラシェーヴィチとともに、ヴァツェチスの地位をカーメネフに与えることにした。この決定にトロツキーは苛立った。彼は兵の疲労を考えるべきだという点でヴァツェチスに賛成だったし、南部からドネツ地方とウクライナの二股攻撃で北進するデニーキン軍の危険性も高まっていると考えていた。だが後にトロツキーも認めた通り、数週間休む時間を与えたら、コルチャーク軍が力を回復する可能性はあった。だからどちらの議論もきわめて微妙なものだった。スターリンはレーニンに対し、トロツキーがまたも越権行為をしているという露骨なほのめかし入りのメッセージをたくさん送っている。だが実はトロツキーはいじけていた。ヴァツェチスの地位を維持するという闘いに負けて、自分が過小評価されているように感じたのだった。そして腹立ち紛れに軍事人民委員の辞表をたたきつけ、仲間の党指導者たちには、デニーキン相手の南部戦戦を無視すると大変なことになりかねないぞと警告した。

彼にとって堪忍袋の緒が切れたのは、赤軍運営のやり方すべてに対する批判が蒸し返されたことだった。トロツキーは病気で疲れ切っていた。共感と支持を求めていたのだ。中央委員会の他の人びとは、トロツキーは嫌だったが、でもその代役を捜すのは難しいのもわかっていた。七月五日に党の指導層は決断を迫られた。

中央委員会の組織局と政治局は、同志トロツキーの主張を検討し、あらゆる面を検討した結果、同志トロツキーの辞表を受理してその要求に従うことは絶対にあり得ないという全員一致の結論に到達した。

中央委員会の組織局と政治局は、南部戦戦の任務――いまや最も困難で危険であり重要な任務で、しかも同志トロツキーが自ら選んだもの――が彼の要求にできる限りかない、共和国にとっても最も生産的であるように、あたう限りあらゆる手を尽くすものとする。同志トロツキーは、軍事人民委員および革命軍事評議会議長という役職であると同時に、南部戦戦における革命軍事評議会の一員としても、前線司令官（エゴーロフ）と協力して活動できる。この前線司令官は同志トロツキー自身が提案し、それに応じて中央委員会が承認した者である。

中央委員会の組織局と政治局は同志トロツキーに対し、軍事問題における路線をただすに当たり彼が必要と考えるものを確保するためのあらゆる手段を活用するあらゆる機会を提供するものであり、もし彼が望むのであれば党大会の日程を早めることも試みるものとする。(2)

スターリンですらこの決議に署名した。(3)

レーニンはスクリャンスキーにこう書いている。「トロツキーの病気は現時点では誠に不運なことだ(4)」。またトロツキー自身には白紙委任状を与えている。

同志諸君！

同志トロツキーの命令の厳密さを知る者として、私は――絶対的に揺るぎないまでに――この同志トロツキーによる命令が正しく、正当で、大義に奉仕するものであると確信しており、したがって与えられる命令を何ら留保なしに支持するものである。

V・ウリヤーノフ（レーニン(5)）

要するに、トロツキーは自分の足を引っ張る指導的なボリシェヴィキなど無視してやりたいようにできる、ということだ。トロツキーはこの白紙委任状を使うことはなかった。だがプライドはこれだけで救われ、任務に復帰することに同意したのだった。

当時は誰一人として、デニーキンの攻勢が勝利する可能性があることは否定できなかった。白軍は賢明な形で南から進軍し、六月後半にはツァリーツィンとハリコフを制圧した。そして勢力を展開しつつ、デニーキンはロシアの首都に向かうすべての鉄道を抑えよと命じた。八月末にはキエフが陥落した。トロツキーは列車で前線に向かった。まだ最近の党内紛争で気を悪くしてはいたが、多くの会議で自分の軍事的なアイデアが政治コミッサールたちに歓迎されているので機嫌も直った。[6] ソヴィエト政権の命は風前の灯火で、トロツキーは赤軍を鼓舞した。デニーキンが自軍を薄く広く展開していることが明らかになった。ツァリーツィンから軍を北上させる中で、迎撃する赤軍にケリをつけるだけの兵員も供給もなくなっていたため、サラトフ郊外の北方三〇〇キロの地点で、激しい抵抗に遭って足止めを余儀なくされた。[7] トロツキーはヴォルガ地域での作戦に自信があったので、キエフ近くにとどまった。[8] だがウクライナとなると話はちがう。どの県も農民反乱だらけだった。ボリシェヴィキの党員にウクライナ民族はほとんどいなかった。ソヴィエト政権は、農民を無理に集団農場に入れようとして嫌がられていた。トロツキーは、この地域を十月革命に備えさせるよりは、目先の軍事政治努力を優先した。

赤軍白軍共に、ゲリラ兵化した農民たちには悩まされた。緑軍と呼ばれたこのゲリラ部隊は、農村の権利を守るために戦っていた。そして徴兵と穀物供出要求を拒絶した。緑軍はほとんどの県にいた。ときにはアナキストやエスエルが率いていることもあった——そしてウクライナなどの地域では、数万人規模の兵員を擁していた。デニーキンは農民たちを敵視していると思われていたので、北進する中でかなりの損害を被った。

この戦役の結果は、一九一九年夏に一連の激しい交戦により、疑問の余地がなくなった。長期戦はなかったが、白軍は戦闘ごとに敗北を喫した。共産軍は兵力、装備、通信の優位性を最大限に活用した。さらにウラル地方と西シベリアを赤軍が取り戻したことで、ロシアの大都市への食糧供給も多少は緩和された。デニーキンは、すばやい一撃必殺に基づいて戦略を立てていた。だがこれが失敗すると、南部のクリミアに撤退せざるを得なくなった。トロツキーと赤軍は即座にそれを追ったが、これはトロツキーにとって里帰りでもあった。だがこの帰還は穏やかなものではなかった。それはモスクワへの電報でもわかる。「第一の要求は、後方における熾烈な粛清である。特に重要拠点のキエフ、オデッサ、ニコラーエフ、ヘルソンで実施すべきである」。そして首都から最大二万人の活動家派遣を要請した。特に「絶対的に信用できるチェーカー部隊」が必須だと論じた。再ソヴィエト化されたウクライナは、永続的にボリシェヴィズムの下に確保すべきであるという。(9) 政治局は活動家五百人を派遣し、彼の計画をおおむね了承した。(10)

ウクライナ南部における戦略についての計画がキエフでは続いていた。一つの可能性は、黒海沿岸から赤軍を退却させることだった。トロツキーはモスクワのスクリャンスキーに電報をうち、自分の結論を伝えたが、なぜか共和国革命軍事評議会と政治局との間に誤解が生じた。トロツキーはスクリャンスキーに叱責を送った。「きみはまたもや、電報をきちんと読まないために混乱に陥ってしまった」。そしてスクリャンスキーが怠け者だとすら非難した。(11) だがにらみ合いはすぐに終わった。トロツキーは、南部の白軍拠点一斉攻撃に必要なものとして要求していた武器弾薬を獲得した。政治局は、最新の正確な情報を手に入れると、オデッサ防衛を優先すべきではと「提案」した。政治局は「我々の支援は決して遠くない」と保証した。(12) トロツキーは、オデッサ周辺におけるソヴィエト政権に対する最大の脅威は「入植者」たちの蜂起だと指摘した(13)(おそらくこれはユダヤ人よりはドイツ人だっただろう)。だがトロツキーがこの地域に関する子供時代の知識をさらに活用する前に、デニーキン勢が東方に再結集していて、ドン川近くのヴォロネジを脅かし始めていることがわかった。デニーキンは、ウクライナのトロツキーと赤軍を孤立させようとしているらしい。トロツキーはスクリャンスキーを詰問した。「どういうことだ？　なぜこれを見逃していたんだ？　こんなことではダメだと総司令官に伝えておけ」(14)

だがこれは、誰よりもトロツキー自身のせいだった。赤軍をウクライナに集中させることにしたのは、彼だったからだ。急いで兵を再編しなくてはならない。コルチャーク軍に対しては着実に作戦が展開しており、最終的な勝利がだんだん見えてきた。トロツキーと革命軍事評議会、赤軍総司令部は、決然とした落ち着きを取り戻した。赤軍は、白軍の残党をすべて一掃した。さらに緑軍と呼ばれる農民勢——それまではデニーキン残党の攻撃に協力していたネストル・マフノとニキフォル・グリゴーリエフが率いていた——も攻撃した。ウクライナのソヴィエト共和国が再樹立される中で、トロツキーはボリシェヴィズムに対するあらゆる武装敵対をすべて根絶せよと命じた。デニーキンとの最後の闘いは、モスクワとハリコフの真ん中あたりにあるオリョールで戦われ、赤軍の圧倒的勝利に終わった。デニーキンは何度か止まって赤軍を迎撃する以外は、退却する白軍をまとめるのに注力していた。白軍の士気は低く、下がる一方だった。でもデニーキンはクリミアで将校や兵を立て直し、ウクライナとロシアに再度の大侵攻をかけようと思っていたのだった。

まさにその瞬間、第三の白軍が独立エストニアから登場した。率いるはニコライ・ユデーニチ将軍。コルチャークやデニーキンよりは準備に時間がかかったものの、彼はその時間を賢明に使った。ドイツの捕虜収容所を襲撃して、赤軍と戦う義勇兵が募集された。西側連合国は、戦車を含め大量の装備を提供した。ユデーニチはまた、母国で二度とソヴィエト政権を見たくないエストニア人たちも募集した。エストニアは一九一八年二月以来独立国となっており、住民はその状態を手放すつもりはなかった。ユデーニチの白軍は一九一九年十月初旬に東進し、ボリシェヴィキを急襲した。トロツキーと赤軍総司令部は当時、モスクワ南部での作戦を指揮していた。ユデーニチ軍の行く先にはペトログラードがあり、そこにいたジノヴィエフは市への危険を理解していた。彼がレーニンに送った悲観的な報告のせいで、党中央指導部はペトログラードを放棄しようかと本気で考えた。トロツキーは遠くからこの議論を見て驚愕した。

ペトログラードの指導者、特にジノヴィエフは、レーニンに対して敵の装備があらゆる面で優れていると伝えていた——機関銃、戦車、飛行機、側面のイギリス艦等々。レーニンは、最新の装備を備えたユデーニチの将校軍とまともに戦おうとすれば、他の前線、特に南部戦線から兵力を割き、それを弱体化させるしかないと考えた。だがそんなことをするわけにはいかない。レーニンの意見では、やるべきことはただひとつ。ペトログラードを放棄して戦線を縮小することだ。こうした切断手術が必要だと決定したレーニンは、他の人びとの賛成を取り付けようと動き始めた。南部からモスクワに着いた私は、この計画に断固反対した。[15]

レーニンとトロツキーは、すさまじい口論を始めた。政治局は二分された。二十四時間後、政友のクレスチンスキーと政敵スターリンの助力を得たトロツキーはようやく論争に勝ち、レーニンはこう言って譲歩した。「よろしい。やるだけやってみよう![16]」

政治局はトロツキーが起草した「ソヴィエト・ロシアを軍営に一変させる」という宣言を採用した。徴兵されていない男は軍役向けに登録が義務づけられた。ペトログラード脱出を口にするだけで反逆と見なされる。トロツキーは「最後の血の一滴までペトログラードを守り、一歩たりとも譲らず、闘いを市の街路にまで持ち込む」と約束した。[17] 白軍の進軍による危険は高まった。トロツキーが十月十六日に北に向かったときには、ユデーニチは東進してツァールスコエ・セローを制圧し、ペトログラードから一五キロに迫っていた。ロシアの二つの首都にこれほどまで迫った白軍司令官は初めてだった。

トロツキーがペトログラードに着いてみると、市当局による戦闘準備は話にならなかった。彼はジノヴィエフに冷たく接した。スターリンもまた、党指導部によりペトログラードに派遣されたが、彼は実にスターリンらしく、中産階級市民の一団を赤軍の前に一列に並ばせて、ユデーニチ軍が市の防衛軍に対して発砲できないようにした。これまたスターリンの手法は、「見せしめ」の大量処刑だった[18]。トロツキーはこれに反対しなかった。ときには、トロツキーとスターリンは最も残虐なコミッサールの座を巡り競争しているかのようだった。だが同時に、トロツキーは自軍の士気を高める方法も見つけた。デミヤン・ベードヌイに委託して、軍事作戦に関する感動的な詩を書かせたのだ（ベードヌイの妻は、彼の従軍を不安がったので、トロツキーは絶対に無事に連れ帰ると約束しなくてはならなかった[19]）。詩人は、ユデーニチ軍の戦車と、恐れ知らずの赤軍砲兵ヴァーニカがその前進を阻止したという詩を書いた。そして赤軍兵はそれを絶賛したのでトロツキーの企みは成功した[20]。一方でトロツキーは、ペトログラードのスモリーヌイ学院にいる党とソヴィエト高官を震え上がらせた。彼は完全かつ無私の献身でなければ認めなかった。臆病者や無能者は粛清が命じられた。不足があれば、それはトロツキー列車でどこへでも旅のお供をしている軍事分遣隊が補った。

彼のスローガンは「ペトログラードをあきらめない」というものだった。赤軍の連隊が白軍攻撃で逃げ散ると、トロツキーは何のためらいもなく自ら指揮を執った。手近な馬に飛び乗ると、敗走する兵たちを追いかけたのだ。専属伝令コズロフも慌てて追いかけ、二人で部隊をまとめ、その指揮官の決意をたたき直して、ユデーニチに対する戦線を立て直した[21]。内戦において、トロツキーが「軍事専門家」たちを直接行動で補わなくてはならなかったのは、この時だけだ。トロツキーはその勇気と指導力により、赤旗勲章を受けた。(22)トロツキーが内戦で我が身を危険にさらしたのは、これが最初でも最後でもなかったが、この逸話はプロの指揮官たちの間でトロツキーの評判を確立した――そして確かに彼は、軍指導者としての評価の高まりに値するだけの活躍は見せた。

だがユデーニチはまだ負けてはいなかった。フィンランド人がマンネルハイム将軍の下で、白軍の味方をしようかと検討しているという報告がトロツキーに入った。マンネルハイムは、ペトログラードからほんの五〇キロ北の国境を越えて、ロシアの共産主義者どもがもめごとを広めるのを防ぎたいと思っていたのだ。これに対してトロツキーは、もしフィンランド軍がユデーニチと連携するつもりなら、赤軍がそれをヘルシンキに追い返すと答えた。フィンランドの脅威は結局何の役にもたたなかった。ユデーニチは作戦を自分の軍だけで終えることになる。その参謀となったイギリス将校が、即座に全面攻勢をかけるよう助言したとき、彼はためらった。だがこれが失敗だった。脆弱な赤軍の防衛は、日に日に強化された。そしてペトログラードの外で戦闘が始まるころには、五対一でトロツキーの兵が多くなっていた。ユデーニチは、エストニア人部隊も失いつつあった。ロシア人をエストニアから追い出した彼らは「単一にして不可分なるロシア」のためになど戦いたくはなかったのだった。最高司令官カーメネフは十月二十一日に攻勢をかけた。ユデーニチ軍はじわじわ西に追いやられた。白軍の逃亡者は増え続け、ついに赤軍はエストニア国境にまで到達した。第三の――そして最後の――大白軍は戦場で敗北を喫し、赤軍はロシアとウクライナの大半における白軍との戦争に勝ったのだった。(23)

だが喜んでいる暇はなかった。武力紛争は相変わらずロシアとウクライナの領内で続いていた。農民たちが、物資徴発や徴兵を要求するソヴィエト政権に対して反乱を起こし続けていたのだ。ユデーニチ軍を撃破した赤軍は、すぐに反乱軍をつぶしに派遣された。緑軍はあちこちの県で猛威をふるった。赤軍内でも反乱が起きた。工場や鉱山ではストがますます増えた。民族間紛争や宗教紛争もまた周縁地域では起こり続けた。ウラル南部ではバシキール人とタタール人が戦っていた。ムスリム社会は、ヴォルガ川沿いの地域でロシア人と戦っていた。

白軍の残党は敗北を認めてはいなかった。コルチャーク提督がシベリアを東へと進む中、その将校たちはどうすれば再結集して赤軍を攻められるか考えていた。だが、英仏がロシア内戦への介入をやめると決めたことで、その希望は砕かれた。一九一九年十二月、イギリスはアルハンゲリスクから撤退し、フランスはオデッサから撤退した。トロツキーもその主要な同志たちもあまりコメントを出さなかった。彼らとしては、反ボリシェヴィキの援軍からの脅威がなくなったと結論づけたくはなかったのだ。それに、ロンドンとパリの大臣たちの魂胆をめぐる情報はあまりよいものではなかった。列強すべて、戦争に嫌気がさしていた。社会主義政党は、ボリシェヴィズムの独裁的な面は嫌いでも、レーニンとトロツキーを転覆させるような軍事介入には反対した。ソヴィエト・ロシアに対する軍事介入への政治的な反対は強まる一方だった。イギリス首相デヴィッド・ロイド・ジョージは、一九一八年末に保守党との連立で初の戦後選挙に勝利し、革命バクテリアを一掃する賢いやり方はロシアとの商業的なつながりを復活させ、市場経済のほうが産業の国家所有よりも人びとのためになることを実例で示すことだ、と論じて支持された。地政が政治局に有利に傾いたのだ。

一九一八年半ばには敗北必死と思われた党が、決意と組織と指導力のおかげで勝利した。トロツキーは赤軍の活動のこうした側面をしょっちゅう指摘した。また、この内戦の結果はヨーロッパと北米での世界的な社会主義勝利の不可避性を裏付けるものだと思った。そして、共産党の指揮官やコミッサールたちの勇気にも十分な重きを置いた。他の側面はほとんど触れられなかった。だが実際には、赤軍はモスクワとペトログラードを死守したことで利益を得た。おかげでロシア鉄道の中核部という物流上の優位が得られたからだ。また、人口密度の高い地域を押えたことで、徴兵のための人口も確保できた。ツキもあった。ドイツか西側連合国が中央ロシアに派兵できる立場にあったら、ソヴナルコムを打倒できなかったわけはない。赤軍は内戦で何度か敗北寸前になった。だが後の時代のトロツキーは、白軍が赤軍の上手を行くことがあったなどとは決して思わないようにしたようだ。当時の彼はもっと正直だった。トロツキーの訴えや宣言は労働者や兵士に対し、十月革命の命運はひたすら彼らの手中にあるのだと告げていた。内戦は本当に、赤軍と白軍の間の接戦だったのだ。

まだ戦闘力が残っている白軍は一つしかなかった。デニーキンは夏の悲惨な戦役の後で、ウクライナ南部に退却していた。敗北にうちひしがれた彼は司令官の座を辞し、一九二〇年四月にはかわってピョートル・ニコラエヴィチ・ヴランゲリがその座についた。この最後の白軍は、ウクライナ南部に押し戻されて、クリミアで再結集した。ヴランゲリはやっと、コルチャークやデニーキン、ユデーニチの戦略の決定的な失敗が、農民の機嫌を損ねてしまったという点にあったことを認めた。ヴランゲリは、十月革命で農民が手に入れた土地はそのまま与えることを約束した。そして指導的なリベラル派の政治的な助言も採り入れた。軍の規律を回復し、手当たり次第の武器弾薬をかき集めた。だがトロツキーは、ヴランゲリにまともに取り合わなかった。彼から見れば、白軍はすでに撃破されており、いまや党の仕事はソヴィエト政権をまとめあげて経済復興をもたらし——可能であるなら——革命をヨーロッパの他国に広げることなのだった。

第26章 世界革命

ソヴィエト指導者たちは、ヨーロッパ内での孤立を打破する機会が少しでもないかとうかがい続けていた。国際関係ではイデオロギーが彼らのあらゆる行動を左右していたが、その熱意の裏には現実的な理由もあった。自分たちが唯一の急進左派ヨーロッパ国家を支配している限り、資本主義勢力連合による標的となり続けるということだ。西欧でドイツの軍事力が崩壊するとすぐに――いやその少し前ですら――共産党指導層は革命を西に広げる準備を復活させた。計画は、第三インターナショナルを組織して第二とすげかえる、というものだ。第二インターナショナルはヨーロッパの社会主義政党と労働者政党をまとめた組織だったが、そうした政党のほとんどが自国の戦争を支持したことで、第二インターナショナルの信用はどうしようもなく失墜してしまったと思っていた。だから、資本主義を打倒し、革命を推進する新たな世界組織がすぐに必要なのだ。

ブレスト＝リトフスクをめぐる論争が立ち消えになると、外交政策をめぐる党指導部内の意見の相違もなくなり、レーニン、トロツキー、ブハーリン、そしてジノヴィエフにスターリンすら、おおむね意見が一致することになった。これは単なる連帯のポーズではなかった。それまで党中央指導部内の重点は、十月革命を守り、外国での危険な軍事活動を避けることにあった。内戦でみんな議論を止めた。ソヴィエトの弱さが露骨に示されてしまい、クレムリン指導者たちのうちの左派は、革命を西に輸出するための即時武力行動を、といいたがるクセを捨てた。レーニンは、現実的な機会があればすぐに中欧に革命蜂起を引き起こしたいと本気で願っていることが認識され、政治的風見鶏だという批判も止まった。白軍はまだ残っていた。コルチャーク、デニーキン、ユデーニチはまだ暴れていた。白軍を完全に粉砕するほうにすべての資源を振り向けるべきだという点は、党の全員が同意した。トロツキーもそれに賛成だった。前線をめぐりながら、彼はしばしば世界中の帝国主義の鎖を打ち破る手段についての提案を夢見るのだった。だが、赤軍が内戦に勝利する可能性を悪化させるような行動を要求したことは一度もなかった。

トロツキーの回想記は、ブレスト＝リトフスク条約後の二年間における、国際関係での慎重さについてはほとんど述べていない。彼は、一九一七年以後の数十年で自分の外交政策における方向性が一貫していたと思わせたかったのだ。確かに、目指してきた根本的な狙いという点では、これも真実を含んではいたが、完全に正確とも言えない。ソヴィエトの軍事的安全を脅かすと知りつつもヨーロッパの革命活動に賭けるべきだと強く主張するようになったのは、やっと一九二三年頃になってからだった。内戦の頃は、もっと責任ある態度を示していた。

第三インターナショナルの準備は、十一月にドイツが敗北する前から行われており、トロツキーも関与していた。ベルリンの同志たちが蜂起に成功してソヴィエト式政権樹立を発表するには、絶対にロシア共産党の支援が必要だろうと思われていたのだ。軍事人民委員としてのトロツキーの仕事は、赤軍のリクルートを強化することだった。すでにソヴィエト軍は、内戦に必要な数をはるかに上回っていた。彼と他のボリシェヴィキ指導者たちは、いつでも中欧に介入できるだけの追加兵力を獲得しておくつもりだったのだ。(1) 食糧人民委員アレクサンドル・ツュルーパも、同じ考えで食糧調達に力を入れた。急進左派が政権を握ったらドイツ労働者たちは食糧支援が必要になると思ったので、倉庫には穀物が山積みされた。[2] スヴェルドロフは古参ボリシェヴィキの小集団を招集し、第三インターナショナルの詳細プロジェクトを立案した。レーニンやスヴェルドロフは十月革命を輸出するという約束を捨てたのではないかとトロツキーが怪しんだことがあったにしても、いまや彼はその答えを知った。[3]

赤軍の仕事があったため、西部戦線での戦闘が終わった後も、モスクワでの国際計画の詳細には参加できなかった。状況は複雑で流動的だった。西側連合国は、まだ講和の取り決めについて腹を固めていなかった。敗北した中央同盟諸国は大混乱だった。カイゼル・ヴィルヘルム二世はドイツの玉座を放棄してオランダに逃げた。社会民主党フリードリッヒ・エーベルトが率いる政府がベルリンで後を継いだが、その正当性は急進左派スパルタクス団によって疑問視された。スパルタクス団を率いるのはカール・リープクネヒト、レオ・ヨギヘス、ローザ・ルクセンブルクだ。みんな大戦前にはトロツキーの友人だったし、トロツキーはしばしば社会主義陣営を分断するようなレーニンの思い込みに反対するにあたり、ルクセンブルクと手を組むことも多かった。連合国の戦勝後に釈放されたスパルタクス団指導層は、エーベルト政府の更迭を要求した。トロツキーは大喜びだった。彼らをソヴィエトドイツの指導者として迎えられれば、こんな嬉しいことはない――そしてスパルタクス団は、ロシアでの国際共産主義者会合に代表団を送るよう招かれた。レーニンとトロツキーの計画では、それが第三インターナショナルの設立となる。

スパルタクス団もエーベルト政府の打倒に乗り出した――そしてそれをわざわざモスクワのレーニンやトロツキーに伝えようとはしなかった。ベルリン蜂起が一九一九年一月に拙速に組織された。ルクセンブルクは軽率にも、この活動についていった。そして大惨事が起きた。スパルタクス団はペトログラードの十月革命の成功を再現しようとしたのだが、一九一七年のボリシェヴィキのような大衆支持はまったく得られなかった。ドイツ労働者階級に対する動員力は弱かったし、政治的、軍事的な準備は素人作業だった。さらにエーベルトの社会民主党政権は、街頭で決然とスパルタクス団に対決し、軍からの支援も当てにできたのだった。右派の民兵組織である非公式のドイツ義勇軍(フライコール)は一九一八年十一月の西側同盟国への降伏に不満を抱いていたが、彼らも群れをなして登場した。スパルタクス団は銃撃された。リープクネヒト、ヨギヘス、ルクセンブルクは殺された。その虐殺死体は道端に放置され、スパルタクス団は壊滅した。ソヴィエト共産党指導部はこの報せに衝撃と失望を感じたが、だからといって自分たちの政治的な方向性を改めたりはしなかった。

一九一九年三月二日に、第三インターナショナル設立のための会議が始まった。軍事人民委員部での多忙にもかかわらず、トロツキーはこの歴史的な瞬間を逃したくはなかったので、クレムリンの旧裁判所における議場に参加できるようにした。出席した代表団たちは、これが新しいインターナショナルの公式設立に使われるとはまったく予告されていなかった。レーニンとトロツキーは狡猾な計画を練り上げていたのだ。ドイツのスパルタクス団代表フーゴ・エーベルラインなどが、この集会の位置づけについての問題を解決するための時間をほしがっているのはわかっていた。だからロシア共産党指導者たちは、手続き面での社交辞令を踏みにじった。彼らは何十年にもわたり、小さな政治集会の人員構成や命名をあれこれいじって結果を操作する経験は積んできたのだ。レーニンは第二インターナショナルで、その手の小細工で悪名高かった。トロツキーもかつてはその点でレーニンを批判していたが、レーニンはいまや全面的にそれを支持した。二人は第三インターナショナルの双子の先駆者だった。そして第二インターナショナルとのちがいを際立たせるべく、彼らはそれを共産主義インターナショナル(またはコミンテルン)と呼んだ。

開会式で、レーニンとトロツキーの登場は壮絶な喝采で迎えられた。ボリシェヴィキの重鎮はほとんど全員揃っていた。主要文書を準備したのはボリシェヴィキだ。事前報告を書いたのはレーニンであり、彼はまたブルジョワ民主主義とプロレタリア独裁に関する大会「綱領」を執筆した――このような会合は、こうした分析なしにはすまされないと思われていたし、どのみちそれは新たなインターナショナルの設立趣意書としてとても望ましいとされた。「基調演説」はブハーリンによるものだった。トロツキーは赤軍に関する熱っぽい報告をおこなった。軍内部の統制方針についてまったく弁解せず、ソヴィエトの領土が一九一八年以来広がったことに満足だと述べた。

何と、カウツキーは我々が軍国主義を育んでいるという非難までおこなっていた！　だが思うに、権力を労働者たちの手に確保しておきたいのであれば、彼ら自身が作り出す武器の使い方も教えなければならないのではないだろうか。それを軍国主義と呼ぶなら、好きにしたまえ。我々は独自の社会主義軍国主義を作り出したのであり、それを否定するようなことはしない。(4)

そして最後にこんな宣言をした。「我々は世界革命のために闘争し、死ぬ覚悟がある！」(5) トロツキーほど大集会をひれ伏させるのが上手い人物はいなかった。内戦中の彼の勇敢さは有名で、聴衆はこの自己犠牲についての発言が単なる口先ではないことを理解していた。

共産主義者以外で唯一出席を認められたイギリスのジャーナリスト、アーサー・ランサムもこの演説を目撃した。「トロツキーは、革のコートに軍用ズボン、ゲートル、毛皮の帽子を身につけて赤軍の記章を前にしており、実に見栄えはしたが、彼をヨーロッパの偉大な反軍国主義者の一人として見てきた人びとからすれば奇妙な装いではあった」(6)。多くの人がそうだったが、ランサムもトロツキーの一九一七年以前のロシアマルクス主義パンフレットをきちんと読んでいなかった。トロツキーは昔から、無条件の平和を支持していたわけではないし、まして民主主義や法治などそれ以下の扱いだった。だがそれ以外の点でランサムの目は鋭かった。四日後に大会が終わると、彼はこう報じている。

クレムリンの会合は、いつもながら調印と写真で終わった。終わり近く、トロツキーがちょうど演説を終えて演壇を離れると、ちょうどカメラの調節を終えた写真家から抗議の悲鳴が上がった。誰かが「写真家独裁！」と述べて、一面に笑いが起こる中でトロツキーは演台に戻り、この厚顔な写真家が写真を二枚撮る間、黙ってそこに立っていなければならなかった。(7)

トロツキーがこんな無礼な振る舞いを受けたのは数年ぶりだが、彼は鷹揚にもそれを許した。トロツキーは第三インターナショナル宣言を書き、三月六日の閉会前にそれを議場に読み上げるよう要請された。見事な即興を得意とする演説家として、これは異例の仕事だった。だが、歴史的な出来事は虚飾と儀式が必要だというのを理解していたので、要求に応じた。赤軍の責任者でなければ、是非とも第三インターナショナルの運営をやりたかったところだろう。だがその仕事はジノヴィエフに任された。トロツキーは大会後の展開を遠くから見守るしかなく、政策の変更をチェックしてアイデアや助言で介入するにとどめた。

ヨーロッパは政治的に不安定なままだった。一九一九年三月に二つの出来事が共産主義者の楽観論を裏付けるように思えた。まずソヴィエト指導部に好意的な一派が、バイエルンの首都ミュンヘンとハンガリーで政権に加わった。バイエルン革命はすぐに転覆されたが、ハンガリーの革命はそのまま続いた。共産党指導者クン・ベーラはブダペストで政権を樹立したが、そのとき連合軍はすでに、一九一四年以来の戦争を主導した罰として、ハンガリーの領土を大幅に減らそうと相談中だった。ハプスブルク後の政権に対する世間の反発のおかげでクンは政権を握れた。中欧一帯で、戦勝国による講和条約のおかげで勝ち組と負け組ができた。モスクワの共産党指導部にとって、これは天の恵みだった。特にドイツとハンガリーで民族のプライドが傷つけられたのは、国際主義の狙いに利用できる。クンは愛国主義のカードを切りつつ、急進的な共産主義政策を導入した。銀行や産業は国有化された。大土地農場は接収され、集団農場が設立された。クンは赤色テロルを導入した。刑務所は政権の敵で満杯となった。クンはハンガリーのレーニンたらんとした。そして他の中欧諸国も共産主義政権になるのを期待した。

クレムリンの指導部は、ソヴィエト・ハンガリーに対する最善の支援方法を検討した。一九一九年四月に行われた討議では、可能性の一つはウクライナ軍を国境に送ってクン・ベーラを支援することだった。[8] クン・ベーラはまさにこれを要求していた。ハンガリーは半ば敵国に包囲されているからだ。ルーマニアとチェコが国境を押していた。交戦も頻繁だった。セルビアも動く可能性があった。クンはモスクワに、政権を救うために軍を送ってくれと懇願した。[9] 赤軍総司令官イオアキム・ヴァツェチスはウクライナの筆頭政治コミッサール、アントーノフ゠オフセエンコに電報を打って、これをどう実現するか相談した。クンが提案した基本的なアイデアは、あっさりガリツィアとブコヴィナを突破してブダペストに進軍することだった。リスクは、こうした動きはポーランドとの全面戦争を引き起こしかねないということだ。だからヴァツェチスは、この選択肢を採る際にも一切領土は占領しないよう固執した（もちろん彼は、赤軍が自国領土を通過してもポーランドはそれを止められないと想定したのだった）。最大の問題は旧ロシア帝国内の内戦が終わっていないということだった。ヴァツェチスは、明らかで確実な優先地域がドネツ盆地だと指摘した。[10]

レーニンとトロツキーもこの判断を支持して、ハンガリーでの交戦はすべて考慮外とした。最優先の不可欠な要件は、ロシアの白軍を始末することだった。クンの共産主義政権の実情がわかってくるにつれて、その能力に対する信頼は下がってきたし、その恐れは結局正しかった。クンとその仲間サムエリ・ティボルは、ボリシェヴィキのさらに上をいこうとする狂信者たちだった。一切の妥協を嫌い、ハンガリー農民の支持が必要だったのに、地方で無軌道な暴力沙汰を展開した。穀物や野菜は補償なしに徴発された。カトリックの司教は絞首刑になった。若者は徴兵された。

クン政権は八月四日に、ルーマニア侵攻により倒れた。自業自得ではあったものの、ソヴィエト・ハンガリーの崩壊は、ボリシェヴィキにとっても打撃だった。翌日、トロツキーは自分の結論を党中央委員会に送った。クン・ベーラの打倒は、「英仏軍国主義」がまだ存命中だということを示しているのだ、と彼は論じた。実は、アメリカ政府は、英仏政府に対してハンガリーの共産主義を根絶やしにしろとせっついていたが、英仏は動かなかったのだった。ロンドンもパリも、そんなことのために軍を動かす気はなかった(11)。そしてロイド・ジョージとクレマンソーも、共産主義政府が倒れて喜んだものの、ルーマニア軍による占拠とその過剰な残虐ぶりはすぐに終わらせた。トロツキーは、何もないところに国際陰謀を見ていたのだった。だが勘違いも無理はない。ソヴィエト・ロシア、ソヴィエト・ウクライナ、ソヴィエト・ハンガリーは、世界の列強に対して孤立していたのだ。彼らは世界資本主義に刃向かい、それを敵に回した十字軍を予想していた。トロツキーは中央委員会に対し、結果として生じた現実を見据える必要があると述べた。西側連合国の強さに比べたら、赤軍など「慎ましい軍」でしかないという。ヨーロッパの共産化は、いまやまったく見込みがない。望ましい条件が再びあらわれるまでには、丸一年か、最大五年もかかるだろう。トロツキーは仲間の指導層に対して、アジアに目を向けろと示唆した。革命の拡大機会は東方にある。赤軍拠点をウラル地方に作り、近い将来に攻勢をかけるよう考えるべきだ、と(12)。

「アジア的な指向」を呼びかける中で、トロツキーは情報宣伝と言語学者の訓練を行い、「インドに軍事的な一撃」を加えたときに赤軍が現地の支持を得られるようにしておくべきだと訴えた。彼は「パリとロンドンへの道はアフガニスタン、パンジャブ、ベンガルの町を通るのだ」と宣言した。[13] これはトロツキーがヨーロッパに戦略的なこだわりを持っていたという発想を否定するものだ。確かに、選択の余地があれば他のどこよりもドイツでの革命を望んだだろう。だがこれは党全体の共通の立場で、トロツキーも指導部の同志たちも——少なくともその時点では——東方を探索したほうがよいのではと思ったのだった。

トロツキーの国際関係に関する考え方は、少数の基本的な想定に根ざしていた。それを自分で明言したことはないので、当時の著作から寄せ集めるしかない。彼は十月革命が世界的な社会主義の時代の夜明けを告げる偉大な輝きだという信念を捨てようとはしなかった。マルクスとエンゲルスの分析と予言は正しいことが証明されたと思っていたのだ。トロツキーはヨーロッパ労働者階級の革命の見込みについて信念を保ち続け、政治的な急進左派の活動家たちが、第三インターナショナルの大義に共鳴してくれれば、労働者たちも自分の運命を実現すべく活動するようになると信じていた。このプロセスは、世界の資本主義がいま味わっている打撃のおかげで容易になる。経済はめちゃくちゃだ。列強は、大戦の勝者も敗者も、安定を再びもたらす力が無い——そしてパリ平和条約は、状況を回復しようもなく不安定にさせてしまった。反帝国主義運動がヨーロッパやアメリカ以外の地域でも盛り上がりつつあった。共産主義者たちはそこに介入してつけこむ機会がたっぷりあった。目的は蜂起でなければならないし、特にドイツでそうだ。ロシアはやがてあらゆる国が従う道のパイオニアとしての重要性を持っていた。

結果として、赤軍は蜂起を支援する「革命戦争」での動員準備をしなければならなかった。これは国際主義者としてのボリシェヴィキの義務だった。また現実的にも筋が通っていた。もしソヴィエト・

ロシアが孤立したままでいるなら、先進社会との経済統合にとっての不可欠な資産を持たないことになる。領土と政治的な安全保障も危険なままだ。もっとも強力な「ブルジョワ」利益は世論を操作して、ロシアを侵略してソヴィエト政権打倒に向かうよう仕向けるだろう。

ちょうどトロツキーのその指導部の同志たちが、共産主義をまとめあげて資本主義に対する一体攻撃を構成しようとしていたのと同様に、世界の列強が十月革命を潰そうと活動しているのは当然だと彼は考えていた。これまた、もっともな仮説ではある。イギリス、フランス、日本、アメリカは一九一八年から一九年にかけて旧ロシア帝国に派兵していたし、彼らがやがて物理的に退却したからといって、失敗を完全に受け入れたとは考えにくかった。彼は絶えず、赤軍と対決する白軍について最悪の事態を想像していた。トロツキーから見れば、白軍は明らかにどこか列強の命令を受けて動いているのだった。たとえばコルチャークは「アメリカの直接のエージェントだ」[14]。これはバカげた想定だった。だがマルクス主義者なら当然のまちがいだった。コルチャーク、デニーキン、ユデーニチはロシア帝国軍にかつて仕えていたのであり、ロシア帝国はフランス、イギリス、アメリカと同盟関係にあった。白軍に対しては軍事、金銭的な支援が送られていた。ボリシェヴィキは贈り物がひもつきでないとは思いもよらなかった。だから白軍司令官たちは外国からの命令で動いていて、西側連合国は赤軍が敗北したときには、支援の見返りに経済的な対価を獲得するというのが当然に思えた。

ソヴィエト国家はまだ、巨大な諜報ネットワークを擁してはいなかった。コミンテルンは西側に対する諜報組織としてはまだ役立たずだった。コミンテルンの活動家たちは共産党の設立に専念していて、誰も外国政府内での議論について報告できるだけの地位についていなかった。ソヴナルコムが送り出した全権代表たちも、パリやロンドン、ワシントンの当局に接触手段はなかった。政治局は、西側の新聞（ニュースの公正な伝達者とはとても言えない）や西側の共産主義者（彼らはボリシェヴィキと同じイデオロギーのレンズ越しに世界を見ていた）に頼るしかなかった。どのみちマルクス主義理論は、「帝国主義の時代」には大戦の勝者たちが、大量の天然資源を持つロシアの国に対して戦後の優位性を確立しようとするのは当然だと考えていた。遠征軍がフランス、イギリス、日本、アメリカから送られたことは、この分析の裏付けと見なされた。ソヴィエト国家はこうした国々を震撼させるはずだった。ロシアが資本主義との決別を実施できたなら、他の資本主義国も革命の感染にあいかねないからだ。

一九二〇年七月十七日に始まったコミンテルン第二回大会で、内戦に勝ったボリシェヴィキは多少は余裕を見せていた。閉会でトロツキーが演説に立ち上がると、代表団たちは大喝采してインターナショナルの歌を歌った[15]。彼は世界覇権を狙うアメリカを非難し、米英間で戦争が起こると予言した。ロシア、オーストリア、ドイツの帝国崩壊を喜んで見せた。そしてポーランドが、「フランス資本に操られた薄汚く血まみれの手先」だと非難した。フランスが、ロンドンとワシントンのお目こぼしに頼っていると嘲笑した。さらに赤軍が達成した勝利を誇り、ヨーロッパ諸国はロシアの天然資源なしには経済再建不可能であることを見いだすだろうと論じた[16]。ヨーロッパの復興にとって同じくらい重要なのは、ドイツの技術的な活力の再興であり、これについてトロツキーは以下のように示唆した。

ドイツ再建のためには、その生活、食事、労働が認められなくてはならない。だがもしドイツが懲罰を受けて弾圧され、生活、食事、労働することが認められないのであれば、それはフランス帝国主義に対して蜂起するであろう。フランス帝国主義はたった一つの命令しか知らない――支払え！　ドイツは支払わねばならない！　ロシアは支払わねばならない！　したがってこうしたフランスの不当利得者たちは、自分たちの利息支払いを得るためだけに、世界隅々に火を放っ

ても平気なのだ。(17)

ヨーロッパ諸国は次から次へと革命状況の寸前にまできているというわけだ。

トロツキーは十月革命の成果を誇った。内戦での軍事的勝利が確保され、社会主義経済の発端が施行され実証された。国家産業計画の中央集権方式もめどがついた（トロツキーはこの部分では希望に希望を重ねており、一九二〇年代の残りの部分では大いに失望することになる）。ソヴィエト・ロシアは万人が模倣すべきモデルを提供した。鉄の男が姿を現した。「内戦がいまや世界中の目下の課題となっている」。外国の農民たちですら、社会主義に傾いていた。トロツキーはこう宣言した。

だから同志諸君、ソヴィエト経済における一年半の作業を振り返るとき、確かに欠点はあり、窮乏もあったが、そうした欠点を隠す理由など何もないのだ。むしろこの作業の姿を、西欧やアメリカやその他あらゆる国、世界のあらゆる地域の兄弟たちに明らかにするのだ。いささかでも疑念を抱く者があっても、この地に来れば我々が正しい道を選んだと納得することだろう。世界の悲惨から逃れる唯一の可能な方法は、経済の計画的な動員と社会化であり、そこではあらゆる人工的な障害や障壁が一掃され、統合経済に必要な政策が実施されるのだ。(18)

一九二〇年七月、彼は一九一七年十一月と十二月以来の楽観論の頂点にいた。ものの数週間で、彼の自信たっぷりな予言は粉砕されることになる。

第3部

一九二〇-二八年

第27章 イメージと実像

ソヴィエトのメディアは、トロツキーを熱心な共産主義国際主義者として描き出し、ボリシェヴィズムの最も極端な敵たちは、彼を血に飢えた狂信主義者というお決まりの姿に描き出した。[1]みんな彼が重要であることには同意した。一九一九年一月に、トロツキーが捕虜になったという噂がラトヴィアで流れると、みんなリガの街頭に出て祝ったほどだ。[2]一九二〇年代半ばにチェーカーは、ヴランゲリが将校二人をトロツキー暗殺に派遣したという警告を受けた。[3]世界中で、トロツキーとレーニンはソヴィエト政権にそびえ立つ巨人として有名だった。そのどちらかが失脚すれば十月革命は確実に内破するのでは？

レーニンとトロツキーは、ソヴィエト・ロシアにおける政治家のインタビューを求める外国人たちにとって、主要な獲物であり続けた。トロツキーは、内戦中は外国ジャーナリストにはあまり会わなかったが、それでも依頼は続いた。彼の著書は欧米で翻訳流通を続けたし、その一部は当初から外国の読者を意図して書かれたものだった。[4]時間があれば特派員たちとは話をしたし、彼らもそうした機会を非常に感謝した。それなりの恩義を感じて新聞の中でも好意的な扱いをしたし、そのほとんどはそもそも、大なり小なりソヴィエトの革命実験にはっきりと共感していたのだった――例外はAP通信社のウィリアム・レズウィックくらいだった。[5]記者たちは白軍撃破後にトロツキーがしょっちゅうモスクワにいたとき、ますます押し寄せるようになった。その中にはルイーズ・ブライアント、マックス・イーストマン、リンカーン・エア、アンドレ・モリゼもいた。[6]トロツキーは彼らが書いた、ボリシェヴィキ・ロシアの大義を宣伝する本に序文を書くことで自分の名前に箔をつけた。[7]

H・G・ウェルズとバートランド・ラッセルは、社会主義の共感者としてトロツキーに会いたがった。二人は有名人だったので、共産主義理論と実態を理解するミッションにおいて、モスクワの共産党指導部に接触できた。レーニンとちがってトロツキーは、彼らの滞在中は軍事人民委員部の仕事のおかげでなかなかつかまらなかった。やっとラッセルは、歌劇『イーゴリ公』の公演でトロツキーをつかまえた。トロツキーが、観衆からの喝采に応えたナポレオンめいた様子に「アーティストや俳優の虚飾」を持っていたとラッセルは記録している。そしてトロツキーが立ち去るまで「つまらない会話」しかできなかったと述べている。[8]ウェルズはなおさらツキがなかった。ラッセルほどはボリシェヴィキについて予習をしておらず、トロツキーがかつては平和主義者だったと信じ続けたのだった。[9]彼はマルクスが「いちばんうんざりさせられるタイプの人物」だと思っていると告白した。このイギリス著作者二人は、ソヴィエト社会で見いだした混乱、抑圧、狂信主義に呆れて帰ったし、トロツキーがつかまらなかったおかげで、ベストセラーとなった彼らの紀行文は、トロツキーよりレーニン主体のものとなった。[10]

顔をあわせた誰もが、レーニンとトロツキーを比べようとした。イギリス代表団の団長ロバート・ブルース・ロックハートは、レーニンのほうが強い権威を持つと確信していたが、トロツキーの鋭い知性や肉体的な勇気は認めている。[11]アメリカのジャーナリスト、ルイーズ・ブライアントはちがう描き方をして、レーニンは革命思想の体現者であり、トロツキーは行動の人だと述べている。[12]マックス・ホシラーはちがう見方だ。彼から見れば、レーニンは「原始人」であり、トロツキーは「洗練者」だった。[13]

だが喝采はしばしば遺恨にも転ずる。十月革命と内戦で世間の賞賛を集めつつ、トロツキーは党内でかなりの嫉妬と疑惑を引き起こしていた。そして当人はこれにほとんど気を遣わなかった。ありとあらゆる問題について正しいのは自分だと思っていたトロツキーは、党を自分の見方に無理矢理従わせるのが義務だと考えていた。とはいえこの間ずっと、党大会では敬意を集めており、それを越える敬意を得ていたのはレーニン崇拝主義の勃興だけだった。公式の政策とはずれた立場の時期ですら、中央委員会と政治局での席は安泰だった。彼は自分の地位を当然のものと思っていた。トロツキーのエネルギッシュな演説は、ボリシェヴィキ内の反発者ですら楽しみにしていた――そしてほとんどの場合、演説が終るたびに速記記録に手を入れて、新聞が見事な散文を掲載できるようにした。レーニンとトロツキーは、自分の名声には一切興味がないと主張してはいたが、個人イメージが政治メッセージの伝達に有用だということは知っていた。最初の数年は、彼らは自分を表に出すのは控えた。死んだ英雄たちの彫像を建てるほうを望んだのだった。そうした英雄たちとしてはマルクス、エンゲルス、そして古代の叛乱奴隷スパルタクスなどがいる。だがレーニンが一九一八年八月に暗殺されかけてから、レーニンに対する公式崇拝が大量に認められた。指導部の同志ジノヴィエフは、慌ててレーニンの短い伝記を書き、キリスト教の聖人を思わせるような表現で褒め称えたのだった。[14]

これで十月革命以来初めてレーニンがトロツキーより高い台座に上がったものの、トロツキーはあいかわらずボリシェヴィキ新聞でもてはやされ続けた。一九一八年に、十月革命の一周年記念が開かれたとき、党の業績に対するトロツキーの貢献を強調する記事を『プラウダ』に書いたのは、他ならぬ宿敵スターリンだった。[15] 伝記執筆のために情報をくれという要求もきた。一つはY・M・ルリエからきたものだが、その草稿を読んだトロツキーは、まったく話にならないと思った。もう一つはボリシェヴィズムの史家としてのキャリアを積みつつあったV・ネフスキーからのものだ。遠慮する様子をほんの形ばかり見せたあとで、トロツキーはネフスキーたちの質問に答えた。[16] また、ベッシー・ビーティーやマックス・イーストマンといった、彼の人生やキャリアに夢中の外国人にも時間を割いた。レーニンは伝記作者に対する個人的な支援はしなかったし、五十歳の誕生日を祝う宴会は中座した。トロツキーは中途半端な対応をしていた。必要な情報とアクセスは提供したが、あとはその著者たちに任せたのだった。彼は草稿をチェックしてまちがいがないか見てくれという要求は拒否した。[17] それ以上やらない理由は、人民委員として忙しいというだけではない。自分自身に注目を集めようとする直接的な行動を嫌うという党の傾向を、彼も共有していたのだった。

一部の共産党員は、いまだにレーニンとトロツキーが個人崇拝傾向を防ぐためにもっと努力すべきだと思っていた。その一人が、コミンテルン執行委員会書記アンジェリカ・バラバーノヴァだった。彼女は政治局員たちの特別な写真が撮られるのに反対した。[18] 彼女の期待は非現実的だった。ロシアや他のソヴィエト共和国の市民は、指導者が誰か知る必要があった。政治局員を実際に目にできる人びとはごく一部でしかない。ほとんどの市民がまだ字が読めない社会では、共産党政権の基盤固めのためには指導部とその政策のビジュアルなイメージが重要だった。ポスターが作られた。あらゆる都市で映画を見せるだけのセルロイドがない国ではあったが、報道映画が作られた。胸像や立像が彫刻された。画家ユーリー・アンネンコフはトロツキーの見事な絵を描いた――そのオリジナルは一九三一年に火事で破壊された。[19] ヴェーラ・インベル――シペンツェル家の娘でトロツキーのまたいとこ――はトロツキーを畏敬に満ちて描く詩を発表している。

灯火の下――

真緑の灯火――
通常は一日の終わり
六本柱のオフィスで
あなたが迎えてくれた。[20]

トロツキーはレーニンとはちがい、共産主義支配下にあるロシアのあらゆるヨーロッパ地域に足を運んでいる。それでもトロツキーもレーニンも、自分たちの顔が知られているとは確信できなかった。一九一九年にレーニンが追い剝ぎに襲われたとき、彼は自分がソヴィエト政府の首長だということを納得させられなかった。だがそれでも、ニコライ二世とアレクサンドル・ケレンスキー以来最も有名な支配者だったのはまちがいない。

同時にトロツキーは、近親たちを詮索好きな目から遠ざけておいた。これは通常の党の慣行だった。政治的に有力な地位にのぼった妻を持っていたのは、レーニンだけだった。[21] それでもナターリャは、他のソヴィエト共産党エリートと同じく、公式の役職についていた。ロシア文化への関心を買われて、まずは歴史的な重要性を持つ遺物保存を任された――おかげで、モスクワ周辺の所領の国有化計画に関わることになる。[22] その後、トロツキーという名字を使って、一九一九年に彼女は傷病赤軍兵支援委員会を傘下に置いた。[23] 彼女とトロツキーは高い地位をあまり利用しすぎる誘惑には耐えた。他のカップルは、もっと野放図だった。ラデック夫妻は最悪級で、クレムリンで大公級の部屋を占拠した。豪奢な生活の機会を縦横に活用していたのだ。ナターリャはそのアパートはロマノフ王朝博物館にしたほうがいいと思っていた。おかげでラデック家とトロツキー家の関係はしばらく険悪になった。[24] ナターリャは家族の生活をある程度質素にしようと決意していた。彼女はすてきなテーブルクロスを見かけると、それを切り刻んで息子たちのシャツを作った。レーニンも無駄と過剰を避けるという彼女の決意に気がつき、それをほめた。[25]

彼女はトロツキーの列車に同行したことはないが、公職のおかげでリョーヴァとセルゲイはしばしば留守番をさせられた。トロツキー家の少年たちは、共産党エリート層の中で同年代の子どもたちと仲良くなった。一家はペトログラードを離れてからクレムリンで暮らしていた。一九一八年八月のレーニン暗殺未遂の後で、首都の他の地区にアパートを持っていた者もその区域に引っ越し、クレムリンは幹部専用の社会政治要塞と化した。若きセルゲイ・トロツキーは、外国からの訪問者の一人と親しくなったようだ。「彼は（中略）すばらしい少年で、広い胸とまっすぐ伸びた背筋を持っている。皇太子が農民の変装をしているかのようだ[26]」。彼女は、彼がいとこのアレクサンドル・カーメネフとサッカーをするのが好きだと記録している。父親同士が政治局でしばしば反目するという事実は、子どもたちのスポーツ娯楽には何の影響もなかったようだ。

リョーヴァとセルゲイは、頑強で独立心に富んだ子どもに育っていた。当初はその義姉たちもそうだった。ソヴィエト政府がモスクワに移ったときにも母親とペトログラードに残ったため、もはや二人は父親とほとんど会えなかった。少女二人はトロツキーの政治を熱心に支持した。年長のジーナはやがて、ウラル戦線で働くようになり、下のニーナは高等教育学院で訓練を受けた。二人は革命的な環境の刺激を受けて、実に解放された気分だった。社会的伝統は解体された。突然、ニーナはマン・ネヴェリソンと結婚し、ジーナは一年後に哲学研究者ザハール・モグリンと結婚した。トロツキーは結婚式が終わってからこれを報された。内戦のおかげで娘二人には時間がまったく割けず、彼女たちが自分で先行きを決めたのも当然のことだった。母親に育てられたニーナは、うまく適応した。だがジーナは父親に恋い焦がれた。それでも彼女の落ち着かない子供時代の影響は、まだ完全には現れていなかった。リョーヴァは荒れることなく大人になった唯一の子どもで、彼ですら感情的な混乱の残滓を残していくことになる。トロツキーとナターリャと、アレクサンドラ・ブロンシュテインも、いくつか気がかりな症状には気がついたが、それは家族内の秘密にとどめておいた。

トロツキーが親戚や友人のプライバシーを守った理由は、党のエチケットと社会的な体面以外にもある。第三の理由は、内戦での経験だった。白軍はしょっちゅう共産党員をつかまえて射殺した。赤軍は反革命将校を処刑した。どちらも文民の人質を使った。デニーキン軍がオデッサを占拠したとき、町や周辺地域でトロツキーの親戚を捜し回った。ブロンシュテインという姓の人物はすべて命の危険にさらされた。一九二〇年三月、デニーキンの部下はゲルシュ・ブロンシュテインとその妻ラヒーリを捕まえ、それをエサに人質の交換を申し出ようとした。[27]ゲルシュはトロツキーの父親の兄弟だったので、取引が成立しなければ、囚人たちが助かる見込みはなかった。トロツキーは、モシェとファンニ・シペンツェルの場合には、彼らが愛する叔父や叔母に相当する存在だったということを明かさずに介入している。モシェはウクライナ・ソヴィエト当局に逮捕された。一九一九年七月にトロツキーは友人ラコフスキーに手紙を書いて、モイシェが「資本家の雇用主」だと述べつつ、それでも「教養がありきわめてまっとうな人物」であり、したがって釈放されるべきだ、と述べた。[28]一九二一年九月に、彼はウクライナ政府に対して「厳しい冬」を迎えつつあるファンニに物資支援をおこなうよう依頼した。そして彼女の正直さと誠実さを保証し、彼女も夫も政治性がなく無害だと保証した。[29]

トロツキーの老いた父は、一九二〇年に南から上京した。白軍による占領が終わるまで彼は命の危険にさらされていた。でも赤軍がやってきたおかげで、農場は接収され、ウクライナの農民に分配されてしまった。貯金をすべて失い、彼はヘルソン県からオデッサへととぼとぼ向かった。そこからはモスクワにでかけて、大戦後初めて息子と顔をあわせた。もう七十歳だった。彼には自分が知り、成功をおさめた世界の混乱ぶりが理解できなかった。「父親たちは、高齢になったときの安定のために苦労に苦労を重ね、そこへ息子たちが革命を起こすのだ[30]」。だが彼は、そんな高齢になってもやり直すだけの元気を持っていた。トロツキーは、首都近くの国営製粉所管理人の地位を見つけてやった。この仕事にふさわしい技能を持つ人は他にいなかったし、食糧人民委員アレクサンドル・ツュルーパはその農業の知識を評価して話をしたがった。

コミンテルン書記アンジェリカ・バラバーノヴァにトロツキーが語った話によれば、彼は自分の父親をえこひいきするようなことは一切拒否して、父のために靴一足を用立てることさえしなかったという[31]。だがそうだとしても、妻や子どもたちにブルジョワ生活を維持させることについては、そういう抑制は感じなかったようだ――そしてファンニ・シペンツェルへの支援要請もためらわなかった。個人的にも堅物で知られていたバラバーノヴァのために芝居を打っていたのかもしれない。老ダヴィド・ブロンシュテインは、一九二二年春にチフスにかかり、トロツキーがコミンテルン第四回大会で演説をした日に他界した[32]。トロツキーの自伝は、父親を不承不承ながらに賞賛するのみだ。だがヤノフカで、ブロンシュテイン一家のような農場を築き上げるのは、驚異的な業績だ。倹約して節約を積み重ね、技術革新を導入し、才能ある労働者たちを集めて訓練した。トロツキーは、大会に出席する以前に父親の重病を知っていたかどうか、明らかにしていない[33]。知っていたら、その自分の世界への没頭ぶりは驚異的だ。そして知らなかったのであれば、その無関心ぶりは同じく驚異的だ。

トロツキーなどクレムリン最上層部は、政治だけで生きていたわけではない。トロツキーの義弟レフ・カーメネフは安楽や享楽が大好きだった。一九二〇年のロンドンへの外交ミッションでは、カフェ・ロイヤルやクラリッジに足繁く通い、ハンプトンコートやワイト島へも旅行した。そして上流社会の女性とも浮き名を流した。その一人にはこう語っている。「世界には真実などない、唯一の真実は心の中にあるのだ」[34]。妻はこれに気がついて、モスクワに戻った時に冷たい扱いをした。そして彼がロンドンから連れて帰ってきた彫刻家クレア・シェリダンに「モスクワではそんなシックな暮らしはしておりませんの。レオ・カーメネフはロシアのことをすっかり忘れてしまったようですね——この人なら彼をブルジョワだと言うでしょう」。すぐにカーメネフは鉄道のプラットホームに「きわめて下品な形で」つばをはいて、まるで自分のプロレタリア性が無傷だと証明しようとでもするようだった[35]。彼のロンドンでの行状を知ったら、同志たちはもっと厳しい態度を取ったかもしれない。もし彼の細君が、シェリダン夫人と夫が高価なレストランにでかけた回数をはっきり知ったら、婚姻者アパート内の雰囲気はなおさら凍り付いただろう。

トロツキーはカーメネフの派手好きとは無縁だったが、美女には惹かれた——そして十月革命以降、彼に惹かれる美女も何人かいた。トロツキーは妹の嫉妬を買ったあのシェリダン夫人に時間を割いた。カーメネフは彼女にボリシェヴィキ指導者レーニン、ジノヴィエフ、トロツキー、ジェルジンスキーの胸像を作るよう依頼した（その報酬については彼女はずっとはぐらかし続けた）[36]。シェリダンは、当時まだソヴィエト国家に対する十字軍を訴えているウィンストン・チャーチルのいとこだった。彼女は最後の最後までチャーチルには行き先を告げず、知ったときにはもうチャーチルも止めようがなかった。モスクワでは、当初気乗りしなかったトロツキーは、数日にわたり彼女がオフィスで粘土模型を作る作業を許した。その仕事については絶えず口論が続いた。彼はどんな芸術作品が作られるべきかについて、彼女と同じくらい自分も決定権があると思っていたからだ。彼女は共産主義者ではなく、左派知識人ですらなかったが、トロツキー個人の魅力は感じた。ノギスで彼女に顔を計測されながら、彼はこうつぶやいた。「きみは私を鋼鉄の道具で愛撫しているな」[37]。そして彼女が作業をしている胸像についてこう述べた。「まるでフランスのボン・ブルジョワが、寝ている相手の女に見とれているみたいに見えるな。でも共産主義とはまるで関係なさそうだ[38]」

彼の戯れは、意図した通りの効果を挙げた。

彼は私を見ながらこう言った。「君が歯を食いしばって仕事と戦っていても、君は相変わらず女だ」（vous êtes encore femme）。私は彼に鼻眼鏡を外してほしいと求めた。私には邪魔だったのだ。彼は外したがらなかった。無力になったような気分で、まったく所在なくなってしまうのだという。それを外すのは、彼にとって身体的な痛みに近いものがあるようだった――それは彼の一部になっていて、それを失うと個性まで完全に変わってしまうのだ。これは残念なことだ。というのも古典的な頭を鼻眼鏡が台無しにしているからだ[39]。

トロツキーに対する彼女の欲望は、その専門的な鋭さによって強化されていた。

彼は口を開き、歯をがちりと閉じて見せて、自分の下あごが歪んでいることを示してくれた。そうしている彼は、うなる狼を思わせた。話す時には顔が明るくなり、目が輝く。トロツキーの目はロシアでは大いに話題になっていて、彼は「狼」と呼ばれている。鼻も曲がっていて、折れたかのようだ。まっすぐだったら、額からとてもきれいにまっすぐ伸びていたことだろう。真正面から見た彼はメフィストフェレスだ[40]。眉が斜めに上がり、顔の下半分は細くなって、とがった決然としたあごひげにつながっている。

明らかに、彫刻家はそのモデルに惹かれていた。そして、夜遅くに暗いオフィスでチュニックとその下のシャツのボタンを外し、「すばらしい首と胸」をむきだしにすると同意したとき、彼は自分が何と戯れているのか知っていたはずだ。[41] また彼は机から立って部屋越しにやってくると、彼女の背後にたって手を肩に置いたという。これはまったく無邪気な行動とはいえない。

二人が密通しているという噂が広がった。彼女は自伝でこれを認めてはいないが、かなり親密な細部をあれこれ書いていて、両大戦間のイギリスでは、怪しいと思われる寸前のところまできている――そしてこの情事は、メキシコで深刻な夫婦の危機を迎えたときにナターリャが蒸し返している。一九三〇年代の彼の側近たちも、シェリダンとの関係についてはみんな疑念を抱いていた。何も証明はされなかった――そして情事があったにしても、ごく短期のことだった。一九二〇年代半ば、彼がポーランド遠征で赤軍に再び加わることになると、トロツキーは彼女に列車で同行するよう招いたが、彼女はことわり、[42] イギリスに発って日記を刊行すると、販促ツアーでアメリカにでかけた。当時は、トロツキーがその後もソヴィエトの政治的大空を何の邪魔もなく駆け巡るものと思われた。こうした予測は、間もなく裏切られることになる。公的な人格における彼の欠陥は、すでに党内の敵には見えていたものだが、全面的に曝露されることになる。トロツキーは、一九一七年と内戦においては革命の英雄だった。才能もあふれるほどにあった。だが彼はその才能と、派閥抗争におけるしっかりした政治的直感とをバランスさせるのには決して成功しなかった。彗星は、墜落への長い下降を始めつつあった。

第28章　平和と戦争

トロツキーは一九一七年から一九年にかけて、レーニンとカウツキーの間で独裁と民主主義に関する論争が起きたときには傍観していた。(1) マルクス主義理論に真面目に何かを加えようとしたのは、内戦が終わってからだ。だがユデーニチ撃破以前から、大著の執筆を考えてはいた。一九二〇年代初期、全国を旅しつつ、彼はいくつかメモを口述しており、それを五月にまとめあげた。その作品はすぐにペトログラードで『テロリズムと共産主義』として刊行された。

他のボリシェヴィキ指導層と同じく、彼は党の政策が実体験により裏付けられたと考えていた。だからレーニンのように粘着的にカウツキーと論争するなど軽蔑した。またこの本は、マルクスとエンゲルスが残した見解に関する鈍重な釈議書でもなかった。トロツキーは自分の主張を明確に独自の用語で主張した。

テロリズムを原理的に否定する者——つまり決然とした武装反革命勢力に対する弾圧と脅しの手段を否定する者——は、労働者階級の政治的優越性とその革命的独裁に関するあらゆる考えを捨てなくては成らない。プロレタリア独裁を否定する者は社会主義革命も否定しているのであり、社会主義の墓穴を掘っているのだ。(2)

革命家たちが戦場で軍に対して暴力を積極的に使うべきだという意味なら、これはまったく結構な話だ。だが彼を始めとするボリシェヴィキは、内戦でこれをはるかに越えることをやっていた。無辜の人質を射殺した。大きな社会集団の市民権を剝奪した。テロリスト思想をほめそやし、その適用を賞賛した。ボリシェヴィキ党は、労働者や農民ですら、積極的な反対行動を示したらひどい扱いをした。かつてのトロツキーの「プロレタリアによる」自己解放という思想は、古いコインのように、いつのまにかポケットから滑り落ちていたのだった。

一方、一九二〇年二月からウラル地方に旅したことで現実政治を至急変える必要があるとトロツキーは確信した(3)。農民たちは穀物の徴発と徴兵に反抗していた。都市では食糧不足が生じていた。工場や鉱山はボロボロだった。労働者たちは田舎に去って、長い戦時中の非常事態をしのごうとしていた。共産党もひどい状態だった。ソヴィエトや労働組合は機能しなかった。輸送や通信は大混乱だった。戦時体制で既存の工業在庫はソヴィエト政府に押えられており、収穫も接収されていたが、それで経済産出を維持することはできなかった。トロツキーはその多産な頭をこうした問題すべてにふりむけた。

いまや内戦の結果がロシアとウクライナでは明らかになったので、農業と工業について劇的な手段を見当すべき時期がきていた。コミンテルンの最も傑出した理論家はハンガリーの共産主義者ジェルジ・ルカーチだった。一九一九年にルカーチは、ソヴィエトの現実を絶賛してロシアが「必要の王国から自由の王国への飛躍」を遂げ、史的唯物論の法則がもはや革命中のこの国にはあてはまらないと述べるパンフレットを刊行した。後にトロツキーはこう書いている。「レーニンと私はこの記述を読んで笑ったものだ。その笑いはいささか苦々しいものだった。というのも、自由の王国は飢餓とチフスに支配されていたからだ」[4]。トロツキーは経済に関するテーゼをいくつか書き上げて、それをウラル地方の首都エカチェリンブルグ党組織に配布する報告に混ぜた。そしてその後、一九二〇年三月十日にそれを仕上げた。彼は率直に、食糧人民委員部は都市部に十分な穀物を入手する能力がないと述べた。二重の問題があったのだ。一九一七年十月の土地に関する布告で、農民たちに土地を渡したが、その際に政府の要求への協力を義務づけるメカニズムはまったく作らなかった。さらに一九一八年半ばに導入された食糧独裁のおかげで、農民は耕作面積を維持する気がなくなってしまった。どうしても変化が必要だったのだ[5]。

トロツキーを始め党全体から見れば、集団農業化が答えだったが、これはゆっくりと将来的に導入するしかない。共産主義者たちは、十分な余剰を生産した農村世帯に対して見返りを提供するしかなかった。成功した農民はかわりに工業製品を与えられる。これは戦時共産主義――内戦時代の党の経済政策はこう呼ばれるようになった――との決別だった。一九一八年以来、党は最貧農と中農を味方につけようとしてきたが、トロツキーのプロジェクトの最も豊かな農民を優遇する。彼は暗黙のうちに富農《クラーク》支持路線を唱えていたのだった[6]。だが、穀物と交換するための工場や鉱山からの産物をどうやって手に入れるのか？　トロツキーは経済の鉱工業部門全体に揺さぶりをかけろと主張した。企業には規律の再導入を要求した[7]。競争原理を再確立すべきだ。地区や工場、個々の労働者たちは、お互いを上回るように努力すべきだ[8]。「模範」工場を確立しよう[9]。それだけではない。トロツキーの肥沃な脳はいつになく生産的で、彼は「労働軍」の組織をよびかけた。動員解除はやめねばならない。赤軍兵は軍にとどまり、工業回復に関連した業務を割り当てられるべきだ。労働組合の権利に関する古い発想は排除しよう。職場にも軍隊の規律が不可欠なのだ[10]。

トロツキーによれば、ソヴィエト経済は中央集権化されすぎた。活力を取り戻すには、国家が地域単位のセンターに権限を戻すべきだ。そうしたセンターの一つをウラル地方の各県のためにエカチェリンブルグに設立すべきだ。そして、初の労働軍をこの都市から運営させようとした。また各地区は他の地区と競争し、工場は他の工場と、個々の労働者は他の労働者と競争するような仕組みを求めた。勝者には物質的な報酬が与えられる。トロツキーはこれを「社会主義的競争」[11]と呼んだ。

中央委員会の面々は、農業問題についてのこの発想に怖気をふるい、レーニンは「自由貿易主義」支持と放縦で「ユートピア的」な提案を持ち出したことについてトロツキーを非難した。これは共産党員の中ではかなり強い非難だ。彼らは自由放任資本主義を敵視していたからだ。[12]トロツキーだって、こんな提案を中央委員会に出すときにそのくらいはわかっているはずだった。少なくとも、会議の前に根回しをしておくべきだったろう。共産党の間では、戦時共産主義が経済基盤として好まれるようになっていた。あらゆる困難についての解決策として、国家所有と国家統制が求められており、民間利益に譲歩するのは反動的だと思われていた。クラークたちは、ボリシェヴィキが最も恐れ嫌う社会集団だったのに、トロツキーはそれを農業と産業再生のエンジンとして使おうというのだ。実際には彼は、市場経済への復帰に類する話を提案したわけではなかったので、このアイデアは一九二一年の新経済政策（ＮＥＰ）の先駆だとは言いがたい。[13]だが指導部の中でトロツキーの味方はいなかったし、この提案はまったく受け入れられなかった。トロツキーですら、それにこだわっても仕方ないのは理解できた。

だがトロツキーのもう一つの提案は前向きに受け取られた。彼はレーニンが労働軍に対して表明した懸念に対し、経済的緊急事態には劇的な対応が必要だという議論を押し通した。レーニンは軍事化された労働を長く使うという案とは距離を置きつつも、現地の民生当局の同意を得て進める限りウラル労働軍の組織は認めた。[14]トロツキーはスターリンの支援を受けて、そうした軍の創設承認を勝ち取った。[15]

また中央委員会に対し、国の運輸システムも赤軍と同じ水準の政治的支配下に置くべきだと説得するのにも成功した——さらにそれを実現するのにも積極的に関わった。改革は一九一九年に始まった。レーニンはまたも妥協し、鉄道と水運は軍隊式の規律の下に置かれた。だが彼はそれが一時的な手段だと思っており、トロツキーのように新機関交通人民委員部総政治局（Glavpolitput）をソヴィエト機関組織として永続化させるつもりはなかった。[16]レーニンとトロツキーが再び一致協力したのは、一九二〇年四月の第九回党大会で二人が受け続けた攻撃の時だった。批判者たちは、彼らが無用に権威主義的な傾向を見せたと糾弾した。トロツキーは珍しく自分が政治的に孤立していることを理解し、レーニンとの連合を固めるために中央集権性の強い提案をいくつか捨てた。[17]彼ら二人は、政府の各機関における単独責任制を支持し、「一般国家経済計画」を設立すべきだと主張した。これはかなりからかわれた。レーニンがソヴナルコムの指導を引き受けたら、トロツキーはどうなってしまうのかと尋ねる人びともいた。[18]トロツキーはこのジョークに取り合わなかった。彼は多少の謙遜なら気にしなかったが、他人の嘲笑のネタにされるのは嫌った——そして自分のアイデアの可決を阻止した中央委員会の同志たちに対し、嫌みで切り返した。[19]

それ以外では、党大会はうまく進み、彼は満足して軍事人民委員部の仕事に戻った。ソヴィエトの安保上の危険はまだ終わっておらず、一九二〇年春にはポーランドとの全面戦争の可能性も強かった。大戦終わりから、深刻な軍事的衝突の可能性があった。[20]ヴェルサイユ条約、サン＝ジェルマン条約、トリアノン条約が中欧と中東欧を扱っていたが、それより東についての平和協定はまだ存在しなかった。ブレスト＝リトフスク講和条約により旧ロシア帝国領内にいくつかの国が生まれた。ポーランド、リトアニア、ラトヴィア、エストニアは、ドイツが東方から退却して以来、だんだん独立国として安定してきた。一九一九年末には、ロシア、ウクライナ、ベラルーシにはソヴィエト共和国ができていた。形式上はこれらの国は独立国だったが、現実には最高の指導権限はモスクワから実施されていた。この地域全体は、領土主張の衝突や紛争に悩まされていた。最大の問題は、外国人がロシア共産党支配地を指す「ソヴデピア」〔○○代表ソヴィエトのロシア語であるソヴィエト・デプタートフから作られた蔑視語〕のうち、西部国境地帯の線引きだった。ワルシャワは絶えず、内戦終結で赤軍に余裕ができたらどうするつもりかびくびくしていた。

ポーランド当局も自分の支配地を越える部分については独自の主張を持っていた。一九一九年四月には、リトアニア＝ベラルーシ・ソヴィエト共和国の首都ヴィリニュスから赤軍を追い出した。ポーランド軍司令官ユゼフ・ピウスツキは、その後キエフのソヴィエト政府を打倒する軍事遠征を計画し、ポーランドとウクライナ連邦共和国を目論んだ。[21] ポーランド人ははるか昔にウクライナ地域を支配していたことがあり、当時のポーランド国の南東部にはかなりのウクライナ人が少数民族として存在していた。ピウスツキは、一九一四年以前は農業も工業も盛んだったウクライナを併合すれば、ワルシャワにとってはソヴィエト・ロシアからの侵略に対する防衛拠点ができると計算したのだった。さらにそうなればロシアは再びブレスト＝リトフスク条約に決められた通り、西部の領土も人口も経済資源も失うことになる。ウクライナの世論もポーランドの内閣も相談を受けなかった。ピウスツキは、すべて勝負を終えてから結果を彼らに承認させるつもりだった。ものの数日で彼はウクライナ中央部に到着した。五月七日にはキエフを占領。その侵攻はあまりに急速で、ソヴィエト兵はまだ持ち場につくことさえできなかった。

赤軍はまたもや、ウクライナの奥深くに動員されることとなった。トロツキーはモスクワとペトログラードの党委員会に対し慎重な手紙を書き、ポーランドとの戦争はすべて「激しく長期にわたる」ものとなると予測して、決してすばやい勝利を期待しないようにと告げた。[22] 彼は五月五日に自分の考えをソヴィエト大会の全ロシア中央執行委員会で述べ、ボリシェヴィキは常にロシアとポーランドの平和を保とうとしてきた、と主張した。[23] ピウスツキのウクライナ侵略はそれに対する野蛮な反応だった。赤軍は反撃するが、この先の困難について幻想を抱いてはいけない、という。トロツキーは、ポーランド労働者たちがピウスツキの攻勢に賛成していないはずだと自分に言い聞かせた。でもポーランドの農民となると話はちがう。彼らは「民族的偏見」を持っていて、それがピウスツキ有利に働くからだ。ポーランド農民のロシア人に対する憎悪は深かった。さらにポーランドの好戦論者たちは、フランスとイギリスからの実務的な支援をあてにできるはずだ、とトロツキーは考えた。

彼はソヴィエト・ロシアのほうも追加の支援に頼れると強調した。古参反ボリシェヴィキ将軍アレクセイ・ブルシーロフが、ポーランドに対する戦いに加勢しようと申し出た。赤軍は彼の技能提供をありがたく受け入れた。これを見て、ボリシェヴィキがロシアにおいて「城内平和」戦略を採用したと思うのはまちがっている、とトロツキーは述べた。ブルシーロフのような帝国軍時代の古参軍人は相変わらず怪しい存在であり、完全に「プロレタリア」の下で働かなくてはならなかったのだ。いずれにしても、ピウスツキの状況は見た目より弱いのだと言う。ポーランドの状況はケレンスキー政権下のロシアのようだった。トロツキーは、ワルシャワのエリートたちは一九一七年十月以前のペトログラードと同じように目的が二分しているのだ、と主張した。[24] そして、演説の締めとして、活気づける宣言をおこなった。「この闘争はひどいものになる。だがこの闘争の勝算を尋ねるのであれば、我々が勝利を収め、敵を完全に押しつぶすことを今回ほど確信していたときはないと答えよう」。[25] トロツキーはこの遠征がどう見ても苦しいものになることは明言したが、一九四〇年のチャーチルと同じく、観客を鼓舞するような楽観論を残した。政治局でこんな離れ業をこれほど見事にやってのけられる人物は、他に誰もいなかった。

一九二〇年五月十日に彼は階級戦争を宣言する演説をした。「ソヴィエト・ロシアは新しい種類の戦争を諸君のお目にかけよう。我々が戦うことで、ポーランド地主たちの門鍵はポーランド、いや全ヨーロッパ、全世界で震撼するであろう［嵐のような喝采］（中略）我々はポーランドの労働者と農民に宣言しよう――友よ兄弟よ、我々がおこなっている闘争は諸君に対するものではなく、我々と諸君の自由の大義を求めてのものであり、我々と諸君の敵に対するものであり、抑圧者、大領主抑圧者に対するものなのだ(26)」。白軍に対する遠征を準備しつつ、トロツキーは「勤労人民」に魅力のある条例の急速な印刷を要求した。ソヴィエト土地改革は、ソヴィエト・ロシアの西の領域に住むあらゆる人びとに対して公表されるべきだというのだ(27)。

一九二〇年六月の第一週になっても、トロツキーが旧ロシア帝国領の西に戦争を広げようと真剣に考えていた徴はない。また、東方での軍事活動を支持していた様子もない。アジア諸国のどこかでソヴィエト式の権力掌握をおこなったら地政状況がややこしくなると見取っていたからだ――それをイギリスが黙って見過ごしにするはずがない。最近赤軍が制圧したアゼルバイジャンですら、モスクワにとって問題を引き起こしていた。これ以上の軍事遠征は、イギリスとの交渉に圧力をかけるためのフェイント以外は避けるのが方針だった(28)。

六月十日に赤軍はキエフ奪還に成功し、ピウスツキ軍は一目散に撤退する羽目になった。次にボリシェヴィキがどうすべきかという問題が生じた。トロツキーは、ポーランドに対する攻撃を仕掛けるのに反対したと言われている(29)。確かに彼にもためらいはあっただろう。だがそれは政治的というより軍事的なものだったようだ。赤軍がいかに疲弊しているかは知っていた。だから侵攻をかけるだけの余力も物資もないのではと思っていた。スターリンも、クリミアのヴランゲリがこの戦略的な状況に乗じるのではと恐れていたので、同じ立場をとった。他の指導的なボリシェヴィキは、ポーランド侵攻にさらに率直な反対を述べた。ラデックは特に、ポーランドの労働者が愛国主義の訴えに耐えられるかどうか疑問視していた。だがレーニンはポーランド国境を越えて進軍し、ワルシャワを制圧するようこだわり続けた。そしていったんレーニンがこの決断を下したら、トロツキーはレーニンに負けず劣らずそれを実現しようと決意した。当時の党指導層の著作や演説は、この遠征の真の目的に関する一同の想定についてほとんど述べていない。ボリシェヴィキは、ワルシャワを越えてさらにベルリンまで進出するという計画を宣伝しなかった。ソヴィエト指導者たちは一度たりとも中欧「ソヴィエト化」の目標を認めていない。そういう言い方が何百万ものポーランド人にはまったく魅力を持たないことを知っていたからだ。

イギリス外務省は、ロシアとポーランドの仲介役を買って出た。外務大臣カーゾン卿は、明らかにポーランドの崩壊が続くと予想しており、赤軍の進軍を止めたがっていた。七月十七日の会合で、ボリシェヴィキ中央委員会は平和への動きを拒絶した。トロツキーは長引く遠征についての宣言を起草するよう依頼された。(30) ペトログラードで七月十九日に始まったコミンテルン第二回大会では、ジノヴィエフとレーニンが世界情勢の新たな展開を説明し、雰囲気はかなり勇んだものとなっていた。壁には地図が張り出され、そこに赤軍の進軍を示す旗が立てられていた。トロツキーは軍事的な仕事があったのに、顔を出さずにはいられなかった。彼は世界中に共産党を設立するよう呼びかけた。ポーランドのイグナツィ・パデレフスキ政権は講和を請うていると、彼は発表した。(31) 大会では、参加しているあらゆる政党がロシア共産党と同じ組織原理に従うべきだと定めた規則を導入した。その頃にはトロツキーは列車で、戦場近くに運ばれていった。七月二十三日、西部戦線は司令官ミハイル・トゥハチェフスキーから命令を受けて、ブク川を渡りポーランド軍の殲滅を目指せと言われた。ボリシェヴィキ党指導部は臨時ポーランド革命委員会を設立し、この委員会が土地、産業、安全保障に関する法令を起草して、いずれはワルシャワでの政権樹立を目指した。そのメンバーにはチェーカーの指導者フェリックス・ジェルジンスキーとユゼフ・ウンシュリフトも含まれていた。

レーニンは司令官やコミッサールを鼓舞してポーランド、ラトヴィア、エストニアの労働者や農民の蜂起を煽動させた。「革命戦争」というときに彼の念頭にあったのはこれだった。彼は検討会議の一つで以下のメモをスクリャンスキー宛てに殴り書いた。「軍事的手段を取る、つまりラトヴィアとエストリャンド［エストニア］を軍事的な形で処罰しよう、たとえば（中略）国境をどこかで「半マイルほど」侵入し、百人から千人の官僚や金持ちを絞首刑にする」[32]。彼はポーランド革命委員会がポーランドの土地に飢えた農民たちに対し、赤軍の進軍に応じて所領の少なくとも一部を占拠するよう示唆した[33]。「地主や富農《クラーク》」たちは無慈悲に押しつぶされなければならず、レーニンは有無を言わさずコミッサールたちに、なぜ地主たちに反抗して農民たちが蜂起するよう仕向けていないのか、と尋ねた[34]。そして赤軍にもやたらにせっついた。「もし軍事部門か総司令官がワルシャワ占拠を拒否しているのでなければ、占拠しなくてはならない」。彼は停戦協議は認めなかった。そうした発想は単なる「愚劣主義」だというのだ[35]。

レーニンからの叱責を受けなかったのは、トロツキーとスターリンだけだったと言っていい。レーニンも、この二人が赤軍から最大限の努力を絞り出すのは知っていたからだ。ワルシャワとベルリンという大きなごほうびを目前にして、党中央指導部の楽観論はほとんど夢物語じみたものとなっていた。中欧は共産主義にいまにも転向しそうだった。コミンテルン第二回大会は熱気に満ちていて、何十人もの外国代表団が自国に戻り、政府に政治的な面倒を起こすよう仕向けられた。イタリアとチェコスロバキアが次に革命を体験する国になりそうだった。

赤軍が進軍するにつれてトロツキーは、ブレスト＝リトフスク条約に調印する前の一九一八年に彼らボリシェヴィキがやろうとしていた「革命戦争」をいま追究しようとしているのだということをはっきりさせた。領土征服の伝統的な手法は、彼らの戦略のごく一部でしかない予定だった。赤軍は労働者、兵士、農民たちの支持をかきたてることも計画していた。まずそれをポーランドで行い、それからドイツでおこなうつもりだった。ロシアからの過去の侵略者とはちがって、彼らは進軍につれて温かく迎えられるつもりでいた。トロツキーの論説や演説は、ポーランドの司祭や地主に対する戦争の太鼓を叩き出していた。彼は「大衆」が自民族の抑圧者に対して立ちあがれと呼びかけていた。ポーランド政府とその軍司令部を、世界資本家列強の従順な前線部隊に過ぎないと糾弾した。ピウスツキのあらゆる動きの背後では、パリとロンドンが糸を引いていると彼は述べた。そしてヨーロッパはもはや革命発火の寸前だと本当に判断していたのだった。だから赤軍がそれにマッチで火をつければ、それだけで大陸全体が炎上するはずだった。彼は死ぬまでこういう考え方をしていた――一九四〇年ですら、フィンランドの農民たちがスターリンの軍を解放者として歓迎するとさえ思っていたのだ。[36]

ヨーロッパ各国の政府やメディアは、もしポーランドが赤軍の前に陥落すれば、過去十二ヶ月でパリ平和会議で調印された条約はめちゃめちゃになると知っていた。これは単に征服のための遠征ではすまない。レーニンは相変わらず政治面では脆弱なドイツの共産主義者たちを、急進右派と連携させたがっていたのだ。ヴォルフガング・カップ率いるドイツ義勇軍（フライコール）は、三月にベルリンで政権を握ろうとした。レーニンの発想はいまや、反ヴェルサイユ集団をすべて連合にまとめあげて、ドイツをその隷属的な地位から解放するという万人に魅力的な目標を実現することだった。その後は、急進左派と右派の勢力が死ぬまで戦えばいい。[37]だが赤軍は、ポーランド領を制圧したら、ドイツ共産党指導部に使われることになる。「ソヴィエト化」が系統的に行われるであろう。一九二〇年にソヴィエト・ロシアとポーランドがおこなった戦争は、中欧と西欧でどんな国家秩序とイデオロギーが栄えるかを巡る闘争なのだった。

赤軍は、そのまま進軍を続けるかのように出発した。ビャウィストクを制圧したポーランド革命委員会は工場を八つ国有化した。現地通貨としてソヴィエト・ルーブルが導入された。銀行は後の接収を視野に査察された。食糧配給にあたり労働者が優先された(38)。トロツキーは民生部門の管理で忙しすぎて、そうした業務はジェルジンスキーとポーランド革命委員会のユリアン・マルフレスキに任せた。彼は相変わらず、この遠征が「向こうに無理やり仕掛けられた戦争だ」と主張していた(39)。これはどうひいき目に見ても、真実三割未満だった。確かにピウスツキはウクライナを侵攻したが、いったん退却をはじめたら、赤軍は停戦の懇願を無視し続けたのだった。

赤軍は二手にわかれて同時にポーランドに入り、総司令官セルゲイ・カーメネフとトロツキーは密接に連絡を保った。北部では、ミハイル・トゥハチェフスキーがワルシャワにまっすぐ軍勢を向けていた。南部にはアレクサンドル・エゴーロフがいて、リヴォフへ進軍していた。トゥハチェフスキーとエゴーロフの迅速な進軍報告が入ってくるにつれて、戦略は絶えず見直された。赤軍の成功が突然だったので、全体計画が存在しなかった。トロツキーは定期的にモスクワと通信して、ピウスツキ撃破のための配備計画をまとめようとした。エゴーロフは西への進軍をやめて北上し、トゥハチェフスキーと合流するよう命じられた。だが南部軍事部門の革命軍事委員会を仕切っていたのはスターリンだった。彼は昔から、政治局や総司令部からの命令を無視するので悪名高かった。そしてエゴーロフ軍がリヴォフに進軍するにつれて、エゴーロフとスターリンの前には軍事的な栄光の見通しが開けたのだ。リヴォフの後で、進軍をさらに続けてチェコスロバキアとハンガリーを侵略できるかもしれないというものだ(40)。どのみち、エゴーロフがトゥハチェフスキーの攻撃予定に間に合うよう北部につけるかは怪しかった。だがトロツキーは、総司令部の戦略に従うよう要求した。

ピウスツキはワルシャワからヴィスワ川の対岸に軍を再結集させた。ポーランド人は民族独立と信仰のために戦っていた。彼らのほぼ全員にとって、赤軍は伝統的な敵が革命の制服を着て再登場しただけのものだった。ピウスツキの采配はかなりお粗末なものではあった。だが赤軍は遠征で疲れ切っており、基本的な糧食も不足していたので、力を発揮できなかった。八月十三日に戦闘が開始された。日を追うごとに交戦で双方は疲弊した。八月二十五日には、赤軍の敗北は明らかとなった。行軍による退却が行われ、ポーランド人たちは大喜びだった。自らだけでなく、他の中欧をもレーニンとトロツキーと「ソヴィエト化」から救ったのだから。

第29章 崖っぷちからの帰還

第九回党大会は、ポーランドでの惨状から一ヶ月もしないうちに開催された。レーニンとトロツキーは、責任を誰か他の人物にとらせようと共謀した。スターリンの命令無視は絶好の口実だった。レーニンは内戦で、繰り返しトロツキーの怒りからスターリンをかばってきた。レーニン自身も、ポーランド侵攻にこだわったことでひどい失点をあげてしまった。そこでお手軽な生け贄としてスターリンを選んだのだった。

レーニンは、政治局がカーゾン卿の講和提案を拒否して、ポーランドとドイツの「ソヴィエト化」が簡単に実現できるという誤算をしたと告白した。ポーランドにおける愛国心の高揚はまったくの不意打ちだったという。(1) トロツキーはちょっとちがった主張をして、政治局はヨーロッパの社会主義革命が実現可能かを試すという義務を負っていたのだと述べた。

なぜ我々はワルシャワに入らなかったのか？　同志諸君、なぜかといえば、この事業はそれほど簡単なものではなかったからだ。我々がその方向で進んだ理由については同志レーニンの報告に書かれている。その理由は十分に深刻なものであり、いまや振り返ってそれがまちがいだったかどうかを評価するにあたり、それに対して質問の形で答えることができる。［一九一七年の］

七月の日々や一九〇五年はまちがいだったのかそうではなかったのか？　そこで行われていたのは、敵を探索するという大きな試みだった。その試みを止めるべきかを事前に示すことは誰にもできなかっただろうし、この体験がもっと幸福な経験への基盤を提供すると言えるだろう。[2]

彼は侵攻判断は正しかったと固執した。そして慢性的な苛立ちをつのらせたトロツキーは個人攻撃に出た。「私が言いたいのは、同志スターリンが私と中央委員会を軽視したということである」。[3]レーニンもトロツキーの味方につき、スターリンはあまりに侮辱されたと感じて翌日に反論の機会を求め、自分は遠征開始以前から疑念を表明していたのだと指摘した。[4]

ソヴィエト軍がヴランゲリ前線へ向けて南進する間、政治局はポーランド軍に注意していた。レーニンはそのリスクを誇張すべきでないと思っていた。彼はリガでポーランドの外交官と講和交渉をしたアドリフ・ヨッフェから、ワルシャワはモスクワよりもなおさら対立の復活を恐れていることを聞いていたのだった。だから彼はトロツキーに対し、クリミアの最後に残った白軍を殲滅するのに専念しろと安心して告げることができた。[5]バルト諸国との交渉も始まった。エストニア、ラトヴィア、リトアニアは、クレムリンに独立を脅かす意図はないと保証された。だがソヴィエトの国際的な安全を確保する鍵は、イギリスとの合意に達することだった。ボリシェヴィキ指導者たちは、イギリスとフランスがポーランドのウクライナ侵攻を煽動したのだと確信していた。だがソヴィエト・ロシアの経済回復のためには支援が必要なのもわかっていた。レーニンとトロツキーは、ロシアの天然資源へのアクセス回復が西側諸国にとっていかに重要かを宣伝した。政治局は資源と交換に、工業機械を買って技術の更新を期待していた。カーメネフがロンドンに派遣され、商業協定の交渉をおこなった。ヴィスワ川の戦いは大敗北を喫した。政治局は国にとって少し余裕ができるような方法を見つける必要があった。
大会でトロツキーへの批判は抑えられたものの、敵意は広く残っていた。交通人民委員部総政治局は、交通に関しての議論から党と政府を閉め出したことで、古参ボリシェヴィキの不興を買った。トロツキーが鉄道運営に軍隊の規律を導入したがったことで、彼が軍事独裁者になろうとしているという噂が流れ始めた。レーニンの支持がある限り、彼は何を言われても平気だった。だが否定的なコメントが中央委員会でぶちまけられるとトロツキーは逆上し、一九二〇年九月二十九日に運輸系の仕事についての辞表をたたきつけた。中央委員会はそれを却下し、こうした悪口が二度と繰り返されないと保証した。[6] 党大会での糾弾で傷ついたスターリンは欠席しており、共和国革命軍事評議会を辞めたいという彼の要望は月の初めに受理されていた。[7] いまやトロツキーが辞めると脅していた。[8] すでに政治局員が一人いじけている状況で、レーニンとしては二人目を引きこもらせるわけにはいかなかった。トロツキーが役職や仕事を負わされ過ぎているのは誰もが認めるところだった。さらに、彼は二年にわたり実質的に列車で暮らしており、鉄道についてはロシアの誰よりも詳しかった。彼は退任を認めるにはあまりに価値が高かったのだ。[9]
レーニンにとっては残念なことに、トロツキーはあらゆる労働組合を国家機関に変えるというアイデアを忘れてはいなかった。そして十一月八日の中央委員会でそれを蒸し返し、労働組合からいまの権利や機能を剥奪しない限り革命全体が脅威にさらされる、と主張した。彼の論点はとんでもなく誇張されたものだった。労働者たちは労働組合があろうとなかろうと政権に刃向かっており、都市から都市へとストライキ運動が広がっていた。[10] トロツキーの労働の軍事化と組合の国家化要求は、そんな時期にあって無用に挑発的なものだった。
妥協案の試みが失敗して、レーニンとトロツキーは中央委員会で衝突した。投票の結果、レーニンが勝った。トロツキーはブレスト＝リトフスク論争でのレーニンのようなふるまいをした。中央委員会の決定を受け入れるどころか、それを公然と批判したのだ。彼が指摘したように、党員としてそうする権利はあった。だがレーニンとちがって、彼は自説を述べる際に狡猾さは一切示さなかった。彼の主張は教条的なもので、「プロレタリアの自主性」などといった目的はあっさり無視した。トロツキーによれば、労働者の任務は言われた通りに動くことだ。レーニンはこっそりと労働組合を操るつもりだったのに、トロツキーはそれを派手に喧伝しつつ操ろうとしたのだった。彼の主張によれば、十月革命は労働者国家を樹立した。ソヴナルコムの政策はプロレタリアの利益を重視した。労働組合は労働者階級の一部を保護するだけだ。だから労働者階級の総体を保護しているのは、組合ではなく政府だ。この状況においては、労働運動の「国家化」を進めるほうが筋が通っている。そうでなければ、労働組合は経済が崩壊している中でも労働者たちの懸念ばかりを支持することになる。工業産出が被害を受ける。職場での紛争が増え、工場や鉱山の再生がいつまでも遅れてしまうことになる、というのだ。(11)

ボリシェヴィキ党員たちの大集会が開かれた。結果は避けがたいものだった。トロツキーは党を分派に分裂させてしまった。当人は明らかに楽しんでいた。だが雄弁の誘惑と教条的な思考のおかげで政治戦術の感覚が鈍っていた。一九二〇年十二月九日に、彼は中央委員会に対して三月以来就任していた交通人民委員部での職を解いてくれと頼んだ。この要求を出した表面的な理由は、軍事人民委員部での仕事が過重だったからだった。だが本当の理由は、労働組合論争にもっと没頭したかったからだ。(12) 中央委員会は一九二一年二月に党大会を招集することにした。二週間後に論争が激しくなって、委員たちは大会を三月まで延期した。労働組合に関する公開論争が発表された。(13)

トロツキーは論争を楽しみすぎて、その結果について配慮しなかった。列車に乗っていないときには炎のような演説をした。ブハーリンは仲裁集団を作り、分派の争いをなだめようとした。だがこれはレーニンとトロツキーの双方を苛立たせるだけだった。アレクサンドル・シリャプニコフと労働者反対派は論争に突入した。彼らはレーニンとブハーリンに反対していたが、最大の批判はトロツキーに向けられた。民主主義的中央集権派もそこに加わった。党全体が嵐のような論争に巻き込まれてしまった。実は党の綱領の中で労働組合政策が最大の問題だと信じていたのは、トロツキー派と労働者反対派だけだった。だがトロツキーは、自分の求める論争を手に入れたのだ。ボリシェヴィキは、政治局がまさに暴動やストや農村の叛乱と対処しなければならない時期に、分派主義の陥穽に落ち込んでしまった。レーニンを含む党員たちは、こうした「議論」などどうでもいいのだと拒絶したが、耳を貸さなかった。レーニンはポーランド戦争の後でスターリンを批判した。いまやレーニンの非難を浴びるのはトロツキーの番だった。レーニンにとって唯一の慰めは、スターリンがまた協力的になったことだった。この労働組合論争の間にレーニンの分派をまとめたのはスターリンだったのだ。

トロツキーは他の問題の論争にも貢献したが、ちっとも熱心ではなかった。党の農業問題再考が進行中だった。そして十二月の第八回ソヴィエト大会で、レーニンは二月にトロツキーが主張して見向きもされなかった提案を拾い、生産量を増やした豊かな農民に物質的な報酬を与えてはどうかと提案した――すると代議員たちは大会でレーニンをこきおろした[14]。本来ならトロツキーが得意がってもいいところだったが、彼は労働組合論争に没頭しすぎていた。一方で、食糧供給の危機が悪化した。都市部での飢餓を防ぐには何か大がかりな手立てが必要だった。ソヴィエト政権にとってはもっとひどいことに、農村の叛乱が激化していた。ウクライナ、ウラル地方、ヴォルガ地方の農民たちがボリシェヴィキに対して立ち上がり、一九二一年初頭には、実質的にある県――ヴォルガ川沿いのタンボフ――全体が反乱していることを政治局は知ることになる。

二月二日、レーニンは政治局で農業問題に立ち戻った。その四日前に、トロツキーはウラル地方の工業状況の視察に送られた。彼と同行したジノヴィエフは、道中は労働組合問題には一切関わるなと厳しく言い渡された[15]。経済状況は党の一体性と決然とした行動を必要とするものであり、レーニンは農民との関係悪化について食糧人民委員部を叱責した。ブハーリンがその味方だった。彼らの主張は効果があり、農民への支援が優先活動として合意され、カーメネフとエフゲーニー・プレオブラジェンスキーが新しい手段の草案を用意するように依頼された。トロツキーを含む欠席委員は、電話で相談を受けることになっていた[16]。その後数日間にわたり、指導部はあちらこちらとこづき回されることになる。二月八日に政治局が再度顔をあわせると、ブハーリンはどこかで足止めをくらっており、トロツキーとジノヴィエフはまだウラルから戻っていなかった[17]。農業人民委員部からの報告を聞いたレーニンは「農民についてのテーゼの予備的な下書き」を描き出した[18]。強制穀物徴発にかわり、現物税が導入される。余剰は農民たちの手元に残り、望むならそれは私的に売ってもかまわない。これは新経済政策(またはNEP)の基盤となり、政治局はカーメネフの下に作業部会を設立して、細部を詰めることにした[19]。こうした改革の必要性については、出席欠席を問わず全委員の意見は一致していた。

トロツキーとジノヴィエフは、政治局がカーメネフの計画を検討する二月十八日には間に合うように戻ってきた[20]。国家政策の大幅な変化に関する宣言が出ることになっていた。トロツキーはこのプロセスから排除されていたといえば言い過ぎだが、その文才や弁舌の才を活用するよう依頼はされなかった。これはそれ自体として不可思議な出来事だ。政治局全体が内戦開始かそれ以前からの経済方針を否定しようとしているのだ。来る第十回党大会で承認を得る必要もあった。そして法制の計画を完成させ、さらには新聞がそれを全国に伝えねばならなかった。

その一週間後にトロツキーは、NEP設計者たるレーニンが、一九二〇年に自分を自由貿易論者でユートピア主義者だとして非難したのは何とも奇妙なことだと述べた。[21]だが、政治局がやっているのは自分が十二ヶ月前に示唆した通りのことだと個人的に語ったのは、いささか根拠が弱い発言だった。NEPはトロツキーのかつての提案をはるかに越えるもので、戦時共産主義を修正し改良するのではなく、それを終わらせるものとなっていたからだ。トロツキーとしては自分を慰めようとしていたのかもしれない。一九二一年二月の月末までに、党大会で自分の労働組合に関するアイデアが多数派の支持を得られないのが明らかになりつつあった。彼はヨーロッパ・ロシアの端から端まで、そしてウクライナの一部も旅していた。支持者であるプレオブラジェンスキー、セレブリャコフ、クレスチンスキーは書記局に勤めていた。彼は華々しく活発に議論を売り込んできた。レーニンはモスクワに留まり、鉄道で大会に向かい主張を代読するのはジノヴィエフに任せた。『プラウダ』は多様な派閥の議論を十分に公平に示し、党が腹を決められるようにした。多大な努力を何週間も続けたが、トロツキーは負けた。その間ずっと彼は、経済的な状況が深刻だと強調し続けてきた。その結果は、党が現実的な解決策に専念するのを遅らせただけで、その間に党は、ますますその存亡に関わる政治的社会的危機の高まりに直面することになったのだった。

トロツキーが敗北しても、三月八日に始まった第十回党大会で一息つける保証は誰にもなかった。NEPに対してボリシェヴィキがどう反応するかはまったく読めなかったからだ。国際貿易もまた難しい問題だった。レーニンは大会に、外国民間企業に対する工業優遇策を認めてほしかったのだ。また国際革命についても論争があるだろう。コミンテルンの基本的な仕事は、ヨーロッパと北米の共産化機会をうかがうことだった。そしてポーランド＝ソヴィエト戦争の後でこれは困難になる。さらに党は、レーニンとトロツキーが、イギリスなど大交易相手と商業協定を結びたがっていたからだ。

後の状況における民族問題へのアプローチを明確にする必要があった。各地のソヴィエト共和国で、ロシア人やその他民族をどう扱うかについての議論が必要だった。こうした頭の痛い問題が大量にあったのに、党大会はかなり平穏に終わった。理由は、代表団が丸一週間にわたりソヴィエト秩序への脅威に直面していたことだ。三月二日、何度か前兆となる騒動があってから、クロンシュタット海軍守備隊が文句なしの反乱を起こし、ボリシェヴィキ政治コミッサールを逮捕した。水兵たちは党指導部が自分たちの苦情に対応してくれないので激怒していた。穀物配給も、人びとが闇取引のために産物を町に持ち込むのを阻止する武装部隊も大嫌いだった。そして派遣されるコミッサールに指図されるのにも抗議した。ロシアとウクライナ一帯の貧困と病気も不満だった。一党支配にうんざりして、選挙による政治体制を求めた。もし党中央指導部がこんな要求をのんだら、自分自身の独裁を否定するに等しい。だがそれをなだめようとしてフィンランド湾の氷を越えて役人が派遣されると、水兵たちはそれを逮捕して革命委員会を設立した。

トロツキーはモスクワでの検討に深く関与していた。軍事人民委員として、彼はまたバルト艦隊司令部とも定期的に接触していた。過去の経験から、こうした陰謀の中心はどこか外国にあるのだ、とトロツキーは確信していた。[22] こういう思い込みの点で、彼は他のボリシェヴィキ指導者たちと何ら変わりはなかった。

三月五日にトロツキーは労働組合論争から解放されて、クロンシュタットを無視すると大変なことになると共産党指導部に告げた。暴動への対処計画も、諜報員潜入の真面目な試みもまだなかった。すぐさま行動が必要だ。[23] トロツキーは赤軍総司令官セルゲイ・カーメネフに対し、反乱鎮圧の責任者にトゥハチェフスキーを任命しろと命じた。[24] その五日後、トロツキーはまだ不安だった。もちろん、中央委員会に対し、諸君はクロンシュタットからの危険を見過ごしたのではないかと告げた。もちろん、胎動しつつあった反乱から党の注意をそらしてしまった自分の役割については無視した。春になって海氷が溶ければ、反乱者たちは外国支援者と連絡が取れるようになる。「非常措置」が求められる、と彼は述べた。[25] これは彼が内戦で使ってきたような言い回しだ。後にトロツキーは、クロンシュタットについての自分の言動を隠そうと画策した。これはトロツキーに限った話ではない。指導層全体が、これに関する議論や決定に覆いをかけようとした。だがトロツキーの隠蔽ぶりは突出していた。彼は反乱排除の立案者であり、後に彼が民主主義の必要性を唱え始めたときには、それがかなり恥ずかしい過去となった。[26]

当時外国の新聞とのインタビューで、彼は反乱者たちについて嘘を語っている。反乱を起こしたのは、一九一七年にボリシェヴィキの権力奪取を助けた海軍兵士たちとは別人だと述べたのだった。一九二一年に暴動を起こしたのは行きずり分子で、慌てて徴兵された連中で、もともと社会主義に反発していた連中なのだという――そしてそれを率いたのは白軍将校だと糾弾した。彼は決然と、口を極めて彼らを否定した。トロツキーを崇拝するアメリカ人ルイーズ・ブライアントは、彼の主張を絶対的真実として右から左にそのまま伝えた。[27]

第十回党大会の開会で、レーニンはポーランド戦争と戦時経済政策で行われた大量の誤りを並べ立てた。同時に彼は、クロンシュタットの反乱を「プチブル反革命」だと糾弾し、白軍の攻撃よりもたちが悪いと述べた。そして大会に対しては、農村の反乱は厳しく鎮圧すると約束した。労働者反対派が労働者や農民に相談しようと訴えているのは、ボリシェヴィズムからの「サンディカリストまたは半アナキスト的な逸脱である」と頑固に主張した。そして強くＮＥＰを推した。また経済回復がソヴィエト工業における外国への利権供与の受け入れを意味するのだと主張し続け、それが石油産業全体を外資の手に渡すことになってもかまわないと述べた。こうした問題についてレーニンが言ったことは、すべてトロツキーの主張でもあった。労働組合論争はほんの軽く触れられただけで、レーニンの報告が圧倒的多数で承認された。議事半ばで、クロンシュタット兵撃破の用意をペトログラードで調えている予備軍の強化のため、モスクワを発って北に向かう義勇軍が募集された。ありがたいことにと言うべきか、トロツキーは大会議事のほとんどを欠席していた。トゥハチェフスキーと第七軍が氷を越えて進軍した。反乱首謀者たちは捕らえられて労働キャンプに送られ、一般兵は他の海軍部隊に配置換えとなった。反抗は無慈悲に弾圧された。トロツキーはトゥハチェフスキーの戦果を賞賛した。

労働組合問題が三月十四日に大会で議題に上ったが、議論はほとんど形ばかりだった。労働者反対派と民主主義的中央集権派は血気盛んだった。だがその主張はすでに敗北しており、彼ら自身もそれを知っていた。レーニンの政策は、トロツキーが大会に復帰する前から成功が約束されていた。トロツキーは、自分が一年前に経済改革を導入しようとしたが、その先見の明にもかかわらず手厳しい拒絶にあったという論点を繰り返した。また組合に対する中央委員会動議がとってつけたようだと批判し、党の規律を破ったというレーニンによる批判に腹立たしげな反論をおこなった。だがその勢いもすぐに立ち消えた。四ヶ月にわたり、自分の提案だけが状況を救えると主張してきたのに、いまやそれを本気で擁護しようとする様子はなかった。彼は、労働組合に関する大会決議を実践しても一年も保たないぞと宣言することで自分を慰めた。

新たな中央委員会の選出投票が行われると、トロツキーはやっと十位に入っただけだった。[28] 旅行中の主要な敵対者だったジノヴィエフはもっと人気がなかった。だが全体としてレーニン一味が勝利をおさめ、党中央指導部のトロツキー支持者たちは減った。トロツキー自身は安泰だった。だがその友人たちはちがった。エフゲーニー・プレオブラジェンスキー、レオニード・セレブリャコフ、ニコライ・クレスチンスキーは中央委員会、組織局、書記局の地位を失った。クレスチンスキーは政治局からも外れた。トロツキーに対する報復はもっと熾烈になったかもしれないが、レーニンがそれを抑えるように言った。だからフリスチャン・ラコフスキーとカール・ラデックは中央委員会に残留した。前年にはスターリンの面目を潰すのに協力したトロツキーだが、いまや彼を再び引き立てることになった。だが、それで多少なりとも不満だったにしても、トロツキーはそれをうまく隠しおおせた。中央委員が選出されると、大会はすぐに政治局が決めた国際貿易に関する政策を承認した。閉会の辞で、労働者反対派を糾弾するのはレーニンの役目となった。トロツキーの味方カール・ラデックは、こうした非寛容がいつの日か党内の他の人びとに向けられてしまうのではないかという懸念を表明した。

洞察に満ちた意見だったが、トロツキーはまったく理解できた様子はなかった。彼は別のことを考えていた。権力と喝采に慣れた彼は、労働組合問題で恥をさらした。クロンシュタットの叛乱でやっとそれが救われた。党と十月革命にとっての自分の価値を、再び証明してみせなければならなかったのだ。

（下巻につづく）

訳者略歴
山形浩生
一九六四年生
東京大学工学系研究科都市工学科修士課程修了
マサチューセッツ工科大学不動産センター修士課程修了
主要著書
『新教養としてのパソコン入門』（アスキー新書）、『新教養主義宣言』（河出文庫）、『山形道場』（イーストプレス）、『訳者解説　新教養主義リターンズ』（バジリコ）他
主要訳書
ロンボルグ『環境危機をあおってはいけない』（共訳、文藝春秋）、ポースト『戦争の経済学』（バジリコ）、『フランク・ロイド・ライトの現代建築講義』、ショート『ポル・ポト　ある悪夢の歴史』（以上、白水社）、ショート『毛沢東　ある人生　上下』（共訳、白水社）、クルーグマン『さっさと不況を終わらせろ』（早川書房）他

守岡桜
翻訳家
主要訳書
デブリン／ローデン『数学で犯罪を解決する』（共訳、ダイヤモンド社）、ウェバー『オープンソースの成功』（共訳、毎日コミュニケーションズ）、サイド『非才！』（共訳、柏書房）、ショート『毛沢東　ある人生　上下』（共訳、白水社）、エイヴァリー／シンガー『地球温暖化はとまらない』（共訳、東洋経済新報社）、スチュワート『邪悪な植物』『邪悪な虫』（以上、朝日出版社）他

トロツキー　上

二〇一三年三月一五日　印刷
二〇一三年四月五日　発行

著者　ロバート・サーヴィス
訳者 ©　山《やま》形《がた》浩《ひろ》生《お》
　　　　守《もり》岡《おか》桜《さくら》
装丁者　日下充典
発行者　及川直志
印刷所　株式会社理想社
発行所　株式会社白水社

東京都千代田区神田小川町三の二四
電話　営業部〇三（三二九一）七八一一
　　　編集部〇三（三二九一）七八二一
振替　〇〇一九〇-五-三三二二八
郵便番号　一〇一-〇〇五二
http://www.hakusuisha.co.jp
乱丁・落丁本は、送料小社負担にてお取り替えいたします。

誠製本 株式会社

ISBN978-4-560-08272-0

Printed in Japan